社会保障法

第8版

加藤智章・菊池馨実・倉田 聡・前田雅子 [著]

ARMA
有斐閣アルマ
Specialized

第 8 版 はしがき

　初版が 2001 年に出版されて以来，21 年が経過した。この間，社会保障法のテキストは数多く刊行されたものの，20 年を超えて版を重ねているものは他にないのではないかと思われる。本書を購入してくださっている皆様に心より御礼申し上げたい。

　第 7 版の出版から 4 年が経過した。毎年，「追補」で直近の法改正に対応してはいるものの，やはり本文に組み込んだ形で定期的に改版し，読者の便宜を図る必要がある。幸い今回も有斐閣編集部のお勧めをいただき，第 8 版を刊行する運びとなった。

　本書の編集方針は初版から変わっていない。「初版はしがき」にもあるように，社会保障法の概要を簡明かつコンパクトにまとめる一方で，最新の政策動向や，学界の理論動向を踏まえたものにすることを意図している。今版では，2022（令和 4）年第 210 回国会（臨時会）までの法改正をフォローした。また最新の判例・裁判例の動向も，できるだけ盛り込むように努めた。社会保障制度が複雑化する中にあっては，どうしても制度説明に相当な紙幅を割かざるを得ない面はあるものの，本書は初学者から法科大学院生に至るまで，幅広い学習ニーズにこたえることができるものと自負している。

　第 8 版を刊行するにあたっては，著者 3 名の対面での会合を経て，*Key Word* と *ISSUE* の項目を一部入れ替えることにした。こうした作業は，本文の叙述の改変と併せて，社会保障制度をめぐる新たなテーマへの対応を意図したものである。

　第 3 版の出版直前にご逝去された倉田聡氏の担当分については，同氏の従前の枠組みや文体を生かす形で，菊池が社会手当（第 4 章），

i

加藤が医療保障（第5章）を引き継いだ。

　今版の発刊にあたっても，有斐閣法律編集局書籍編集部の中野亜樹氏に大変お世話になった。しっかりと執筆者の期日管理と編集の労をお取りくださったことに，この場を借りて篤く御礼申し上げる。

　2023（令和5）年2月

加　藤　智　章

菊　池　馨　実

前　田　雅　子

初版 はしがき

　我々が学生の頃，経済はすでに低成長期に入っており，政府の財政危機が叫ばれていたものの，社会保障はまだそれほど切迫した社会問題ではなかった。しかし，本格的な少子高齢社会の到来・経済のグローバル化・家族形態の多様化などを背景として，現在わが国の社会保障制度は大きな転換期にさしかかっている。学生や若い社会人世代の関心も，特に年金や医療などを財政的に支える側として，急速に高まっているように感じられる。

　本書は，年代的にも学問的にも，学界では新しい世代に属する四名の研究者が協力して，現在の社会保障を取り巻くこうした諸状況を踏まえて執筆した教科書である。法学部学生等を対象にした教科書である以上，社会保障法の概要を簡明かつコンパクトにまとめ，学生にとって使いやすいものとなるよう努めた。それに加えて本書は，次の二点も意図している。すなわち，第一に，単なる制度解説の域を超え，四名それぞれの得意分野・スタイルを生かしながら，学界での理論動向・政策動向などを踏まえた斬新な視点を提示すること，第二に，共著であるにもかかわらず，全体として統一感のある教科書とすること，である。これらのねらいがどれほど成功しているかは，読者の判断を仰ぎたい。

　四名の執筆者による共同作業は，1998（平成10）年日本社会保障法学会第33回大会シンポジウムにおける，「社会保障制度における法主体」というテーマでの共同報告に遡る。報告準備の際，お互い遠慮なく自由に議論できたこと，そのことが建設的な理論的作業と思えたことが，本書の出版へと結びついた。

　本書の執筆作業においても，そのスタンスは変わっていない。もちろん分担執筆である以上，担当分野は各執筆者の責任の下に書かれている。しかし，我々は，日程調整が難しい中で幾度も集まり，実質的

内容にまで踏み込んだ議論を行った。とくに最終原稿段階では，全員が全体に目を通したうえで，気のついた点を自由に議論する機会をもった。執筆のための打合せ作業そっちのけで議論が白熱し，まるで研究会の様相を呈することも少なくなかった。そうした作業が，共同執筆にともすればありがちな欠点（論旨一貫性に欠けたり，叙述の重複を避けられないなど）を少しでも補えたなら幸いである。

　本書の発刊にあたっては，有斐閣書籍編集第一部の大橋將氏と，高橋俊文氏のご助力を得た。両氏のお力添えがなければ，本書が世に出ることはなかったであろう。心より御礼申し上げたい。

　本書が新しいタイプの教科書として，多くの方に読まれることを願っている。

　　2001（平成13）年2月

著 者 一 同

目　次

Key Word 目　次━━━━━━━━◆◆◆◆◆◆◆◆◆◆◆◆◆◆◆◆◆◆◆

ISSUE 目　次

　初版はしがきで述べたように，本書は教科書としての性格上，読者にとっての使いやすさを重視したため，多くの教科書にならって各制度ごとの構成とした。ただし，こうした制度別の体系には，必ずしも理論的一貫性があるわけではない（→第 2 章 **2**①）。

　具体的には，最初の 2 つの章が総論部分にあたり，社会保障一般の基礎理論と，法理論にかかわる部分とに一応分けて論じている。その後の 6 つの章が各論部分にあたる。

　各論部分につき，関連制度をどこまで社会保障法の範囲に含めるかについては，理論的に難しい問題をはらむものの，本書ではそうした議論はひとまず措き，年金では企業年金，医療保障では予防医療，原爆・公害など特定原因による健康被害に関する医療，労災補償では労災民訴をそれぞれ含めるというように，国民の生活保障という社会保障の目的に沿って，できるだけ包括的に含めるとの基本的スタンスの下で，個別に判断した。

　毎年のように大きな法改正がなされる社会保障法分野において，どこまでの改正をフォローするかは，教科書出版にあたってのひとつの決断である。本書は，基本的に 2022（令和 4）年第 210 回国会（臨時会）成立法律までを，内容に組み込んでいる。

　本書では，読者が制度理解を深められるよう，図表等については，岩村正彦＝菊池馨実＝嵩さやか＝笠木映里編著『目で見る社会保障法教材〔第 5 版〕』（有斐閣，2013 年）を併用することで，学習効果を一層高めてもらうことを意図し，本文中，同教材の該当箇所を示した。

裁判例についても，できるだけ最新のものをフォローしたものの，重要判例であっても判旨のごくわずかな引用にとどまらざるをえず，必要に応じて岩村正彦編『社会保障判例百選〔第5版〕』（有斐閣，2016年）の該当箇所を示すこととした（〈百選1〉とあるのは，同百選〔第5版〕の項目番号1の意味である）。なお，同百選〔第4版〕掲載判例のうち同〔第5版〕に掲載されなかったものについては，該当箇所を示してある（〈百選〔4版〕1〉とあるのは，同百選〔第4版〕の項目番号1の意味である）。

〈主な法令の略称〉

医師　　医師法

医療　　医療法

介保　　介護保険法

介保則　　介護保険法施行規則

介保令　　介護保険法施行令

企業年金　　確定給付企業年金法

行審　　行政不服審査法

行訴　　行政事件訴訟法

行手　　行政手続法

憲，憲法　　日本国憲法

健康増進　　健康増進法

健保，健保法　　健康保険法

健保令　　健康保険法施行令

厚年　　厚生年金保険法

厚年令　　厚生年金保険法施行令

高齢医療　　高齢者の医療の確保に関する法律

国年　　国民年金法

国年令　　国民年金法施行令

国保，国保法　　国民健康保険法

国保則　　国民健康保険法施行規則

国保令　　国民健康保険法施行令

子育て支援　　子ども・子育て支援法

国公共済　　国家公務員共済組合法

雇保　　雇用保険法

私学共済　　私立学校教職員共済法

自治　　地方自治法

自治令　　地方自治法施行令

児手　　児童手当法

児手令　　児童手当法施行令

児童虐待　　児童虐待の防止等に関する法律

児福　　児童福祉法

児福則　　児童福祉法施行規則

児福令　　児童福祉法施行令

著者紹介（五十音順，［ ］内は執筆箇所）

加 藤 智 章（かとう　ともゆき）［第3章，第6章］

1979年小樽商科大学商学部卒業

現在，北星学園大学社会福祉学部教授

主要著作：『社会保険核論』（旬報社，2016年），『医療保険と年金保険──フランス社会保障制度における自律と平等』（北海道大学図書刊行会，1995年），「生活保障体系における労働法」日本労働法学会編『講座・21世紀の労働法1　21世紀労働法の展望』（有斐閣，2000年），下井隆史先生古稀記念『新時代の労働契約法理論』（編著，信山社，2003年）

菊 池 馨 実（きくち　よしみ）［第1章，第2章］

1985年北海道大学法学部卒業

現在，早稲田大学法学学術院教授

主要著作：『年金保険の基本構造』（北海道大学図書刊行会，1998年），『社会保障の法理念』（有斐閣，2000年），『社会保障法制の将来構想』（有斐閣，2010年），『社会保障再考──〈地域〉で支える』（岩波新書，2019年），『社会保障法〔第3版〕』（有斐閣，2022年）

倉 田　　聡（くらた　さとし）［第4章，第5章］

1987年北海道大学法学部卒業

元北海道大学大学院法学研究科教授

主要著作：『医療保険の基本構造』（北海道大学図書刊行会，1997年），『これからの社会福祉と法』（創成社，2001年），『社会福祉法入門』（共著，有斐閣，2004年），「社会連帯の在処とその規範的意義──社会保障法における『個人』と『国家』そして『社会』」民商法雑誌127巻4＝5号（2003年）

前 田 雅 子（まえだ　まさこ）［第7章，第8章］

1987年京都大学法学部卒業

現在，関西学院大学法学部教授

主要著作：『行政法〔第5版〕』（共著，有斐閣，2023年），「個人の自立を支援する行政の法的統制──生活保護法上の自立とその助長」法と政治67巻3号（2016年），「保護基準の設定に関する裁量と判断過程審査」曽和俊文ほか編『行政法理論の探究』（有斐閣，2016年），「社会保障における不正利得の徴収」法と政治71巻2号（2020年）

第1章 社会保障とその特質

> 社会保障は，第一義的には国民の生活保障を目的とする制度である。本章では，社会保障の意義・歴史，保障方法，保障水準，財政，行政機構などを明らかにし，社会保障の総論的把握を行う。

1 社会保障を取り巻く現況

1 少子高齢社会・人口減少社会

わが国は本格的な少子高齢社会・人口減少社会の局面に至った（→「目で見る」I 2b）。高齢化の指標として一般に用いられる**高齢化率**（65歳以上人口が全人口に占める割合）は，2021（令和3）年9月15日現在29.1%であり，いまや3割が「高齢者」の時代である。政府の人口推計（国立社会保障・人口問題研究所2017〔平成29〕年1月推計）によれば，この数値は2065年には38.4%になると予想されている（出生率・死亡率ともに中位仮定の場合）。他方，少子化の指標として用いられる**合計特殊出生率**は，人口規模を維持できるとされる水準（2.08）を大きく下回り，2021（令和3）年現在1.30であり，近い将来における急激な回復は望めない状況にある。わが国の人口は長期的な減少局面にある。

少子高齢化は，深刻さの度合いに差はあっても，先進各国がほぼ共通して直面している政策課題である。こうした中でわが国の特徴は，高齢化の速度がきわめて速いことである。国際連合の定義により「高齢化社会」の基準とされる高齢化率7%を超え，同じく「高齢社会」の基準とされる14%を突破するまで，わが国ではわずか24年しか経過していない。ドイツの40年，イギリスの47年，スウェーデンの85年と比べると，高齢化がいかに急速に進行したかがうかがえる。

こうした少子高齢化，とりわけ高齢化の進展は，年金給付費や高齢者医療・介護費など，社会保障費の大幅な増大要因となる。

② 限られた財源

社会保障制度は国民生活に定着し，国民経済において大きな位置を占めている。例えば，社会保障給付費は，2019（令和元）年度123兆9200億円余で，対国民所得（NI）比30.88%を占め，対NI比では先進諸国の中で相対的に低い水準にある点に留意する必要があるものの，増大傾向にある。2022（令和4）年度予算の一般歳出に占める社会保障関係費の割合は53.8%と第1位を占め，義務的経費が大部分であることから，今後さらに政府財政の圧迫要因となることが予想される（→「目で見る」I 2a）。社会保障負担と税負担を合わせた国民負担率も上昇しており，2022（令和4）年度には46.5%と予想されている。

昭和40年代のような高度経済成長の再来がもはや当然には望めない状況下，限られた財源をいかに公平かつ効率的に配分するかが，重要政策課題となっている。また逆に，社会保障制度の設計・運用のあり方が，実体経済に及ぼす影響も大きくなっている。

上記の事情に加え，ライフスタイルの多様化，グローバル経済下における非正規雇用の増大などを背景として，わが国の社会保障制度をどのように再構築していくかが，重要な政策課題となっている。

2 社会保障とは何か

1 社会保障の捉え方

捉え方の多様性

　社会保障（Social Security という英語に対応する）と呼ばれる法制度は，20 世紀に入り先進各国を中心に本格的な発展を開始した。ただし，社会保障の中に何を含めて考えるかについては，必ずしも各国共通の理解があるわけではない。社会的・文化的・政治的背景を異にする各国ごとに，その捉え方には相違がみられる。例えば，社会保障という名を冠した最初の立法（Social Security Act）が 1935 年に成立したアメリカでは，もっとも一般的には年金保険を指す概念として用いられる。また主として，イギリスでは所得保障制度（年金，児童手当，所得補助など），フランスでは社会保険と家族給付を指す概念として用いられる。国際機関などでは，こうした社会保障概念の多義性から，社会的保護（social protection）という概念が用いられることもある。

1950 年社会保障
制度審議会勧告

　それでは，従来わが国では，社会保障ないし社会保障制度をどのように理解してきたのであろうか。

　わが国社会保障制度の基盤を形成したといわれるのが，1950（昭和 25）年社会保障制度審議会勧告（50 年勧告）である（→「目で見る」I *1*b）。同勧告では，社会保障制度が，①社会保険（医療保険，

年金保険，失業保険，労災保険），②国家扶助（公的扶助），③公衆衛生および医療，④社会福祉の 4 部門に分類された。同審議会は，その後も 50 年勧告の枠組みを概ね維持してきた。

2001（平成 13）年の中央省庁再編に伴い同審議会が廃止された後，社会保障統計資料の編集にあたっている国立社会保障・人口問題研究所は，部門別（医療，年金，福祉その他）のほか，機能別（**表 1**）の分類を行っている。

より詳細な検討は本章と次章で随時行うこととし，さしあたりこれらの諸制度が社会保障に含まれると大まかに理解しておこう。

② 社会保障の目的と機能

社会保障の目的

社会保障の目的としては，第 1 に，**国民の生活保障**が挙げられる。比較法的にみれば，社会保障を所得の保障と捉えるのが一般的である国もあり，また歴史的にも，社会保障は貧困化の契機となるべき社会的事故ないし要保障事由の発生に際し，補足的もしくは予防的に国民の所得保障を図る制度として発展してきたとの側面がある。しかし現在では，予防─治療─リハビリテーションに及ぶ広い意味での「医療」や，介護サービスによる自立支援など，金銭給付のみならず現物（サービス）給付まで社会保障に含め，「生活保障」を目的とするものと理解されている。

ここで保障されるべき国民の生活とは，もはや憲法 25 条 1 項にいう「健康で文化的な最低限度の生活」にとどまらない。1995（平成 7）年社会保障制度審議会勧告の言葉を借りれば，戦後における飛躍的な生活水準の向上を反映して，「健やかで安心できる生活の保障」が目的とされる（→「目で見る」Ⅰ *1*d）。「貧困」の克服（ある

表1　機能別分類

	ILO 定義	日本において含まれる制度（例）
高　齢	退職によって労働市場から引退した人に提供されるすべての給付	介護保険，厚生年金保険，国民年金，厚生年金基金・農業者年金基金等，各種共済組合，国家公務員恩給・地方公務員恩給等
遺　族	保護対象者の死亡により生じる給付	厚生年金保険，国民年金，各種共済組合，戦争犠牲者援護等
障　害	部分的または完全に就労不能な障害により保護対象者に支払われる給付	厚生年金保険，国民年金，各種共済組合，戦争犠牲者援護等
労働災害	保護対象者の業務上の災害，病気，障害，死亡に対する労働災害補償制度から支払われる給付	労働者災害補償保険，船員保険，公務員の災害補償
保健医療	病気，傷害，出産による保護対象者の健康状態を維持，回復，改善の目的で提供される給付（傷病で休職中の所得保障を含む）	組合管掌健康保険，協会管掌健康保険，国民健康保険，後期高齢者医療制度，船員保険，各種共済組合，戦争犠牲者援護等
家　族	子どもその他の被扶養者がいる家族（世帯）を支援するために提供される給付	雇用保険，各種共済組合等サービスなど
失　業	失業した保護対象者に提供される給付	雇用保険等
住　宅	住居費の援助目的で提供される給付（資力調査を行うもの）	生活保護等
生活保護その他	定められた最低所得水準や最低限の生活必需品を得るために，援助を必要とする特定の個人または集団に対して提供される現金および現物給付	生活保護，各種共済組合等

出典：国立社会保障・人口問題研究所『平成30年度　社会保障費用統計』（2020年）51-52頁，72-74頁をもとに筆者作成

いは「社会的包摂」→**Key Word**①）が依然として社会保障の重要課題であることに変わりないとしても，今日的な意味での社会保障は，こうした相対的に高い水準の生活保障を目的とするものである。

　第2に，社会保障の第一義的目的が国民の生活保障であるとしても，より根源的には，**個人の自立（ないし自律）の支援**が社会保障の目的である。社会における他者との関係性を前提としながらも，個人が自らの人生を主体的に追求できること，それ自体に価値があり，そのための条件整備を図ることが，社会保障の目的である。近時の法制度改正では，介護保険法，生活保護法，生活困窮者自立支援法などをめぐる議論のなかで，高齢者・生活保護受給者・生活困窮者などの「自立支援」が改革にあたっての理念ないし法目的として掲げられてきた（→第2章**2**②）。

　なお歴史的にみれば，社会保障は家庭が担ってきた私的扶養（経済的・身体的扶養）の社会化という側面をもつ。そこで，家庭機能の支援を社会保障の目的として挙げる見方もありうる。しかし，この点を殊更に強調することは，逆に家庭機能（例えば，子どもの保育や老親の介護）への過度の依存を前提とした議論と結びつくことになりかねず，慎重である必要がある。

社会保障の機能

　社会保障の機能として，第1に挙げられるのは，**所得再分配機能**である。社会保障制度を通じて，一次的な所得分配が，社会保障の目的に合致するよう，一定程度再分配される。この機能は，基本的に社会保険・社会扶助といった保障方法を問わずみられる。

　第2に，**リスク分散機能**が挙げられる。社会保障は，生活遂行上生じうるさまざまな社会的事故ないし要保障事由（例えば，老齢，障害，疾病，要介護状態，失業，労働災害，家計維持者の死亡など）に備え

て，財源をプールしておき，リスクが現実に発生した際，ここから給付を行う仕組みである。この機能は，典型的には社会保険にみられる。

　第3に，社会保障が経済と密接な関連をもつことの表れとして，景気の変動を微調整する機能（**ビルト・イン・スタビライザー機能**）をもつことが指摘される。例えば，好況時には社会保険料等の徴収が増加し，景気の過熱が抑えられる一方，不況時における雇用保険などの給付の増大は，有効需要の増大に資する側面がある。

> ***Key Word①　社会的包摂**●●●●●●●●●●●●●●●●●●●●●●●●●●●●●●*
>
> 　最近，従来ヨーロッパにおいてしばしば援用されてきた「社会的排除（social exclusion）」という概念に言及されることが多くなった。「貧困」自体，歴史的にみて論争的な概念ではあるが，資産や金銭などの資源の欠如という物的・経済的側面に焦点を当てて捉える見方であった。これに対し，「社会的排除」は，社会の大多数の人々が享有している「機会」をもちえないといった，個人の生活全体にまで影響しうるような「境遇」にかかわる概念である。例えば，資産や金銭をもたない貧困者に対して，国が一定の生活費を支給することは，憲法25条1項の規範的要請を充たすことになるとしても，それだけでは十分といえない。それにより，社会的に隔絶され分離されている状況が当然に変わるわけではなく，また子ども世代にまで引き継がれうるいわゆる「貧困の連鎖」を当然に断ち切ることにもならないからである。このため，労働市場への参入を通じて自活した生活を営むための就労支援や，地域社会への参加を図るための自立生活支援などにより，「社会的包摂（social inclusion）」を目指し，実質的な機会を保障していく政策を講じるべきであるとの見方が登場した。ここから示唆されるように，「社会的排除」は，「貧困」を中核としながらも，公的扶助に限らず，社会保障制度全般，さらには教育・雇用・住宅・地域活動・社会参加などの幅広い

領域にかかわる概念である。生活困窮者の自立の促進を図ることを目的とする生活困窮者自立支援制度や近時の政策理念である「地域共生社会」(→**ISSUE**②)も、「社会的包摂」をめざすための取組みとして捉えることが可能である。

(菊池)

3 社会保障の歴史

1 社会保障の生成と発展

救 貧 制 度

社会保障(Social Security)の語を冠した世界最初の立法は、アメリカの1935年社会保障法である。しかし、この法律が国際的な社会保障の出発点と捉えられているわけではない。

現代に至るまで、社会保障の前駆形態ともいうべき二つの流れがあった。その一つが、イギリスを代表として発展した公的救貧制度である。1601年エリザベス救貧法を抜本的に改正した1834年新救貧法は、資本主義社会の発展過程において、貧困は本来個人の責任であるという基本的視点に立ち、労働能力ある貧民は労役場(work house)への収容と強制的な労働、労働能力のない貧民は「劣等処遇(less eligibility)の原則」(最下層の自立生活者の生活水準以下とする)のもと、恩恵的に救済を行うというものであった。

公的救貧制度には、従来、教会などが行っていた貧民救済を国家の責務として法制度化し、財源として国費を用いたことなど、今日の公的扶助との制度的関連性を見出しうる。しかし、あくまで貧困を個人の責任と捉えたこと、劣等処遇のほか公民権の剥奪などの不

名誉（スティグマ）を伴っていたこと，給付を生存権の実現と捉える視点を欠いていたことなど，現代的公的扶助制度とは異なるものであった。

> **労働者保険**

現代社会保障のもう一つの前駆形態は，19世紀末ドイツにおける労働者保険制度である。これは社会保険のルーツにあたり，すでに貧困に転落した者への事後的・恩恵的な救済とは異なり，現に労働に従事する者が貧困へと転落するのを防止するために，保険技術を利用した相互扶助的制度として登場した。ただし，当時はまだ，一定範囲の労働者を対象とするにとどまり，今日の社会保険のように国民一般を対象とするものではなかった。

> **社会保険から**
> **社会保障へ**

その後，さまざまな経緯を経て，20世紀初頭から第二次世界大戦後にかけて，貧困の社会的性格（貧困は必ずしも個人の責任に帰せられるべきでないという考え方）についての認識が一般化するとともに（このことは，「市民法から社会法へ」という法思想の流れと軌を一にする），国民全体に対する最低限の生活保障が国の責務であるという見方（その背景としての生存権思想）が広がり，各種制度が整備されていった。公的救貧制度は，劣等処遇の否定，権利性の承認などにより，現代的公的扶助制度へと変質を遂げた。また労働者保険は適用範囲を拡大し，公的扶助と同様，国民一般を対象とする社会保険へと発展した。拠出と給付との対価的関連性も一定程度希薄化し，扶助原理（→**4**①）が濃厚に見出されるようになった。

　こうして，対象者・制度内容などの面で，その違いが相対化した社会保険と公的扶助を統合する概念として，社会保障という用語が用いられるに至った。例えば，ILO（国際労働機関）が1942年に出

版した『社会保障への途』と題する書物に，こうした見方が示されている。また20世紀初頭から戦後にかけての変化は，「社会保険から社会保障へ」というスローガンで表現されることもある。ただし，このことはともすれば拠出原則の解消などが社会保障の向かうべき方向性であるとの見方を生み，社会保険の独自の意義を否定することにもつながった。

このほか，社会保障の国際的発展を叙述するうえで，イギリスのベヴァリッジによる1942年の報告書「社会保険および関連サービス」（いわゆる「ベヴァリッジ報告書」）が重要である（→「目で見る」I 1a）。これは，均一拠出均一給付という戦後イギリス社会保障制度の礎を築いたばかりでなく，各国に少なからぬ影響を及ぼした。わが国の1950（昭和25）年社会保障制度審議会勧告も，その影響を受けたといわれる。

2 わが国社会保障の発展

社会保障前史　明治期における代表的な救貧制度は，1874（明治7）年の太政官達162「恤救規則」である（以下，**表2**を参照）。このほか重要な立法として，救護法が1929（昭和4）年に成立し，1932（昭和7）年に施行された。ただし救護法に至っても，著しく怠惰な者に対する欠格条項が設けられ，被救護者に選挙権の行使が停止されるなど，いまだ現代的公的扶助とはいいがたい性格を残していた（→第8章**2**）。

社会保険の登場　わが国最初の社会保険立法は，1922（大正11）年健康保険法である。同法は，第一次世界大戦後における労働運動激化への対応策という側面を有し，いわゆるブルーカラーを対象としていた。

表 2　わが国社会保障の発展

時代区分	主な立法など
社会保障前史	1874　恤救規則 1922　健康保険法 1929　救護法 1938　国民健康保険法 1939　船員保険法，職員健康保険法 1941　労働者年金保険法，健康保険法改正(職員健保との統合) 1944　厚生年金保険法
戦後社会保障の形成	1946　(旧) 生活保護法 1947　児童福祉法，失業保険法，労働者災害補償保険法 1948　国家公務員共済組合法，医療法，医師法，保健婦助産婦 　　　　看護婦法 1949　身体障害者福祉法 1950　生活保護法 (福祉 3 法体制)，精神衛生法 1951　社会福祉事業法
国民皆保険・皆年金	1958　国民健康保険法改正 (皆保険) 1959　国民年金法 (皆年金)
社会保障制度の充実	1960　精神薄弱者福祉法 1961　児童扶養手当法 1963　老人福祉法 1964　母子福祉法 (福祉 6 法体制)，特別児童扶養手当法 1965　厚生年金保険法改正 (1 万円年金) 1966　国民健康保険法改正 (7 割給付) 1969　厚生年金保険法改正 (2 万円年金) 1970　心身障害者対策基本法 1971　児童手当法 1973　老人福祉法改正 (老人医療費無料化)，健康保険法改正 　　　　(家族 7 割給付，高額療養費)，年金法改正 (5 万円年金， 　　　　物価スライド)，労働者災害補償保険法改正 (通勤災害) 1974　雇用保険法
社会保障制度の再編	1981　母子及び寡婦福祉法 　　　　難民の地位に関する条約および議定書加入 1982　老人保健法 (老人医療一部負担) 1984　健康保険法等改正 (本人 9 割給付，退職者医療制度) 1985　年金法改正 (基礎年金) 1986　機関委任事務整理合理化法 1987　精神保健法，老人保健法改正 (老人保健施設)

	1989	年金法改正（国民年金基金），高齢者保健福祉推進10ヵ年戦略（ゴールドプラン）策定
	1990	福祉8法改正（在宅福祉の推進）
	1993	障害者基本法，地域保健法
	1994	年金法改正（厚生年金〔定額部分〕支給開始年齢引上げ），エンゼルプラン策定，新ゴールドプラン策定
	1995	障害者プラン策定
社会保障構造改革	1997	児童福祉法改正（保育所制度改正），健康保険法等改正（本人8割給付），介護保険法
	2000	年金法改正（厚生年金〔報酬比例部分〕支給開始年齢引上げ），社会福祉事業法等改正（社会福祉法），健康保険法等改正（老人保健制度1割負担）
	2001	確定給付企業年金法，確定拠出年金法
	2002	健康保険法等改正（本人7割給付）
	2004	国民年金法等改正（保険料水準固定方式，給付のマクロ経済スライド）
	2005	介護保険法改正（新予防給付，地域支援事業），発達障害者支援法，障害者自立支援法（障害福祉サービス事業の一元化）
	2006	健康保険法等改正（後期高齢者医療制度）
社会保障・税一体改革	2010	障害者自立支援法改正（応能負担）
	2011	求職者支援法，介護保険法改正（地域包括ケア），障害者基本法改正
	2012	障害者自立支援法改正（障害者総合支援法），子ども・子育て支援関連三法，年金法改正（年金機能強化法〔基礎年金国庫負担2分の1恒久化〕・被用者年金一元化法・年金生活者支援給付金支給法）
全世代型社会保障改革	2013	健全性信頼性確保法（厚生年金基金制度見直し），生活困窮者自立支援法
	2014	医療・介護総合確保推進法（地域医療構想，地域包括ケア）
	2015	医療保険制度改革法（国民健康保険安定化）
	2017	介護保険法等改正（地域包括ケア）
	2018	生活困窮者自立支援法等改正（自立支援の強化）
	2019	子ども・子育て支援法改正（就学前教育・保育の無償化）
	2020	雇用保険法等改正（複数就業者への労災保険・雇用保険の整備，育児休業者への給付の基盤整備等），国民年金法等改正（被用者保険の適用拡大，受給開始時期の75歳までの拡大等）
	2021	健康保険法等改正（後期高齢者一部2割負担）

1930 年代後半，いわゆる戦時政策の一環として各種立法がなされ，農村部の貧困と健康状態の悪化に対処することをねらいとした国民健康保険法，戦時体制下での海運国策としての性格をもつ船員保険法，ホワイトカラーを対象とする職員健康保険法が，相次いで制定された。1941（昭和 16）年には，購買力の吸収や戦費調達の意味合いをもつ労働者年金保険法が制定され，健康保険法改正により職員健康保険法との統合がなされた。国民健康保険法も改正され，それまで国民健康保険組合は任意設立・任意加入であったのを，強制設立・強制加入とした。1944（昭和 19）年には，雇用構造の変化に対処するため労働者年金保険法が廃止され，新たに厚生年金保険法が制定された。

こうした戦前の立法は，戦後社会保障制度との継続性をもつとはいえ，国民の生活保障を第一義的な目的としたとはいいきれず，その意味で現代的社会保険と異なる性格を有していた。

| 戦後社会保障の形成 | 戦後わが国社会保障制度の展開にあたり，重要な役割を果たしたのは，その基本理念としての生存権の明文化（憲 25 条）と，制度の全体枠組みを示した 1950（昭和 25）年社会保障制度審議会勧告である（→「目で見る」I 1b）。

戦後の困窮者救済施策としては，GHQ（連合国最高司令官総司令部）の指導を受け，1946（昭和 21）年（旧）生活保護法が制定されたものの，保護受給権を認めないなど憲法 25 条との関係が不明確である等の理由で，1950（昭和 25）年全面改正された。

福祉立法としては，児童福祉法・身体障害者福祉法・社会福祉事業法が制定された。児童福祉法・身体障害者福祉法（これら 2 法はそれぞれ戦災孤児対策，傷痍軍人対策としての一面を有していた）・生活

保護法は「福祉3法」といわれ，戦後の混乱期にあって，主に救貧対策としての機能を果たした。

　社会保険立法としては，1947（昭和22）年失業保険法が制定された。また同年，業務災害にかかる保険給付を労働者災害補償保険法のもとで行うことにした。翌1948（昭和23）年には，戦前からの恩給法にかわって国家公務員共済組合法が成立した。その後，私立学校教職員や農林漁業団体職員，公共企業体職員，地方公務員等の共済組合が相次いで分離・制度化された。

皆保険・皆年金体制

1950年代半ばに始まった経済の高度成長を背景として，**国民皆保険・皆年金**と呼ばれる体制が一応の実現をみた。具体的には，1958（昭和33）年国民健康保険法が全面改正され，翌1959（昭和34）年国民年金法が制定された。

社会保障制度の充実

1960年代に入ると，福祉分野において，精神薄弱者福祉法，老人福祉法，母子福祉法が相次いで制定され，いわゆる「福祉6法」の時代となり，生活保護法を除き，貧困者というよりも社会的弱者に対する救済施策としての色彩を強めた。このほか，一定の要件を充足する児童がいる家庭を対象に金銭給付を行う立法として，児童扶養手当法，特別児童扶養手当等の支給に関する法律（特別児童扶養手当法），児童手当法が制定された。

　1960年代には，医療保険および年金保険の給付も充実した。医療保険については，1963（昭和38）年から世帯主，1966（昭和41）年改正により世帯員につき，従来5割であった国民健康保険の給付率が7割に引き上げられた。

　1970年代には，健康保険の被扶養者給付率についても，1973（昭

和48）年改正により5割から7割に引き上げられた。また同年，老人医療費支給制度が老人福祉法改正により設けられ，70歳以上の高齢者に対する医療費の無料化が実施された。

年金分野でも，1960年代後半以降，給付水準の引上げをめざす改正がたびたび行われた。1973（昭和48）年改正では，いわゆる5万円年金の導入，物価スライドの導入などが図られた。

こうした医療・年金の充実は，その反面，今日に至る高齢者医療費問題や年金財政問題の遠因ともなった点に留意しておく必要がある。

労働保険の分野では，1973（昭和48）年労災保険法改正により通勤災害給付が新設され，翌1974（昭和49）年失業保険法が廃止され雇用保険法が制定された。

社会保障制度の再編　年金・医療などの各分野で制度の拡充を図るための大規模な法改正が行われた1973（昭和48）年は，「福祉元年」ともいわれた。しかしこの年，第1次オイルショックが発生し，経済の高度成長期は終焉を迎えた。これ以降，低成長へと移行した経済状況を背景として，1970年代末にかけ，国家財政の再建が深刻な政策課題となった。1980年代に入ると，一応の充実をみた社会保障制度の再編が図られた。その背景には，財政問題のほか，人口高齢化，モザイク的に発展してきた各制度の整理・体系化の必要性などがあった。

医療分野では，1982（昭和57）年老人保健法が制定され，高齢者本人一部負担が導入されるとともに，老人医療費の負担につき各医療保険者間での財政調整の仕組みが導入された。1984（昭和59）年健康保険法等改正では，被用者本人給付率が10割から9割に引き下げられた。1986（昭和61）年老人保健法改正では，老人保健施設

が導入された。

年金分野では，1985（昭和60）年改正により，従来自営業者など
を対象としていた国民年金を全国民共通の基礎年金とし，厚生年金
保険や共済組合などは基礎年金の上乗せ部分として報酬比例年金を
支給する二層構造の制度とした。

福祉分野では，1986（昭和61）年機関委任事務整理合理化法や
1990（平成2）年のいわゆる福祉8法改正により，従来機関委任事
務であった事務の多くが分権化され，施設入所型福祉から在宅福祉
へという政策の流れも顕著となった。

社会保障構造改革 ）　1990年代後半以降，社会保障構造改革が
重要な政策課題となった。その第一歩が
1997（平成9）年介護保険法の成立である。同法は，わが国第5番
目の社会保険制度として，2000（平成12）年4月施行された。この
ほか福祉分野では，1997（平成9）年児童福祉法改正により，保育
所入所制度の改革などが行われたのに続き，2000（平成12）年，い
わゆる社会福祉基礎構造改革として，社会福祉事業法を社会福祉法
と改称し，障害者福祉にかかる措置制度を支援費制度に改めるなど
の大改正が行われた。

年金分野では，2000（平成12）年，国民年金法等改正法が成立し，
2001（平成13）年にはいわゆる企業年金2法が成立した。

医療分野では，1997（平成9）年健康保険法等改正による被用者
本人給付率の9割から8割への引下げ，2000（平成12）年改正によ
る老人一部負担の一部定率化などに引き続き，2002（平成14）年改
正により，被用者本人給付率の7割への引下げ，老人医療対象年齢
の75歳への段階的引上げなどがなされた。

その後も毎年のように重要な社会保障制度改革が続いた。2004

（平成16）年には，国民年金法等改正により，基礎年金国庫負担率の2分の1への引上げ，保険料水準固定方式とマクロ経済スライドによる給付の自動調整の仕組みの導入などがなされた。2005（平成17）年には，介護保険法改正により，要支援者に対する新たな予防給付の創設，地域支援事業の創設，地域密着型サービス等新たなサービス体系の確立など，大幅に制度が見直された。また従来，制度の谷間におかれていた発達障害者（児）を対象とした発達障害者支援法が制定されるとともに，障害者自立支援法が制定され，身体・知的・精神障害に分立していた障害福祉サービス事業の一元化，利用者負担（1割）の導入などがなされた。2006（平成18）年には，健康保険法等改正により，医療費適正化計画の策定，後期高齢者（75歳以上）を対象とする後期高齢者医療制度の創設，政府管掌健康保険の公法人化など，長きにわたる議論の末，医療保険制度改革が実現した。

社会保障・税一体改革　2009（平成21）年秋の民主党連立政権への交代後の2010（平成22）年度には，子ども手当の支給が開始されたものの，わずか2年で廃止された。2012（平成24）年には，「社会保障・税一体改革」の名の下，消費税増税と一体的に公的年金改革，子ども・子育て関連の法律改正が行われた。公的年金改革との関連では，消費税収による基礎年金国庫負担2分の1の恒久化，受給資格期間の短縮（25年から10年へ），短時間労働者に対する厚生年金適用拡大のほか，厚生年金と共済年金の一元化が図られた。子ども・子育て関連では，認定こども園制度の改善，施設型給付および地域型保育給付の創設などがなされた。また定率負担への反発に端を発した障害者自立支援制度廃止に向けた検討の末，同年障害者自立支援法が改正され，名称も障害者総合支援

法と改称された。

2012（平成24）年の政権交代後も，「社会保障・税一体改革」の延長線上に位置づけられる法改正がなされた。2013（平成25）年には，年金法改正（健全性信頼性確保法）により厚生年金基金制度の大幅見直しが行われたほか，生活困窮者対策の一環として生活保護法改正，生活困窮者自立支援法制定がなされた。2014（平成26）年には，年金事業運営改善法により年金保険料の納付率向上策，年金記録訂正手続創設などがなされたほか，医療・介護総合確保推進法により，地域医療構想の策定，地域包括ケアシステムの構築（地域支援事業の充実），介護保険利用者負担の2割への引上げ（一定以上所得者）など，医療法・介護保険法等にまたがる改正がなされた。

この頃から，従来の高齢者中心型社会保障の体系を，現役世代や低所得者・格差問題なども課題として捉える全世代型社会保障に改変していく（その際，負担のあり方も，高齢者負担を一律に軽減する年齢別負担から，世代を問わず負担能力別負担としていく）ことが，政策課題として認識されるようになり，2012（平成24）年に社会保障制度改革国民会議，2019（令和元）年に全世代型社会保障検討会議といった会議体が内閣総理大臣の下に設置され，内閣主導で社会保障制度改革が行われている。

2015（平成27）年には，持続可能な医療保険制度を構築するための国民健康保険法等改正（医療保険制度改革法）として，国民健康保険の安定化（都道府県を財政運営の責任主体とする等），後期高齢者支援金に係る全面総報酬割の導入などがなされた。2017（平成29）年には，介護保険法等改正による地域包括ケアシステムの深化・推進，介護保険利用者負担の3割への引上げ（特に所得の高い者），介護納

付金の総報酬割導入（被用者保険者間）などがなされた。

2018（平成30）年には，生活困窮者自立支援法等改正により，生活困窮者の自立支援の強化，進学準備給付金など生活保護世帯の子どもの自立支援の強化などが図られた。2019（令和元）年には，子ども・子育て支援法改正により，子育てのための施設等利用給付を創設するなどの措置を講じ，就学前教育・保育の利用者負担無償化の仕組みを設けた。

2020（令和2）年には，雇用保険法等改正により，労災保険に係る複数業務要因災害に関する保険給付の創設，育児休業給付の失業等給付からの独立等がなされた。国民年金法等改正では，被用者保険の適用拡大（段階的に被保険者総数が50人超の事業所まで企業規模を引下げ），受給開始時期の75歳までの拡大等がなされた。また社会福祉法等改正では，市町村の包括的な支援体制構築のための事業の創設等がなされた。2021（令和3）年には，健康保険法等改正により，後期高齢者医療制度利用者負担の一部2割への引上げ等がなされた。

4 社会保障の保障方法

① 社 会 保 険

社会保険の意義

1950（昭和25）年社会保障制度審議会勧告で，「社会保障の中心をなすものは自らをしてそれに必要な経費を拠出せしめるところの社会保険制度でなければならない」とされて以降，わが国の社会保障制度は社会保険を中心に発展してきた（→「目で見る」Ⅰ *1b*）。

一般的な理解によれば，**社会保険**とは，リスク分散のため保険の技術を用いて保険料などを財源として給付を行う仕組みである。そもそも保険とは何かについて，保険学などの分野で定説があるわけではない。ただしこの保険は，大数の法則によって成り立っているとされる。大数の法則とは，個別にみれば偶然と思われる事象も，大量観察すればそこには一定の法則がみられるという原理である。この考え方は，社会保険にもあてはまる。

さらに保険がよって立つ**保険原理**として，①**給付反対給付均等の原則**（加入者の拠出する保険料は，その偶然に受け取ることのあるべき保険金の数学的期待値に等しい），②**収支相等の原則**（保険者の収受する保険料の総額がその支払う保険金の総額と等しい）が挙げられる。これらを数式化すると以下のようになる。

①　給付反対給付均等の原則

$$P = wZ$$

（P＝保険料額，w＝事故発生の確率，Z＝保険金額）

②　収支相等の原則

$$nP = rZ$$

（n＝保険集団の構成員数，r＝保険金受領者数）

社会保険とは，こうした保険の基本原則を，国民の生活保障という社会保障の目的達成の見地から，平均保険料方式，応能保険料負担，事業主負担，公費負担などの手法を用いて修正したものである。したがって，ここではもはや給付反対給付均等の原則は成立しない。収支相当の原則は，本来の保険と異なり公費負担を含めた上で守られているといいうる。社会保険は，こうした社会政策目的の下での加入強制に基づく法関係である場合が多く，保険者—加入者間に等

価交換を前提とする債権債務関係は典型的には認め難い。

　こうした社会保険の捉え方は，換言すれば，上記①②のような保険原理（保険が依って立つ考え方）を，国民の生活保障という社会政策目的に沿った**扶助原理**（扶養原理ともいわれる）によって修正したものということができる。この両面を捉えて，社会保険には，「保険」的性格（保険性）と，「社会」的性格（社会性）があるともいわれる。

　　　　　　　　　　　　　社会保険の機能として，①リスク分散機能

社会保険の機能　　　　と，②所得再分配（ないし所得移転）機能が

挙げられる。前者は，保険の技術を用いていることから派生する本来的機能として，また後者も，保険原理を扶助原理で修正した「社会」保険であることの帰結として認められる。

　このうち所得再分配機能として挙げられてきたのは，①保険的所得再分配（加入者から受給者への所得移転），②所得階層間所得再分配（高所得者から低所得者への所得移転），③労資間所得再分配（企業から労働者への所得移転）などである。このうち①は，私保険でもみられるいわば保険固有の再分配機能であり，リスク分散機能と重なり合う。②は応能負担，③は事業主負担がある場合，必然的に随伴する機能である。また最近では，④世代間所得再分配（現役世代から高齢世代への所得移転）機能に焦点があてられている。例えば，後述するように，実質的に賦課方式化している公的年金の財政方式は，こうした機能を当然に含んでいる。

　　　　　　　　　　　　　社会保険の制度的特徴として，一般に挙げ

社会保険の特徴　　　　られるのは，①給付要件および給付内容の

定型性，②資産・所得調査がないこと，③所得の減少ないし貧困に対し事前予防的であること，④保険料を財源（の少なくとも一部）と

すること、などである。こうした特徴は、とりわけ年金保険を念頭においた場合、そして後述する公的扶助との対比において典型的に妥当する（→②）。

このほか、所得再分配機能が組み込まれていることや、いわゆる逆選択の防止との関連で、社会保険は基本的に強制加入をその特徴としている（→**Key Word**②）。

| 社会保険と税 |

かつて社会保障法学では、「社会保険から社会保障へ」というスローガンに示されるように、保険原理を希薄化し、公費負担割合の増加などにより扶助原理が強まることに対し、社会保障のあるべき方向性であるとして積極的な評価がなされ、本人拠出そのものをなくすことが理想的な保障形態であるとの見方を生んだ。ここから、社会保険でも公的扶助でもない中間的な保障方法として、無拠出で定型的給付を行う社会手当の仕組みに積極的な評価が与えられた。またこれとは別に、わが国では、基礎年金などの財源のあり方をめぐって、社会保険の仕組み（社会保険方式）と全額税で賄う仕組み（税方式ないし社会扶助方式）のどちらが適切かが議論されてきた。税方式のメリットとして、①社会保険における排除原理（保険料を拠出できない低所得者等が給付を受けられない事態を生じること）を回避できる、②保険料徴収に係る膨大な事務コストの削減、③いわゆる国民年金第3号被保険者問題の解消、などが主張される。

これに対し、社会保険のメリットとして、①税よりも保険料負担の方が引上げに際して国民の合意を得やすい、②すべて税で賄うとすると巨額の税負担が必要となる、③税財源（ただし目的税を除く）と異なり、保険料は使途を特定されているため財源として安定している、④立法技術的に無拠出給付は所得制限と結びつきやすいのに

対し，拠出に基づく給付はそうではない，といった点が指摘される。

　社会保障法学では，社会保険料拠出に積極的な規範的意義を見出し，社会保険の仕組みを再評価する見方が有力である。

　それによれば，第1に，社会保険給付の対価的性格，すなわち拠出記録に基づき受給権が発生するという1対1の対応関係が原則として貫かれている点が指摘され，こうした意味での権利性の強さが，後述する社会扶助と比較した場合における社会保険のメリットであると主張される。たしかに，保険者─加入者間における等価交換を前提とする債権債務関係の存在を予定しない（給付反対給付均等の原則が妥当しない）点に社会保険の積極的意義が認められる以上，拠出に基づく「権利」の観念を法学的に強調することは，とくに解釈論としては慎重である必要がある。しかし，税を財源とする仕組みにおいても，法律の規定ぶりやその給付を支える憲法上の根拠にまで遡って権利性を基礎付けることは可能であるとしても，上述の意味での「対価性」が，社会保険固有の規範的意義をもちうることは否定できないであろう。社会保険の「権利」性に直接言及するものではないが，最高裁も，「けん連性」概念を手がかりにして社会保険の法的構造に独自の規範的意義を認めている。すなわち，不法行為の際の損害賠償額の算定にあたり，障害年金の逸失利益性を肯定する際，「保険料が拠出されたことに基づく給付としての性格を有している」ことを指摘し（最判平11・10・22），遺族厚生年金の逸失利益性を否定する際，同年金が「受給権者自身が保険料を拠出しておらず，給付と保険料とのけん連性が間接的である」ことを理由の一つとして挙げる（最判平12・11・14〈百選39〉）一方，軍人恩給としての扶助料の逸失利益性を否定する際，「全額国庫負担であ」ることを理由の一つとして挙げている（最判平12・11・14）。また国民

健康保険料につき憲法84条の直接適用を否定する際，国民健康保険事業に要する経費の約3分の2が公的資金によって賄われていることによって，保険料と保険給付を受けうる地位とのけん連性が断ち切られるものでない旨指摘する（最大判平18・3・1〈百選8,9〉）。

　第2に，社会保険のメリットとして保険者自治の側面が指摘されている。社会保険には，負担と受益が保険集団の構成員に限定された政治システムという側面がある。一般の政治的意思決定システムとは切り離された社会保険というシステムの下で，制度運営への参加と民主的決定を通じて，政策目的を特定した保険集団内での自治が果たされうる。

```
　財 政 方 式
```
　　　　　　　　　社会保険の財政方式には，大別して①賦課方式と，②積立方式がある。前者は，一定の短期間（通常は1年間）に支払うべき給付費を，当該期間内の保険料収入等によりまかなうように計画する財政方式であり，後者は，将来の給付費の原資を，保険料等によりあらかじめ積み立てるように計画する財政方式である（後者は，**完全積立方式**と，完全ではないものの一定の積立金を保有する**修正積立方式**に分かれる）。

　こうした財政方式は，従来，長期保険である年金保険との関連で議論されてきた。医療保険のように短期保険の場合，原理的に積立方式となじみにくいからである。ただし理論的には，医療における世代間での負担と給付のバランスを図るという観点から，長期積立型医療保険制度なども想定する余地がある。実際，医療保険や介護保険では，中期的な財政運営が意識されている。

　　Key Word②　強制加入と逆選択••••••••••••••••••••••••••

　　　一般に，社会保険を民間保険と区別する基準の一つとして，強制加入の有無があると理解されている。しかし，自動車損害賠償責任

保険のように，強制加入であっても民間保険とされるものもある。

　自動車損害賠償保障法5条では，被害者救済という観点から自動車の保有者に責任保険ないし責任共済への加入を義務づけている。しかし，保険給付の内容には，上限が付されており，保険料もほぼ定額制に近いものが採用されている。それゆえ，このような保険では，加入者個人の危険（リスク）に応じた保険料設定がなされていないと考えられる。通常，民間保険は，個人責任主義に基づいて加入者個人の保険事故の発生率や給付条件に応じて保険料が決定されるので，保険事故の発生率の高い者だけが加入するという事態は想定されない。

　これに対し，社会保険は，保険料を個人の危険（リスク）にではなく，原則として（またはその大部分について）個人の負担能力に着目して決定する。そのため，任意加入にしておくと，保険事故の発生率が高く，負担能力の低い者のみが積極的に加入する逆選択が発生しやすい。この逆選択が発生すると，危険を分散する仕組みである保険に，その保険事故の発生があらかじめ確定している者，またはその危険が高い者だけが加入することになり，危険が分散されない。また，このような者が多数加入している保険では，たとえ公費負担を導入するとしても自ずと限度があるとすれば，保険料の引上げが避けられない。そうすると，保険に加入するのはさらに危険度の高い者に限られ，保険制度の存続自体を危うくしかねない。

　それゆえ，社会保険制度においては，特に逆選択を避ける必要性が高く，強制加入の合理性や正当性も他の損害賠償責任保険より高いと考えられる。　　　　　　　　　　　　　　　　　　　　　　　（倉田）

2　社 会 扶 助

社会扶助の意義

社会保障の保障方法として，社会保険とともに社会扶助が挙げられることがある。

1995（平成7）年社会保障制度審議会勧告の前提となった1993（平成5）年同審議会社会保障将来像委員会第1次報告でも，公的扶助を含めて社会手当，福祉サービス，公費負担医療など一般財源による給付を社会扶助と呼ぶとすれば，社会保障は社会保険と社会扶助からなるとしている。

　社会扶助は，保険の技術や原理に「基づかず」に租税を中心とする公費によって給付を行う仕組みである，といった定義づけがなされる。ただし，社会保険には，上述したように，保険の技術を「用いたもの」という積極的性格づけを行い，対価性・保険者自治といった規範的議論の展開が可能であるのに対し，社会扶助の場合，積極的な性格づけを行うとすれば，せいぜい保険料以外の租税などを財源とするところに求められるにすぎない。

　社会扶助は，歴史的に遡れば公的救貧制度にその淵源を求めることができる。ただし，今日的概念としての社会扶助には，公的救貧制度の発展形態としての公的扶助のほか，公費負担による非貧困者層への福祉サービスの提供なども含むと理解されており，歴史的に形成されてきた「扶助」制度とは必ずしも軌を一にしない。

　先に述べたように，社会保障の保障方法ないし財源調達方法として，社会保険と社会扶助（ないし税）の仕組みのどちらが適切であるかが，基礎年金などのあり方をめぐって議論されてきた。

公的扶助・社会福祉・社会手当

1950（昭和25）年社会保障制度審議会勧告が，社会保障制度を社会保険，国家扶助，公衆衛生および医療，社会福祉の4部門に分類したのをはじめとして（→「目で見る」I 1b），公的扶助（50年勧告にいう国家扶助），社会福祉といった制度分類が，社会保険と並列的になされることも多い。これら（とりわけ社会福祉）は保障方法

そのものを表す概念ではないものの，わが国社会保障制度の理解に不可欠であるため，触れることにする。

　公的扶助とは，拠出を要件とせず，生活困窮に陥った原因を問わず，最低生活水準を下回る事態に際し，その不足分を補う限度において行われる給付である。わが国では憲法 25 条 1 項にいう「健康で文化的な最低限度の生活を営む権利」に密接に関連し，生活保護法が代表的立法である（→第 8 章）。一般に社会保険との対比において，制度的特徴として挙げられるのは，①給付内容における個別性（必要即応の原則），②資産・所得調査，③貧困に対する事後的対応，④一般歳入（租税）を財源とすること，などである。

　社会福祉とは，50 年勧告当時にあっては，公的扶助を含む低所得層に対する施策という色彩が濃くみられたものの，現在では，低所得層に限定されない，一定の生活上のハンディキャップをもつ人々（児童・障害者・高齢者など）に対する非金銭的なサービス給付を中心に捉えられている（→第 7 章 **1**）。

　社会手当は，上述したように，社会保険と公的扶助の両者のメリット（無拠出でありながら給付は定型的）を兼ね備えた類型の給付と捉えられてきた（→第 4 章 **1**）。

5 社会保障の保障水準と費用負担

1 保障水準

　社会保障が基本的には給付の体系であるとして，保障される給付水準がどうあるべきかを規範的に論じるに際しては，いくつかの議論が成り立ちうる。

第1に，**最低生活保障**（あるいはミニマム保障）という考え方がある。「最低」の捉え方にもよるものの，少なくとも憲法25条1項にいう「健康で文化的な最低限度の生活」水準と密接なかかわりをもちうるという意味で，わが国では固有の規範的意味内容をもつ概念といえる。生活保護水準のほか，元々65歳以降の一人暮らし無職者の衣食住に関する消費額を勘案してモデル年金額が設定された老齢基礎年金の給付水準も，この最低生活保障水準と関連性をもつ。

　第2に，**適正水準保障**という考え方がある。所得保障ニーズでは捉え尽くせない，医療保障の場面において，ミニマムを超えたオプティマムの保障が規範的に求められる（つまりそれを憲法25条1項の規範内容に読み込むことができる）との見方がある。ただし，具体的な制度との関連で，何が最低水準であり何が適正水準であるかの区別はそれほど自明ではない。

　第3に，**従前生活保障**という考え方がある。わが国では厚生年金などの報酬比例年金がこの水準にかかわる。ただし，憲法25条1項と密接なかかわりをもつ最低生活保障水準と比べた場合，そうした給付水準の保障が規範的に要請されているとみられる度合いは，第1・第2の水準と比較した場合，相対的に弱いといわざるをえない。

　第4に，**最高水準保障**という考え方もありうる。この水準は，要保障者が有するすべてのニーズを保障することを意味する。ただし，現行制度上，こうした水準を保障する制度は存在しない。またニーズの捉え方いかんにもよるが，そうした保障が，生活自助原則との関連で社会保障における理想的な制度のあり方ともいえない。

② 費用負担

公費負担 ①で述べた保障水準のほか，社会保障の保障内容・保障範囲などは，超少子高齢社会の進行や多額の公債残高を抱えるわが国の状況下にあって，給付を支える費用負担のあり方とあわせて議論する必要がある。

　従来から，わが国では社会保険が中核的な保障方法であった。比較法的にみた場合，ドイツの疾病保険などのように，伝統的に公費負担の導入を拒否することにより，保険者の財政の独立性ひいては財政自律を確保してきた国もある。これに対し，わが国では相当規模の公費負担が導入されてきた。とりわけ国民健康保険や介護保険における公費負担割合が高く，例えば，都道府県が市町村に交付する国民健康保険保険給付費等交付金は，国庫負担等を含め 50％ とされており，介護保険の公費負担も国・都道府県・市町村をあわせて給付費の 50％ とされている。2008（平成 20）年に実施された後期高齢者医療制度の公費負担も 50％ である。

　公費負担には，国庫負担と各地方公共団体（都道府県および市町村）による負担がある。負担の対象となるのは，大別すると事務費と給付費である。

　社会保険において公費負担がなされる根拠としては，①強制加入させる見返り，②制度内の低所得者の負担能力の補完，③制度ごとの財政力格差の調整，④国民の生活保障に対する公的責任の遂行，といった理由が挙げられている。

　これに対し，社会保険以外の諸制度については，事業主拠出金が導入されている児童手当を除くと，法定の公費負担が主要な財源となっている。

なお財政法上，負担金とは，当然に国などが経費を分担すべきとされている義務的な支出であるのに対し（地財10条〜10条の4），自治体に対する補助金は，国の「施策を行うため特別の必要があると認めるとき」などに行われる裁量的な支出である（同16条）。

| 保険料と利用者負担 |

社会保険では，保険料が財源の相当部分を占めている。保険料負担義務は，被保険者のほか，被用者を対象とする制度では事業主にも負わされている（ただし，労災保険では事業主のみ負担）。

事業主負担の根拠としては，①保険事故の発生が事業主の責任に帰せられるべき側面がある（原因者負担），②社会保険の存在が事業主に利益をもたらす（受益者負担），③被保険者の負担能力の不足を補うため，といった理由が挙げられている。実際には，介護保険のように地域保険的色彩の濃い制度にも，事業主負担が導入されている。社会保障の財源調達が困難になる中で，事業主負担の根拠づけは，今後の重要な理論的課題である。

医療・福祉サービスの保障を目的とする制度では，多くの場合，利用者負担が課される。一般には本人負担が課されるほか，児童福祉分野など扶養義務者負担が課されることもある。負担の仕方としては，定率と定額がある。利用者負担は，とりわけ定率負担を念頭においた場合，給付率の問題として捉えることもできる。

保険料であると利用者負担であるとを問わず，社会保障制度における負担の方法としては，支払能力に応じた負担（**応能負担**）と受益に応じた負担（**応益負担**）がある（→第5章**3①**）。例えば，標準報酬に対して定率で課される健康保険や厚生年金保険の保険料は応能負担の考え方に基づいており，医療保険や介護保険の定率一部利用者負担は，応益負担の考え方に基づいている。応能割と応益割（→

第5章**3**①）を組み合わせた国民健康保険料（税）には，両者の考え方が入り込んでいる。応益負担にはコスト意識を喚起し，効率的な資源配分をもたらすメリットがある一方，負担能力を無視した過度の応益負担は，制度利用を事実上妨げることにつながり，社会保障制度のあり方としては適切でない。

保険料と税　社会保険料や利用者負担の法的性格が，租税法律（条例）主義（憲84条）との関係で争われている。最高裁は，児童福祉施設である保育所の保育料につき，「保育所へ入所して保育を受けることに対する反対給付として徴収されるものであって，租税には当たらないから，憲法84条・92条違反をいう主張は，その前提を欠く」とし（最判平2・7・20，同旨最判平2・9・6），国民健康保険料についても，「憲法84条の規定が直接に適用されることはない」とする（最大判平18・3・1〈百選8〉）。さらに介護保険第1号被保険者に対して課する保険料の料率を政令で定める基準に従い条例で定めるところにより算定する旨規定する介護保険法129条2項も，憲法84条の趣旨に反しないとされている（最判平18・3・28）。

財政調整　わが国の社会保障制度においては，保険者間あるいは制度間の財政力格差を是正するため，多くの財政調整の仕組みが導入されている（→**Key Word**⑤）。財政調整としては，同一目的の複数制度間の調整を行うものと，制度内での調整を行うものがある。前者の例としては，前期高齢者交付金（高齢医療32条），後期高齢者交付金（同100条1項）があり，後者の例として，財政基盤に不安を抱える国民健康保険や介護保険におかれているさまざまな仕組みが挙げられる。

6 社会保障の行政機構

[1] 実　施

国

日本国憲法上，国は国民の「健康で文化的な最低限度の生活を営む権利」を保障する義務を負い（25条1項），「すべての生活部面について，社会福祉，社会保障及び公衆衛生の向上及び増進に努めなければならない」（同条2項）。健康で文化的な最低限度の生活水準を保障すべき義務は，国（第一義的には中央政府）に負わされているということができる。しかし，このことは，必ずしも社会保障制度が国によって直接運営・実施されねばならないことを意味しない。実際にも，国の責任のあり方としては，すでに述べた財政責任，[2]で述べる計画策定責任および指導監督責任など多様でありうる（→第2章**2**[2]）。

その他の機構

国以外の実施主体としては，地方公共団体や，健康保険組合などの特別法人がある。このうち地方公共団体は，国民健康保険や介護保険の管掌者（保険者），児童福祉・障害者福祉などの事業実施主体などとして登場する。

　国と地方公共団体との関係については，かつて機関委任事務・団体委任事務などの事務区分がなされ，1986（昭和61）年機関委任事務整理合理化法や1990（平成2）年のいわゆる福祉8法改正により，機関委任事務とされてきた福祉関係の事務が随時分権化（団体委任事務化）された。次いで1999（平成11）年のいわゆる地方分権一括法により，従来の事務区分が自治事務（自治2条8項）と法定受託

事務（同条9項）に再編成され，地方公共団体の事務実施主体としての役割がいっそう大きくなった。さらに2011（平成23）年のいわゆる第1次・第2次一括法，2013（平成25）年第3次一括法，2014（平成26）年第4次一括法など一連の地方分権改革の流れの中で，法令による義務付け・枠付けの見直しなど，ほぼ毎年のペースで法律改正がなされている。

　他方，健康保険組合については，事業主と被保険者を組織員とし，独自事業を行うことが予定されているなど，保険者としての一定の独立性を有する。2006（平成18）年健康保険法改正により，従来政府が管掌してきた健康保険が公法人（全国健康保険協会）化され，新たに後期高齢者医療広域連合が設立されたように，保険者の再編に向けた動きもみられる。

2 計画・監督

計画　　　　　社会保障のうち，サービス供給主体の確保を不可欠とする保健・医療・福祉の各分野では，制度の実施にあたる地方公共団体に対し，行政計画を策定する責任を負わせている。医療計画（医療30条の4），都道府県医療費適正化計画（高齢医療9条），市町村・都道府県老人福祉計画（老福20条の8・20条の9），市町村介護保険事業計画（介保117条），都道府県介護保険事業支援計画（介保118条），市町村・都道府県障害福祉計画（障害総合支援88条・89条），市町村・都道府県障害児福祉計画（児福33条の20・33条の22），都道府県・市町村障害者基本計画（障害基11条2項・3項），市町村地域福祉計画（社福107条），都道府県地域福祉支援計画（社福108条），都道府県健康増進計画（健康増進8条）などが法定されている。これらについては，相互に一体と

して，あるいは調和を保って作成されねばならない旨の規定がおかれる場合が少なくない（医療30条の4第13項，介保118条6項・9項，高齢医療9条6項）。

──────────────
指導および監督
──────────────
国（政府）および地方公共団体は，直接運営・実施にあたらないとしても，民間施設・事業者に係る指導・監督といった規制行政的手法により，いわば間接的に社会保障制度の実施にかかわる場合も多い。例えば，医療分野では，医療法と医療保険各法の二側面から規制がなされ，福祉・介護分野では，社会福祉法，介護保険法，障害者総合支援法，子ども・子育て支援法，老人・障害者・児童福祉各法などによる各種の規制がなされている。

③ 救 済

社会保障の給付や保険料などをめぐる紛争処理のため，不服申立てのための独自の機関が法定されている。例えば，社会保険審査官・社会保険審査会（厚年90条，健保189条，国年101条），国民健康保険審査会（国保91条），介護保険審査会（介保183条），雇用保険審査官・労働者災害補償保険審査官・労働保険審査会（雇保69条，労災38条），障害者介護給付費等不服審査会（障害総合支援98条）などがある。

最終的には行政訴訟と結びつく行政不服申立制度とは別に，事実上の紛争を処理するための苦情処理機関として，国民健康保険団体連合会（介保176条）と運営適正化委員会（社福83条）がおかれている。このほか，社会福祉協議会などによる福祉サービス利用援助事業（社福2条3項12号）の実施や，サービス提供者自身による利用者からの苦情への対応（社福65条1項・80条以下）など，第三者機

関や民間実施主体自身が関与することにより権利救済（もしくは権利侵害の予防）を図るための多様な仕組みが導入されている（→第2章**1**④）。これらは，従来，量的拡大に焦点が当てられてきた社会保障給付にも，質の向上という観点からの権利保障に目が向けられるようになってきたことを示している（→第2章**1**②）。

7 社会保障の国際化

① 社会保障と国際基準

社会保障の発展形態は国ごとに異なるものの，国際的にみた場合，国際機関などによる条約等のさまざまな取決めによって発展が促されてきた側面がある。なかでも，ILO（国際労働機関）による種々の社会保障関係の条約・勧告，国連総会が採択した1948（昭和23）年世界人権宣言，1966（昭和41）年国際人権規約A規約（経済的，社会的及び文化的権利に関する国際規約〔社会権規約〕）での社会保障にかかわる権利の明文化などが重要である。

ILOの取組みとしては，1942（昭和17）年に『社会保障への途』が事務局から発表され，1944（昭和19）年にフィラデルフィア宣言が採択された。その後，多くの社会保障関係の条約・勧告が出され，このうち日本が批准したものとしては，「社会保障の最低基準に関する条約（102号条約。1976〔昭和51〕年傷病給付・失業給付・老齢給付・業務災害給付にかかる義務を受諾）などがある。

世界人権宣言では，22条が社会保障を受ける権利を規定し，25条1項が「衣食住，医療及び必要な社会的施設等により，自己及び家族の健康及び福祉に十分な生活水準を保持する権利並びに失業，

疾病，心身障害，配偶者の死亡，老齢その他不可抗力による生活不能の場合は，保障を受ける権利」を規定した。国際人権規約では，より細分化して，社会権規約において，社会保障についての権利（9条），家族・母親・児童の保護（10条），生活水準についての権利（11条），健康を享受する権利（12条）を規定した。

このほか社会保障関連では，難民条約（1981〔昭和56〕年批准），子どもの権利に関する条約（1994〔平成6〕年批准），障害者権利条約（2014〔平成26〕年批准）が重要である。

② グローバル化と社会保障

国際協力　社会保障の分野では，さまざまな形で国際的な協力活動が行われている。こうした活動は，多くの場合，途上国への開発援助の一環としてなされている。

国際協力は，ODA（政府開発援助）など政府ベースのものとNGO（非政府組織）などの民間ベースのものがある。前者には，WHO（世界保健機関）・OECD（経済協力開発機構）などの国際機関を通じた多国間協力によるものと，JICA（国際協力機構）などを通じた二国間協力によるものがある。単なる金銭的な援助・拠出にとどまらず，特に保健医療分野を中心とした人材育成や制度構築に向けた支援が重視されている。とりわけアフリカや東南・南アジアに対する支援協力事業の展開が求められている。

グローバル化と社会保障　グローバリゼーションという言葉に象徴されるように，各国経済は，いまや相互に密接なかかわりを有している。グローバル化は，世界的規模での物資と資本の流動性の拡大とともに，各国間での人的交流の拡大を伴い，国民国家を前提として発展を遂げてきた

社会保障の適用問題を生じるに至った。具体的には，第1に，経済格差などを背景にした外国人労働者の流入と，不法滞在も含めた公的扶助・医療保険などの適用問題，第2に，在外勤務などの際，滞在国の社会保障制度の適用を受けることにより，例えば長期保険である年金保険の保険料拠出義務を負わされるといった問題がある。このうち前者は，社会保障制度の人的適用範囲の限界にかかわるほか（→**ISSUE①**），本来的には国の出入国管理・労働政策と密接にかかわっている。近年，わが国の超高齢化と若年労働力の減少を背景として，東南アジア諸国との間で締結される EPA（経済連携協定）の中に自然人の移動に関する章がおかれ，高齢者介護などの労働力になることが期待される看護師・介護福祉士候補者の受け入れが始まっている。2016（平成 28）年出入国管理及び難民認定法改正により，介護の在留資格を有する者が介護または介護の指導を行う業務に従事する「介護」を新たに在留資格として認めるとともに，外国人技能実習生の受け入れ先への監督を強化する外国人技能実習適正化法が制定された。また 2018（平成 30）年出入国管理及び難民認定法及び法務省設置法の一部を改正する法律により，人材を確保することが困難な状況にある産業上の分野に属する技能を有する外国人に係る新たな在留資格（特定技能）を設けた。後者については，最近わが国でも，二国間協定を締結し，両国間の移動に伴う社会保障制度の適用に不都合を生じさせない方策がとられている。すでにドイツ，イギリス，アメリカ，韓国，フランス，ベルギー，カナダ，オーストラリア，オランダ，チェコ，スペイン，アイルランド，ブラジル，スイス，ハンガリー，インド，ルクセンブルク，フィリピン，スロバキア，中国，フィンランド，スウェーデンとの間で協定が発効しており，すでに署名済み，交渉中または予備交渉中の国も

少なくない（2022〔令和4〕年6月現在）。

ISSUE①　外国人と社会保障

　コロナ禍の影響を受けているものの，経済活動のグローバル化に伴い，在留外国人は2021（令和3）年12月現在，276万人余りに達している。

　外国人と社会保障制度との関係は古くから問題とされてきた。わが国の社会保障制度には国籍条項を設けていたものが少なくなかったからである。最高裁も，「基本的人権の保障は，権利の性質上日本国民のみをその対象としていると解されるものを除き，わが国に在留する外国人に対しても等しく及ぶ」（最大判昭53・10・4）という性質説を採用していた。この系譜に属するものとして，不法入国した外国人被爆者に対して原爆医療法（昭32法41）の適用を認めた事案（最判昭53・3・30〈百選114〉）や，在外被爆者が日本国外で医療を受けた場合に被爆者援護法（平6法117）における一般疾病医療費の適用を認めた事案（最判平27・9・8）がある。なお，これらの法律は，社会保障と国家補償の性格をあわせもつとされる。

　その後，「難民の地位に関する条約」の批准（1981〔昭和56〕年）により，多くの社会保障立法から国籍条項が削除された。障害認定日に日本国籍を有することを求める規定の合憲性が争われた塩見訴訟（最判平元・3・2〈百選4〉）や，国籍要件の存在にもかかわらず保険料を長期間納付してきた裁判例（東京地判昭63・2・25）が提起した問題の一部は，国籍条項の削除により解決されたともいえる。

　これに対し，生活保護法では「国民」という用語が依然使用されている。交通事故により重傷を負い生活保護を申請した事案に対して，最高裁は，「不法残留者を保護の対象に含めるかどうかが立法府の裁量の範囲に属することは明らか」であり，「同法が不法残留者を保護の対象としていないことは，憲法25条に違反しない」と

した（最判平 13・9・25〈百選 5〉）。また，現行法令上，永住外国人について「生活保護法が適用され又は準用されると解すべき根拠は見当たらない」とした（最判平 26・7・18〈百選 79〉）。

3ヵ月を超えて日本に在留すると認められる外国人は，国民健康保険に加入しなければならない。加えて，住民登録の対象となる 20 歳以上 60 歳未満の外国人は，国民年金に加入する義務がある。不法滞在者が国民健康保険法 5 条における「住所を有する者」に該当するかが争われた事案で，最高裁は，同法 5 条が「在留資格を有しないものを被保険者から一律に除外する趣旨」ではないが，「単に市町村の区域内に居住しているという事実だけでは足りず，少なくとも，……外国人登録をして，……将来にわたってこれを維持し続ける蓋然性が高いと認められることが必要である」とした（最判平 16・1・15〈百選 16〉）。

場面は変わって，外国人が雇用労働者として働く場合，技能実習生を含めて，厚生年金，健康保険および雇用保険に加入しなければならないし，労災保険の適用も受ける。このうち，厚生年金や国民年金については，保険料の掛け捨てを回避するため脱退一時金の制度が設けられた（平 6 法 95）。また，被扶養者資格に基づき治療目的で入国する問題を受けて，被扶養者の認定に国内居住要件が加えられた（令元法 9）。

労災保険に関連して，不法就労中の労災事故における安全配慮義務違反を前提とした逸失利益の算定が争われた事案（最判平 9・1・28）で，最高裁は，本件事故退職後 3 年間は会社から得ていた額と同額の収入を，それ以降 67 歳までは円換算で 1ヵ月あたり 3 万円程度の収入を得るものとして逸失利益を算定した下級審判断（東京地判平 4・9・24）を維持した。

雇用労働者の場合に問題となるのは，母国での公的年金保険料も払う二重負担が生じたり，年金受給資格が確保されない事態が生じることである。これらの問題を解消するため，日本との間で社会保

障協定が締結されることがあり，現在，アメリカや中国など22ヵ国との間で協定が発効している。社会保障協定締結国の外国人は，協定により厚生年金や健康保険の適用が免除される。しかし，加入を免除される制度の範囲などは協定の内容により異なる。なお，社会保障協定は，署名国で就労する日本人労働者にも適用される。

　以上のような国家レベルでの対応に加え，自治体レベルで医療費の補填や高齢者特別給付金を支給する例もある。しかし，技能実習生や不法滞在という弱みにつけ込んだ労働条件の劣悪さや処遇上の差別がみられるなど，法制度の不備や救済の谷間に見過ごすことのできない問題が，なお潜在している。　　　　　　　　　（加藤）

第2章

社会保障法の理論と課題

社会保障法は，実定法の一分野として位置づけられる。本章では,「生存権論」を含む権利論の展開についてみた後，法理論の多面的な紹介を通して，社会保障と社会保障法学の到達段階や将来的な課題を総論的に明らかにする。

1 社会保障の権利

① 権利論の展開

生存権論

戦後，社会保障の権利にかかわる議論は，主として憲法学における「生存権論」を軸に展開されてきた。憲法25条の法的性格（裁判規範性）につき，判例・通説は当初プログラム規定説の立場にあり（最大判昭23・9・29），生存権規定は裁判上請求できる具体的権利を国民に与えたわけではなく，国に対してそれを立法によって具体化する政治的・道徳的義務を課したものにすぎないと解していた。その後，朝日訴訟第1審判決（東京地判昭35・10・19）が，厚生大臣の設定する生活保護基準が健康で文化的な生活水準を維持することができる程度の保護に欠ける場合，当該基準は生活保護法8条2項・2条・3条等に違反し，「ひいては憲法第25条の理念をみたさないものであって無

効といわなければならない」と判示し，憲法25条の裁判規範性を認めるに至った。これを契機として，憲法25条を具体化する法律によって生存権の権利性が実質化されるとする抽象的権利説，具体化する法律が存在しない場合でも同条の裁判規範性を認める具体的権利説などが展開された。憲法学では，生存権が一定の範囲で裁判規範としての効力を有することを前提として，立法裁量との関係で違憲審査基準をどう考えるかに関心が寄せられ（例えば，合理性の基準か，厳格な合理性の基準か），またいかなる訴訟類型においていかなる違憲審査基準によって生存権が裁判上保障されるか（例えば，立法府の不作為の違憲確認訴訟，国家賠償訴訟の可否）が議論されてきた。

　これに対し，朝日訴訟最高裁判決（最大判昭42・5・24〈百選1〉）は，傍論としてではあるが，「何が健康で文化的な最低限度の生活であるかの認定判断は，いちおう，厚生大臣の合目的的な裁量に委されており，その判断は，当不当の問題として政府の政治責任が問われることはあっても，直ちに違法の問題を生ずることはない」と判示し，広範な行政裁量を認めた（→「目で見る」I 1c）。その後の最高裁判決も，基本的に広範な立法・行政裁量に委ねられるとの立場を堅持し，今日に至っている（最大判昭57・7・7〈百選2〉，最判昭57・12・17，最判平元・3・2〈百選4〉，最判平24・2・28〈百選3〉）。

権利論批判

こうした最高裁の消極的態度にもかかわらず，「権利としての社会保障」の確立を目指す社会保障法学説の展開は，朝日訴訟をはじめとする裁判闘争などを契機として，生活保護制度などの改善に一定程度寄与したといわれる。しかし，高度経済成長期を過ぎ，1980年代に入ると，とりわけ法学以外の学問分野から，こうした運動論的な「権利主義的社会保障論」は，低成長のもとでパイの増大が容易には望めな

り，社会保障費の膨張を不可避とする急速な高齢化が予測されるなかで，その有効性を失ったと批判されるに至った。その後もバブル経済崩壊後の平成不況，サブプライムローン問題（ないしリーマン・ショック）を発端とする世界金融危機とその後のデフレ経済，政府財政状況の悪化など，社会保障を取り巻く経済・財政状況が厳しさを増す中にあって，財源論を射程に入れた権利論を展開する必要性がますます高まっている状況にある。

従来の「権利論」の特徴・限界　他方において，こうした批判や時代状況の変化とは別に，1990年代に至るまでの社会保障法学における生存権論ないし「社会保障の権利」論の展開には，以下のような特徴・限界があった。第1に，社会保障の歴史的生成に伴う必然性（資本主義経済の矛盾の露呈と，その緩和・調整策としての社会保障）という以上に，生存権そのものの理念的基礎付けが必ずしも十分になされてこなかった。生存権を中心とする社会権を人権のカタログに含めることに疑問を呈する議論もある中では，生存権そのもののいわばメタ理論的な基礎付けが求められる。第2に，主として裁判規範としての権利の視角から捉えられてきた。しかし，社会保障法学においては，①関係法令の相当部分が技術的性格を有し，頻繁に法改正がなされることから，こうした法改正のあり方を領導する立法策定指針ないし政策策定指針としての権利との視角も有用である，②社会福祉分野でいわれる権利擁護（→④）にみられるように，社会保障法の領域では，法律行為のみならず事実行為も含めた対象者の生活そのものの支援・擁護という視点が欠かせない，という2つの意味で，裁判規範としての権利に限定されない視角が求められる。第3に，憲法25条1項を具現化した公的扶助（生活保護）を主たる対象として展開され，

それ以外の制度分野での理論展開が必ずしも十分なされてこなかった。権利主体としての国民と，責任（義務）主体としての国家という，二項対立的な社会保障法の捉え方が一般的であった背景には，こうした事情がある（→**2**②）。しかし，社会保障法関係においてはその他にも多くの法主体が関与しており，それらの複雑な法律関係ないし権利義務関係の解明は，重要な法的課題であるといわねばならない。

権利の「相対化」 行政文書に目を転じてみると，1950（昭和25）年社会保障制度審議会勧告では，冒頭に憲法25条の規定を掲げ，具体的な制度案に言及している（→「目で見る」Ⅰ*1*b）。戦後困窮に見舞われた当時の国民生活にかんがみると，憲法25条がわが国社会保障制度の基盤として重要な役割を果たしたことがうかがわれる。

　これに対し，1995（平成7）年社会保障制度審議会勧告では，「権利性」が「普遍性」「公平性」「総合性」「有効性」と並ぶ社会保障推進の原則の一つとして位置づけられている。このことは，生存権（典型的には「健康で文化的な最低限度の生活」保障）の実現が国民的政策課題とされた戦後と異なり，生活水準の向上とも相まって，権利論あるいは生存権論のみで社会保障のあり方を論じ尽くせなくなったことを意味している。

権利論の可能性 こうした社会状況および理論状況にもかかわらず，一般に政治プロセスへのアクセスが容易でない貧困者・障害者や，そもそもアクセスの途が確保されていない子どもなどの生活保障につき，依拠すべき有力な法的基盤になりうることから，なおも実体的権利論の意義は軽視されるべきでない。近時，介護サービス保障などとの関連での生存権論も展開

されている（→②）。

② 憲法と社会保障の権利

憲法25条　社会保障の権利を論ずる際，最も重要な憲法条文は25条の生存権規定である。同条の規範構造をどう理解するかについては争いがあり，従来1項と2項を同一の射程をもつものとして一体的に捉え，権利としての問題を1項に限定する見解が一般的であった。これに対し，社会保障法学説では両項の規範内容を別個に捉え，2項は1項を前提として，より広い社会国家的視野から国の責務を規定したもの（したがって裁判規範性も弱い）と考える見解（1項・2項区分論）が有力である。

かつて堀木訴訟控訴審判決（大阪高判昭50・11・10）は，憲法25条「第1項にいう『健康で文化的な最低限度の生活』（生存権）の達成を直接目的とする国の救貧施策としては，生活保護法による公的扶助制度がある」と判示した。生活保護法が1項の規範内容の実現に直接関わる制度であるとしても，同項の規範内容は，同法のみならず国民年金法，医療保険法，社会福祉各法その他国政全般を通じて実現が図られていることに留意する必要がある。またこうして「健康で文化的な最低限度の生活」の内実を生活保護法との関連で捉え，所得保障ニーズを念頭においてきた従来の判例・学説に対し，非金銭的サービス給付の保障の固有性に着目し，介護サービスや権利擁護サービスなどとの関連で生存権保障の法制度上の未整備を指摘する学説もある。

医療や介護などのサービス給付にかかる保障内容は，金銭給付と異なり，量的に充足されれば事足りるわけではない。すでに述べたように（→第1章**6**③），最近，質の向上を図るための多様な法的仕

組みが導入されているのも，権利論との関連では，憲法25条（特に1項）の規範内容をサービスの量のみならず質の側面からも捉えるべきことを示すものとして評価できる。

　なお後述するように，憲法25条に規範的根拠を有する権利として，健康権や居住権の存在が説かれることがある（→**2①**）。

憲法14条

　社会保障の権利を適正に実現するにあたっては，憲法14条1項にいう「法の下の平等」の要請も考慮に入れる必要がある。堀木訴訟（最大判昭57・7・7〈百選2〉）など，いわゆる併給禁止規定の合憲性が争われた裁判例は数多い。ただし原告側が勝訴した裁判例は少数にとどまってきた（東京地判昭43・7・15，神戸地判昭47・9・20〔いずれも上級審で逆転敗訴〕）。最高裁は，婚姻によらないで懐胎した児童を父が認知した場合に児童扶養手当の受給資格を認めない法施行令の定めにつき，違憲判断を回避しながら，施行令の括弧書き部分のみを，法による委任の範囲を超えた違法なものと判示した（最判平14・1・31〈百選99〉，最判平14・1・31，最判平14・2・22）。また，1985（昭和60）年改正前国民年金法の下で任意加入だった学生が国民年金の保険料を支払っていなかったことを理由とする障害基礎年金の不支給処分の違憲・違法が争われたいわゆる学生障害無年金訴訟で，憲法14条違反を認め国家賠償請求を認容した地裁判決（東京地判平16・3・24，新潟地判平16・10・28，広島地判平17・3・3）とは異なり，最高裁はこれを合憲とした（最判平19・9・28〈百選10〉，最判平19・10・9）。

　このほか，性別，年齢，職種などによる制度格差も憲法14条1項との関係で問題となることがある。例えば，国民年金法49条（寡婦年金），厚生年金保険法59条（遺族厚生年金）などでは，女性受給者に有利な扱いがなされている。地方公務員災害補償法上の遺

族補償年金の受給資格につき男性のみに設けられた年齢制限を，最高裁は憲法 14 条 1 項違反でないとした（最判平 29・3・21）。

憲法 13 条 憲法 25 条の生存権を，憲法 13 条に基盤をおく「人間の尊厳」から根拠づける考え方がある。また最近，社会保障の目的を，自律した個人の主体的な生の追求による人格的利益の実現のための条件整備と捉え，憲法 13 条に社会保障の規範的根拠を求める学説も主張されている（→**2**②）。

　実定法レベルでも，憲法 13 条を直接の規範的根拠として，あるいは同 25 条などと相まって重畳的に，社会保障における利用者・受給者の権利が論じられている。具体的には，①情報アクセス権あるいは「知る権利」（診療録〔カルテ〕開示〔東京地判平 19・6・27〕・診療報酬明細書〔レセプト〕開示〔最判平 18・3・10〕・生活保護記録開示〔最決平 20・12・18〕・介護記録開示〔東京高判平 14・9・26〕等），②プライバシー権（居宅や施設内での利用者のプライバシー保護〔養護老人ホームにおける個室入居につき，東京高判平 4・11・30〕等），③参加権（制度の策定・運用等にかかる利害関係者の関与等〔→④〕）などが問題となる。最近，医療・福祉領域で進みつつあるサービス情報提供の促進（医療 6 条の 2～6 条の 4 の 2，介保 115 条の 35）なども，個人の選択による自己決定を支援するという意味で，憲法 13 条に関わるものである。

憲法 29 条 憲法 29 条が規定する財産権の保障は，社会保障の権利との関連では 2 つの側面から問題となる。第 1 に，社会保障受給権の財産権的性格をめぐる問題がある。換言すれば，社会保障給付に対する憲法上の財産権保障がどの程度及びうるかという問題である（→③）。第 2 に，社会保険料等の費用負担をめぐる問題がある。社会保険への加入強制と保険

料の強制徴収が，財産権侵害になるのではないかという問題である。この点については，国民健康保険（最大判昭 33・2・12〈百選 7〉）および国民年金（京都地判平元・6・23）につき，合憲判断がなされている。

| その他の憲法上の権利

施設福祉などを念頭において，処遇過程にかかわる権利が論じられる。憲法 13 条や 25 条にかかわる諸権利のほか，虐待および拘束からの自由という側面では，同 18 条との関連でも根拠づけられうる。またこうした身体的自由の保障のほか，苦情処理・オンブズマンといった手続的処遇の充実という側面で，憲法 31 条も社会保障の権利を基礎づける根拠規定とみる余地がある。このほか実体的な社会保障の権利を実効的に保障するためには，裁判を受ける権利を保障する同 32 条も重要である。

③ 社会保障受給権

| 受給権の法的性格

社会保障給付を受ける権利すなわち社会保障受給権の法的性格については，制度ごとに異なっており一律でない。以下，法律の構造や裁判例の立場を手がかりにみておきたい。

| 労働保険・年金保険

社会保険給付の中でも労災保険につき，「労働者災害補償保険法による保険給付は，同法所定の手続により行政機関が保険給付の決定をすることによって給付の内容が具体的に定まり，受給者は，これによって，始めて政府に対し，その保険給付を請求する具体的権利を取得するのであり，従って，それ以前においては，具体的な，一定の保険金給付請求権を有しないとした原判決の解釈は正当」と判示した最高裁判例

がある（最判昭 29・11・26〈百選 61〉）。このように，法定の受給要件を充足しても，具体的請求権は行政庁の決定たる裁定（行政処分）をまって発生するとの考え方は，判例上年金保険でも踏襲されている（最判平 7・11・7〈百選 41〉）。ただし，決定（裁定）により受給権が生じるといっても，基本権にとどまり，具体的には各月の到来によって当該月分の支分権が生じる（広島高松江支判昭 56・5・13）。

　雇用保険の基本手当についても，「失業の認定」（雇保 15 条 3 項）の後でなされる行政庁の支給決定により，受給権が具体的に発生するものとされている（横浜地判昭 31・1・21）。

　こうした受給権の発生メカニズムは，典型的には労働保険や年金保険に係る金銭給付に妥当する。

医療保険・介護保険　医療保険の場合，基本的に被保険者資格があれば直接給付を受け得る地位にあるといえる。主たる給付である現物給付としての「療養の給付」（健保 63 条 1 項，国保 36 条 1 項）は，保険医療機関への被保険者証の提示などを契機に行われ，基本的に行政庁による認定などの行為は必要とされない。これに対し，介護保険の場合，行政庁の個別の決定を介さずに指定事業者・施設がサービスを提供するとはいうものの，行政処分である要介護認定を前提とし，基本的に介護支援事業者による介護サービス計画の作成を要するなど，医療保険と異なる部分も少なくない。

社 会 手 当　児童手当や児童扶養手当などの社会手当についても，社会保険としての年金などと同様，市町村長（児手 7 条 1 項）や都道府県知事（児扶手 6 条 1 項，特児扶手 5 条 1 項）の認定を受けなければならない。学説では，この認定（行政処分たる性格を有する）を年金受給権のような確認行為とす

るものもあるが，行政解釈は形成的行為（設権行為）であるとしている。

生 活 保 護　生活保護法は，憲法25条1項の趣旨を直接実現するために設けられた立法として位置づけられ，「生活保護法の規定に基づき要保護者または被保護者が国から生活保護を受けるのは，単なる国の恩恵ないし社会政策の実施に伴う反射的利益ではなく，法的権利であ」る（最大判昭42・5・24〈百選1〉）とされてきた。ただし具体的な受給権は，行政処分たる行政庁の保護開始決定をまって申請時に遡及して発生し，この決定は形成的行為（設権行為）としての性格を有する。

社 会 福 祉　社会福祉分野では，サービス提供に係る行政庁への権限付与規定（「できる」規定）が少なくない（老福10条の4，身福18条1項・20条など）。この規定を根拠にして，サービス利用者の受給利益の法的権利性を導くことは難しい。これに対し，義務付け規定（「しなければならない」）の形式になっていても，従来，措置制度のもとで給付を受ける利益の法的権利性は認められない（反射的利益にすぎない）というのが，行政解釈および一部の裁判例（前掲東京高判平4・11・30など）の立場であった。これに対し，学説の多くは，一定の行政裁量を伴わざるをえないことを認めつつも，申請権や給付を受ける権利の存在を認めてきた（→第7章）。

　介護保険による措置制度から直接契約制への移行に際し，社会福祉サービス受給の権利性（選択権）を認めるものであるとの積極的な評価がなされた。ただし法的には，客観的になされる要介護認定を経て，要介護度に応じた介護サービス費の支給を受ける権利が生じるにとどまり，具体的なサービスは施設・事業者との契約締結に

より受給することになる。

　　実定法上の要件を満たす者に社会保障給付を行う際、受給権の主体すなわち権利の名宛人が誰かが問題となる。具体的には、社会保障給付の要否・程度を裁判上争う際、原告適格の有無という形で問われる。従来の裁判例では、生活保護につき、保護世帯構成員にも保護変更処分の取消を認める原告適格があるか（否定、福岡地判平7・3・14。肯定、福岡高判平10・10・9〔控訴審〕〈百選91〉）、厚生年金保険法および健康保険法上の被保険者資格取得の確認につき被扶養者に原告適格があるか（否定、東京地判昭58・1・26）、などが争われてきた。

　　社会保障給付は、被保障者の生活保障を目的とするため、受給権保護規定がおかれることが多い。具体的には、①受給権の譲渡禁止・担保付保禁止、受給権・支給金品の差押禁止（生活保護58条・59条、国年24条、厚年41条1項、健保61条、国保67条、労災12条の5第2項、雇保11条、介保25条、障害総合支援13条、児手15条、児扶手24条、児福57条の5第2項など）、②租税その他公課の禁止（生活保護57条、国年25条、厚年41条2項、健保62条、国保68条、労災12条の6、雇保12条、介保26条、障害総合支援14条、児手16条、児扶手25条、児福57条の5第1項など）などがある。

　また社会保障給付には、受給権に相続財産性が認められないという意味で、一身専属性があるといわれる（民896条但書）。判例によれば、生活保護の相続財産性が否定され（最大判昭42・5・24〈百選1〉、最判昭63・4・19）、年金でも未支給年金（国年19条、厚年37条）の相続財産性が否定されている（最判平7・11・7〈百選41〉）。他方、介護保険法に基づく居宅介護サービス費の支給を受ける権利の相続

財産性につき，相続の対象となると判示した下級審裁判例がある（東京地判平20・2・22）。

他方，社会保障受給権には，さまざまな給付制限事由が規定されている。具体的には，①複数給付の受給権が同一人に重複して発生する場合，一方を支給し，他方の全部または一部の給付を支給停止または不支給とする併給調整（国年20条，厚年38条など），②一定以上の所得がある場合，減額，支給停止または不支給とする所得制限（拠出に基づかない制度に多い。国年36条の3，児手5条1項など），③第三者の加害行為による負傷・障害・死亡の場合，被害者側が社会保険給付より先に加害者から損害賠償を受けると，その賠償の価額の限度で，保険者が同一事由に基づく保険給付を行う責任を免れる給付免責（国年22条2項，厚年40条2項など），④給付を受けるべき者に帰責事由がある場合，制裁措置として課される給付制限（保険事故が故意の犯罪行為・故意または重大な過失による場合，不正受給の場合，療養上の指示・受診命令不服従などの場合）がある。とりわけ①の併給調整規定に関しては，従来から数多くの裁判例の集積がある（→第3章**3**⑤）。

4 手続的保障

参加システムの重要性　社会保障分野では，頻繁に法改正がなされる。また訴訟等による事後的な権利救済手続では受給権の実効的な保護が望みがたい場合もある。したがって，実質的な手続的権利保障の一環として，政策立案過程への参加が重要な意味をもつ。具体的には各種審議会・委員会，医療・保健・福祉等の各分野において作成される行政計画（医療計画など）への被保険者・受給者等の参加が望まれる。この点に関連して，当事者参

加を図る立法として，介護保険法は，市町村が作成する介護保険事業計画に被保険者代表の参加を義務付けている（介保117条11項）。また障害者基本法は，障害者基本計画策定の際の意見聴取主体である障害者政策委員会の委員に障害者の参加を義務付けるとともに（障害基33条2項），都道府県等における合議制機関の委員構成についても，障害者の意見聴取への配慮等を定めている（同36条2項）。

　次に，社会保障制度の管理・運営への参加機会の確保も重要である。社会保障法関係における個人（市民）が，単に受動的な「保護されるべき客体」ではなく，能動的な権利義務「主体」である以上，社会保障制度の管理・運営に積極的に参加し，意見を反映できることが望ましい。具体的には，社会保険における保険者自治の側面などがこれに相当し，健康保険組合・厚生年金基金の組合員・加入員として組合会（健保18条〜20条）や代議員会（公的年金制度の健全性及び信頼性の確保のための厚生年金保険法等の一部を改正する法律〔平25法63，健全性信頼性確保法〕附5条1項1号，平成25年改正前厚年117条・118条）を通じての参加，国保運営協議会（国保11条）や全国健康保険協会運営委員会（健保7条の18〜7条の20）などを通じての関与などが挙げられる。こうした保険者単位での自治を積極的に評価することは，社会保障の財源調達方法として，税方式ではなく社会保険方式を支持する積極的な理由ともなる（→第1章**4**①）。

行政手続法　社会保障法の領域では，給付や負担を基礎付ける権利義務関係が行政処分たる行政庁の決定によって設定されることが多い。行政手続法は，処分，行政指導および届出について遵守すべき基本的ルールを定めており，社会保障行政の領域にも，原則としてこうした手続的保障が及ぶ。社会保障給付の多くは申請主義を採用していることから，同法第2章

（申請に対する処分）に規定する審査基準の定立（行手5条），審査応答義務（同7条），理由提示義務（同8条）などの違反が裁判上争われ，行政庁の対応を違法とする裁判例もみられる（東京高判平13・6・14，大阪地判平14・6・28，名古屋高金沢支判平20・7・23，名古屋高判平25・4・26，大阪地判平31・4・11）。

　生活保護法上の保護の実施および社会福祉各法上の措置について，不利益処分に際しての意見陳述のための手続（聴聞および弁明の機会の付与）を規定する行政手続法第3章の規定は，同法12条および14条を除き適用を除外されている（生活保護29条の2，老福12条の2，児福33条の5，身福19条など）。その理由としては，これらの領域におけるソーシャルワークなどの特殊性を尊重することが挙げられている。その代わりに，弁明の機会付与（生活保護62条4項），理由説明・意見聴取（老福12条，児福33条の4，身福18条の3など）といった手続が規定されているものの，これで十分な手続的保障といえるかについては疑問が残る。

権利救済手続

行政庁の違法または不当な処分その他公権力の行使にあたる行為に関しては，行政不服審査法に基づく不服申立ての途が開かれている（行審1条1項）。ただし社会保障法領域では，審査請求の審査庁（生活保護64条），みなし却下処分に対する審査請求（生活保護24条7項，介保27条12項），審査請求に対する裁決期間（生活保護65条1項）など特則が設けられていることがある。特に社会保険については，特別の不服申立機関が設けられており，厚生年金保険，健康保険，国民年金は社会保険審査官および社会保険審査会（厚年90条，健保189条，国年101条），国民健康保険は国民健康保険審査会（国保91条），介護保険は介護保険審査会（介保183条），労災保険は労働者災害補償保険

審査官および労働保険審査会（労災38条），雇用保険は雇用保険審査官および労働保険審査会（雇保69条）がその任にあたる。障害者総合支援法にも，任意設置ではあるものの不服申立機関として障害者介護給付費等不服審査会が法定されている（障害総合支援98条）。

社会保障法領域では，多数の処分にかかる紛争の簡易迅速な解決という観点から，処分についての審査請求に対する裁決を経た後でなければ取消訴訟を提起できないとしていることが多い（**審査請求前置主義**。生活保護69条，厚年91条の3，健保192条，国年101条の2，国保103条，介保196条，労災40条，雇保71条，障害総合支援105条）。ただし，公正性の向上，使いやすさの向上，国民の救済手段の充実・拡大の観点から行われた2014（平成26）年行政不服審査法関連3法の制定により，不服申立前置の縮小が図られた（厚年91条の3，健保192条，国年101条の2，労災40条，雇保71条）。

こうして行政庁の公権力の行使に関する社会保障法上の紛争は，領域によっては行政不服申立手続を経た後，最終的には，原処分の取消や無効確認等を求める抗告訴訟（行訴3条）などの行政訴訟により争われる。2004（平成16）年行政事件訴訟法改正により，抗告訴訟の類型として義務付けの訴え（同3条6項）および差止めの訴え（同条7項）が法定化され，付随的に仮の義務付けおよび仮の差止めの制度も設けられた（同37条の5）。保育所（東京地判平18・10・25〈百選95〉，大阪高決平19・3・27），障害者福祉（大阪高決平23・11・21，大阪高判平23・12・14，福岡地判平27・2・9，東京地判平28・9・27），生活保護（福岡高那覇支決平22・3・19〈百選89〉，那覇地判平23・8・17，福岡高判平23・11・15）その他の各領域で活用されている。

なお従来，社会保障法関係は，典型的には行政処分を契機とした

国および地方公共団体と国民との関係として捉えられてきた。これに対し，社会福祉分野を中心に，従来であれば行政訴訟として争われた紛争が，一義的には民事紛争となる領域が広がっている（例えば，指定介護老人福祉施設と入居者との間での入退所をめぐる紛争）。このことは，社会保障法関係における国家の役割が多様化したことと表裏をなしている（→**2**②）。

受給者の権利擁護　社会保障給付の受給者は，認知症，知的障害，精神障害など，判断能力が不十分な場合もある。そこで，こうした人々の立場に立って，虐待を防止し，福祉サービスの利用を援助し，財産を管理するなど，権利行使やニーズの充足を援助するためのシステムが必要となる。とりわけ社会福祉基礎構造改革の下，社会福祉サービス提供にかかる法関係が，従来の措置制度から契約制度へと移行するに際して，そうしたシステムの必要性が強く認識された。

　介護保険制度の導入と時を同じくして，2000（平成12）年4月の改正民法等施行により，財産管理および身上監護に関する契約等の法律行為全般を行う仕組みとして，成年後見制度が導入され，後見・保佐・補助の3類型からなる法定後見制度（民7条〜19条）のほか，任意後見契約に関する法律に基づく任意後見制度が新たに開始された。また社会福祉サービスの利用やその他の日常生活支援を念頭におく国庫補助事業として，1999（平成11）年10月から地域福祉権利擁護事業（現在の名称は日常生活自立支援事業）が開始された。この事業は，2000（平成12）年社会福祉事業法等改正で社会福祉事業の一環として法定化された（福祉サービス利用援助事業。社福2条3項12号）。ただし，これらの制度の普及の一方で（→「目で見る」Ⅵ**1e**），家族などによる事実上の代行に委ねられている場合が多いと

いわれる。たとえ家族であっても利益相反となる面があるため，受給者本人の権利保障の点が依然として懸念される。

　必ずしも判断能力が不十分である者のみに限定せず，利用者側の権利行使を広く援助するための仕組みとして，法律上の位置づけを与えられたオンブズマン制度，苦情処理制度などが整備されてきている（社福83条〜87条，介保176条1項3号など）。サービス提供者—利用者間の「情報の非対称性」にかんがみて，情報提供の促進（医療6条の2〜6条の4の2，介保115条の35，社福75条1項）や，サービスの質の評価（社福78条）などの施策も，近時の法改正により積極的に展開されつつある。これらを通じて，利用者側の選択権が実質的に確保されることが期待される。

　社会保障の法関係が契約法により規律される場面が増えてきたことに伴い，消費者法的観点もふまえた契約規制のあり方が問われている。ただし，受給者による実体的な権利行使を可能にするためには，調査・指定・監督権限等を背景とした行政の役割も依然として重要である。裁判例のなかには，住民への周知徹底義務（広報義務）の懈怠につき，国の損害賠償責任を認めたものがある（京都地判平3・2・5。ただし控訴審では否定，大阪高判平5・10・5）。規制権限不行使が国家賠償法上違法とされた例もある（大津地判平15・3・24〈百選105〉，高松地判平17・4・20〔控訴審・高松高判平18・1・27〕，東京地判平19・11・27）。

　消費者法的な規制を越えた「福祉契約」固有の法規制のあり方や規制枠組みなど，福祉分野における固有の契約法理の探究が，社会保障法のみならず幅広い領域にまたがる法学研究の課題である。

2 社会保障の法理論

1 従来の社会保障法理論

社会保障法の意義　わが国に社会保障法という名称の法律があるわけではない。しかし，社会保障法の名の下で，社会保障を法的視点から分析対象とする以上，社会保障法の意義につき検討しておくことは決して意味のないことではない。

　従来の代表的学説として，荒木誠之は，「社会保障とは，国が，生存権の主体である国民に対して，その生活を保障することを直接の目的として，社会的給付を行う法関係である」とする（『社会保障法読本〔第3版〕』249頁）。この定義は次のことを明確にしている。

　第1に，生存権が社会保障の法的基盤になっていることである。

　第2に，社会保障の法関係は，基本的に国と国民との間に成立することである。

　第3に，社会保障の目的は，国民の生活保障にあることである。

　第4に，社会保障とは，社会的給付を行う法関係であることである。

　これに対し，岩村正彦によれば，社会保障法を，「前記の意味での社会保障制度〔＝社会保険，公的扶助，社会福祉，児童手当，公衆衛生・医療：筆者注〕に登場する各種の当事者の組織，管理運営およびそれらに対する監督を規律するとともに，これら当事者相互間に発生するさまざまな法律関係，権利義務関係を規律する法」（『社会保障法Ⅰ』15頁）と定義している。岩村説は，従来の捉え方を全面的に否定するものとみるべきではないが，社会保障を給付面のみなら

ず拠出面からも捉えようとする点，国と国民との間の給付関係では捉えきれない多様な法主体間の法律関係の解明に焦点を当てている点で，現代における社会保障法の意義を的確に表している面がある（→②）。

社会保障の法体系 社会保障の法体系をどう捉えるかについては，社会保障法学が本格的な発展を開始した 1950 年代以降，社会保険，公的扶助，社会福祉といった各部門からなるという意味での，いわゆる「**制度別体系論**」が主流であった。1950（昭和 25）年社会保障制度審議会勧告でも，社会保障を社会保険，国家扶助（公的扶助），公衆衛生，社会福祉の 4 部門と捉えている（→「目で見る」I 1b）。こうした見方は，社会保障法を，単に社会保障関係立法の総体と捉える見方につながるものであった。

これに対し，1960 年代半ばに至り，こうした体系論を，法的な吟味がないうえ，相互のどのような関連で社会保障法を構成しているのか理論的検討がなされていないとして批判し，いわゆる「**給付別体系論**」が提示されるに至った。荒木誠之によって提起されたこの体系論は，生活保障を必要とする原因と，それに対応する保障給付の内容・性質によって，所得の喪失を要保障事由として金銭給付を行うための所得保障給付（これはさらに，**生活危険給付**〔生活をおびやかす各種の所得喪失事由に備えて，一定の所得を補う給付〕と**生活不能給付**〔現実の貧窮状態に陥った者に，最低生活水準を営むに必要な限度で行う給付〕に分かれる）と，心身の機能の喪失または不完全によって生ずる生活上のハンディキャップに対して，社会サービスを行うための**生活障害給付**からなるとする。

この荒木説に対しては，性格の異なる医療給付と福祉給付を生活障害給付として一括している点，所得保障給付に生活危険給付と生

活不能給付のほか，児童手当を典型とする生活負担給付を区分していない点など，批判もなされた。ただし，これらを含むその後の学説も，給付別体系論を完全にしりぞけるのではなく，これを一定程度吸収したうえで体系化を試みている。他方，体系論は個別具体的な法解釈論や法政策論の視点からはそれほど実益があるわけではなく，制度別に体系化すれば十分である旨を述べる岩村説など，制度別体系論の系譜に属する学説もみられる。

社会保障の範囲　社会保障の範囲をどう画するかという問題は，社会保障法の意義や，社会保障の法体系をどう捉えるかとも密接なかかわりをもつ。

　1950（昭和25）年社会保障制度審議会勧告は，「疾病，負傷，分娩，廃疾，死亡，老齢，失業，多子その他困窮の原因に対し，保険的方法又は直接公の負担において経済保障の途を講じ，生活困窮に陥った者に対しては，国家扶助によって最低限度の生活を保障するとともに，公衆衛生及び社会福祉の向上を図り，もってすべての国民が文化的社会の成員たるに価する生活を営むことができるようにすること」という社会保障制度の捉え方を前提として，その生活保障責任は国家にあるとし，社会保障における国家の責任を強調している（→「目で見る」I 1b）。先の荒木説のように，従来の学説も，国家を責任主体とし，生存権を軸にして国民との二当事者関係において捉えるのが一般的であった。

　これに対し，1995（平成7）年社会保障制度審議会勧告の基礎となった1993（平成5）年同審議会社会保障将来像委員会第1次報告では，現在わが国で社会保障と考えられている制度には三つの側面があるとし，第1に，国民の生活の安定が損なわれた場合に，国民にすこやかで安心できる生活を保障する制度であること，第2に，

給付を行うことによって国民の生活を保障する制度であること，第3に，国や地方公共団体の責任として生活保障を行う制度であること，を挙げている。そのうえで同報告は，社会保障を「国民の生活の安定が損なわれた場合に，国民にすこやかで安心できる生活を保障することを目的として，公的責任で生活を支える給付を行うもの」と定義している。さらに所得保障，医療保障，社会福祉からなる「給付」を「狭義の社会保障」に含める一方，給付を要件としなければ，医療や社会福祉についての資格制度，人材の確保，施設の整備，各種の規制措置，公衆衛生等も，「広義の社会保障」として捉えることが可能としている。

　これらの勧告等から，社会保障の捉え方ないし目的が，「困窮に対する最低限度の生活保障」から，「すこやかで安心できる生活の保障」へと変化するに伴い，社会保障を「給付」に限定しないなど，広く捉える見方が登場したことが読み取れる。このことは，社会保障における国家の位置づけないし役割の変化をも意味している。すなわち50年勧告では，憲法25条1項と密接に結びついた最低限度の生活保障責任を担う点で国家の役割が前面に出ていたのに対し，93年報告段階ではそうした最低限度を相当程度上回るレベルでの安定的な生活保障が求められるに至った点で，国家に期待される役割も自ずと多様化したことが窺われる。社会保障における国家とりわけ公行政の役割の「相対化」と言ってもよい。社会福祉基礎構造改革の進展やその後の社会保障制度改革を背景として，2000年代以降もこうした傾向は基本的に変わっていない。

医療保障と住宅保障　社会保障の範囲との関連では，学説上，医療保障，住宅保障などの領域を組み込むことの可否が焦点となった。

社会保障法学では，医療保障（法）を社会保障法の領域に含める見解が一般的である。医療保障の概念には二つの意味合いがある。第1に，要保障事由としての傷病の発生に際しての費用の保障（医療保険）にとどまらず，医療サービス供給主体の規制まで含めて包括的に捉える視点である。第2に，傷病の治療にとどまらない，その予防―治療―リハビリテーションという一連のプロセスを包括的に捉える視点である（→第5章）。

　また，超高齢社会の到来に伴いひとり暮らし高齢者などの在宅での居住環境の整備が重要な課題となっている状況下，住宅保障（法）の領域と社会保障（法）との関連が問われてきている。家賃補助や住宅手当などの給付に加えて，高齢者などの賃貸住宅入居のための保証人の確保，地域で居住することを支えるための相談支援など検討すべき課題は多い。

② 社会保障の法理論

社会保障の法主体

　従来わが国では，社会保障が国と国民との間を規律する公法上の関係として捉えられてきたこともあり（→①），社会保障における法主体としては，典型的には国（中央政府）と国民の二者が考えられてきた。

　このうち国は，憲法25条や福祉国家理念を通じて，社会保障の責任主体として位置づけられてきた。ただし，経済発展や国民のニーズの多様化などを背景として，その責任主体としての関わり方には変化がみられ，直接的な給付主体にとどまらず，基本指針の作成，施設等運営基準の整備，規制監督権限の行使，費用負担などを通じての間接的な関わりをも含めた多様な責任主体として位置づけられうる。

これに対し，国民あるいは個人（市民）も社会保障における基礎的法主体である。しかし，従来わが国では，主として憲法25条1項を念頭におく生存権理念のもと，社会保障はどちらかといえば国から国民に対する一方的（国民の側からみれば受動的）な給付関係として捉えられがちであった。社会保障法関係における個人像は，主体的・能動的な権利義務主体というよりも，「保護されるべき客体」としての性格を帯びていたことは否定できない。

多様な法主体　国民ないし個人との関係で法主体性が問題となりうるのは，家族である。歴史的には，家族が個人の生活保障のための最も基礎的な生活単位であった。社会保障は，こうした家族による「私的扶養」で対処しきれない生活事故に対する公的・社会的な対応策として登場してきた側面がある。

　社会保障における国（中央政府）の役割の相対化に伴い，国民（個人）とのいわば中間領域にある諸々の社会構成単位の社会保障に対する関わりも重要である。社会保障法の適用場面では，とりわけ「地域」と「職域」という二つの「社会」が問題となる。

　このうち「地域」との関係で重要なのが地方公共団体である。従来，憲法25条の責任主体としては，中央政府たる国が主として念頭におかれてきた。しかし現実には，地方公共団体は保険者など事業の実施主体として，あるいは規制・監督や費用負担の主体として，社会保障法関係に固有の位置を占めている。その意味では，地方自治の基本原則などを定める憲法92条ないし94条も社会保障を支える根本規範と捉える余地がある。近時，「地域共生社会」が社会保障の政策理念として展開されてきている（→*ISSUE②*）。そこで念頭におかれる「地域」は地方公共団体よりも狭い領域であることが多い。

　次に「職域」との関係では，企業ないし事業主の位置づけが重要

である。事業主は，社会保険料等の拠出主体として，あるいは被保険者とともに健康保険組合，厚生年金基金を組織するものとして登場する（健保8条，健全性信頼性確保附5条1項1号，平成25年改正前厚年107条）。その意味では，社会保障法における事業主の責任主体性が問題となる。

このほか，社会保障法関係においては多様な法主体が関与している。例えば，年金制度においては，実際の資産運用にあたる金融機関等のパフォーマンスが，給付内容などに影響を与える可能性があり，保険者に対して一定の忠実義務・誠実義務を負っている（年金積立金管理運用独立行政法人法11条，企業年金71条・72条）。医療および社会福祉分野にあっては，サービス提供主体（施設および事業者）の存在を欠くことができない。従来，わが国の医療提供体制は医療法人などの私人による供給が中心であったし，社会福祉分野でも，社会福祉法人が大きな役割を果たしてきた。介護保険の導入などに伴い，民間企業やNPO（民間非営利団体）なども重要な役割を果たしている。

社会保障の法理念　わが国憲法体制のもとで，社会保障を基礎づけてきた法理念としては，まず生存権を挙げねばならない。生存権が社会保障ないし社会保障法の基本理念であることについては，異論がないといってよい（→*1*②）。

これに対し，社会連帯を生存権と並ぶ社会保障法の基本原理ないし基本理念とみる見解も有力である。比較法的にみれば，とりわけドイツ・フランスにおいて（社会）連帯の考え方が社会保障制度構築の理念として重要な役割を果たしてきた。社会保障が，社会構成員間における互恵的な関係性を前提とし，これを基盤とした国家による制度化という側面をもつことも否定できない。

「社会」連帯の強調は，「個」が確立されていないといわれるわが国にあっては，社会全体の利益のなかに個人を埋没しかねない危険性をはらんでいる点に留意する必要がある。また現実の政策論議では，どちらかといえば国民の社会保障負担の正当化のために用いられる傾向がある。しかし，社会連帯の主張は，従来ともすれば社会保障法関係を国家対個人という二当事者関係で捉えてきたことに対する批判と，地方公共団体や事業主などを含む多面的な社会保障の法主体が存在することへの再認識という側面から，積極的に評価されうる。社会保険をめぐる保険者自治の議論も，社会連帯理念との関連で展開されてきた（→第1章 *4*①）。

　このほか，社会保障の法理念である生存権理念を，より根源的に，憲法13条に基盤をおく「人間の尊厳」から基礎づけようとする学説がある。この考え方は，社会保障による実質的自由の保障という契機に着目する。また最近では，社会保障の目的を，自律した個人の主体的な生の追求による人格的利益の実現（それは第一義的に「自己決定」の尊重という考え方とも重なり合う）のための条件整備と捉え，同じく憲法13条に社会保障の究極的な規範的根拠を求める「自由」の理念をベースにして，社会保障を抜本的に規範づけ直そうとする学説（自律基底的社会保障法論）も主張されている（菊池馨実『社会保障法〔第3版〕』〔有斐閣，2022年〕122頁）。

社会保障の人間像　社会保障の法主体や法理念を論じる際に想定されるべき人間像は，近代法から現代法へ，そして市民法から社会法という史的展開のなかで認識されるに至った現実具体的な個人（社会法的人間像）であると捉えられてきた。社会保障法において，人間像の議論を自覚的に展開したのは，荒木誠之による「生活主体」論である。それは，労働法との関係で

社会保障法の相対的独自性を明らかにするものであった。これは具体的な人間像を念頭におくものであるということができる。

　しかし他方，近代市民社会から現代市民社会への変容により，市民法の中核である民法の人間像も大きく転換し，民法であると社会保障法であるとを問わず，具体的人間を念頭においた法理論の展開が求められている状況にある。その意味では，人間像としての「生活主体」そのものの意味合いは，いわば相対化したと言い得る側面がある。

　先に紹介した「自由」の理念を主張する学説によれば，現に存在する社会経済的な力関係の格差を踏まえた上で，かつそれを補完するための諸方策を不可欠としながら，なおも自律的主体的な人間像が想定される。ただし，それは完全な自律能力を有する人間を現実の政策展開にあたって基準とすべき（そうした基準に合致しない人間を保障対象としない）という趣旨の議論ではない。例えば，認知症高齢者が自己同一性を失うまいとして生きる姿勢や，知的・発達障害者等が一般的な速度よりゆっくりとではあっても発達を遂げていく成長過程の中にも「自律」（志向）性を看取することができ，そうした「営み」に対するサポートを行うための法制度の整備・充実を規範的に求めるところに，この議論の大きな眼目がある（前掲・菊池『社会保障法〔第3版〕』125頁）。

3 社会保障法の課題と展望

1 社会保障の持続可能性

近年の改革動向

社会保障制度改革に向けた近年の政策論議をみた場合，そこに一定の特徴をみてとることが可能である。以下ではいくつかの点を指摘しておきたい。

i) 財政制約への共通認識

2000年代以降の社会保障制度改革は，「社会保障の持続可能性の確保」をひとつのキーワードとしている。ここでいう持続可能性とは，一義的には財政面における将来的な制度の持続可能性を意味する。2012（平成24）年「社会保障・税一体改革」とその後の消費税引上げを含む関連法案成立も，こうした視点からなされたものである。社会保障制度改革が財政制約の中で行われざるを得ないことは，客観的に明白な状況に立ち至っている。

ii) 子ども・子育て支援と世代間公平

日本の社会保障制度の特徴として，高齢者に大きく偏った給付構造となっていることが認識される一方，少子化対策・次世代育成支援策への取組みの遅れが指摘されてきた。少子化対策等の強化とは別に，子ども自身に着目し，子どもが育つことへの支援という視点も意識されるようになった。さらに，2013（平成25）年社会保障制度改革国民会議報告書以降，給付と負担の両面にわたる「世代間の公平」に焦点が当てられ，給付は高齢世代中心，負担は現役世代中心という構造を見直して，給付・負担の両面で世代間の公平を確保することが謳われるに至った。「全世代型社会保障」に向けた取組

みが重要な課題となっている。

iii) 貧困・格差への対応

2008（平成20）年秋のリーマン・ショック後，雇用情勢は持ち直したものの，2000年代以降顕著にみられるようになった不安定雇用従事者の増大，失業の長期化，生活困窮者（貧困者）の増大といった傾向は，大きくは変わっていない。これらは，わが国における雇用社会の構造的な変化を反映しているからである。したがって，経済成長戦略による賃金引上げや雇用創出などの経済対策とは別個に，こうした近時の動向を踏まえた社会保障制度における政策対応が求められる。そうした中で，社会保険・労働保険と生活保護の中間領域における第2のセーフティネット（求職者支援制度，生活困窮者自立支援制度）の整備や，非正規雇用労働者・自営的就業者などへの被用者保険や労働保険の適用拡大に向けた議論などが本格化している。

社会保障の持続可能性

i）で指摘したように，2000年代以降，社会保障をめぐる政策論議の中で，その持続可能性が財政面から問題とされてきた。ただし，社会保障の持続可能性とは，財政面にとどまるものではない。将来的に財政負担が増えていくとしても，そうした負担を共に分かち合い，担っていくことについての社会的な合意が世代を超えて長期的に形成されていけば，社会保障の持続可能性はなおも失われないからである。その意味では，財政的な観点から，公的年金や医療保険をはじめとする社会保障制度の将来についての国民（とりわけ若者など将来を担う世代）の不安感・不信感をことさらに煽るような言説は，財政的な意味合い以上に，社会保障の基盤自体をますます掘り崩す危険性がある。

他方，家族形態が多様化し，地域社会の結びつきが希薄化し，先述のように非正規労働者の増大など「格差」の拡大・固定化が指摘される今日にあっては，持続可能な社会保障制度構築の前提としての社会的・市民的基盤（「支え合い」あるいは「連帯」の基盤）が，脆弱化しつつあることもまた認めざるを得ない。

　以上述べたような状況下にあって，持続可能な社会保障制度構築のための社会的・市民的基盤を再構築していくことが重要な課題となっている。

②　社会保障法の方法論

　社会保障を対象とする学問研究・分析手法としては，法学のみならず，政治学・経済学・財政学・社会学といったさまざまな分野からのアプローチがある。このうち法学では，社会保障法と呼ばれる分野が，わが国社会保障制度の発展とも相まって確立されてきた。もっとも社会保障法は，法学のなかにあって，領域的に他の隣接分野と重複しており，社会保障制度自体，憲法，行政法，民法，労働法など他の実定法分野の関心の的ともなっている。

　社会保障を分析対象とする法学的アプローチは，次のように類型化できる。

①　比較法アプローチ（比較法制度研究）

　他の多くの社会制度と同様，社会保障に関しても，わが国は欧米諸国の制度を参考にして作り上げてきた面がある。現在でも，これらの国における先進的な取組みに学ぶことは多い。わが国の社会保障制度を相対化し客観的に評価する意味でも，こうしたアプローチは有用である。もっとも，世界随一の超高齢社会となった現在では，他国（とりわけアジア各国）のモデルとなり得るシステムを独自に作

り上げていくことが求められる側面もある。

② **法解釈アプローチ**（実定法アプローチ）

　社会保障法も実定法の一分野である以上，具体的紛争場面における法の適用と解釈のあり方が問題となる。ただし，社会保障法は多分に技術的性格をもち，社会状況の変化に合わせて頻繁に法制度改正がなされる法分野である。したがって，立法論ないし政策論の場面において法制度改正を領導すべき規範的議論の展開が求められる。社会保障もわが国の憲法体制下にある法制度の一部である以上，法制度改正も憲法や実定法体系との兼ね合いで行わなければならない。つまり裁判上の争いにまで至らなくとも，法解釈学の方法論で制度のあり方を論じることが一定程度可能であり，また必要でもある。

③ **法政策学アプローチ**（基礎法学・公共政策アプローチ）

　社会保障法の技術的性格からすれば，法律学固有の規範的議論は，裁判規範のレベルではなく，頻繁に改正される法制度を領導する制度論ないし政策論として，より一層展開されることが期待される。こうした規範的議論を展開するにあたっては，実定法規範のみならず法哲学等の基礎法学や公共政策学などの議論も有力な参照基盤となり得る。

　以上述べたアプローチのうち，いずれかが唯一重要というわけではない。これらを重層的に積み上げていくことにより，社会保障法学の学問的深化と社会的役割の増大が図られねばならない。

┃**ISSUE②　地域共生社会**

　最近，社会保障をめぐる論議の中で，地域共生社会という言葉がよく使われている。この言葉は，政府文書としては，2016（平成

28）年6月閣議決定「ニッポン一億総活躍プラン」に登場したとされている。そこでは，「子供・高齢者・障害者など全ての人々が地域，暮らし，生きがいを共に創り，高め合うことができる『地域共生社会』を実現する」とし，そのために，「支え手側と受け手側に分かれるのではなく，地域のあらゆる住民が役割を持ち，支え合いながら，自分らしく活躍できる地域コミュニティを育成し，福祉などの地域の公的サービスと協働して助け合いながら暮らすことのできる仕組みを構築する」とされている。

この延長線上に，包括的な地域の基盤づくりに向けた地域力強化に向けての検討が開始され，公的支援のあり方を「縦割り」から「丸ごと」へと展開する改革の必要性，つながりのある地域をつくる取組みが地域住民の主体性に基づいて「他人事」ではなく「我が事」として行われることの重要性を意識した法改正へと結びついた。

地域共生社会に向けた取組みにつながる政策的取組みとしては，以前から，①障害者制度改革において，2011（平成23）年障害者基本法改正により，「地域社会における共生」（同3条）等の文言が挿入されたことや，②地域包括ケアシステム（→**ISSUE⑤**）の構築に向けた一連の法改正を挙げることができる。②との関係では，2017（平成29）年介護保険法等改正において，介護保険と障害者福祉にまたがる「共生型サービス」が導入された。さらに，③2013（平成25）年生活困窮者自立支援法により，地域における多様なサービスの連携による生活困窮者への生活支援を，地域づくりの視点も意識しながら提供する仕組が創設された（→**ISSUE⑫**）。

上記の地域力強化の検討は，2017（平成29）年介護保険法等改正による社会福祉法改正として，①「我が事・丸ごと」の地域福祉推進の理念の明確化（社福4条），②この理念を実現するため，市町村による包括的な支援体制づくりの努力義務化（同106条の3），市町村および都道府県地域福祉計画策定の努力義務化（同107条・108条）に結びついた。2018（平成30）年生活困窮者自立支援法等

改正による生活困窮者自立支援法改正では，生活困窮者に対する包括的な支援体制の強化と並んで，基本理念・定義の明確化がなされた（同2条2項・3条）。さらに2020（令和2）年社会福祉法等改正（正式名称は「地域共生社会の実現のための社会福祉法等の一部を改正する法律」）では，市町村において，既存の相談支援等の取組みを生かしつつ，地域住民の抱える課題の解決のための包括的な支援体制の整備を行うにあたり，新たな事業として重層的支援体制整備事業を創設した。

　地域を基盤にして，様々な困難を抱える人びとのニーズを，「縦割り」ではなく「丸ごと」受け止めるとの姿勢や，支え手と受け手が常に固定的に定まるのではなく，お互いに支え合えるような地域コミュニティの再構築を目指す方向性など，地域共生社会の構想は，国家レベルでの金銭給付による所得再分配という従来型の社会保障とは異なり，地域レベルでの相談支援（あるいはソーシャルワーク）を通じての相互支え合いの要素が含まれている点で，今後の社会保障制度の一つの核になる理念としての展開可能性が認められる。ただし，1979（昭和54）年「新経済社会7か年計画」において，公的福祉を最小限にとどめ，企業活力を重視しつつ，家族と地域の自発的な相互扶助を組み合わせるという方向性が示された（いわゆる「日本型福祉社会論」）ように，単に公的責任の縮減（による公費節減）を意図した議論に陥らないよう，十分留意する必要はあるだろう。 　　　　　　　　　　　　　　　　　　　　　　　　　　　　（菊池）

老後の所得保障にとって，公的年金制度は大きな比重を占めるに至った。本章では，いわゆる企業年金制度にもふれつつ，公的年金制度の法的構造を明らかにし，最後に今後の課題を検討する。

1 所得保障としての年金制度

1 公的年金の意義

| 概　　要 |

わが国において老齢，障害および死亡に対する所得保障の中核をなすのは，加入を強制される国民年金などの公的年金制度である。しかし，自助努力としての個人年金やいわゆる企業年金なども所得保障制度の一つに分類すべきものである。また，退職金制度や高齢者等に対する税制上の優遇措置も，所得保障にとって一定の機能を果たしている。

わが国の公的年金制度は，職種を問わず 20 歳以上の者すべてが，いずれかの社会保険に加入する方式を採用している。そこでは基本的に老齢，障害および死亡を保険事故として，一定の要件を満たす場合に，保険料の拠出に応じた年金給付を行う。厚生労働省によれば，公的年金制度の加入者は 6700 万人台，年金受給権者は 4000 万

人弱であり，年金支給総額は約 54 兆円台に達しており，国の一般歳出額に匹敵する。また，国民生活基礎調査によれば，65 歳以上の高齢者世帯の平均所得に占める公的年金・恩給の割合は，ここ 10 年近く 70% 弱で推移しており，公的年金の存在が高齢者の生活に不可欠のものとなっている（一部を除き平成 26 年度末）。

保険事故としての老齢 　公的年金制度のなかでも重要な地位を占める老齢という保険事故は，一定の年齢に達することを意味し，客観的に予測可能であるとともに同じ世代の多くの人々が時を同じくして遭遇する点で，障害，死亡あるいは疾病などの保険事故と大きく異なる。しかし，老後の生活に備えることを個人に委ねるとしても，現役世代のうちに貯蓄などの自助努力をするか否かについては個人差があり，自助努力が十分でない場合も予想される。このため，老後の所得保障をどのように制度設計するかについては，基本的には保険料の拠出を通じて年金を支給する社会保険方式と税金を財源とする社会手当方式（あるいは税方式→第 4 章）が考えられる。わが国では社会保険方式を採用しているが，少子高齢化の進行とも関連して，年金制度のあり方について種々の議論がなされている。

保険事故としての障害・死亡 　老齢が予測可能な保険事故であるのに対して，障害および死亡は発生時期を特定することのできない保険事故であり，ある意味では老齢よりも所得保障の必要性は高い。このため国民年金法では，20 歳未満の傷病により障害等級 1 級ないし 2 級に該当する若年障害者が 20 歳になった時点で障害基礎年金を支給することとしている。この障害基礎年金は，保険料の拠出を要件とせずに給付を行う無拠出給付と分類される。これは所得保障の必要性を考慮して，保

険システムを修正する国民連帯の考え方に基づくものといえる。

② 年金制度の変遷と体系

> 沿 革

公的年金制度は、明治時代の軍人や官吏に対する恩給や官業共済組合から始まり、船員保険法（昭和14）や労働者年金保険法（昭和16）など民間労働者へと順次、拡大されてきた。しかし、すべての国民が何らかの形で年金制度に加入する皆年金体制は、農林水産業や商工業自営業者等を対象とする国民年金法（昭和34）の制定をまたなければならなかった（→「目で見る」Ⅲ1a）。

多様な収入形態の人々を対象とし、収入の把握も困難であることから、国民年金制度は、定額保険料を徴収する定額制を採用するとともに、事業主負担が存在しないという性格から保険料総額の3分の1に相当する国庫負担を導入した。同時に、年金支給開始年齢と保険料納付期間との関係で年金受給権が発生しないか、発生しても十分な年金額を確保できない人々のために無拠出制の福祉年金を設けた（→第1章3②）。

> 基礎年金改革

国民年金法の制定により実現した皆年金体制は、民間労働者、公務員等の特定労働者およびその他の自営業者等という被保険者類型のもと、8つの年金制度と転職などによる被保険者類型の変化に対応して各制度を連結する通算年金通則法（昭和36）からなっていた。しかし、人口高齢化や年金制度の成熟化、あるいは中高年離婚の増加により顕著になった女性の年金権の問題などを通じて、年金制度の長期的安定と整合性を確保することが強く求められた。

こうして1985（昭和60）年5月、基礎年金改革といわれる抜本的

な法改正が行われた。この改革によって，厚生年金保険や各種共済組合に加入する民間労働者や公務員等に対して，国民年金による基礎年金に加え報酬比例年金を支給する制度（いわゆる2階建て年金）に移行した。また，旧制度では任意加入した場合にしか独自の受給権をもてなかった民間労働者等に扶養される配偶者（ほとんどの場合専業主婦）は，新たに第3号被保険者として，固有の基礎年金受給権を取得することとなった。さらに，1989（平成元）年には，物価の変動率に応じて年金額を改定する完全自動物価スライド制が導入された。

制度改正の動き 基礎年金改革以降，公的年金制度は給付水準等の充実路線から制度の長期安定化を志向するようになった。この傾向は，1990年代後半から特に顕著である。

老齢厚生年金の定額部分に関する支給開始年齢の65歳への引上げや可処分所得スライド制度などを導入した1994（平成6）年改正に続き，2000（平成12）年には，老齢厚生年金の報酬比例部分の支給開始年齢を65歳に引き上げるほか，国民年金の保険料の半額免除制度や学生の保険料に関する納付特例制度，育児休業期間における厚生年金の保険料に関する事業主負担分を免除するなどの改正が行われた（→4①, ②）。

2004（平成16）年には，社会経済と調和した持続可能な制度の構築と信頼の確保などを掲げて，保険料水準を固定したうえで，保険料収入の範囲内で給付水準を調整する保険料水準固定方式や社会全体の保険料負担能力の伸びに応じて保険給付水準を調整するマクロ経済スライドが導入された（→3①）ほか，育児休業期間中の保険料免除等の拡充や離婚時の年金分割制度が設けられた（→3②）。ま

た，2007（平成19）年には年金記録のずさんな管理が政治問題となり，社会保険庁の廃止と日本年金機構の設立（2010〔平成22〕年1月1日）が決定された。

| 社会保障と税の一体改革 |

経済成長が長期に停滞するなか，現役世代が減少する一方，非正規雇用が増加するなどの状況変化に対応し，全世代対応型の社会保障制度を実現するため，2012（平成24）年，民主党政権は社会保障と税の一体改革に着手した。その眼目の一つが消費税率の引上げによる社会保障制度のための安定財源の確保である。大規模な改革のうち，年金機能強化法により，基礎年金国庫負担2分の1の恒久化，受給資格期間の25年から10年への短縮，産前産後休業期間中の社会保険料免除，短時間労働者の被用者保険の適用拡大などがなされ，被用者年金一元化法により，厚生年金と共済年金を統一し，年金生活者支援給付金法により低所得高齢者や障害者等への福祉的給付が創設された。

また，社会保障改革プログラム法（平25法112）に基づき，労使合意を前提とするが，従業員500人未満の企業においても，短時間労働者に対する厚生年金の適用拡大が図られたほか，国民年金第1号被保険者に対する産前産後期間の保険料が免除されることとなった。

③ 公的年金制度の構造

| 制度枠組み |

わが国の公的年金制度は，2階建て構造である（→「目で見る」Ⅲ1a）。1階部分は，20歳以上のすべての者を対象とする基礎年金である。これは，国民年金法に根拠を置く。この基礎年金の保険料と年金額は，第2号および第3号被保険者も含めて理念的には定額である（国年94条の

2・94条の3）。2階部分は，民間労働者を中心に組織される厚生年金や公務員等を対象とする共済年金である。これらは，厚生年金保険法や国家公務員共済組合法などに基づき，保険料と年金額ともに報酬に比例するシステムを採用している。これらの厚生年金や共済年金は基礎年金に加えて支給される。

　さらに，厚生年金に対する上乗せ給付を支給する厚生年金基金や確定給付企業年金が存在する。これらは企業年金ともいわれる。このほか企業型年金と個人型年金からなる確定拠出年金や，自営業者等を対象に基礎年金に対する上乗せ給付を支給する国民年金基金が存在する。これらは基礎年金や厚生年金などの法定給付に対して，上乗せ給付を支給するという意味で補足制度と総称しうる制度類型といえる。

給付構造

保険給付を具体的に提供する医療機関の存在を不可欠とする医療保険とは異なり，年金保険は基本的に保険者と被保険者の2当事者関係からなる。そして年金保険は老齢，障害，死亡を保険事故とし，保険料納付済期間など所定の要件を満たしたときに，死亡など受給権を失う失権事由に該当するまで，年金あるいは一時金として保険給付がなされる。

　年金受給権は，保険事故が発生し支給要件を満たせば自動的に発生するのではなく，**裁定**を得ることによって具体化される（→「目で見る」III 4a, b）。給付額は，被保険者の類型，保険料納付済期間あるいは保険料額などに応じて算定されるため一様ではない。老齢基礎年金において保険料納付済期間が480月であるとき，障害基礎年金や遺族基礎年金において保険料納付済期間の要件を満たしているときは，年金給付額は法定額とされる。しかし，老齢基礎年金では保険料納付済期間等が480月に満たない場合，その期間に応じて給

付額が縮減される。また厚生年金に関する給付は，障害厚生年金において最低保障額が存在するものの，基本的には保険料額や被保険者の生年月日に応じて給付額が異なる。

積立方式・賦課方式 年金を支給する財源をどのように調達するかにかかわる計画を財政方式という。理論的には積立方式と賦課方式がある。国民年金，厚生年金ともに，積立金を保有しているものの賦課方式の色彩の強い財政方式（修正積立方式）を採用している（→第1章**4**①）。

　積立方式とは，被保険者である期間，保険料とその積立金などにより将来支給される年金の原資を積み立てる方式である。積立方式の保険料率は，拠出された保険料とその積立金の運用益により決まるため，少子高齢化の進行などによる人口構造の影響を受けにくい反面，想定を超えたインフレや賃金変動があった場合には，年金の実質的価値を維持できないという短所がある。

　これに対して，賦課方式は，一定の期間に支払うべき給付費を，当該期間中の保険料収入によりまかなおうとする財政方式である。保険料を納める現役世代と年金を受給する年金世代という図式になるため，世代間扶養ともいわれる。保険料率は，基本的に現役世代と年金世代の比率により決まるため人口変動の影響を受けやすい反面，賃金上昇率が利子率を上回る場合などには，積立方式に比べて保険料率が低くてすむ。

平準保険料・
段階保険料
具体的な保険料率をどのように設定するかについて，平準保険料方式と段階保険料方式とがある。平準保険料方式とは，保険料（率）を長期的に大きく変動しないよう平均的な水準に設定する方式である。これに対して，段階保険料方式とは，保険料（率）を将

来に向けて段階的に引き上げていくことをあらかじめ想定し，将来の見通しに立って当面の保険料を設定する方式である。

厚生年金は1973（昭和48）年に物価や賃金の上昇に応じて年金額の改定を行うシステムを導入したのを機に段階保険料方式に移行した。国民年金も制度発足当初は平準保険料方式を採用していたが，その後段階保険料方式に転じ，現在に至っている。2004（平成16）年改正法で採用された保険料水準固定方式も，保険料水準の引上げをあらかじめ想定し財政運営を行う点から，段階保険料方式の一つといえる。

保険料水準固定方式 将来の現役世代の負担を過重なものとしないようにするとともに，高齢者の生活を支えるにふさわしい給付水準を確保するという観点から，保険料水準を固定したうえで，その保険料収入の範囲で給付水準を自動的に調整するシステムが導入された。

国民年金の保険料は2005（平成17）年4月から引き上げられ，2017（平成29）年度から月額1万6900円とされた後，第1号被保険者の産前産後期間における保険料免除の財源に充てるため100円上乗せされ，2019（令和元）年度以降1万7000円に固定された（国年87条3項）。ただし，実際には名目賃金変動率により改定され，2022（令和4）年度の保険料は1万6590円である（同条5項）。厚生年金の保険料率は，2017（平成29）年度以降18.3％に固定されている（厚年81条4項）。

2 被保険者および保険者

1 被保険者

国民年金の被保険者　国民年金法7条は，被保険者を三つの類型に分けており，各号に応じてそれぞれ第1号，第2号および第3号被保険者という（→「目で見る」Ⅲ*1*a）。第1号被保険者とは，日本国内に住所を有する20歳以上60歳未満の者であって，第2号および第3号被保険者のいずれでもない者である。第2号被保険者は厚生年金保険の被保険者であり，第3号被保険者とは第2号被保険者の配偶者であって，主として第2号被保険者の収入により生計を維持する者のうち，20歳以上60歳未満の者である。

　これらの被保険者のうち，第3号被保険者は1985（昭和60）年の基礎年金改革の際に導入された類型である。また第1号被保険者のうち大学生などについては，1991（平成3）年4月からそれまでの任意加入から強制加入とされた（1989〔平成元〕年の法改正）。これら強制加入の被保険者のほか，日本国内に住所を有する60歳以上65歳未満の者など，一定の場合に厚生労働大臣に申し出ることにより任意加入被保険者となることができる（国年附5条1項等）。

厚生年金保険の被保険者　厚生年金保険では，厚生年金保険法6条に定める強制適用事業所に使用される70歳未満の者が強制被保険者となる（厚年9条）。健康保険と同様，厚生年金保険でも強制適用の対象とはならない事業所を単位に任意適用の途があるほか，任意単独被保険者制度がある（厚年6条3項・10

条)。

　国家公務員共済組合法や地方公務員等共済組合法は共済組合という名称から，被保険者ではなく組合員と呼ばれ，私立学校教職員共済法では加入者という。これら組合員や加入者も，2015（平成27）年10月から，厚生年金保険の被保険者とされた。

被保険者範囲の見直し　被用者を対象とする厚生年金保険は，従来，正規従業員を前提に被保険者資格を与えてきた。この結果，パート従業員や派遣労働者などいわゆる非正規労働者は，被保険者とされない場合が多かった。しかし，非正規労働者であっても被用者であることに変わりはない。そこで，これらの者も被保険者とすべきであるとして，①週所定労働時間が20時間以上であること，②賃金が月額8万8000円（年収106万円）以上であること，③勤務期間が1年以上であること，④従業員501人以上の適用事業所であることを満たす者（学生は除く）を被保険者とすることが2016（平成28）年10月から導入され（平24法62），従業員500人以下の適用事業所の非正規労働者についても，労使間の合意を前提に，事業所単位で適用範囲を拡大することとした（平28法114）。

　2022（令和4）年10月からは，③の勤務期間について1年以上から2ヵ月を超えて使用されること，④について被保険者総数が常時100人を超えることに変更されている。適用事業所についてはさらに2024（令和6）年10月には被保険者総数が常時50人を超える事業所に引き下げられる。

被保険者資格の得喪　国民年金法7条に該当する者は，同法8条および9条に定める事実が発生すると当然に被保険者の資格を取得し喪失する（→「目で見る」Ⅲ2a）。そして，

被保険者は資格の取得および喪失，氏名・住所の変更に関する事項などを市町村長に届け出る義務がある（国年 12 条 1 項）。届出を受けた市町村長はこれを厚生労働大臣に報告し，大臣は当該被保険者に対して国民年金手帳を作成・交付する（国年 13 条）。1997（平成 9）年 1 月から，公的年金各制度に共通して使用できる基礎年金番号が導入された。

　厚生年金の被保険者は，適用事業所に使用されるに至った日に資格を取得し，厚生年金保険法 14 条に定める事実が発生した日の翌日に被保険者資格を喪失する（→「目で見る」Ⅲ2a，Ⅱ2a，c）。ただし，任意単独被保険者は厚生労働大臣が認可した日に資格を取得する。被保険者資格の取得および喪失の効力は，原則として事業主からの届出により厚生労働大臣が確認してはじめて発生するが，被保険者からも資格の確認請求をすることができる（厚年 18 条・31 条。最判昭 40・6・18〈百選 15〉）。事業主の届出義務につき，公法上の義務にとどまらず，「雇用契約の付随義務として，信義則上，労働者が老齢厚生年金等を受給できるよう配慮すべき義務」であるとする事例（大阪地判平 18・1・26），届出義務を怠ることは「労働契約上の債務不履行」とする事例（奈良地判平 18・9・5）がある。

② 保 険 者

国民年金・厚生年金の
管掌・実施機関

　国民年金および厚生年金保険はともに，政府が管掌する（国年 3 条，厚年 2 条）。社会保険庁の廃止に伴い，2010（平成 22）年 1 月 1 日から，日本年金機構が政府の管掌する国民年金および厚生年金保険の業務を行う（日本年金機構法〔平 19 法 109〕）。

　国民年金は，その事業の事務の一部を共済組合，国家公務員共済

組合連合会，全国市町村職員共済組合連合会，地方公務員共済組合
連合会又は日本私立学校振興・共済事業団に行わせることができる
（国年3条2項・3項）。

　厚生年金保険の事業については，被保険者の類型に応じて，厚生
労働大臣，国家公務員共済組合及び国家公務員共済組合連合会，地
方公務員共済組合，全国市町村職員共済組合連合会及び地方公務員
共済組合連合会，日本私立学校振興・共済事業団が実施機関となる
（厚年2条の5）。

　また，国民年金基金は，法人格を有し，法所定の規約を定めるこ
とにより設立されるものであり，加入員の老齢に関する給付を行う
（国年115条・117条・119条以下）。

| 各種共済組合 | 被用者を対象とする年金各法には，厚生年金保険法以外に，国家公務員共済組合法，地方公務員等共済組合法および私立学校教職員共済法がある。 |

　厚生年金保険法でいう実施機関に該当するものとして，国家公務
員の場合には各省各庁ごとに（国公共済3条），地方公務員等の場合
には職員の区別に応じて（地公共済3条），共済組合のほか，国家公
務員共済組合連合会（国公共済21条以下），全国市町村職員共済組合
連合会および地方公務員共済組合連合会（地公共済27条以下・38条
の2以下）が設けられる。また私立学校教職員共済法は，日本私立
学校振興・共済事業団（私学共済2条）を置く。

ISSUE③　学生と社会保障

　ここでは，本書の主要な読者である学生と社会保障の関わりを入
学から卒業までの流れにそって概観する。

まず，生活保護世帯の子どもが大学や専門学校等に進学する場合，新生活の立ち上げ費用として進学準備給付金（自宅通学10万円，自宅外通学30万円）が支給される。また，進学後も自宅通学の場合，住宅扶助の減額は行われない（改正生活困窮者自立支援法〔平30法44〕）。

　次に，アルバイトの収入が社会保険の適用関係に影響を与える。これには二つの壁がある。一つは103万円の壁である。この金額を超えると，親の扶養から外れる。そうすると，親は扶養控除を受けることができなくなるし，学生自身も所得税や住民税を払わなければならない。ただし，勤労学生控除の要件に該当すれば，130万円まで非課税枠が広がる。

　いまひとつは130万円の壁である。健康保険に加入する親のもと，被扶養者とされる学生に130万円以上の年収がある場合には，親に「生計を維持」されていないと判断され，学生は健康保険の被扶養者資格を喪失する。このように被扶養者資格を喪失すると，学生であることや労働時間の関係からアルバイト先の健康保険に加入することは難しいので（健保3条1項9号），地域住民として国民健康保険に加入することになる。国民健康保険の場合，親元を離れて修学していても，その適用は親元の世帯に属するものとみなされる（国保116条）。しかし，130万円の壁を越えると親に生計を維持されているとはみなされないので，学生の住所地で国民健康保険の適用を受けることとなる。この場合，具体的な保険料（あるいは保険税）額は都道府県条例・市町村条例によって定められる。

　年齢については20歳が重要である。周知のように，国民年金の第1号被保険者は20歳以上60歳未満で，第2号被保険者でも第3号被保険者でもない者である（国年7条）。したがって，20歳になった時点で，ほとんどの学生が国民年金第1号被保険者となり保険料の納付義務を負うことになる（国年88条）。しかし，学生納付特例制度を利用して，保険料の納付猶予を受けることができる（国年

90条）。この制度は学部学生だけでなく，大学院生，夜間・定時制課程や通信課程の学生や専修学校生も利用することができ，学生本人の所得が一定の基準以下であることにより認められる。これに関連して，大学等が学生の委託を受けて，申請の代行をすることができる学生納付特例事務法人制度が設けられている。

学生特例納付制度は，保険料を納付しなくとも未納扱いとはしないという特例であり，障害年金の支給は可能となるものの，老齢年金の支給額には反映されない。満額の老齢基礎年金を受けるためには，学生納付特例を利用した期間に相当する保険料を追納しなければならない。学生納付特例の手続が遅れたり，保険料の未納や滞納が続くと，年金給付を受けることができなくなる（東京地判平25・2・15）。また，国民年金第1号被保険者である学生が婚姻して氏名や住所を変更したとき，あるいは被扶養配偶者（第3号被保険者）となるときは，その旨の変更手続が必要である。

在学中，長期に留学する場合には，国民年金との関係で，住民票をそのままにするか海外転出届を提出する（住民票を抜く）か選択することになる。住民票をそのままにする場合，保険料を払い続けるか，保険料免除の申請または学生納付特例制度を利用する。海外転出届を提出する場合，任意加入手続をとれば，保険料を負担し続けることになるが年金額は負担に相応するものとなる。なお，海外転出届を出せば，日本に住所を有しないことになるので，健康保険の被扶養者にも国民健康保険の被保険者にも該当しないこととなる。

最後に，働き方の多様化に伴い，学生アルバイトも多種多様なものがある。使用者の指揮命令を受けて労務を提供し，その対象として報酬を支払われる労働者性が認められるアルバイトであれば，そのアルバイトでのけがは業務災害と認められ，労災保険給付の対象となる。同様に，自宅とアルバイト先の往復での事故は通勤災害となる。ただし，大学からアルバイト先への移動中の事故は，通勤災害に該当しないとされている（労災7条2項）。しかし，その実態

を考えれば見直すべき時期に来ているように思われる。なお，雇用保険法は大学生には適用されない（雇保6条4号）が，ハローワークやジョブカフェが就活支援を行っている（職安26条）。　（加藤）

3　年 金 給 付

1　通　　則

給付の種類

　年金各法は，基本的に老齢（退職），障害または死亡を保険事故とし，これらに対応する給付を行う。保険事故に対する給付は，基礎年金改革（昭和60年）以後，大きく基礎年金と厚生（共済）年金に分けることができる。国民年金法は老齢，障害および遺族の基礎年金のほか，独自の給付として付加年金，寡婦年金および死亡一時金を支給する。国民年金の第2号被保険者ないし第2号被保険者であった者には，さらに被用者年金各法に基づき，老齢（退職），障害および遺族の厚生（共済）年金と障害手当金が支給される。共済年金は，国家公務員等の共済組合法に基づく給付であり，老齢年金ではなく退職共済年金が支給される。このほか国民年金基金，厚生年金基金等に加入していた者には，所定の要件に基づく給付が支給される。

　以下では，国民年金および厚生年金に関する保険給付を中心にみてゆくこととする。

裁　　定

　年金や一時金を受ける権利（基本権）は，事後重症の障害年金などを除き，それぞれ

の受給要件を満たせばそのときから発生する。しかし，受給権者の請求に基づき厚生労働大臣あるいは実施機関の裁定が必要である（国年16条，厚年33条→「目で見る」Ⅲ*4a*, **b**）。この裁定は年金受給権の存在を確認する行政行為とされ，最高裁は「画一公平な処理により無用の紛争を防止し，給付の法的確実性を担保するため，その権利の発生要件の存否や金額等につき〔社会保険庁〕長官〔現在は厚生労働大臣〕が公権的に確認するのが相当であるとの見地から，基本権たる受給権について，……裁定を受けて初めて年金の支給が可能となる」（最判平7・11・7〈百選41〉）とする。こうして，基本権たる年金受給権は裁定を受けることにより，支払期月の到来によって当該期月分の**支分権**たる年金が支給される（国年18条，厚年36条）。なお，障害年金の支給裁定に誤りがあるとして，職権で裁定を取り消し，過払年金の返還を請求できるとした事案（東京高判平16・9・7〈百選42〉）がある。

　受給権者が裁定請求をしない場合には年金の支給は行われない。年金の受給要件を満たした日の翌日から起算して5年間，裁定手続を行わなければ，基本権たる年金受給権は時効消滅する（国年102条，厚年92条）。支分権たる年金受給権は，会計法30条により，これもまた5年で時効消滅する。

年金額の自動改定　各年金の支給額はそれぞれの支給要件に応じて決定される。しかし，所得保障機能の充実を図る観点から，支給額の実質的な価値を保つため，生活水準その他の諸事情に著しい変動が生じた場合には年金額の改定が行われる（国年4条，厚年2条の2）。

　1989（平成元）年から物価指数の変動に応じて年金額を改定する完全自動物価スライド制が採用されてきたが，保険料水準固定方式

の採用に伴い，2005（平成17）年度からマクロ経済スライドにより年金額を改定することになった（国年27条の2，厚年43条の2）。

マクロ経済スライド　少子高齢化の影響により平均余命が伸びる一方，総人口，特に労働力人口が相対的に減少する。このため，2004年改正法により年金制度を支える基礎体力ともいうべき社会全体の保険料負担能力を反映した一定の比率（スライド調整率）と賃金や物価の上昇率との関係で，年金額を改定することとされた。社会全体の状況に応じて年金を改定するので，マクロ経済スライドといわれる（→「目で見る」Ⅲ4e）。

スライド調整率とは，公的年金全体の被保険者数の減少率と平均余命の伸びを勘案したもので，年金支給額は賃金や物価の伸びとこの調整率とを併用することによって算定される（国年27条の4，厚年43条の4）。例えば物価が2%上昇しても，被保険者の減少が0.6%，平均寿命の伸びが0.3%と算定されれば，年金は1.1%の引上げにとどまる。なお，これまではスライド調整率を適用すると年金額が下がる場合には年金の改定を行わないこととされていた。2018（平成30）年以降は，現役世代の負担能力に応じるため，前年度分の未調整分を調整したり，賃金変動に合わせた改定を行っている。

未支給年金　受給権者が死亡した場合，その死亡した者に支給すべき給付でまだその者に支給しなかったものがあるときは，その者の配偶者，子などであって，その者の死亡当時，生計を同じくしていた者は，未支給の年金ないし保険給付を請求することができる（国年19条，厚年37条）。これに関し，国民年金法19条所定の遺族は，死亡した受給権者の未支給年金請求権を同条の規定に基づき承継的に取得するものの，社会保険

庁長官（現在は厚生労働大臣）の支給の決定を受けることが必要であるとした判例がある（最判平7・11・7〈百選41〉）。

給付制限　保険事故を故意に引き起こしたり，理由もなく療養に専念しないために病状を増悪させた場合などは，社会保険としての性格や被保険者全体の利益を擁護する観点から，給付を制限する場合がある。

　故意に障害またはその直接の原因となった事故を生じさせるなど保険事故に関する制限（国年69条，厚年73条など），正当な理由なく職員の質問に応じないなど協力義務に関する制限（国年72条，厚年77条），必要書類等の不提出など給付事務に関連する制限（国年73条，厚年78条）がある。厚生年金の場合，このほか保険料の時効消滅に関する制限規定がある（厚年75条）。自殺については，行政解釈では給付制限の適用を受けないとしている。

受給権の保護等　年金受給権は一身専属の権利とされ，相続の対象から除かれるほか（民896条但書），これを譲渡し，担保に供すること，および差し押さえることができない（国年24条，厚年41条1項）。ただし，「別に法律で定める」場合には担保に供することが認められる。また，老齢基礎年金，付加年金および老齢厚生年金は国税滞納処分により差し押さえることができる（国年24条但書，厚年41条1項但書）。この措置は老齢基礎年金等が課税対象となっているためであり，障害年金や遺族年金として受けた金銭については，これを標準として租税その他の公課を課することはできない（国年25条，厚年41条2項）。

　このような受給権の保護に関連して，老齢年金および労災保険金の振込みによる預金債権を連帯保証人としての保証債務と相殺した事案において，預金債権に転化した場合にはこれを差押禁止とする

のは取引秩序に混乱を招くとして，相殺を認めた原審を支持する最高裁判例がある（最判平10・2・10）。

　また，国民年金の消えた年金記録や厚生年金の記録改ざんなど，国民の年金に対する抜きがたい不信をぬぐい去り信頼を回復するために，年金記録の改正による年金増額分を時効消滅した分も含めて支払うための年金時効特例法（平19法111），保険料を源泉控除されていたにもかかわらず事業主が被保険者資格や報酬月額等の届出を怠っていた事案について，年金記録の訂正を行い，時効消滅後の保険料を納付することができることを認めた厚生年金特例法（平19法131）が相次いで制定された。

② 老齢給付

概　要

　老齢基礎年金は，すべての国民に共通する老齢給付であり，老齢厚生年金は，一定の要件を満たした者に，基礎年金に上乗せする形で支給される。したがって，国民年金の第1号被保険者の資格しか有さなかった者は老齢基礎年金を，第2号被保険者の資格を有していた者は基礎年金に加えて老齢厚生年金を受けることができる。

　このような2階建て年金制度は1985（昭和60）年における基礎年金改革に基づくため，1986（昭和61）年4月1日の時点で，すでに60歳以上の者や60歳未満でも旧年金制度による受給権のある者には老齢基礎年金や老齢厚生年金は支給されず，旧法に基づく給付を受ける。また，保険料納付済期間などに関する規定については，基礎年金導入以前の制度との整合性を図るため，生年月日等との関連で多くの読替規定や関連規定が設けられている。

　老齢基礎年金は，保険料納付済期間または保険料免除期間を有する者が 65 歳になったときに支給される。老齢厚生年金は，老齢厚生年金の被保険者期間を有する者が 65 歳に達したときに支給される。ただし，基礎年金および厚生年金ともに原則として，国民年金の保険料に関する納付済期間と免除期間を合算した期間（受給資格期間という）が 10 年に満たないときは支給されない（国年 26 条・昭 60 附 18 条，厚年 42 条・附 14 条）。基礎年金，厚生年金ともに，経過措置として，受給資格期間の短縮規定が設けられている（国年昭 60 附 12 条，厚年昭 60 附 57 条）。なお，年金受給資格期間の 25 年から 10 年への短縮は，その施行期日を 2017（平成 29）年 8 月 1 日とされた（平 28 法 84）。

　支給要件としての受給資格期間は 10 年とされたが，給付額の算定では保険料を 40 年間（480 月）納付したことを前提とする。この場合の年金額は国年法 27 条本文による。ただし，保険料納付済期間の月数が 480 に満たない者については，保険料免除の種類に応じて定められる月数の算定方法に基づいて計算された額となる（国年 27 条但書）。保険料を滞納した期間は，年金額の算定対象とはならない。なお，1941（昭和 16）年 4 月 1 日以前に生まれた者については，生年月日に応じて 480 という月数が縮減される（国年昭 60 附 13 条）。

　支給要件を満たした者が 60 歳に達したときは，65 歳に達する前であっても希望する年齢から，繰り上げた年齢に応じて減額されるものの，老齢基礎年金が支給される（国年附 9 条の 2。繰上支給という）。逆に 65 歳からの支給を 66 歳以後に繰り下げることもできる（繰下支給という）。これまでは 70 歳までとされていたが，法改正により，75 歳までに引き上げられた（令 2 法 40）。2022（令和 4）年 4

月1日以降，70歳に到達する者から適用される。この場合には繰り下げた年齢に応じて一定割合の額が加算される（国年28条）。

支給開始年齢の引上げ
（特別支給の老齢厚生年金）

基礎年金改革以前，厚生年金の老齢給付は60歳から支給されていた。このため，急激な制度変更を回避すべく，老齢厚生年金の支給要件を満たす者には，60歳から65歳に達するまでの間，定額部分（現行の老齢基礎年金に対応する）と報酬比例部分（現行の老齢厚生年金に対応する）とからなる**特別支給の老齢厚生年金**が支給されてきた。

しかし財政状況を考慮した場合，60歳からの支給開始年齢を引き上げる必要があるため，定額部分の支給開始年齢を，一般男子について2001（平成13）年度（女子は5年遅れ）から2013（平成25）年度にかけて3年ごとに1歳ずつ引き上げ，最終的に65歳に引き上げることとされた（厚年平6附19条）。また報酬比例部分についても，2013（平成25）年度から2025（令和7）年度にかけて，その支給開始年齢が65歳に引き上げられる（厚年平12法99附8条の2）。この結果，1961（昭和36）年4月2日以後に生まれた男性（女性は，1966〔昭和41〕年4月2日以後）については，老齢基礎年金と老齢厚生年金はともに65歳から支給されることとなる。

老齢厚生年金

老齢厚生年金の額は，報酬比例の年金額に加給年金額を加えた額である（厚年43条）。

報酬比例の年金額は，$\alpha \times \beta/1000 \times \gamma$という計算式で算定される。ここで$\alpha$とは，被保険者であった全期間の平均標準報酬額であり，被保険者期間の基礎となる各月の標準報酬額と標準賞与額を平均した額をいう。$\beta/1000$は給付乗率ともいわれ，総報酬制が導入される前後に被保険者期間があるかにより適用される率は異なるが，

2003（平成15）年4月以降は，5.481である（厚年43条1項）。さらにγは，被保険者期間の月数を示す。老齢基礎年金や定額部分の老齢厚生年金の場合，被保険者期間は480月を上限とするが，報酬比例部分の老齢厚生年金およびここにいう報酬比例の年金を算定する場合には上限の定めはない。これらの計算式に用いられる額や率には，基礎年金改革の前後による格差を緩和する生年月日に応じた経過的な措置（厚年昭60附59条等），総報酬制前後による算定方法の違い（厚年附17条の9），賃金水準の変動等を考慮した再評価率（厚年附17条の4）などが付け加えられる。

加給年金は，老齢厚生年金の年金額算定の基礎となる被保険者期間が20年以上ある場合に，受給権を取得した当時，受給権者によって生計を維持されていた65歳未満の配偶者，18歳到達年度の末日までにある子または20歳未満で障害等級1級もしくは2級に該当する子があるときに支給される（厚年44条）。

離婚時の年金分割　　第3号被保険者の取扱いとも密接に関連して，離婚時の年金を分割すべきとの議論があり，2004（平成16）年改正法は二つの仕組みを定めた（→「目で見る」Ⅲ4f）。

一つは，夫婦が共稼ぎをしている期間にかかる分割である。当事者の婚姻期間中の厚生年金を，当事者の合意または裁判所の決定により，2分の1を限度に分割することができる（厚年78条の3）。なお，年金分割の按分割合を3割とした事例に東京家審平25・10・1〈百選40〉がある。いま一つは，夫婦の一方が第3号被保険者である期間にかかる分割である。被扶養配偶者を有する被保険者の負担した保険料は夫婦が共同して負担したものであるとの認識に基づき（厚年78条の13），離婚したときやそれに準じる場合には，第2号被

保険者の厚生年金を 2 分の 1 に分割することができる（厚年 78 条の14）。

<hr />

在職老齢年金

老齢年金を受給しながら，なお賃金を得ている場合がある。老齢年金は現役を引退した後の所得保障として機能するから，年金を受給しつつ賃金も得ることは制度の趣旨と合致しない。そこで，負担と給付の公平を図るために一定の調整を行うのが，在職老齢年金制度である。

老齢厚生年金の支給を受けながら，会社に勤め賃金を得ている場合，老齢厚生年金の年金額と賃金額に応じて，老齢厚生年金の一部または全部が支給停止される。支給停止される額の算定は，60 歳以上 65 歳未満と 65 歳以上とで異なる（厚年 46 条・附 11 条）。ただし，70 歳以上の者については，被保険者資格を喪失するため保険料の負担義務は発生しない。なお，配偶者または子がいるときに支給される加給年金は調整の対象とはならない。

<hr />

年金生活者支援給付金法

社会保障と税の一体改革により成立した「年金生活者支援給付金の支給に関する法律」（平 24 法 102）は，老齢年金，障害年金および遺族年金の受給者に対して，年金生活者支援給付金を支給するものである。このうち老齢年金生活者支援給付金は，所得額が一定の基準（住民税が家族全員非課税で，前年の年金収入とその他所得の合計額が老齢基礎年金の満額〔平成 27 年度で 77 万円〕以下であること）を下回る老齢基礎年金の受給者に，基準額（月額 5000 円）に保険料納付済期間（月数）/480 を乗じて得た額を支給する。

これら生活者支援給付金は全額国庫負担に基づく給付であるため，社会手当の性格を有する。申請・支払事務は日本年金機構が行っている。

3 障害給付

概　　要

障害基礎年金は，保険料の滞納などがない限り，原則としてすべての成人障害者に支給される。障害厚生年金は厚生年金保険の被保険者に対して，一定の要件のもとで，障害基礎年金に上乗せする形で支給される。これら二つの障害年金は，同じ障害等級表を用いている（国年令4条の6，厚年令3条の8→「目で見る」Ⅲ4d）が，厚生年金の独自給付として，障害等級3級に対する障害厚生年金と障害手当金（厚年55条〜57条）がある（→第7章**4**）。

支給要件

原則として，①疾病にかかりまたは負傷し，その疾病または負傷およびこれらに起因する疾病の初診日において被保険者であったこと，②障害認定日（当該初診日から起算して1年6ヵ月を経過した日，あるいはその期間に傷病が治ったか症状が固定した日）に法定の障害等級に該当すること（→**Key Word**③），および③初診日の前日においてその前々月までに被保険者期間があり，かつ当該被保険者期間の3分の2以上が保険料納付済期間または保険料免除期間で満たされているとき，障害基礎年金・障害厚生年金が支給される（ただし，初診日が2026〔令和8〕年4月1日前にある場合には，初診日の属する月の前々月までの1年間につき保険料の滞納のないことが支給要件の特例として認められている〔国年昭60附20条1項〕）。

若年障害者への
障害基礎年金

国民年金では初診日が20歳前にある傷病について，その者が20歳に達したとき，または20歳に達した後に障害認定日があるときはその障害認定日に，障害等級1級または2級に該当する状

態にあるとき，その請求により障害基礎年金を支給する。しかし，本人に一定額以上の所得がある場合，他の公的年金を受けている場合には，その支給を停止される（国年 36 条の 2・36 条の 3 等）。

　同じく 60 歳以上 65 歳未満の被保険者であった者で日本国内に住所を有する者（国年 30 条 1 項 2 号）が支給要件の②を満たす場合にも障害基礎年金が支給される。

学生障害無年金訴訟　20 歳前障害者に対する規定（国年 30 条の 4）や加入を強制される学生以外の者との関係で，学生時代の事故などにより障害者となった者が任意加入制度に加入していなかったことを理由に障害基礎年金を支給されないのは不当であるとして争われたのが，一連の学生障害無年金訴訟である。リーディングケースである東京地裁判決（平 16・3・24）は，原告の請求を認容したが，最高裁は原告の上告を棄却した（最判平 19・9・28〈百選 10〉）。これらの訴訟を通じて，特定障害者に対する特別障害給付金の支給に関する法律（平 16 法 166）が成立した。

初 診 日　支給要件①の初診日につき，最高裁は，医師の事後的診断により医学的に確認できた者については初診日要件を満たすとした一審判決（東京地判平 17・10・27）を取り消し，「医学的見地から裁定機関の認定判断の客観性を担保するとともに，その認定判断が画一的かつ公平なものとなるよう，当該傷病につき医師等の診療を受けた日」を初診日であるとした（最判平 20・10・10〈百選 35〉）。

障 害 等 級　支給要件②の障害等級に関して，障害基礎年金では 1 級と 2 級，障害厚生年金においては 1 級から 3 級に該当しなければならない。障害等級 3 級に該当するときには，障害厚生年金のみが支給される（東京地判昭 63・

$10 \cdot 31$)。

　障害等級に関連して，障害基礎年金の不支給決定の割合が都道府県により大きく異なることが判明し，それとともに精神障害および知的障害の認定においても地域差が存在することが明らかとなった。このため，2016（平成 28）年 9 月から，診断内容を数値化したうえ生活環境を考慮して判断する等級判定ガイドライン方式が導入された。

　また，著しい外ぼうの醜状障害について，性別によって大きな差を設けることは著しく不合理で憲法 14 条に違反するとした裁判例（京都地判平 22・5・27〈百選 56〉）があり，等級表の改正が行われた（平 23・2・1）。

支　給　額　　障害基礎年金の額は定額であり，障害等級 1 級に該当する者に対する障害基礎年金は 2 級に該当する場合の 1.25 倍の額となる（国年 33 条）。障害厚生年金の額は老齢厚生年金と同様，報酬に比例する。ただしこの場合，加入期間が 25 年（300 ヵ月）に満たない場合は 300 とみなされ，基礎年金のつかない 3 級障害の場合には最低保障額が設定されている（厚年 50 条）。

　支給期間は，障害認定日（それが 20 歳前のときは 20 歳に達した日）の属する月の翌月から，死亡した日など失権事由（国年 35 条，厚年 53 条）に該当した日の属する月までである。

Key Word③　治癒（寛解）・再発・事後重症●━━━━━━━━━━

　障害基礎年金，障害厚生年金あるいは障害補償給付などの障害給付は，医学的判断と密接に関連する。

　「傷病が治った」ことが求められる障害年金（国年 30 条 1 項，厚年 47 条 1 項・55 条）においては，**治癒**とは「症状が安定し，疾病が固定した状態にあるもので，治療の必要がなくなったものをいい，医

療効果を期待しえない状態となった場合」（東京地判昭 57・3・18）とされる。治癒に関連して，精神障害の症状が現れなくなった，または安定した状態を「**寛解**」というが，寛解との診断がなされている場合には，投薬等を継続している場合であっても治癒（症状固定）の状態にあるとする通達がある（平 23・12・26 基発 1226 第 1 号）。

　また労災保険の事案であるが**再発**とは，「①現傷病と旧傷病との間に医学上の相当因果関係が存在すること，②旧傷病の治癒時の症状に比し現傷病が増悪していること，③現傷病に医療効果が期待できるものであることが必要である」（福島地判平 4・1・20）とされる。

　さらに年金保険では，障害認定日に障害等級に該当しなかった者も，65 歳に達する日の前日までの間に症状が悪化して障害等級に該当するときは，その請求により障害給付を受給することができる（国年 30 条の 2，厚年 47 条の 2）。これを**事後重症制度**という（東京地判平 27・4・17）。なお，労災保険における併合等に関連する規定として，国年 30 条の 3・31 条，厚年 47 条の 3・48 条を参照。

（加藤）

4　遺族給付

概　要

　遺族基礎年金，遺族厚生年金は，ともに被保険者等が死亡した場合に，その被保険者等に生計を維持されていた遺族に，一定の要件のもとで支給される。その支給要件は，被保険者等の被保険者期間，遺族該当性および生計維持要件に大別される。

遺族基礎年金は，次の①から④のいずれか
に該当する者が死亡したときに，その遺族
に支給される。①被保険者，②被保険者で
あった 60 歳以上 65 歳未満の者で，日本国内に住所を有する者，③
老齢基礎年金の受給権者，④老齢基礎年金の受給資格期間を満たし
た者である。①と②に該当する場合には，死亡日の前日に，死亡日
の属する月の前々月までの被保険者期間があるときは，その被保険
者期間のうち保険料滞納期間が 3 分の 1 未満でなければならない
（ただし，障害給付と同じく 2026〔令和 8〕年 4 月 1 日前に死亡した場合に
は，死亡日の属する月の前々月までの 1 年間につき保険料の滞納期間のな
いことが支給要件の特例として認められている〔国年昭 60 附 20 条 2 項〕）。

　遺族厚生年金は，次の①から④までのいずれかに該当する者が死
亡したときに，その遺族に支給される。①被保険者，②被保険者資
格喪失後，被保険者期間中に初診日のある傷病によって初診日から
5 年以内に死亡した者，③障害等級 1 級または 2 級の状態にある障
害厚生年金の受給権者，④老齢厚生年金の受給権者または老齢厚生
年金の受給資格期間を満たしている者である。保険料納付に関する
要件とその特例については，遺族基礎年金と同様である。

遺族基礎年金の遺族は，被保険者等が死亡
した当時，その者によって生計を維持され
ていた妻または子である。妻の場合には 18 歳到達年度の末日まで
にある子か，障害等級 1 級または 2 級の状態にある 20 歳未満の子
と生計を同じくする者でなければならない。子については，18 歳
到達年度の末日までにある子か，障害等級 1 級または 2 級の状態に
ある 20 歳未満の子で，かつ婚姻していない子である（国年 37 条の 2
第 1 項 2 号）。

これに対して，遺族厚生年金の遺族の範囲は世帯を重視することから基礎年金よりも広く，配偶者，子，父母，孫または祖父母であり，被保険者等の死亡当時その者によって生計を維持し，さらに妻以外にあっては，厚年59条1項各号に該当することを要する。順位は同条2項による（→第6章**4**②）。配偶者，夫および妻については，婚姻の届出をしていないが事実上婚姻関係と同様の事情にある者を含む（国年5条7項，厚年3条2項）。

| 重婚的内縁・近親婚関係 |

法律上の配偶者がありながら別に事実上夫婦と同様の共同生活を営んでいる「重婚的内縁」関係において，配偶者としての遺族給付の受給資格をめぐる問題が生じる。最高裁は，法律上の配偶者であっても「その婚姻関係が実体を失って形骸化し，かつ，その状態が固定化して近い将来解消される見込のないとき」には遺族給付を受けるべき配偶者に該当しないとした（最判昭58・4・14〈百選36〉，最判平17・4・21）。他方，約42年間にわたる近親婚（叔父・姪）に関する遺族厚生年金の不支給処分につき，本件事案においては特段の事情が認められ「事実上婚姻関係と同様の事情にある者」に該当するとして，不支給処分の取消請求を棄却した高裁判決（東京高判平17・5・31）を取り消した（最判平19・3・8〈百選37〉）。なお，養親子関係については事案により結論が異なる（配偶者性肯定例として大阪地判令2・3・5，否定例として東京高判平27・4・16）。

| 生計維持要件 |

遺族年金は，被保険者等の死亡当時，その者により生計を維持されていたことを要件とする（国年37条の2，厚年59条）。ここにいう生計維持の認定は，生計同一要件と収入要件とからなり，後者については年額850万円を基準とする（平23・3・23年発0323第1号）。生計同一要件に関連

して，長期にわたる別居状態の継続（東京高判平19・5・31）や住民票上の住所が異なること（東京地判平23・11・8）につき「やむを得ない事情」の存在を認めた事例がある。また同族経営の代表取締役が死亡した事案で，監査役等の地位にあった妻につき，不支給処分の取消請求を認容した原判決（東京地判平14・11・5）を取り消した高裁判決がある（東京高判平15・10・23）。

> **支　給　額**

遺族基礎年金は国民年金法38条に基づく額と子に対する加算額からなる。被保険者等の死亡日の属する月の翌月から，同40条に定める失権事由に該当する日の属する月まで支給される。

　しかし，2007（平成19）年4月から，遺族厚生年金の額は，本人の納めた保険料をできるだけ年金に反映させるという視点から，老齢厚生年金を受けられる人にはその老齢厚生年金を優先支給し，差額に相当する遺族厚生年金を支給することとした（厚年60条）。年金額の算定基礎となる被保険者期間の月数が300に満たない場合には300とみなされ，配偶者以外の受給権者が複数のときには年金額は均等に分けられる。このほか一定の要件のもとで中高年寡婦等に対する加算制度がある。遺族厚生年金は，遺族がそれぞれ厚生年金保険法63条に該当する場合には失権する。2007（平成19）年4月から，同条第1項に第5号が加えられた結果，子のいない30歳未満の妻の遺族厚生年金は5年の有期年金となる。また，子に対する遺族厚生年金は，原則として妻が受給権を有する期間は支給を停止される（同66条）。

5　年金給付の調整

併給調整

保険事故が2以上重なったとしても，稼得能力の喪失・減少の程度は事故の数に応じて比例するとはいえない。このため，年金受給権の重複を調整する規定が定められる（→「目で見る」Ⅲ4c）。

まず，国民年金および厚生年金では，基本的に同一人が複数の年金受給権を取得しても，原則として受給権者の選択により一方の年金の支給が停止される（国年20条，厚年38条）。また労災保険給付との関係では，給付額の調整が行われる（労災15条・16条の3）。ただし，基礎年金の受給権者に，同一の支給事由による厚生年金の受給権があるとき，および老齢基礎年金と遺族厚生年金とは併給が認められる（国年20条1項，厚年38条1項）。また，特別支給の老齢厚生年金と雇用保険における基本手当とは，雇用保険給付が優先され，基本手当を受給している間，老齢厚生年金の支給は停止される（厚年附7条の4）。

併給調整については，受給権を制限する側面を有するため，これまで特に無拠出制福祉年金に関する制限規定について裁判上争われてきた。障害福祉年金と児童扶養手当の併給調整規定の合憲性が争われた堀木訴訟で，最高裁は「公的年金相互間における併給調整を行うかどうかは，……立法府の裁量の範囲に属する」との判断を示している（最大判昭57・7・7〈百選2〉）。

年金給付と損害賠償との調整

年金給付を受けることとなった障害や死亡の原因が，第三者の行為によって生じた場合，受給権者が第三者から受ける損害賠償の額と年金給付との間で調整が行われる。損害賠償よりさきに年金

の支給が行われているときには，政府は損害賠償の請求権を取得し，年金給付よりさきに損害賠償が支払われているときは，政府はその価額の限度で給付を行う責めを免れる（国年22条，厚年40条）。

　数多くの裁判例があるが，老齢（退職）年金の受給権者が第三者の不法行為により死亡した場合，生存を前提とする老齢（退職）年金の逸失利益性および相続財産性について判例はこれを肯定する。しかし，将来の年金給付予定額を逸失利益から控除すべきか否かにつき，最高裁大法廷は，地方公務員等共済組合法に基づく退職年金受給者の交通事故死の事案で，遺族年金の将来給付分の控除を否定したものの，口頭弁論終結時までに支給を受けることが確定した年金については控除できるとした（最大判平5・3・24〈百選38〉）。また，障害年金の逸失利益性を認める一方，障害年金の加給分についてはこれを否定したうえ，遺族が遺族年金の受給権を取得したときは，支給を受けることが確定した遺族年金は財産的損害から控除すべきとした判決がある（最判平11・10・22）。

　さらに遺族年金の逸失利益性についても，下級審の判断は分かれていたが，最高裁は，もっぱら受給権者自身の生計の維持を目的とした給付という性格などから，死亡した者が生存していたならば将来受給しえたであろう遺族年金は不法行為による損害としての逸失利益には当たらないとした（最判平12・11・14〈百選39〉）。

4 保険財政と運用

1 国民年金に要する費用

保険料額と納付義務

第 1 号被保険者は，被保険者期間の計算の基礎となる各月につき，法に定める額を納付しなければならない。保険料額は，保険料水準固定方式の採用により，所要の調整を加えて段階的に引き上げられ，名目賃金変動率による改定により，2022（令和 4）年度の保険料は月額 1 万 6590 円である（国年 87 条 3 項・5 項）。しかし，第 2 号被保険者および第 3 号被保険者としての被保険者期間については，後述する基礎年金拠出金が存在するため，保険料を個別に納付する必要はない。

保険料の納付義務を負うのは，被保険者本人である。ただし，その被保険者の属する世帯の世帯主および配偶者も，被保険者と連帯して保険料を納付する義務を負う（同 88 条）。毎月の保険料は，翌月末日までに納付しなければならない（同 91 条）。

法定免除・申請免除
（多段階免除）制度

国民年金の場合，低所得者や無職の者も被保険者とするため，保険料を免除する制度を設けている（→「目で見る」Ⅲ.3b）。一定の要件を満たせば当然に免除される法定免除（国年 89 条）と，被保険者の申請に基づき厚生労働大臣の承認による申請免除（同 90 条・90 条の 2）とがある。申請免除による免除額は，2006（平成 18）年 7 月から，全額，4 分の 3，半額および 4 分の 1 の 4 種類となった。これを保険料多段階免除制度という。このように保険料の免除を認められた期間は，保険料を納付した「保険料納付済期間」と区別し

て「保険料免除期間」といい，年金額の算定においては保険料納付済期間の2分の1，8分の5，4分の3および8分の7とされる。

学生の納付特例制度・納付猶予制度

20歳以上の学生については，2000（平成12）年4月から，学生本人だけの所得で保険料の納付を猶予する学生納付特例制度が設けられた。法文の文理解釈から，保険料多段階免除制度は利用できないが，この制度により在学中の事故による障害基礎年金の支給要件を満たすことができる。しかし，猶予された期間は老齢基礎年金額に反映されない（保険料免除期間とみなされない）ので，追納手続をしなければならない。また，保険料の猶予を求める届出は毎年行わなければならない。さらに，学生納付特例制度と同様に20歳から50歳未満の者を対象とする納付猶予制度もある（平26法64附14条→**ISSUE③**）。

保険料の前納・追納

被保険者は，将来の一定期間の保険料をあらかじめ前納することができる（国年93条）。前納することのできる期間および金額は，国民年金法施行令により定められる。また，保険料の免除を受けている被保険者または被保険者であった者は，免除を受けた期間分の保険料をあとから追納することができる。追納することができる期間は，保険料の免除を受けた月から10年以内の期間とされる（同94条）。追納する保険料額は免除を受けた当時の保険料額に政令で定める額を加算した額とされ，保険料の免除もしくは納付猶予を受けた期間の翌年度から起算して3年度目以降に保険料を追納する場合には，経過期間に応じた加算額が上乗せされる。

基礎年金拠出金

厚生年金保険など被用者年金制度の保険者は，毎年度，基礎年金の給付に要する費用

に充てるため，基礎年金拠出金を負担する（国年 94 条の 2）。この拠出金は，被用者年金制度の保険者が，第 2 号被保険者および第 3 号被保険者の基礎年金に関する保険料をまとめて負担することを意味するため，第 2 号および第 3 号被保険者は，国民年金の保険料を個別に負担する必要はない。

国庫負担　基礎年金の国庫負担割合は，2000（平成 12）年改正法により 3 分の 1 から 2 分の 1 に引き上げることが明記された（国年 85 条 1 項 1 号）。しかしその財源を確保するため，「公的年金制度の財政基盤及び最低保障機能の強化等のための国民年金法等の一部を改正する法律」（平 24 法 62）に基づき，消費税を財源とする恒久化が実現した。

　保険料を納付した期間に加え，保険料免除期間も国庫負担の対象となる。このため，保険料免除期間の国庫負担相当分も年金額に反映されることになる。これに対して，保険料を滞納する場合には国庫負担は手当てされないので，年金額の算定には大きなマイナスとなる。

② 厚生年金に要する費用

報酬・標準報酬　厚生年金保険では，賃金，給料あるいは俸給などその名称のいかんを問わず，労働者が労働の対償として受けるすべてのものを報酬という。ただし臨時に受けるもの，3 ヵ月を超える期間ごとに受けるものは報酬には含まれない（厚年 3 条 1 項 3 号，健保 3 条 5 項）。しかし，名称がまちまちであるように報酬額も千差万別であり保険料の算定業務等を簡便にするため，健康保険同様，標準報酬により保険料額を算定する（→「目で見る」Ⅲ3a）。これは労働者の報酬月額に基づき 1 級から

31級までに区分された標準報酬等級表により定められる（厚年20条，健保の場合は50級まで〔健保40条〕）。

標準報酬の決定は，健康保険と同様，被保険者資格を取得した際には，原則としてその被保険者に支払われる報酬を基礎に決定し，その後，毎年7月1日現に使用される事業所において，同日前3ヵ月間に支払われた報酬を基礎としてその年の9月から翌年8月までの標準報酬を決定する（**定時決定**）。この間，標準報酬等級に著しい（2等級以上に及ぶ）高低が生じた場合には**改定**が行われる（厚年23条，健保43条）。

賞与・標準賞与	

報酬だけを保険料の算定に用いるとすべての報酬に占める賞与の割合が高い場合には，保険料の負担が相対的に低くなる。このような負担の不公平を是正するため，2003（平成15）年3月から賞与についても，報酬と同じ保険料率を用いて保険料を負担することとなった。すべての報酬を基礎に保険料を負担することから，これを**総報酬制**という。

賃金，給料あるいは俸給などその名称のいかんを問わず，労働者が労働の対償として3ヵ月を超える期間ごとに受けるものを賞与という。標準賞与額は実際に支払われた額から1000円未満を切り捨て，150万円を超えるときは150万円とされる（厚年24条の4）。

産前産後休業・育児休業に関する改定・養育期間のみなし措置	

育児休業を終了した者が3歳未満の子どもを養育しながら職場復帰した場合，あるいは産前産後休業を終了して職場復帰した場合，その後の3ヵ月間の給与平均額で標準報酬月額を改定する（厚年23条の2・23条の3，健保43条の2・43条の3）。

養育期間中の報酬の低下を将来の年金額に影響させないため，3歳に満たない子を養育する被保険者は，標準報酬月額が子が生まれ

るまでの標準報酬月額を下回った場合，事業主を経由して実施機関に申し出ることによって，年金額の計算上，従前標準報酬月額を標準報酬月額とみなすこととされる（厚年26条）。

保 険 料　保険料は，標準報酬月額，標準賞与額に保険料率を乗じて算定される。保険料率は，報酬，賞与ともに，保険料水準固定方式の採用により，1年ごとに法定され，2017（平成29）年度以降18.3％とされている（厚年81条4項）。

育児休業期間・産前産後
休業期間中の保険料　いわゆる育児介護休業法により育児休業中の被保険者は，事業主が厚生労働大臣など実施機関に申し出ることによって，事業主負担分も含めて保険料が免除される。厚生年金保険だけでなく健康保険の保険料についても同様である。免除される期間は，休業を開始した日の属する月から，子が3歳に達したときなど育児休業が終了する日の翌日の属する月の前月までである（厚年81条の2，健保159条）。保険料が免除されていた期間は，保険給付額の算定に際して保険料を拠出した期間と同様に扱われるため，保険料を追納する必要はない。

　また，短期の育児休業の取得に対応して，月内に2週間以上の育児休業を取得した場合には当該月の保険料を免除するとともに，賞与にかかる保険料については1ヵ月を超える育児休業を取得している限り，免除の対象となる。

　産前産後休業期間についても，当該休業期間中に事業主が厚生労働大臣など実施機関に申し出ることにより，労使双方の保険料が免除される（厚年81条の2の2，健保159条の3）。また，2016（平成28）年国年法等改正により，国民年金第1号被保険者の産前産後期間に

ついても保険料を免除することとした（国年88条の2）。

**DV 被害者の保険料
特例免除制度**

配偶者からの暴力（DV）によりDV加害者である配偶者と住所が異なる場合，配偶者の所得にかかわらず，DV被害者である本人の所得に応じて，保険料の全額または一部の免除を受けることができる（国年則77条の7）。なお，医療保険については，自分自身の勤務先の医療保険に加入するか国民健康保険に加入することができる。

事業主の納付義務等

保険料は，被保険者と事業主がそれぞれ半額ずつ負担する。事業主は，健康保険と同様，被保険者負担分を被保険者の報酬から源泉徴収し，事業主負担分と合わせて保険料を納付する義務を負う（厚年82条・84条）。なお，任意継続被保険者などの場合は，その被保険者が全額保険料を負担し，自分でこれを納付する義務を負う。

　裁判例として，報酬月額を過少申告したことにつき，「事業主は，労働契約に付随する信義則上の義務として，被保険者に対し，被保険者の報酬月額を社会保険庁に適正に申告すべき義務を負っているものと解される」とする事例がある（大阪高判平23・4・14〈百選34〉）。

国 庫 負 担

厚生年金の主な財源は保険料である。しかし，厚生年金保険事業の事務の執行に要する費用は，予算の範囲内で国庫が負担する（厚年80条2項）。また，基礎年金拠出金の額の2分の1に相当する額や保険給付の一部につき，国庫負担が行われる（同80条1項・昭60附79条）。

③ 財政検証と資産運用

財政の現況と見通し 人口推計，労働力率など社会経済情勢の変動に対応し，年金財政の均衡を保つために，年金財政に関する見直しが行われる。

2004（平成16）年改正法は，おおむね100年間（財政均衡期間）の終了時に，年金給付費1年程度の積立金を保有することを想定して，それまでの間，少なくとも5年ごとに，年金財政の現況と見通し，マクロ経済スライドを行う期間（調整期間）の開始・終了年度の見通しを作成・公表することとした。これを**財政検証**という（国年4条の3，厚年2条の4）。直近の財政検証は2019（令和元）年に行われた。

この現況と見通しにより，所得代替率（現役世代の平均的な賞与込みの手取り賃金額に対する新規裁定時の年金額の割合）が50%を下回ると見込まれる場合，保険料ではなく給付額を調整する措置を講じて財政均衡を図る（国年16条の2，厚年34条）。

年金積立金 国民年金および厚生年金の保険料は，基本的には年金の支払に充てられるが，その残りは年金積立金として財務省資金運用部への預託を義務づけられ，郵便貯金などとともに資金運用部資金として，政府系金融機関などを通じて行われる財政投融資の資金となった。また，被保険者の福祉の向上を図る意味から，1961（昭和36）年に年金福祉事業団が設立され，資金運用部から資金を借り入れ，福祉施設や住宅などの資金貸付や資金運用事業を行ってきた。

このような年金積立金の運用については，少子高齢化のより一層の進展をふまえて，年金制度を長期的に安定させるために，そのあ

り方が再検討されてきた。この結果，2001（平成13）年4月，年金福祉事業団を解散し，年金資金運用基金が設立された。さらに，2006（平成18）年4月，年金資金運用基金を廃止し，厚生労働大臣から寄託された年金積立金の安全かつ効率的な管理運用を行う年金積立金管理運用独立行政法人（GPIF）が設立された（国年75条・76条，厚年79条の2・79条の3）。

5 任意加入の所得保障システム

1　概　　要

　老後の所得保障として機能する基礎年金や厚生年金を補うため，補足制度ともいうべき任意加入による所得保障システムが存在する。その一部は企業年金と俗称されているが，成立基盤は企業の枠にとどまるものではなく，また当然に社会保障制度の範疇に組み入れられるものでもない。

　従来，補足制度の柱は厚生年金基金や税制適格年金であった。厚生年金基金は，厚生年金保険の老齢についての給付を政府に代行して行うとともに，一定の上乗せ給付の支給を目的に1965（昭和40）年に創設された。国民年金基金は，自営業者など第1号被保険者の所得保障の充実を図るとともに，第2号被保険者との年金格差を是正するため，1991（平成3）年から設立された。しかし，中小企業や自営業者に普及していない点や転職時に年金資産の移管が確保されないなどの問題を解消するため，2001（平成13）年6月，確定給付企業年金法（平13法50），確定拠出年金法（平13法88）が相次いで制定された。この確定給付企業年金法の成立に伴い，税制適格年

金の新規契約は認められず，既存の適格年金も 2012（平成 24）年 3 月までに他の企業年金に移行することとされた（→「目で見る」Ⅲ 5a）。これら以外にも石炭鉱業年金基金や農業者年金のほか，中小企業退職金共済制度や税制上の優遇措置を受けずに企業独自に支給される自社年金などがある。

2 国民年金基金，厚生年金基金

国民年金基金 ）
国民年金基金には，地域型国民年金基金と職能型国民年金基金がある。地域型国民年金基金は，都道府県ごとに，各地域内に住所を有する 1000 人以上の第 1 号被保険者たる加入員（保険料納付免除者と農業年金の被保険者を除く）が，また職能型国民年金基金は，全国規模で，同種の事業または業務に従事する 3000 人以上の第 1 号被保険者たる加入員があれば設立できる。加入は任意であるが，所定の要件に該当する場合には資格を喪失する（国年 127 条 3 項）。基金を設立するためには，規約を作成し，創立総会を開くとともに厚生労働大臣の認可を受けなければならない（同 119 条以下）。

国民年金基金は，加入員または加入員であった者およびその遺族に，老齢にかかる年金と死亡に対する一時金を支給する。年金には，65 歳から支給される終身年金と 60 歳あるいは 65 歳から 15 年ないし 10 年間支給される確定年金とがあり，給付額が口数制を採用している関係で，掛金額は加入口数と加入時の年齢により決まる。

厚生年金基金 ）
厚生年金基金は，厚生年金保険の適用事業所の事業主とそこに使用される被保険者をもって組織される。厚生年金基金による年金給付は，老齢厚生年金に該当する部分（**代行部分**）と老齢厚生年金の年金額を 1 割以上上

回る部分（**加算部分**）から構成され，加入員または加入員であった者が老齢厚生年金の受給権を取得したときになされる。掛金は加入員と事業主との折半を原則とするが，事業主負担分を増加させることができ，加算部分は事業主のみが負担する場合が多い。

しかし，景気低迷や低金利を背景とする積立金不足から，厚生年金基金を解散したり給付水準を引き下げるケースが相次いだ（大阪高判平 17・5・20，大阪地堺支判平 10・6・17）。また，厚生年金基金から確定給付企業年金に基づく企業年金基金への移行をめぐる保険会社との紛争（大阪地判平 17・3・30）なども発生している。このほか，基金からの脱退は代議員会の議決が必要な規約の変更に該当するとしたうえで，「やむを得ない事由がある場合には，議決や承認は不要」と判断して，財政の悪化した基金からの脱退を認める裁判例が示された（長野地判平 24・8・24〈百選 46〉）。

組 織 等　国民年金基金および厚生年金基金はそれぞれ規約に基づき運営されるが，各基金には議決機関としての代議員会，役員として理事および監事が置かれる。このほか，加入員の資格を喪失した者や解散基金の加入員にかかる年金や一時金の支給を処理するために，国民年金基金連合会および企業年金連合会が設立されている（国年 137 条の 4，企業年金 91 条の 2）。

健全性信頼性確保法　積立金の運用環境悪化等を背景として，未積立債務を埋め合わせる体力のある大企業では代行部分の返上が進んだ結果，厚生年金基金の大半は中小企業など複数事業主により設立される総合設立型基金となった。さらに，基金の資産運用にあたる投資顧問会社が運用資産の大半を喪失させたことが社会問題化した（AIJ 事件：2012〔平成 24〕年）。こうした

背景のもと，厚生年金基金制度の抜本的な見直し（公的年金制度の健全性及び信頼性の確保のための厚生年金保険法等の一部を改正する法律〔平25法63〕）がなされ，施行日2018（平成30）年5月1日以後は厚生年金基金の設立は認めないこととし，厚生年金基金に関する規定を厚生年金保険法本則から削除するとともに，現存する基金についてはその存続を認めるものとした。

存続厚生年金基金については，施行日から5年間の時限措置として，代行割れの自主解散型基金を対象とする分割納付の特例（事業所間の連帯債務を外す，利息を固定金利とする，最長納付期間を15年から30年に延長する）を認めるほか，厚生労働大臣があらかじめ社会保障審議会の意見を聴いて解散を促す「清算型解散」の仕組みを導入するとともに，解散認可基準を緩和した。さらに施行日から5年後以降は，代行資産保全の観点から設定した積立基準を満たさない基金については，厚生労働大臣が社会保障審議会の意見を聴いて，解散命令を発動できることとした。

3 確定給付企業年金・確定拠出年金

確定給付企業年金

確定給付企業年金法は，受給権を保護するための受託者（企業年金の管理運営を行う者）の責任を明確にし，従業員への情報開示を事業主に課している。そして，従来からある厚生年金基金に加え，税制適格年金を廃止したり，代行部分を返上した場合の受け皿として，企業が運営主体となる規約型企業年金と，企業とは別の法人を設立する基金型企業年金が設けられた（→「目で見る」Ⅲ5a）。

規約型年金は，労使合意の年金規約に基づき，企業が生命保険会社や信託銀行等と契約し，これらを通じて年金資産の管理・運用を

行う。年金規約については厚生労働大臣の承認を受けなければならない（大臣の不承認処分の取消を争う事案として，東京高判平20・7・9〈百選45〉がある）。基金型年金もまた，労使合意の年金規約を作成したうえで企業年金基金の設立につき厚生労働大臣の許可を受けなければならない。資産の管理や給付は当該基金が行う。

　これらの企業年金に加入できるのは，基本的に，規約型，基金型ともに確定給付企業年金を実施する厚生年金保険の適用事業所に使用される被保険者であり，厚生年金の保険料に相当する掛金は事業主が年1回以上拠出する。ただし，年金規約で定めれば，加入者も掛金の一部を負担することができるが，加入者の同意が必要であり掛け金総額の2分の1を超えてはならない。

```
確定拠出年金
```

　確定拠出年金とは，拠出した掛け金とその運用収益との合計額をもとに給付額を定める年金であり，掛け金とその運用収益との合計額をもとに個人ごとの年金額が確定する。確定拠出年金法は，加入者自ら運用指図を行うなど自己責任原則のもと，企業が掛け金を拠出し70歳未満の従業員をすべて加入者とする企業型年金（企業型DC）と自営業者などが加入する個人型年金（iDeCo）を定めている。企業型年金および個人型年金ともに，老齢給付金，障害給付金，死亡一時金および脱退一時金が支給されるが，具体的な給付額は運用実績により異なる（同28条以下→「目で見る」Ⅲ5a, b）。

　企業型年金は，労使の合意に基づき厚生労働大臣の承認を得た規約に基づき，70歳未満の厚生年金保険被保険者や私学共済加入者を対象に組織される。事業主は，銀行など主務大臣の登録を受けた確定拠出年金運営管理機関に運営管理業務を委託することができ（同7条・88条以下），信託会社などと資産管理契約を締結しなけれ

ばならない（同 8 条）。掛金は全額事業主が負担し，資産管理機関に納付しなければならない。また，2016（平成 28）年改正法は，事務負担等により企業型年金の実施が困難な中小企業（従業員 100 人以下）を対象に，設立手続を大幅に緩和した「簡易企業型年金」（同 3 条 5 項）を設けるなどした。

　個人型年金は，65 歳未満の国民年金第 1 号被保険者，厚生年金基金や企業年金の加入者を除く厚生年金保険の被保険者が，国民年金基金連合会に，加入を申し出る（同 62 条）。また，2016 年改正法により，国民年金の第 3 号被保険者である専業主婦や公務員が，個人型年金に加入することができるようになった。掛金は，全額加入者自身が拠出する。

6 今後の課題

概　　観

　国民年金法の制定による皆年金体制の実現は，高度経済成長に後押しされて，老後を中心とする所得保障制度として定着することに成功した。しかし，少子高齢化の進行や社会経済構造の変革などにより，公的年金制度は絶えず制度の見直しを迫られている。

　少子高齢化が進行するなかで，公的年金制度の財政方式は賦課方式の色彩を強めており，給付と負担の公平をいかに調整するかが世代を超えた問題となりつつある。財政基盤の安定化が求められるゆえんである。また，介護保険制度が保険料財源として老齢等年金給付を組み込んだり，確定給付企業年金法や確定拠出年金法が成立するなど，所得保障の総合化ないし多様化に向けた動きも進行している。さらに，離婚時の年金分割に関するシステムも導入された。そ

の一方で，国民年金に加入しなかったり保険料を納めない人々が増加しているという空洞化問題，宙に浮いた年金記録，厚生年金の改ざんあるいは第3号被保険者の記録不整合問題は，公的年金制度に対する信頼を根底から覆すものである。以下に掲げた項目は，今後の公的年金制度のあり方を考えるうえで重要な課題であると同時に，われわれ一人ひとりが今後を展望して意思決定をすべき問題でもある。

国庫負担金 年金財源を税金に求めるべきという主張とも関連して，2004（平成16）年改正法は，基礎年金の国庫負担割合を2009（平成21）年度までに2分の1に引き上げることとし，いわゆる消費税引上げ法案の成立に伴い，年金機能強化法（平24法62）は，この引上げを2014（平成26）年4月1日から恒久化した。

さらに，消費税率10％の実現をまたず，無年金者の発生を抑えるという観点から，年金の受給資格期間を現在の25年から10年に短縮することとされた（平28法84。2017〔平成29〕年8月1日に実施）。このことは，国庫負担金の充当を前提とするだけでなく，①従来の取扱いとの論理的整合性をどのように説明するのか，②セーフティネットとしての生活保護との機能分担をどうするのか，など検討すべき課題が多いように思われる。所得保障のあり方という大きな議論が求められているといえる。

年金と雇用 高齢者の就労意欲が高いわが国においても，多くの労働者にとって，定年年齢に達すると同時に相応の所得が保障される年金生活に移行できることが望ましい。特別支給の老齢厚生年金は，その支給開始年齢を2001（平成13）年から段階的に引き上げ，2025（令和7）年には65歳に引き上

げられる。これに対応して，高年齢者雇用安定法の改正により2006（平成18）年4月から，定年年齢の引上げ，継続雇用制度の導入あるいは定年の廃止という雇用確保措置を，定年の定めをしている事業主に義務づけた。そして，2012（平成24）年改正では，継続雇用制度につき，「現に雇用している高年齢者が希望するときは，当該高年齢者をその定年後も引き続いて雇用する制度」であることとした。

また，終身雇用・年功序列型賃金・企業別組合という雇用慣行も大きく変化しつつある。わが国の年金制度は，これらの雇用慣行に適合した制度を構築・運営してきた側面が強い。このため，パート労働者や派遣労働者など新しい雇用形態のもとで就労している人々をどのように年金制度に取り込むか，あるいは退職金制度の見直しや年俸制の導入との関連で，どのような年金制度像を描くか，年金政策だけでなく雇用政策の問題としても検討しなければならない。

所得保障の透明性・多様性

公的年金制度はいまや国民生活に欠かせない存在となっており，今後とも重要な役割を担っていかなければならない。2004（平成16）年改正では「100年安心」の年金とされたが，近年では年金支給開始年齢の引上げが話題となっている。しかし，2019（令和元）年に行われた財政検証は，保険料拠出期間の延長と受給開始時期の選択とがオプション試算されていたにもかかわらず，参議院選挙後に明らかにされたことも影響し，いまひとつ大きな関心を呼ぶことはなかった。持続可能で安心できる制度構築のためにも，個人に関する年金相談ばかりでなく，制度全体の情報提供についても積極的かつ透明性のある制度運営が求められる（→「目で見る」Ⅲ4g）。

また，わが国ではこれまで社会保障制度というと，国家が国民に

対して何らかの給付を与えるものと認識されてきた。しかし，社会保障制度における「社会」とは国家に限定されるものではない。一定の事故が発生したとき，同じような雇用環境や生活環境にある者同士が助け合うという場合の人的つながりが「社会」であるとすれば，国民年金基金や厚生年金基金などは，まさにここでいう「社会」にあたるといえよう。所得保障を確保する手段は多様であるべきとすれば，公的年金制度を補うシステムの育成・展開も今後の重要な課題ということができよう。

第4章 社会手当

高齢者の基礎年金に関して，税財源の給付システムが提案されることがある。しかし，このような給付は，社会保険にも公的扶助にも属しない。本章では，このような給付システムのひとつである社会手当について，その概念と特徴を検討する。

1 社会手当の概念と特徴

社会保険と公的扶助

ここでは，社会手当の概念を整理する前に，その比較の対象となるべき社会保険と公的扶助の概念をまず確認しておこう（→第1章**4**①②）。公的扶助は，受給者の個別的なニーズに応じた金銭やサービスを提供する給付である。ただし，受給者の拠出を給付の原資とはしない。給付に必要な費用には，国や地方公共団体の一般財源が充てられる。給付は，拠出を前提としておらず，通常は，受給者の個別的な状況を把握するための資力調査（ミーンズテスト；means test）に応じることが支給の条件とされている。

社会保険は，老齢や傷病などの事由（保険事故）に際して，一般的に必要になるであろうと予測される金銭やサービスを提供する給付である。公的扶助のように，受給者の個別的なニーズに対応せず，定型的な給付事由に対して一般的かつ定型的な給付を行うことにな

る。通常は，受給者の拠出を給付の原資とするので，拠出と給付との間に，一定の条件関係が生じる。

社会保障と社会手当 社会保障の考え方が世界的に普及しはじめたのは，第二次世界大戦後である。しかし，公的扶助と社会保険は，すでに19世紀末葉から戦間期のヨーロッパ諸国を中心に，一応の発展を示していた。それゆえ，戦後の社会保障は，従来の公的扶助や社会保険の克服を一つの課題としていた。このことは，戦後に登場した各国の具体的な社会保障制度が公的扶助と社会保険の違いを相対化させていったこと（例えば，社会保険財政に対する国庫負担割合の拡大）などを契機に，しだいに両者を統合させていくという考え方へと収斂されていった。「社会保険から社会保障へ」という著名なスローガンにみられるように，「社会保障」という新しい概念のもとで，公的扶助と社会保険のよい部分が発展的に結合していくことが社会保障の課題と捉えられていたのである（→第1章**3①**）。

社会手当は，このような状況のなかで登場した比較的新しい制度概念である。それゆえ，上記の「社会保障」概念の影響がかなり強い。少なくとも社会手当を公的扶助や社会保険との比較でみると，両者の一部を折衷的に採用した給付と定義することができる。すなわち，給付の形態としては，社会保険と同じく，受給者の個別的なニーズに対してではなく，特定の事由（例えば，児手4条1項1号の支給要件児童の監護など）について，あらかじめ定められた一般的かつ定型的なニーズに対して行われる。この場合，個別のニーズを把握しなくてよいので，公的扶助の条件とされる厳密な資力調査も必要ない。また，受給者の拠出を給付の原資としないので，給付は拠出を前提とせずに提供される。

ここまで述べてきた，公的扶助，社会保険，社会手当の概念整理の方法は，社会保障給付の分類としては非常にオーソドックスかつ一般的なものである。しかし，このような方法には，次のような問題を生む可能性がある。

まず，上記の類型分けは，給付を受けるための「条件」に何が必要かという観点からなされたものである。これは，戦後の主要な関心が，社会保障の給付を受けることが「権利」であることを社会的に広く知らしめる点にあったことと関連している。それゆえ，このような観点から社会保障制度をみれば，給付に至るまでの過程について，受給を妨げる条件をいかに排除するかが主要な関心事にならざるをえない。そうすると，最も理想的な社会保障の給付システムとしては，理論的には拠出との条件関係も厳格な資産調査も課されない社会手当ということになる。それゆえ，わが国においても主張されてきた，基礎年金に関する税方式の提案は，いわば社会手当による金銭の支給である。

確かに，給付にとって何が条件であるかという問題は，社会保障制度を検討する際に避けて通れない重要なテーマである。しかし，この問題のみから特定の制度の優劣を判断するという硬直的な考え方がとられ続けるならば，現代の社会保障制度の抱えている複雑な課題に対応できないおそれがある。例えば，社会手当が社会保険よりも優位であることの理由に，拠出の有無を給付の条件としない点がよく挙げられている。しかし，社会手当においても，受給者のモラル・ハザードを防止するためや税法上の所得再分配機能を阻害しないために，給付に所得制限などの条件がつけられることが少なくない。また，社会保険についても，保険料の減免を効果的に用いる

ことによって受給への障害を解消する方策がありうる。それゆえ，受給への障害という観点からは，理論的にみて，必ずしも社会保険と社会手当の間に決定的な優劣はないと考えられる。

福祉年金と社会手当　わが国の公的年金制度は，1961（昭和36）年度に国民皆年金体制へと移行した。しかし，長期保険としての年金給付は，一定以上の保険料納付期間を請求権の成立要件とする（国年26条・30条，厚年42条・47条）。それゆえ，年金制度の施行時点ですでに老齢年金の支給開始年齢に達している者や支給開始年齢までに保険料を納付しても上述の期間を満たすことができない者が発生する。それゆえ，1985（昭和60）年改正以前の国民年金法には，このような人たちを対象とした福祉年金を老齢・障害・母子のそれぞれに支給する規定が存在していた。

　これらの福祉年金は，保険料納付を厳格に求めることなく受給権を認め，その財源に税金を充てていたため，これを社会手当の一種と理解する見解が多かった。また，堀木訴訟最高裁判決（最大判昭57・7・7〈百選2〉）も，各種の福祉年金を国民年金制度が成熟するまでの経過的な所得保障給付と説示している（→第3章3⑤）。それゆえ，各種の福祉年金は，経過的であるにせよ，社会保険の支給要件を満たすことができない人たちを対象に税財源から定型的な給付を行うという点で，社会手当の性格をも有していたということができる。また，母子福祉年金が児童扶養手当に引き継がれていったことも，このことを裏づけるものと考えられる。

2 社会手当の種類と受給者の範囲

わが国の社会手当に関する法制度は，18 歳未満の児童を対象としたものを中心に形成されてきた。まず，父親と死別した母子世帯に支給される母子福祉年金を補完する目的で，離婚等による生別母子世帯の所得保障を目的とした児童扶養手当法が 1961（昭和 36）年に制定された。その後，1985（昭和 60）年の基礎年金導入に伴って母子福祉年金が廃止されたことから，同年の法改正（法 48）は，母子福祉年金を吸収し，生別死別にかかわらず「父と生計を同じくしていない児童」を対象とする制度に変更された。また，1971（昭和 46）年には，児童を養育する者に対して，広く定額の手当を支給する目的で児童手当法が制定された。

その一方で，障害に対する付加的な所得保障を目的とするものに，1964（昭和 39）年制定の特別児童扶養手当等の支給に関する法律（特別児童扶養手当法）がある。この制度は，当初，重度の知的障害者を扶養する者に対する付加的な所得保障給付としてスタートしたことから，特殊な児童扶養手当と位置づけられた。その後，1985（昭和 60）年の法改正（法 34）は，著しい重度の障害状態にある成人も対象とするようになったため，現在は児童を対象とするというよりも重度の障害に対する付加的な所得保障制度と理解される。また，障害に関しては，障害年金の受給資格を欠く者が多数存在することから，その対策も必要とされた。そのため，地方自治体の条例のなかには，無年金の障害者を対象とした無拠出の所得保障的な社会手当を設けているものがある。例えば，神戸市では，国民年金の国籍

要件撤廃時（1982〔昭和57〕年1月1日）の年齢および障害の状況によって障害基礎年金を受給できない外国人の障害者等を対象として，月額8万1020円（重度）あるいは6万4816円（中度）の特別給付金を支給している（いずれも2022〔令和4〕年度現在）。

その後，学生無年金障害者訴訟の展開を受けて，2004（平成16）年に特定障害者に対する特別障害給付金の支給に関する法律が制定され，翌年4月1日から施行された。このように，わが国の社会手当制度は，国の公的年金制度からもれた人たちやその不足する部分を補充的に救済する仕組みとして展開され，主に児童と障害にかかる所得保障ニーズに対応してきた。

さらに2012（平成24）年の法律（法102）により，年金生活者支援給付金が2019（令和元）年10月から支給された。この制度は年金制度に付随するものではあるが（→第3章 *1*②「社会保障と税の一体改革」参照），社会手当制度としての性格を有している。

| 子ども手当と児童手当 |

わが国の代表的な社会手当としては，1971（昭和46）年に創設された児童手当が挙げられる。2009（平成21）年秋の政権交代により，民主党中心の政権与党が子ども関連施策に重点をおいたこともあって，子ども手当という新しい制度が創設されたものの，財源確保に困難をきたし，わずか2年間で廃止を余儀なくされた。

すなわち，2010（平成22）年3月に「平成22年度における子ども手当の支給に関する法律」が単年度法として成立し，同年6月より子ども手当の支給が開始された。その後，半年間のつなぎ法で支給延長がなされた。これらの期間にかかる子ども手当は，いずれも所得制限なしで中学校修了前（15歳に達する日以後の最初の3月31日まで）の者が対象とされ，月額1万3000円が支給された。その後，

2011（平成23）年10月に「平成23年度における子ども手当の支給等に関する特別措置法」（以下，特別措置法）が施行されたものの，支給額が子どもの年齢，出生順に応じて変更となり，支給要件も一部変更された。さらに2012（平成24）年4月より児童手当法の一部を改正する法律（平24法24）に基づく新たな児童手当法が施行され，手当の名称が児童手当に戻るとともに，同年6月より従来の同手当にあった所得制限が復活した。

新たな児童手当制度

現行法に基づく児童手当も，0歳から中学校修了前（15歳に達する日以後の最初の3月31日まで）の児童が対象となる（児手4条1項）。児童は原則として日本国内に住所を有することが求められる（児手3条1項）。支給額は年齢，出生順に応じて異なっており，3歳未満児には月額1万5000円，3歳以上小学校修了前の第1子，第2子に月額1万円，第3子以降には月額1万5000円，中学生は月額1万円である（児手6条）。なお，政令で規定された所得額（夫婦と子ども2人のモデル世帯の場合，収入の多い方の年収がおよそ960万円）以上の世帯は所得制限の対象となる（児手5条，児手令1条）。ただし，特例給付として児童1人につき月額5000円が支給されていた（児手附則2条）。しかしながら，2021（令和3）年改正により，収入の多い方の年収が1200万円以上の世帯につき，この特例給付が廃止され，旧児童手当法と同様，まったく手当が支給されない世帯が生じることとなった。

児童手当の使途

児童手当は現金給付であることから，必ずしも法の趣旨（家庭等における生活の安定，次代の社会を担う児童の健やかな成長〔児手1条〕）に沿った利用がなされないことも考えられる。この点に関して法は，後述する受給資格者に法の「趣旨に従って用いなければならない」（児手2条）という

責務を課している。また，特別措置法以降，特別徴収規定が設けられ，市町村長の判断に基づいて保育所または幼保連携型認定こども園の保育料については，入所児童にかかる手当から強制的に差し引くことができるようになった（児手 22 条）。一方，学校給食費や幼稚園，学童保育にかかる費用の場合，受給者からの申出があれば手当からの徴収が可能とされている（児手 21 条）。

受給資格者

受給資格を有するのは，子どもを監護し，かつ生計を同じくする父母等，もしくは，未成年後見人，あるいは，日本国内に住所を有しない父母等が生計維持をしている児童と同居し，これを監護し，かつ生計同一関係にある者で，父母等が指定する父母指定者，または，支給対象年齢の児童が入所委託されている里親，施設等の設置者等である（児手 4 条 1 項）。従来，児童手当の受給資格は原則として児童の養育者が有することから，親の遺棄，虐待等により家庭以外の場で生活せざるを得ない児童（以下，施設入所等児童）については手当が支給されないという問題があったが，特別措置法以後，里親，施設等の設置者を介して手当が支給されることになった。ただし，施設入所等児童の養育費は，公費である措置費等によって賄われている場合があり，行政解釈では措置費の対象となる費用（学校給食費等）を児童手当から支払うことは適当でないとされている。この限りで，施設入所等児童に支給される児童手当は，一般の児童手当とは趣旨，目的を異にするものと考えられる。ここでは同時に，社会的養護の費用と児童手当との関係をどのように捉えるべきかという課題を指摘できる。

財　源

子ども手当は，旧児童手当法に基づく児童手当財源に子ども手当分を国庫負担で上乗

せする方法で賄われた。したがって，財源との関係上，子ども手当法が施行されて以降も児童手当法は存続し，事業主，国，地方自治体の3者による財源負担が続けられた。

現行法に基づく財源負担は児童の年齢，受給者の就労状況により異なる。すなわち，被用者の3歳未満児にかかる手当の財源は，15分の7を事業主からの拠出金で賄い，残り15分の8のうち3分の2を国が，3分の1を都道府県および市町村が担う（児手18条1項）。被用者以外の3歳未満児および，被用者ならびに被用者以外の3歳から中学校修了前の児童にかかる手当は，いずれも国が3分の2を負担し，都道府県および市町村が3分の1を負担する（児手18条2項・3項）。また，所得制限世帯に対する特例給付はいずれの児童についても，国が3分の2を負担し，都道府県および市町村が3分の1を負担する（同法附則2条）。なお，公務員に関しては，すべて所属庁の負担となる（児手18条4項）。

児童手当法が児童一般を対象とするのに対

児童扶養手当法

して，児童扶養手当法は，主としてひとり親世帯の児童を対象とする。従来は母子世帯のみが対象であったが，2010（平成22）年より父子家庭も支給対象となった（平22法40）。これは，親の性別にかかわらず経済的に困難な状況にある家庭に対応するためである。これ以降児童扶養手当は，①父母が婚姻を解消した児童，②父または母が死亡した児童，③父または母が政令で定める程度の障害の状態にある児童，④父または母の生死が明らかでない児童，⑤そのほかにこれらに準じる児童で政令に定める児童，を監護する母もしくは，監護し生計を同じくする父に対して支給される（児扶手4条1項）。これらに加えて2012（平成24）年8月より，配偶者からの暴力により家庭裁判所からの保護命令が父または母に

出されている児童も，支給対象となった（児扶手令1条の2・2条）。これ以前においては，家庭内暴力により親の一方が子どもを連れて別居したにもかかわらず離婚が成立していない場合，他方の親の遺棄を客観的に判断するために，最低1年間は手当が支給されないという取扱いがされていた。しかし，ひとり親世帯の自立を支援するという法の趣旨に沿うように改正が行われたものである。なお，ここでいう「児童」は，18歳に達する日以後の最初の3月31日までの間にある者，または，20歳未満で政令で定める程度の障害の状態にある者を指し（児扶手3条1項），「配偶者」「父」には事実上婚姻関係と同様の事情にあった者も含まれる（同3条3項）また，児童扶養手当の支給については，所得制限が課せられている。同手当の費用は，国が3分の1，都道府県が3分の2を負担する（同21条）。

　児童扶養手当の額は，児童1人あたり1ヵ月4万1100円である（同5条1項。ただし，物価スライドにより2022〔令和4〕年4月現在4万3070円。同5条の2，児扶手令2条の2）。児童2人の場合，1万170円，3子以降1人当たり6100円の加算がなされる（いずれも2022〔令和4〕年度現在）。受給資格者の前年度所得が一定額を超えた場合には，その全部または一部が支給停止される（児扶手9条1項・9条の2）。この所得制限は，受給資格者の扶養親族等や児童数に応じて変化する（児扶手令2条の4）。例えば，母1人子1人の家庭の場合，収入130万円（控除後所得57万円）未満であれば全部支給となり，360万円（同230万円）以上であればまったく支給されない。また，収入130万円以上360万円未満の家庭については，10円きざみで支給額が減じられる。もう一方の親からの養育費も支給制限の対象とされる（児扶手9条2項）。

かつて児童扶養手当は，受給資格者，もしくは，支給対象児童が公的年金等（例：遺族年金，労働基準法に基づく遺族補償等）を受給できる場合，支給されなかった（2014〔平成26〕年改正前の児童扶養手当法4条2項・3項）。それゆえ，わずかな額の公的年金等を受給できることで，児童扶養手当が支給されない事例が生じていた。このことにより，併給調整が直ちに違憲となるわけではないが（併給調整規定に基づき，子どもに低額の遺族厚生年金の受給権が発生したことを理由に行われた児童扶養手当資格喪失通知処分が違憲ではないとされた事例として，金沢地判平23・4・22），保険料拠出に基づく公的年金を受給している者が，公的年金の対象にならない者よりも少額の保障しか受けられないことは均衡を失するとして見直しが図られた（平26法28）。その結果，公的年金を受給している場合でも，その額が児童扶養手当額に満たない場合には，その差額を受給できる（2014〔平成26〕年改正以後の児扶手13条の2，児扶手令6条の3）。

　児童扶養手当法においては，2002（平成14）年改正により，支給期間が5年を超える者などについて，一部支給停止規定がおかれ（児扶手13条の3第1項），2008（平成20）年度より，手当額が2分の1減額になる旨の政令改正が行われた（児扶手令7条）。就業，求職活動その他厚生労働省令で定める自立を図るための活動をしていれば減額されない扱いであるが（児扶手13条の3第2項，児扶手令8条），法文上減額されないのを例外とする扱いとなったことは，手当の性格に大きな変化をもたらしたと考えられる。わが国では母子世帯の母の就労率が国際的にみて相当高いにもかかわらず所得水準が低い状況下，母子世帯への過度の締め付けにならないよう，十分留意する必要がある。

　児童扶養手当法施行令1条の2は，児童扶養手当法4条に列挙さ

れた児童に準じる児童を規定する。このうち，1998（平成10）年に改正される以前の3号が「母が婚姻によらないで懐胎した児童（父から認知された児童を除く。）」と定めていたため，婚姻外の児童については父親が認知をすると，児童扶養手当の支給が打ち切られていた。しかし，父母が婚姻を解消した児童（児扶手4条1項1号）には，離婚後の扶養請求の履行状態に関係なく，しかも法律的には認知された婚姻外の児童と同じ状態にあるにもかかわらず，児童扶養手当の支給が継続されていた。

　そのため，このような施行令の規定は，合理的な理由がないにもかかわらず，婚姻外の児童をその他の児童に比して差別的に取り扱うものであるから，憲法14条の平等原則に違反するとした裁判例がある（奈良地判平6・9・28）。これに対して，その控訴審判決（大阪高判平7・11・21）は，婚姻外の児童が事後的に認知された場合に児童扶養手当の支給を打ち切ることには「一応の合理性」があるから，必ずしも委任立法の範囲を逸脱するとはいえないと判断した。

　しかし，最高裁は，事後的に認知された婚外子も児童扶養手当法が保護しようとする児童の範囲に含まれることから，上記の括弧書部分を法による委任の範囲を超えるものと判断し，無効とした（最判平14・1・31〈百選99〉）。なお，この問題は，施行令から，法解釈上の疑義が示された括弧書が削除されたので，立法的な解決がはかられた。

| 特別児童扶養手当法 |

特別児童扶養手当法は，特別児童扶養手当のほかに，障害児福祉手当，特別障害者手当の支給を規定している。特別児童扶養手当は，精神または身体に障害を有する20歳未満の児童を監護する父もしくは母または父母に代わって児童を養育している者に支給され（特児扶手3条），その

支給額は，障害児 1 人について，月額 3 万 4900 円（ただし障害等級
1 級に該当する障害児には 5 万 2400 円。2022〔令和 4〕年度現在。法 4 条，
令 5 条の 2）である。障害児福祉手当は，精神または身体に障害を
有する 20 歳未満の児童のうち，さらに政令の定める重度の障害を
もつ者（重度障害児）に，月額 1 万 4850 円が支給される（同 18 条，
令 9 条の 2。同上）。また，特別障害者手当は，20 歳以上であって政
令で定める程度の著しい重度の障害の状態にあるため，日常生活に
おいて常時特別の介護を必要とする者（特別障害者）に対して，月
額 2 万 7300 円が支給される（同 26 条の 3，令 10 条の 2。同上）。なお，
障害児福祉手当と特別障害者手当は，重度障害児または特別障害者
が社会福祉各法に規定する肢体不自由児施設や身体障害者療護施設
等に入所している場合には，支給されない（同 17 条 2 号・26 条の 2）。
このほか，障害児福祉手当，ならびに特別障害者手当の費用は，そ
の 4 分の 3 を国が，残り 4 分の 1 を都道府県，市または福祉事務所
を設置する町村が負担する（同 25 条・26 条の 5）。また，特別児童扶
養手当の費用は，全額国庫負担となっている（同 3 条）。

特別障害給付金制度　　国民年金は，満 20 歳以上の国民を強制加
入の対象としているが，サラリーマン等の
扶養する専業主婦については 1985（昭和 60）年の基礎年金導入（法
34）まで，また学生については 1989（平成元）年の法改正（法 86）
まで任意加入の扱いとされていた。そのため，任意加入しない学生
や専業主婦が年金加入前に障害という保険事故に遭遇した場合は，
障害基礎年金が支給されなかった。そこで，これを不服とする訴訟
が 2001（平成 13）年 7 月以降，全国各地で提起され，最初の東京地
裁判決（東京地判平 16・3・24）を皮切りに，3 つの地裁で違憲判断
が下された（新潟地判平 16・10・28，広島地判平 17・3・3）。

これらの裁判については，最初の高裁判決（東京高判平17・3・25）の合憲判断以降，高裁段階で合憲判決が相次ぎ，最高裁も合憲判断を示した（最判平19・9・28〈百選10〉，最判平19・10・9）。しかし，この問題を立法的に解決する動きがみられるに至り，2004（平成16）年12月に「特定障害者に対する特別障害給付金の支給に関する法律」が制定され，翌年度から施行されている。この制度は，①1986（昭和61）年3月31日以前に障害にかかる初診日がある被用者年金各法の被保険者等の配偶者，②同様に1991（平成3）年3月31日以前に障害にかかる初診日がある学生等（これらを「特定障害者」という。同法2条）を対象に，国民年金法にいう障害等級2級の者に月額4万1840円，同じく1級の者に月額5万2300円の特別障害給付金を支給する（同4条・5条，令1条の2〔いずれも2022（令和4）年度現在〕）。また，この給付金の支給にかかる費用は，その全額が国庫負担とされる（同19条）。なお，この制度は，任意加入の取扱いになっていたことに起因する無年金障害者を救済するものであるため，それ以外の理由による無年金障害者は支給対象とされない。

3 社会手当受給権の法的性格

認定処分と受給権の
関係

わが国の社会手当の多くは，受給希望者が法所定の受給要件を満たしているか否か，および満たしていたときの手当額について，行政機関による認定を受けなければならない。例えば，児童手当については市町村長（児手7条・8条），児童扶養手当と特別児童扶養手当については都道府県知事（児扶手6条，特児扶手5条），障害児福祉手当と特別障害者手当については福祉事務所の管理を行う地方自

治体の長（特児扶手19条・26条の2）が，それぞれ認定処分と支給事務を行う。また，特別障害給付金についても，厚生労働大臣が請求に基づいて認定処分を行う（特定障害者に対する特別障害給付金の支給に関する法律6条）。

　問題は，これらの手当について，受給権がいつから発生するかである。社会手当の支給要件は，社会保険と類似した一般的かつ定型的な事由であることが通例であるため，支給要件を充足する事実が存在する時点で受給権が発生すると考えることも可能である。例えば，社会保険である老齢基礎年金の受給権は，満65歳の支給開始年齢に達した時点から発生し，年金支給裁定処分を経ることによって現実化する。このことは，年金の支給裁定処分が事後になされた場合でも，年金請求権の消滅時効にかからない限り，その効力が支給要件を充足した事実の発生時まで遡ることを意味する。

　しかし，社会手当の請求権に関しては，申請主義が重視されており，支給要件が充足された時点ではなく，受給者が申請を行った時点から発生すると解されている（京都地判平3・2・5）。それゆえ，支給要件が生じた場合であっても，受給者が適切に申請権を行使しなければ，社会手当が受給者のニーズに応えられない可能性がある。裁判例のなかには，この点を重視して申請権が適切に行使されるようにする積極的な広報義務を行政庁に認めたものがある（前掲京都地判平3・2・5）。しかし，その控訴審判決（大阪高判平5・10・5）は，制度に関する行政庁の一般的な広報義務や周知徹底義務の存在を否定した（→第2章1④）。他方で，受給希望者がより具体的な相談をした場合，認定事務を担う行政職員には，支給可能性のある給付の種類や受給要件を教示する職務上の義務があり，不正確な回答に止めた場合，受給権を侵害する危険性は極めて大きいとして，職務上

の義務違反とすべきとしたものがある（大阪高判平17・6・30）。

ISSUE④　子どもに関する施策の展開

　わが国は，人口減少社会の局面に入った。将来的に人口は減少し，社会的富を生み出す現役世代（生産年齢人口）の割合もさらに低下していくことが見込まれる。

　こうした観点から，子育て支援策の重要性が叫ばれている面がある。ただし，子どもを産ませることが国家の目標であってはならない。「結婚や出産は個人の決定に基づくものであることを基本としつつ，結婚，出産又は育児についての希望を持つことができる社会が形成されるよう環境の整備を図ること」（まち・ひと・しごと創生法2条3号）が国家に求められる役割であることを，十分踏まえる必要がある。

　2013（平成25）年社会保障制度改革国民会議報告書にみられるように，従来わが国の社会保障制度が，給付は高齢世代中心，負担は現役世代中心という構造であったのに対し，給付・負担両面で世代間の公平を確保することが重要であるとの認識も高まっている（→第2章 3①）。さらに，2009（平成22）年に政権についた民主党が，チルドレン・ファーストという考え方を打ち出すとともに，所得制限を課さない「子ども手当」を導入したことに示されるように，子育てによる現役（子育て）世代への支援とは別に，子どもの「育ち」それ自体を支援しようとする当事者目線の議論や施策も重要である。

　こうした観点から，子ども・子育てに関わる諸施策，すなわち社会手当（→本章）や，保育所などの児童福祉（→第7章 3）の制度が展開されている。

　このほか，最近，医療費の助成制度が各自治体で広がりをみせている。医療保険制度では，現状でも6歳未満の者にかかる一部負担

率は2割に軽減されている。しかし，住民サービスの一環として，多くの自治体では，助成制度を設け，自己負担の無料化や助成対象年齢の拡大（多くの場合，中学修了あるいは高校修了まで）を行っている。子どもが経済的理由により受療できない事態を防ぐという意味では，積極的な意義をもつ施策であるとの評価も可能であろう。ただし，住民を自治体に呼び込む（あるいはつなぎ止める）手段として，実質的に（あるいは少なくとも事実上）機能しているとすれば，問題である。さらに，受診が増えた場合，診療報酬として支払われる部分も自動的に増えることになるが，その財源となる保険料や公費の負担主体の意向が勘案される余地はない。本来的には，医療保険制度全体としての対応に委ねられるべき問題ではないかとの疑問も残る。

さらに政府は，消費税の8%から10%への引上げ財源を活用し，2019（令和元）年子ども・子育て支援法改正により，3歳から5歳児の通う幼稚園・保育所・認定こども園などの施設を対象として，世帯所得にかかわらず幼児教育・保育の無償化が図られ，0歳から2歳児の通う保育所などについては住民税非課税世帯が無料となった。保育・教育にまたがった普遍的な子ども・子育て支援策として，方向性は間違っていないといえよう。その際，待機児童解消が重要な課題であるとしても，親の就労を前提とした施策をもっぱら優先するのではなく，家庭での育児も同様に支援するための施策への配慮も，普遍的な子ども・子育て支援策の観点からは，意識しておく必要がある。

2023（令和5）年度より，子ども関連施策を総合的に推進する「子ども家庭庁」が創設される。

なお，子どもの貧困に着目した施策については，**ISSUE⑬**を参照されたい。 （菊池）

第5章　医療保障

国民に医療サービスを保障するには，施設や人員の整備が必要とされるため，治療のための費用を保障するだけでは不十分である。本章では，この点をふまえて，医療保険に関する法にとどまらず，医療供給体制に関する法，疾病予防に関する法を概観し，医療保障を体系的に把握する。

社会保障と医療

わが国では，世界的にみても比較的早い時期に，業務上・外の傷病を給付対象とする健康保険法が制定され，今日では医療サービスの大半が保険診療として供給されている（戦後，業務上の傷病については労災補償の対象とされた）。社会保険としての医療保険は，もともと労働者の業務外の傷病という保険事故に対し，必要なニーズを充足させるものである。それゆえ，傷病からの復帰を目的とした医療サービスのほかに，傷病を理由とする休業補償をもその給付内容としていた。また，医療サービスに関しては，現物給付方式のほかに，医療サービスに要した費用を金銭給付する方式（いわゆる**費用償還方式**）も，法政策論としては十分にとりうる選択肢である。

しかし，医療サービスは，病院などの物的施設や医師・看護師などの人的な資源を必要とするため，費用の保障のみでは必ずしも医療サービスを実効的に保障したことにはならない。そのため，これらの施設整備と医療費の確保システムを総合した政策の体系として

医療保障という考え方が1970年代から打ち出されるようになった（→第1章**3**②）。わが国の医療保険制度は，医療サービスの現物給付を保険者に義務づける。しかし，サービス供給の大半を民間の医療機関に委ねてきたため，いわゆる医療過疎の地域では費用は確保されても現物の医療が供給されえないという事態が発生した。医療保障の考え方は，医療保険のみでは十分に医療サービスを保障できないとの反省の上に立つものであり，所得保障に傾きがちなわが国の社会保障政策に大きな影響を与えてきた。

　また，医療保険は，傷病の治療に重点をおいていたため，疾病予防やリハビリテーションを含めて医療を総合的に把握することが難しかった。そのため，効率的な医療体制という観点からは，予防・治療・予後を一連のものとして体系的に構築する必要が医療サイドから指摘されてきた。このほか，憲法25条を根拠に「健康権」が提唱され，国民の健康を維持・増進する施策のなかに医療保険を位置づけようとする学説も登場している（→第2章**2**①）。本章では，このような観点から，わが国の医療保障システムを，医療保険法にとどまらず，供給体制の整備に関する法制や国民の健康の維持・増進に関する法制を加えて体系的に叙述する。

1 医療供給体制に関する法

① 医療従事者の資格制度

業務独占と名称独占　医療サービスの供給に従事する者の資格については，以下の法律が個別に規定している。①医師法，②歯科医師法，③薬剤師法，④保健師助産師看護師

法（以下「保助看法」），⑤臨床検査技師，衛生検査技師等に関する法律，⑥診療放射線技師法，⑦理学療法士及び作業療法士法，⑧臨床工学技士法，⑨歯科衛生士法，⑩歯科技工士法，⑪視能訓練士法，⑫義肢装具士法，⑬あん摩マッサージ指圧師，はり師，きゅう師等に関する法律，⑭柔道整復師法，⑮救急救命士法などである（→「目で見る」Ⅱ4f）。

これらは，主に資格の得喪に関する要件や手続について規定している。資格には，当該資格保持者以外の業務遂行が禁止されている業務独占のほか，資格保持者以外の名称使用が禁止されている名称独占がある。かつて看護師や助産師は名称独占を有さないとされていたが，近時の法改正により名称独占規定が定められている。業務独占については，まず固有の業務領域を有する医師・歯科医師，次に医師・歯科医師の業務を一部分担する薬剤師，保健師・助産師・看護師など，さらに看護師等の「診療の補助」業務を一部分担する理学療法士・作業訓練士，救急救命士など，3つの類型に分類される。

| 医師免許の包括性 |

医療従事者のうち，医師と歯科医師のみが包括的に医業（医療行為の実施）を独占している。それゆえ，医師は，すべての医療行為が可能である。また，医師以外の医療従事者の医療行為については，原則として医師の関与が必要とされ，指示や指導のほか，立会い，同意，処方せん，指示書などが求められる。同様のことは，看護師の業務独占である「療養上の世話又は診療の補助」にも妥当し（保助看5条・31条），臨床検査技師や理学療法士に対しては看護師の業務独占が部分的に解除されている。

業務独占は，特定の業務に無資格者が就業することを禁止するた

め，職業活動の自由を保障する憲法22条1項との関係が問題となる。裁判例は「医業は公衆衛生に直接関係し国民の健康な生活を確保するものであるから，法は医師の免許につき絶対的，相対的欠格事由を定めた上国家試験に合格し厚生大臣の免許を要する等厳重な規定を設けている」ことを理由に，医師の業務独占を合憲とする（東京高判昭36・12・13）。なお，資格保有者が業務独占によって特定の職業活動を独占していたとしても，それは，公共目的を達成するための規制によって反射的に発生した利益に過ぎないから，第三者の資格取得について争うことは許されない。

福祉専門職の資格　医療の隣接領域である福祉部門でも，社会福祉士，介護福祉士，精神保健福祉士という資格がある。社会福祉士は，日常生活に支障がある者の福祉に関する相談に応じ，助言，指導その他の援助を行うこと（**相談援助**）を，介護福祉士は日常生活に支障がある者に対して入浴，排泄，食事などの介護を行うことを業とする（社福士2条）。精神保健福祉士は，精神科病院その他の医療施設において精神障害の医療を受けている者等の社会復帰に関する相談援助を業とする（精福士2条）。

社会福祉士と精神保健福祉士は，相談援助を業とする点で社会福祉学にいうソーシャルワークを共通の基盤としている。ただし，その対象者が社会福祉士では福祉施設の利用者，精神保健福祉士では精神科系の医療施設の利用者という違いがある。これは，社会福祉士の業務対象から医療施設の利用者が除外されたという事情によるものであり，一般の医療施設における患者の相談援助業務についても独自の資格制度（医療ソーシャルワーカー）を求める声がある。

これらの資格は，いずれも業務独占ではなく，名称独占である（社福士48条，精福士42条）。これは，日常生活の援助を対象とする

福祉職の専門性が医療職よりもやや緩やかに理解できること，福祉職の担い手を広く求めるためには業務独占が障害となることなどがその理由として挙げられている。なお，高齢者ケアを中心に，介護職と看護職の業務を明確に区分することが困難になっているため，保助看法の見直しを求める声を受け，「喀痰吸引」および「経管栄養」については，研修を受けた介護職が実施可能となった。

② 医療施設に関する規制

医療提供施設

国民に医療サービスの供給を行う施設のことを医療提供施設といい（医療1条の2第2項），病院，診療所，介護老人保健施設などが含まれる。病院と診療所は，ともに「公衆又は特定多数人のため医業又は歯科医業を行う場所」であるが，設置されている病床数により区別され，20床以上のものが病院，19床以下のものが診療所とされる（同1条の5）。また，地域医療の確保を支援する役割をもつ地域医療支援病院，高度医療の提供等にかかわる特定機能病院および臨床研究の実施の中核的な役割を担う臨床研究中核病院が，特別の要件のもとでその名称を独占する（同4条・4条の2・4条の3）。さらに，介護老人保健施設は，要介護者にリハビリ等を提供し，在宅復帰をめざす施設であり，介護医療院は長期療養を必要とする要介護者に対し，医学的管理の下で介護を行う施設である（同1条の6，介保8条28項・29項）。

病院に設置される病床は，一般病床のほかに，精神病床，感染症病床，結核病床があり，これらの病床以外の病床で「主として長期にわたり療養を必要とする患者を入院させるためのもの」を**療養病床**という。これら4つの種別以外の病床を一般病床と定義する（医療7条2項）。また，診療所は，一般病床と療養病床を設置できるが，

都道府県知事の許可を必要とする（医療7条3項）。

<u>医療施設の設置主体</u>　（歯科）医師が診療所を開設する場合には，開設後 10 日以内に診療所所在地の都道府県知事にその旨を届け出なければならない（医療8条）。また，（歯科）医師以外の者による医療施設の開設には，開設地の都道府県知事の許可が必要である。しかし，営利を目的とする場合には，許可を与えないことができる（同7条6項）ため，株式会社などが医療施設を開設することは，認められない（→**5**）。

　これに対して，公益社団法人及び公益財団法人の認定等に関する法律（認定法）に基づく公益法人や社会福祉法 22 条の社会福祉法人は営利を目的としないので，医療施設の開設を許可される。また，医療法では，医療施設の経営を目的とする社団や財団を**医療法人**として設置することが認められている（医療 39 条）。医療法人は，医療法 54 条が剰余金の配当を禁止することから立法時には非営利法人と説明された。しかし，裁判実務上は，社団形式の医療法人について，出資者（社員）に持分が認められ（東京高判平 7・6・14），その非営利性は必ずしも明確ではなかった。そのため，2006（平成 18）年の医療法改正は，すべての医療法人について解散時の残余財産の帰属主体から出資者を除くべきこととした（医療 44 条 5 項）。

<u>持分なし医療法人への移行</u>　2006（平成 18）年改正以前に設立された社員持分権のある医療法人については，経過措置により「当分の間」持分権の保持が認められた。しかし，2017（平成 29）年改正法は，保持の期限を 2020（令和2）年 9 月 30 日までとした（なお，2013〔平成 25〕年改正法は，持分なし医療法人への移行を促進するための認定医療法人制度を創設した）。

社会医療法人・地域医療連携推進法人

2006（平成18）年の医療法改正では，非営利性を徹底させた医療法人のなかでも，小児救急医療，災害医療，へき地医療等を実施するなどして，さらに社会的ないし公共的な機能を強化したものを，社会医療法人（医療42条の2）とし，特別に取り扱うこととした。社会医療法人は，これらの公共的な医療事業を経営する必要から，収益事業が認められるとともに，直接金融手段として社会医療法人債の発行が可能となる（医療54条の2）。

また，2015（平成27）年改正は，地域医療構想の実現に向け，地域の医療機関相互間の分担・連携を促進し，質の高い医療を効率的に提供する地域医療連携推進法人制度を創設した（医療70条）。

開設許可と営業の自由

医業は，公共性の高い財（＝医療）を不特定の者に供給する一方で，施設の整備や人員の確保にあたっては多大の資本投下を必要とする。これは，職業活動の自由にとどまらず，財産権の行使を伴う営業の自由に属する事柄である。医療法7条と7条の2は，（歯科）医師以外の者の診療所開設のほか，病院の開設や各種病床の増床に関しても，都道府県知事の許可のもとにおいている。それゆえ，憲法上は，このような開業規制が営業の自由という観点から，どの程度まで許されるかが問題となる。

最高裁は，著名な薬事法判決（最大判昭50・4・30）において，薬局の設置に関する距離制限を違憲と判断した。この判決は，薬局の開設許可制が国民の生命・身体に対する危険の防止という消極的・警察的目的のためにおかれたことから，距離制限が不良医薬品の供給防止のための手段として不合理であると判断し，距離制限を違憲とした。それゆえ，開設許可要件の合憲性に関しては，国民の生

命・身体の安全確保を目的とする場合には，その手段がかなり限定的に解釈されていることがわかる。

医療計画の病床規制

1985（昭和60）年の医療法改正は，都道府県に医療計画の策定を義務づけ（医療30条の4），1次から3次までの医療圏の設定と各医療圏における必要病床数が策定された（→「目で見る」Ⅱ4e）。この制度は，病床の数について地域ごとに大きな偏りがみられたこと，医療サービスの場合には施設の供給過剰があらたに不必要な需要をよび起こす可能性が高いことなどから，全国の医療供給体制をバランスよく整備する目的で設けられた。

医療計画の必要病床数を実際の病床数が下回る場合には，公的医療機関の設置を命じることなどにより対応する（医療34条）。これに対して，実際の病床数が計画を上回った場合は，都道府県が病床数の削減に努めなければならない。しかし，医療法はその手段として，公的医療機関については不許可権限を与えたものの，私的医療機関については病床数の削減や開設許可の辞退を勧告する権限しか与えていない（平成18年法律84号による改正前の医療法30条の7）。この勧告は，法的拘束力をもたない行政指導の性格しか有しておらず，開設許可の取下げを都道府県知事が執拗に働きかけることも許されないと理解されてきた（鹿児島地判平9・12・5）。それゆえ，病床数の削減に関しては，医療計画を達成することが困難な状況にあった。

そこで，医療保険における保険医療機関の指定権限が医療計画の達成手段として用いられることとなった。すなわち，医療法の開設許可は行う一方，保険医療機関の指定は行わないという方法が採用された。この行政解釈に関しては，憲法22条の職業選択の自由を過度に侵害するとして，指定拒否処分を受けた複数の医療機関が各

地で取消訴訟を提起した。その後，1998（平成10）年および2002（平成14）年の健康保険法改正を通じて，中止勧告の不服従を指定の拒否事由に明文化した（健保65条4項2号）。

　最高裁は，先の行政解釈に基づく指定拒否に関して，医療法に基づく中止勧告が「行政指導として定められている」としながら，その不服従には「相当程度の確実さをもって，病院を開設しても〔削減を勧告された病床を除いてしか〕保険医療機関の指定を受けることができなくなるという結果をもたらす」ことを理由に，行訴法3条2項の処分性を肯定した（最判平17・7・15〈百選21〉，最判平17・10・25）。また，過剰供給に需要創出効果がある医療に関しては，病床制限違反の医療機関指定が保険運営の効率性を著しく阻害するから，その拒否は適法であると判断している（最判平17・9・8〈百選11〉）。病床の過剰が医療保険の効率的な運営を阻害することは確かであるが，どの医療機関の病床が過剰であるかは一概に判断できない以上，常にその責めを新規参入者に負わせることが職業選択の自由を制限する態様として合理的といえるかは大いに疑問が残る。

医療介護総合
確保推進法

　医療を取り巻く環境変化への対応として，「地域における医療及び介護の総合的な確保を推進するための関係法律の整備等に関する法律」（医療介護総合確保推進法：平26法83）に基づき，病院・病床機能の分化・強化，在宅医療の充実，チーム医療の推進，医師等の確保・偏在対策等によって，患者個々の状態にふさわしい，良質かつ適切な医療を効果的・効率的に提供する体制の構築を目指す医療法の改正が行われた。

　この改正により，地域包括ケアシステムの定義規定が設けられた（→**ISSUE⑤**）。また，病床機能報告制度に基づく地域医療構想を策

定するほか，医療事故に関する情報を第三者機関が収集・分析し再発防止につなげる医療事故調査制度や，地域医療を支える人材確保のための地域医療支援センターが設置される。

　高齢化の進展は，疾病構造の変化をもたらす。平均寿命が 60 歳代の社会では青・壮年期の患者を対象に，救命・延命，治癒，社会復帰を前提とした「病院完結型」の医療が提供された。しかし，平均寿命が 80 歳代である現在の医療は，慢性疾患や複数の疾患を抱える高齢期の患者が相対的に多くなり，病気と共存しながら QOL の維持向上をめざしており，患者の生活する地域や自宅での医療という意味で「地域完結型」医療ということになる。ここに，医療と介護の連携，住まいや自立した生活の支援までもが切れ目なくつながる地域包括ケアシステムの構築が求められることになる。

　地域包括ケアシステムは，2005（平成 17）年の介護保険制度改革によって導入された。しかし，このシステムは，介護保険制度の枠組みのなかで完結するものではなく，住み慣れた地域での尊厳ある日常生活を送るため，医療と介護との連携など様々なサービスが必要となる。かくして，2013（平成 25）年に制定された社会保障制度改革プログラム法（法 112）は，地域包括ケアシステムを「地域の実情に応じて，高齢者が，可能な限り，住み慣れた地域でその有する能力に応じ自立した日常生活を営むことができるよう，医療，介護，介護予防……，住まい及び自立した日常生活の支援が包括的に確保される体制」と定義した（同法 4 条 4 項）。

　この定義からも理解されるように，地域包括ケアシステムは，医療，介護，介護予防，住まいおよび日常生活の支援という 5 つの要素から構成されている。これらの要素には多くの職種が関連するか

ら，地域包括ケアシステムは数多くの人々による人的ネットワーク
に基づくサービス提供（多職種連携）体制と言い替えることもでき
る。このような多面的なサービスを切れ目なく一体的に提供するた
め，市町村は，地域包括支援センターを設置することができる。

地域包括支援センターは，保健師，社会福祉士，介護支援専門員
等を配置して，住民の保健医療の向上及び福祉の推進を包括的に支
援することを目的とする（介保115条の46）。具体的には総合相談
支援，権利擁護，包括的継続的ケアマネジメント，多面的連携推進，
介護予防ケアマネジメントなどの業務を行う。なお，市町村は，セ
ンター業務を老人介護支援センターなどに委託することができる。

多面的なサービスの中核をなすのは，医療と介護である。しかし，
医療と介護とをどのように結びつけるかは，難しい問題である。こ
のため，急性期を乗り越えたものの，なお医療の必要な高齢者受入
れ，在宅復帰を促し，在宅からの緊急入院を受け入れる地域包括ケ
ア病棟が設けられた（2014年診療報酬改定）。また，生活環境とし
ての視点に立ち，医療，介護，住まいという3つの機能を併せもつ
介護医療院が創設された（平29法52）。

住み慣れた地域で，その有する能力に応じて日常生活を営むこと
を目的とする地域包括ケアシステムは，「地域共生社会」（→**ISSUE**
②）の考え方に従い，断らない相談支援をはじめとする重層的相談
支援体制の構築をめざして，高齢者ばかりでなく，障害児・障害者
にもその対象を拡大しようとしている。

同時に，地域格差の存在を前提に，「自助，互助，共助，公助」
という考え方に基づき，地域の実情に応じたシステムの構築を目指
している。介護保険や医療保険などの給付（共助），税財源による
福祉サービス（公助）に加えて，ボランティアや住民組織などのサ
ポート（互助）をもとに自分で自分の生活を支える（自助）という
図式である。しかし，4つの要素をどのように配分するかは明らか
ではなく，人的物的資源の偏在・格差を安易に自助や互助により穴

埋めすることを求めることがあってはならない。　　　（加藤）

病床機能報告制度

医療機関はその有する病床機能が，高度急性期・急性期・回復期・慢性期のいずれに該当するかを，病棟単位で都道府県知事に報告し，都道府県はそれをもとに**地域医療構想（ビジョン）**を策定することによって，地域の実情に応じた医療機能の分化と連携を推進する。

3 医薬品，医療機器等に関する規制

医薬品，医療機器等の
品質，有効性及び安全性
の確保等に関する法律

医薬品や医療機器に関する品質，有効性および安全性を確保することと希少疾病用医薬品などの研究開発を支援するため，1960（昭和35）年に薬事法が制定された。

　その後，薬害肝炎事件などを契機に，医薬品等の安全性確保の観点から規制が厳格化される一方，医薬品や医療機器の迅速な開発・使用を求める声も強まり，これらの要請に応える形で，添付文書の届出義務の創設，医療機器の登録認証機関による認証範囲の拡大，再生医療等製品の条件および期限付承認制度の創設などの大改正を行い，その名称も「医薬品，医療機器等の品質，有効性及び安全性の確保等に関する法律」（平25法84）と改められた。

　令和元年改正では，世界に先駆けて開発され早期の治験段階で著明な有効性が見込まれる医薬品等を指定し，優先審査等の対象とする先駆け審査指定制度，患者数が少ない等により治験に長期間を要する医薬品等を，一定の有効性・安全性を前提に，条件付きで早期

に承認する条件付き早期承認制度が法制化されたほか，薬剤師に対して，調剤時に限らず，必要に応じて患者の薬剤の使用状況の把握や服薬指導を行うことを義務づけた（令元法63）。

2 医療保険に関する法

① 被保険者の範囲

職域保険と地域保険

医療保険には，被保険者資格すなわち特定の保険者への帰属について，職業・職種等を基準に判断する職域保険と，居住地域等を基準に判断する地域保険とがある。

職域保険には，①協会管掌健康保険（主に中小企業の被用者），②組合管掌健康保険（比較的大きな企業の被用者），③国家公務員共済組合（国家公務員および公共事業体の被用者），④地方公務員等共済組合（地方公務員および公共事業体の被用者），⑤日本私立学校振興・共済事業団（私立の学校法人の被用者），⑥船員保険（船舶業の従事者），⑦国民健康保険組合（特定の自営業者）がある。このうち，⑦を除いたものを，特に**被用者保険**という。また，地域保険としては，⑧国民健康保険（上記以外の地域住民を対象），⑨後期高齢者医療制度がある。

なお，①協会管掌健康保険に関しては，2006（平成18）年改正により，2008（平成20）年10月から保険の運営主体が政府から全国健康保険協会に移行した。協会は，独立の法人格をもち，都道府県ごとに「従たる事務所（支部）」をおく。なお，⑥船員保険についても協会が管掌している。また，⑧国民健康保険は，2015（平成27）年改正法により，2018（平成30）年4月から都道府県が財政運

営の責任主体となり，市町村とともに事業運営を担うこととなった（以下，都道府県国保という。平成30年以前を市町村国保という場合がある）。さらに，75歳以上の高齢者，65歳以上75歳未満の高齢者で政令に定める程度の障害状態にある者は，⑨後期高齢者医療制度の被保険者となるため，上記①から⑧までの被保険者資格を喪失する。

　このように，国民は，上記の医療保険のどれか一つに必ず加入しなければならない。ただし，同時に複数の保険に加入することはできない。日本国内に住所を有する者は，都道府県の区域内に住所を有するに至った日に国民健康保険の被保険者資格を取得する（国保5条）。しかし，都道府県国保以外の医療保険に加入した時点で，この被保険者資格は失われる。また，生活保護による保護を受けている世帯に属する者は，都道府県国保の被保険者とされない（同6条9号）。被用者保険についても，複数の事業所に雇用される場合には，重複加入の可能性はあるが，被保険者資格は，主に生計を維持している事業所との関係でしか発生しない。このように医療保険の被保険者資格は，相互に排他的であるといえる。

資格確認の基準時　被保険者資格については，法律上の要件を充足したという事実をもって，その時点から当然に被保険者資格が発生する。当事者の主観的な意思とは無関係に被保険者資格が発生する仕組みであり，その理由としては一般に**逆選択の禁止**が挙げられている（→**Key Word②**）。被用者保険では，被用者を雇用した事実とその被用者の給与や報酬額等について，事業主が保険者に対して報告義務を負う（健保48条）。保険者は，この報告に基づいて，被保険者資格の発生を**確認**しなければならない（同39条）。しかし，事業主が報告義務を懈怠した場合に備えて，被保険者本人の請求により，または保険者自身の職権に基づき被保険

者資格の確認が行われる（同39条2項・51条）。

この確認は，保険者の行政処分である。ただし，届出や請求を前提とするため，被保険者資格が発生した時点よりも後になされるのが通例である。しかも，被保険者資格の取得によって「保険者と被保険者並びに事業主との間に重大な法律関係が生ずるところから，資格取得の効力の発生を確認にかからしめ，保険者または都道府県知事が事業主の届出または被保険者の請求に基づき或いは職権でその確認をするまでは，資格の取得を有効に主張」できない（最判昭40・6・18〈百選15〉）。そのため，確認の効力は，資格取得の要件となる事実が発生した時点にまで遡及すると理解されている。例えば，傷病にかかってから被保険者資格の確認を申請した場合であっても，資格取得の時点から保険料納付義務を負う。また，確認処分がなされていない期間に傷病に罹患した場合には，保険診療を受けないことが被保険者の責めに帰すべき事由に基づかないので，保険給付に相当する治療費について療養費が支給されることになる（同87条）。

| 被用者保険と使用関係 |

被用者保険の被保険者資格は，その者が被用者であるという事実の発生によって生じる。例えば，健保法3条1項は，「適用事業所に使用される者及び任意継続被保険者」を被保険者と定義している。それゆえ，被用者保険では，まず適用事業所に「使用」されること（**使用関係**）が被保険者資格の要件になる。被用者は，雇用契約の一方当事者で労務提供を債務とする者であるから，まず被保険者資格の発生が雇用契約の締結を前提としているかどうかを考察しなければならない。

この点に関しては，健保法が「雇用」ではなく，あえて「使用」という文言を用いていることから，被保険者資格の発生は必ずしも雇用契約の締結を条件としないと理解されている。それゆえ，請負

契約や準委任契約についても，契約当事者が被用者保険の給付対象として適格であるかどうかという観点から判定される。例えば，企業の代表取締役は，労働基準法9条の労働者には該当せず，契約の形式も雇用ではないが，健保法の被保険者資格が肯定されている（広島高岡山支判昭38・9・23〈百選12〉）。これは，業務外の傷病という給付事由が，企業の代表取締役であっても労働者と同等に発生すると考えられたからである。

被保険者範囲の見直し 厚生年金保険法と同時に，被保険者範囲の見直しが行われ，2016（平成28）年10月から，①週所定労働時間が20時間以上であること，②賃金が月額8万8000円（年収106万円）以上であること，③勤務期間が1年以上あること，④被保険者総数501人以上の適用事業所であることを満たす者（ただし，学生は除く）を被保険者とすることとされた（平24法62）。

2022（令和4）年10月からは，1年以上あることとされた③勤務期間が2ヵ月を超えて使用されること，また④の被保険者総数が常時100人を超えることに変更されている。さらに2024（令和6）年10月からは，被保険者総数が常時50人を超える事業所に引き下げられるものの，学生を除く扱いに変更はない。

使用関係の終了 被用者保険の被保険者資格に関して，企業の倒産やストライキの長期化など，雇用契約は形式的に存在するものの，実質的には労務の提供も賃金の支払もないケースがある。つまり，雇用契約関係が形骸化したとき，「いつ」または「どの時点」で使用関係が終了したかという問題である。行政解釈では，将来的に就労の可能性が完全に消滅していない病気休職について，使用関係の継続が認められてきた。また，育

児休業や介護休業の期間についても，被保険者資格の継続を前提とした施策が採用されている（雇用保険法の雇用継続給付→第6章 **6**③）。

　裁判例は，正式な倒産手続が終了するまで雇用契約が存続する企業倒産の事案について，企業が一方的に営業所を閉鎖し事実上労務の提供が不可能になった場合には，その時点で使用関係の消滅を認めている（名古屋地判昭60・9・4〈百選13〉）。また，ストライキが長期化し，使用者が代替労働者を雇用して，14年間操業したケースについても使用関係は終了する（仙台高判平4・12・22〈百選14〉）。

　これらの裁判例は，いずれも雇用関係の将来的な継続が見込まれないときに，使用関係が終了すると判断している。これは，健保法が傷病による休業時の所得保障（傷病手当金）を義務的な給付としていることと関係する。傷病手当金は，傷病による労務提供の不能に対して，傷病がなければ得られたであろう賃金額の3分の2を給付する。それゆえ，雇用関係の将来的な継続が見込まれない者にまで被用者保険の継続加入を認めると，傷病前は所得のなかった者が傷病によって所得保障を受けるという矛盾した事態が発生する。裁判例の判断枠組みは，このような事態を回避しようとするものであり，基本的には妥当と思われる。

　<u>任意継続被保険者</u>　使用関係の終了は，被用者保険の被保険者資格を消滅させると同時に市町村国保への加入義務を発生させる。しかし，被用者保険は，任意継続被保険者という制度により，例外的に被保険者の意思に基づく資格継続を認めている（→「目で見る」II2c）。健保法3条4項は，使用関係の終了によって健保被保険者資格を喪失した者であっても，資格喪失の日まで継続して2ヵ月以上，被保険者であれば，その申出に基づいて任意に被保険者資格を継続させると規定する。

この制度は，1961（昭和 36）年の国民皆保険がスタートする以前の段階で，できるだけ広い範囲の国民に健保法の保護を与えようという趣旨で創設されたものであるが，国民健康保険が被用者以外のすべての国民に医療サービスを保障している現在，その必要性はかなり小さくなっている。しかし，被用者保険から国民健康保険に移行する場合，納付すべき保険料の額が急激に高くなることが予想される（場合によっては 2 倍以上）ので，激変緩和制度と位置づけることも可能である。ただし，上述したように，医療保険では，被保険者資格の発生要件を客観的な事実の発生にかからしめることを原則としているため，被保険者の主観的な意思による資格継続についてはその要件を厳格に解釈する傾向にある（健保 37 条 1 項の要件について，最判昭 36・2・24）。

国保法上の「住所」　財政責任が都道府県に移行したとはいえ，国民健康保険においても，住所は重要な意義を有する。一般的には，住民基本台帳法第 4 章に基づく届出を受理した市町村がその住民の保険者となる（国保 9 条 14 項）。しかし，実際には，住民票の記載どおりに居住していないケースがかなり見受けられる。

　その際，国保法 5 条の住所は，住民基本台帳法上の住所を指すのか，それとも実際に生活をしている場所（居所）なのかが問題となる。住民基本台帳法 4 条は，地方自治法でいう住所を基本台帳法上の住所に一致させると規定している。しかし，それ以外の法令については，一般法である民法 22 条の「住所」概念に従うのが通例である（大阪地判昭 44・4・19）。

　民法 22 条は，「各人の生活の本拠をその者の住所」とする。それゆえ，どのような事実をもってその者の「生活の本拠」があるとい

えるのかが問題となる。住民票の記載は，人の住所を認定する際の考慮要素の一つではあるが，必ずしもそのすべてではなく，本人がその場所に居住しようとする意思を裏づける客観的な事実（例えば，具体的な居住の事実や家財道具の設置状況など）が必要になる（大阪地判昭40・10・30）。

その後，福祉施設への入所によって住所を移動した福祉施設入所者について，福祉施設所在地の自治体国保の負担軽減をはかる目的から，入所前の自治体の被保険者資格がそのまま継続するという特例措置を規定した（国保116条の2）。また，住所を有することを被保険者資格の取得要件とする介護保険法は，介護保険施設に入所することにより当該介護保険施設の所在する場所に住所を変更したと認められる被保険者については，被保険者資格の変動を認めない（住所地特例。介保13条）。その結果，国民健康保険にも同様の取扱いが求められ，介護保険法制定時の改正により，病院または診療所への入院も福祉施設の入所と同等に取り扱われることになった。

外国人と国民健康保険 国保法5条の「住所」概念に関しては，わが国に在留する外国人の問題もかかわってくる。1981（昭和56）年の難民条約に伴う法改正によって，日本国籍の取得を被保険者資格の要件とする国籍条項は，削除された。しかし，行政解釈は，1年以上の在留期間を有する外国人，または1年未満の在留期間であっても更新などにより1年以上滞在している外国人のみを同条にいう「住所を有する者」とかなり限定的に解してきた（平4・3・31保発41）からである。

この行政解釈に対しては，積極的に支持する裁判例（東京地判平7・9・27）と，社会構成員であり続ける可能性をより実質的に勘案しようとする裁判例（東京地判平10・7・16）が対立していた。その

後，被保険者資格を1年以上の在留者に限定した行政解釈を批判しつつ，国保法5条の「住所」概念には在留資格の存在が当然に内包されるから，不法滞在者には被保険者資格を認めないという高裁判決が示された（東京高判平14・2・6）。このため，最高裁の判断に注目が集まっていた（→**ISSUE①**）。

最高裁（最判平16・1・15〈百選16〉）は，在留資格の有無や在留期間のみならず，特別在留許可（入管50条）の適用可能性なども視野に入れたうえで，「当該市町村の区域内で安定した生活を継続的に営み，将来にわたってこれを維持し続ける蓋然性が高いと認められ」れば，不法在留外国人であっても国保法5条にいう「住所を有する者」にあたると判断した。この判決は，市町村国保の適用可能性を拡大したが，その一方で市町村に相当困難な実質判断を要求するものでもあった。そのため，厚生労働省は，2004（平成16）年の国保法施行規則改正により，①入管法上の在留資格がない者，②在留期間が1年未満の者（更新等により1年以上の在留が確実な者を除く），③外国人登録を受けていない者，を国保法6条11号に基づく適用除外と規定した。しかし，国保法6条は，市町村国保以外の健康保険や公費負担医療等によって医療を確保できる者を除外する規定であることから，それ以外の理由，すなわち認定判断の困難さを回避する目的でこのような省令を規定することは，法の委任の範囲を超えるものと考えられる。

被扶養者と家族療養費　国保では，世帯主のみならず，世帯主の被扶養者にあたる世帯構成員も個人単位で被保険者資格を取得する。しかし，被用者保険では，被扶養者である世帯構成員が個人で加入することはない。被保険者資格を有するのは，被用者である本人のみである。被用者保険が世帯単位の保険と

いわれるゆえんである。被扶養者は，被用者保険各法の規定する家族療養費等の支給対象となるにすぎず（例えば，健保110条〜114条），個人として被用者保険の被保険者資格を取得することはできない。なお，グローバル化が進展するなか，外国人等の不正な保険診療の受診が課題となり，法改正により（令元法9），被扶養者の要件について，外国で留学する学生など一定の例外を設けつつ，原則として国内に居住していること等を追加するとともに（健保3条7項），国保被保険者の資格管理等の観点から，市町村が関係者に報告を求めたり，資料の提供を求めることができることとされた（国保113条の2）。

　その一方で，市町村国保に加入する義務は，免除される。家族療養費制度が確保されている世帯構成員については，あえて市町村国保に加入させる必要性がないからである。同様に，生活保護の受給世帯に属する者も，生活保護法11条1項4号の医療扶助によって現物の医療サービスが支給されるため，市町村国保への加入義務を免除される（国保6条9号→第8章 **6①**）。

| 資格証明書 |

国保の被保険者資格については，被用者保険と異なり，確認処分の方式が採用されず，単に被保険者証を交付するとしか定められていない（国保9条）。しかし，国保法91条が被保険者証の交付を明文で審査請求の対象としていることからも理解されるように，被保険者証を交付する（または交付しない）という事実行為は，被保険者資格を確認（または拒否）した行政処分とみなされる（大阪地判平3・12・10）。

　国保法では，保険料を滞納した被保険者に対し，保険者は被保険者証の返還を求めることができる（同9条3項）。この返還行為は，被保険者資格を剥奪する行政処分でなく，保険料滞納に対する制裁

である。被保険者証を返還した被保険者には，その代わり資格証明書が交付される。それゆえ，被保険者証を返還した被保険者は，形式的には，引き続き保険診療を受けることが可能である。

　ただし，受診の際に支払うべき自己負担金は10割とされ，事後的に保険者から償還される仕組みに移行する（同54条の3にいう**特別療養費**）。しかも，保険者から償還されるべき自己負担金分は，滞納していた保険料債権と相殺することが可能になっているため，その多くは被保険者に支払われることがない。それゆえ，被保険者証を返還した被保険者の多くは，受診を回避する行動に出る可能性が高く，実質的には無保険状態であり国民皆保険を覆すとの批判がある。特に親が保険料未払いのため，被保険者証を取り上げられた無保険状態の子どもたちの存在が問題となった。このため，中学生以下の国保被保険者に対して6ヵ月間の短期被保険者証を交付する議員立法（平20法97）が成立し，その後高校生世代まで拡大された（国保9条6項）。

② 保険給付の内容

傷病手当金

　被用者保険では，被保険者本人が傷病のため就労不能となり，その結果，賃金を受けることができない場合，傷病手当金が支給される（健保99条1項）。傷病手当金は，就労不能が始まった日の4日目から支給され，その額は，被保険者の賃金額を基礎に算定された標準報酬日額の3分の2に相当する額である。支給期間は，同一の傷病に基づく就労不能について，1年6ヵ月であり（健保99条2項・4項），それ以上の就労不能が続くときは各種の障害年金に移行する（国年30条，厚年47条）。なお，傷病手当金の支給期間は，2022（令和4）年1月1日か

ら，支給開始日から通算して 1 年 6 ヵ月となる（2021〔令和 3〕年 12 月 31 日時点で，支給開始日から起算して 1 年 6 ヵ月を経過していない傷病手当金が対象となる）。

国民健康保険や後期高齢者医療において，傷病手当金は「支給できる」任意給付として定められている。この規定に基づき，国は特例的に保険者に財政支援をすることとした。これを受けて，新型コロナウイルスに感染ないし感染が疑われる被用者で国保や後期高齢者医療に加入している者に対して，傷病手当金が支給されることとなった（この措置は，2020〔令和 2〕年 1 月 1 日から 9 月 30 日の間で療養のために労務に服することができない期間に適用される）。

**出産手当金・
出産育児一時金**

同じく被用者保険の被保険者が出産したとき，出産の日以前 42 日（多胎妊娠の場合には，98 日）から出産の日後 56 日までの間，労務に服さなかったため賃金を受けることができない場合，出産手当金として，1 日につき，標準報酬日額の 3 分の 2 に相当する金額が支給される（健保 102 条）。

また正常分娩は医療保険の対象とならないことから，出産に要する経済的負担を軽減するため，被保険者が出産したとき，政令で定める額が出産育児一時金として支給される（同 101 条。2011〔平成 23〕年 4 月以降 42 万円。なお，2023 年度から 50 万円に増額することが決まった）。分娩施設の規模や選択により，直接支払制度（一時金の申請と受取りを妊婦に代わり分娩施設が行う）と受取代理制度（妊婦が一時金を請求するとき，分娩施設にその受取りを委任する）がある。出産育児一時金は，被扶養者が出産したときにも支給され（同 114 条），国保の被保険者にも同様に支給される（国保 58 条）。

| 標準報酬 | 標準報酬とは，保険料や給付額の算定を簡易なものとするために，行政庁が設定する |

被保険者のみなし報酬額である（→「目で見る」Ⅱ2d）。例えば，標準報酬月額等級第6級では，実際の報酬月額が10万1000円以上10万7000円未満の被用者について，現実に得た賃金額とは関係なく，その報酬月額をすべて10万4000円とみなされる（健保40条→第3章**4**②）。この制度では，実際に得る賃金の変動が小さいときはともかく，登録型派遣労働者など実収入額の変動が大きい被保険者については現実の負担能力が反映されない。また，かつては賞与などについても，これを標準報酬の算定基礎に加えなかったため，実際の年収と保険料の賦課対象が大きくズレるという事態が発生していた。

そのため，標準報酬は，通常，毎年4月・5月・6月の賃金の平均額から算定すべきと規定される（**定時決定**）一方で，大きな変動を生じたときには**改定**することができる（健保41条・43条）。また，新規採用など新たに被保険者資格を取得したときには，就業規則や労働契約等の内容に基づき報酬月額を定める（資格取得時決定，同42条）ほか，育児休業等を終了した際の改定などがある。さらに，2002（平成14）年の健保法改正（法102）は，賞与などについてもすべて保険料の賦課対象としたため，賞与についても**標準賞与額**が決定される（健保45条）。なお，標準報酬の決定等については，これを待たなければ保険料や保険給付の額が確定できないことを理由に，その行政処分性を肯定した裁判例がある（東京地判昭60・3・4）。しかし，改定に行政処分性を認めると，不可争力によって標準報酬が確定するため，保険料の賦課処分や保険給付の決定処分を争う際に，その違法が主張できなくなるというデメリットがある。

療養の給付と
現物給付原則

医療保険による医療サービス給付を療養の給付という。例えば，国保法36条1項は，保険者が，被保険者の「疾病及び負傷に関しては，次の各号に掲げる療養の給付を行う」と規定している（健保63条1項も同様）。ここに掲げられているのは，①診察（1号），②薬剤または治療材料の支給（2号），③処置・手術その他の治療（3号），④居宅における療養上の管理およびその療養に伴う世話その他の看護（4号），⑤病院・診療所への入院およびその療養に伴う世話その他の看護（5号）であり，いずれも医療サービスそのものが給付されるべきものと規定されている。つまり，条文のうえでは，保険者が被保険者に対してこれらの医療サービスを現物で供給する義務を負っているのである。これを**現物給付原則**という。

しかし，保険者が直営の医療機関を有することは，非常に少ないし，また仮に保険者が医療機関を直営していたとしても，その所在地と被保険者の住所地が離れていることもある。保険者がすべての被保険者に対して，現物の医療サービスを直接，供給することは，やはり現実的でない。そこで，医療保険法は，医療サービスの現物供給を被保険者の選択する最寄りの医療機関に委ねることとし，それに要した費用や報酬を保険者から医療機関に支払う仕組みも採用している（→「目で見る」II 3a）。ただし，現行法は，療養の給付に要する費用の一部を患者の自己負担としているので，保険者が医療機関に支払うのは一部負担金を除いた額となる（国保42条・45条，健保74条・76条）。

一部負担金

この自己負担は，被保険者であるか被扶養者であるかによる違いはないが，年齢に応じて療養に要した費用の1割から3割を負担する。大枠を示せば，

義務教育就学前の未就学児までは2割（健保110条2項1号ロ，国保42条1項2号），義務教育就学時から70歳までは3割（健保74条1項1号・110条2項1号イ，国保42条1項1号），70歳以上75歳未満の者は2割（健保74条1項2号・110条2項1号ハ，国保42条1項3号），後期高齢者医療制度の被保険者は1割とされる（高齢医療67条1項1号）。ただし，70歳以上の高齢者のうち，課税所得額が145万円以上（または標準報酬月額28万円以上）である現役並み所得者は3割負担とされる（健保74条1項3号，国保42条1項4号，高齢医療67条1項3号）。また，後期高齢者のうち，一定以上の所得がある者は2割負担とされる（高齢医療67条1項2号）。ここで一定以上の所得とは，同じ世帯の被保険者のなかに住民税課税所得が28万円以上の者がいて，世帯の「年金収入」と「その他の合計所得金額」の合計額が，単身世帯で200万円以上，2人以上世帯で320万円以上の場合をいう。

0歳〜義務教育未就学児	義務教育就学児〜70歳未満	70歳〜75歳未満	75歳以上
2割負担	3割負担	一般所得者 2割負担	現役並み所得者 3割負担
			一定以上所得者 2割負担
			一般所得者 1割負担

　療養の給付にかかる一部負担金は，1990年代から徐々に引き上げられてきたが，患者の負担能力が低下し，医療機関への未払が増えてきている。そのため，2006（平成18）年改正（法83）により，災害その他の厚生労働省令で定める特別の事情がある被保険者で一部負担金の支払が困難と認められる者については，保険者が減額ま

たは免除し，一部負担金を直接，保険医療機関に支払うことができるようになった（健保75条の2，国保44条）。なお，公立病院に対する診療費等の未払債務については，民法の一部を改正する法律（2017〔平成29〕年法44）以前における民法170条1号の消滅時効（3年）と会計法30条ないし地方自治法236条1項の消滅時効（5年）のいずれが適用されるかという問題が残されていた。この点につき，最高裁（最判平17・11・21）は，保険診療の実施には公立と民間を別異に解する事情がないとし，民法の消滅時効の援用を支持している。

――――――――――
　　高額療養費　　＞　一部負担金は，定率制であるため，患者の
――――――――――　　　受けた医療サービスが多ければ多いほど，
一部負担金も高額になる（応益負担が原則）。しかし，入院治療や高度な医療機器を利用した場合にまで定率負担を貫徹すれば，一部負担金が患者本人ないし家族の生活を圧迫する。そこで，一部負担金が一定額を超える場合には，これを超えた分について，1973（昭和48）年の法改正により導入された**高額療養費**が支給される（健保115条，国保57条の2〔→「目で見る」Ⅱ3f〕）。この制度の導入は，かつて一部負担割合に格差があった医療保険制度（1997〔平成9〕年改正〔法48〕以前は市町村国保3割，被用者保険本人1割であった）を，実効給付率のうえでほぼ同等にしたため，医療の平等消費を強く志向するものであった。

　しかし，国民医療費の抑制とそれに占める国庫負担の減少を強く意識するようになった最近の医療保険改革では，医療保険におけるリスク分散機能が強調され，医療の平等消費を後退させようとする傾向が強い。そのため，高額療養費の支給基準とされる一定額は改正のたびに引き上げられ，70歳未満者と満70歳以上者について異

なる基準額を設け，70歳未満者については2015（平成27）年1月から，所得区分が5区分に細分され，それぞれ別の基準が適用される。例えば，標準報酬月額が28万円から50万円の第3区分の場合，1ヵ月の自己負担が8万100円＋（医療費－26万7000円）×1%を超える分について高額療養費が支給される。

　このほかにも，12月以内に4回以上，高額療養費の支給対象となった場合（**多数回該当**）や世帯で合算する特例あるいは同一世帯に複数の医療ないし介護保険給付の受給者がいる場合の特例（**高額介護合算療養費**。健保115条の2）などが設けられ，非常に複雑な制度になっている。これらは，一部負担金にかかる応能負担を実現するものと評価できるが，あまりにも複雑であることから患者自らが請求することが難しい。そのため，従来は費用償還給付の形式を採用していたが，入院や高額な外来診療の場合，保険者の発行する「限度額適用認定証」を保険医療機関等に示すことによって，自己負担限度額のみを支払えば済む取扱いがなされている。

| 訪問看護療養費と
入院時食事療養費 |

入院治療は，薬剤費とならんで保険診療における給付費を引き上げる要因となることがかねてから指摘されていた。他方，慢性疾患の在宅療養に関しては，十分な保険給付が整備されてこなかった。むしろ，出張診療による不正請求の増加を背景に，往診の要件が厳格に解釈されるなど，保険診療の提供場所を保険医療機関に限定する傾向が強かった。しかし，高齢者を中心に，在宅療養のニーズが高まったため，1994（平成6）年の健保法改正は，一定の要件のもとで訪問看護の費用を訪問看護療養費として支給し，保険給付の対象とした（健保88条，国保54条の2）。これと同時に，在宅療養の患者が食費を自己負担していることとの均衡を図る目的から，入

院時の食費についても，これを入院時食事療養費の対象とすることによって，入院患者の食費も自己負担する原則に改められた（健保85条，国保52条）。なお，入院時食事療養費の導入は，入院時の食費に関する患者個人の追加的な支出を認める結果となったため，かえってメニューの選択肢が増えるなど，病院給食の向上に寄与したと評価されている。

保険医療機関　　医療機関は，医療法によって開業を許可されただけでは，療養の給付を取り扱うことができない。さらに，厚生労働大臣の**指定**を受けなければならない（健保63条3項，国保36条3項→「目で見る」Ⅱ4b）。また，医療機関で診療を担当する医師も登録をした者，すなわち保険医でなければならない（健保64条，国保46条→「目で見る」Ⅱ4c）。これを二重指定制というが，その趣旨は，医師個人についても保険診療に関する責任を明確化することにあると説明されている（福岡地判昭36・2・2）。

　指定を受けた医療機関のことを保険医療機関といい，この医療機関にのみ療養の給付の取扱いが許される。それゆえ，指定は，「厚生労働大臣が，病院若しくは診療所又は薬局の開設者の申請により，当該申請に係る病院若しくは診療所又は薬局と全ての健康保険の保険者との間に当該保険者が管掌する被保険者に対する療養の給付に係る契約関係を包括的に成立させる形成的な行政行為」である（東京地判平24・11・1）。なお，指定拒否の行政裁量は，医療法の許可制と同様に，医療機関側の営業の自由を保護する観点から限定的に解釈されてきた。しかし，最近は，供給過剰を規制するという観点から行政裁量が拡張されている（→**1**②）。

保険医療機関は，指定処分の結果，本来ならば被保険者のために保険者がなすべき療養の給付義務を保険者に代わって履行する（東京地判昭 58・12・16）。裁判例は，このことを保険者と保険医療機関との療養の給付に関する委託契約と理解し，この「契約により，保険医療機関は被保険者に対して前記療養の給付の担当方針に従って療養の給付を行う債務を負い，保険者は保険医療機関が行った療養の給付について診療報酬を支払う債務を負う」と判断している（大阪地判昭 56・3・23〈百選 22〉）。

　ここでいう「療養の給付の担当方針」とは，健保法 70 条に基づいて厚生労働大臣が制定する「保険医療機関及び保険医療養担当規則（昭 32 厚生省令 15，以下「療養担当規則」）」であり（→「目で見る」Ⅱ3b），その対価としての「診療報酬」の内容が，健保法 76 条 2 項に基づいて厚生労働大臣が制定する「健康保険法の規定による療養に要する費用の額の算定方法」と診療報酬点数表（平 20 厚生労働省告示 59，以下「算定告示」）である（→「目で見る」Ⅱ3c）。これらの省令および告示が，そのまま先に述べた委託契約の内容になり，保険医療機関には療養担当規則に従った診療の実施が，保険者には算定告示に従った報酬支払が契約に基づいた債務として発生する。

　なお，保険診療実施の対価として発生する診療報酬債権については，民事執行法 151 条の 2 第 2 項にいう「継続的給付に係る債権」に当たるか否かが実務上，問題とされてきた。これは，親族扶養の請求時に，個人開業医にかかる診療報酬債権が賃金債権や役員報酬債権等と同等の性格をもつといえるかどうかを問うものである。下級審では判断が分かれていたものの，最高裁（最決平 17・12・6）は，賃金債権と同等の性格をもつものと結論づけた。この判断は，扶養

料確保という観点から見ると妥当といえるが，保険診療の実施が継続的な労務提供ではない点，また常に患者の医療ニーズが固定的に発生することが予定されていない点を考えると，診療報酬債権の本質（事業収入）にそぐわないとの印象は否めない。

| 診療報酬 |

健康保険法76条1項によれば，保険者は保険医療機関または保険薬局に療養の給付に関する費用を支払う。そして，療養の給付に関する費用は，療養の給付に要する費用から一部負担金に相当する金額を控除した額とされる。すなわち，療養の給付を受けた場合の費用は，療養の給付に要する費用＝療養の給付に関する費用＋一部負担金，という関係に立つ。療養の給付に要する費用は，西暦偶数年すなわち2年に1度，中央社会保険医療協議会（中医協と略称される）に対する諮問を経て決定される。この作業を診療報酬改定という（介護保険の場合には3年に1度改定されるため，2018年には介護報酬も同時に改定された）。

| 出来高払い・定額払い |

このように保険医療機関は療養担当規則に従って療養の給付を提供しなければならず，その場合において委任の趣旨に従った事務処理をしたものとして診療報酬請求権が発生する。診療報酬の額は，算定告示による診療報酬点数表に基づいて点数で表示されるが，実際は，提供された診療行為の総点数に基づき1点単価を10円換算したものが医療機関に支払われる。これを**点数単価出来高払い方式**という。

これに対して，大学病院など高度先端医療を提供する特定機能病院を中心に，「医師による診断」と具体的に提供された「診療行為」に基づく診断群分類により報酬を決定する**定額払い方式**が2003（平成15）年4月から導入された。この方式は，手術料や麻酔料など出来高部分と，入院基本料や検査など包括評価部分とから構成される

が，包括評価部分は診断群分類ごとに定められた1日当たりの点数と入院日数などを掛け合わせて算定される（→「目で見る」Ⅱ3c）。診断群分類包括評価（DPC: Diagnosis Procedure Combination）ともいわれる。出来高払い方式は，提供された診療行為がそのまま医療機関の収入になることから，過剰診療となる傾向にあるが，定額払い方式は逆に，支払額があらかじめ定められているため，過少診療になることが危惧されている。

診療報酬明細書　療養の給付を実施した保険医療機関は，これに要した費用および報酬の合計額から被保険者の支払った一部負担金を除いた額を，保険者に請求する（健保76条1項，国保45条1項）。その際に利用されるのが，診療報酬明細書（**レセプト**）である（→「目で見る」Ⅱ3d）。

　レセプトには，患者氏名，性別，生年月日といった個人情報，患者の医療保険加入情報，請求元の医療機関名，診療科，病名，診療月に行った薬，注射，処置，手術等の点数が記載されており，被保険者ごとに医療機関が月単位で作成し，審査支払機関に提出される。

　従来は紙媒体を利用していたが，近年では事務効率化の観点から，保険医療機関，審査支払機関および保険者の間に「レセプト電算処理システム」が構築されており，ほとんどが電子レセプトによる請求となっている。

減点査定　診療報酬の額は，算定告示による診療報酬点数表に基づいて点数で表示されるが，実際は1点単価を10円換算したものが医療機関に支払われる。ただし，保険者は，必ずしも保険医療機関の請求したとおりに，診療報酬を支払わなければならないわけではない。レセプトに記載された診療行為や使用された薬剤などが保険診療として適切であるか否か

を審査し，それらが不適切であると判明したときは，請求の全部または一部について支払を拒否することができるからである（健保76条4項，国保45条4項→「目で見る」Ⅱ3e）。

　この支払拒否は，保険医療機関の提示した報酬点数を，保険者が減じるという形式で行われることから，一般に**減点査定**と呼ばれている。レセプトの審査と診療報酬の支払事務は，本来であれば，保険者が直接行うべき業務であるが，医療機関を訪れる患者が加入する医療保険は多種多様である。そのため，医療機関が保険者ごとに診療報酬を分類して請求しなければならないのであれば，医療機関側の事務負担も，保険者側の事務負担も膨大な量にならざるをえない。また，レセプトの審査事務に関しても，保険者ごとにその内容や方法が異なる可能性も出てくる。そこで，わが国の医療保険においては，保険者が行うべき診療報酬の審査支払業務を一括して別の機関に委託する仕組みが採用されている。

| 審査支払機関 |

　健保法76条5項は，レセプトの審査とその結果に基づく保険医療機関への診療報酬の支払を社会保険診療報酬支払基金または都道府県ごとに設置される国民健康保険団体連合会に「委託することができる」と規定する（国保45条5項）。これらの機関を審査支払機関と総称する。なお，健保法も国保法も，条文上は，保険者がレセプトの審査・報酬支払事務を審査支払機関に委託するかどうかを選択できるが，実務上はすべての保険者が委託を選択している。

　審査支払機関と保険者との事務委託に関しては，「公法上の契約関係であり，かつ，審査支払機関が右委託を受けたときは，診療担当者に対し，その請求にかかる診療報酬につき，自ら審査したところに従い，自己の名において支払をする法律上の義務を負う」（最

判昭 48・12・20〈百選 23〉）。しかし，審査支払機関への委託は，保険者の事務処理上の便宜を図るための仕組みであるから，保険医療機関はこの委託関係に拘束されない。つまり，保険者が基金に委託をしたからといって，保険医療機関が直接保険者に対して診療報酬を請求することが禁止されたわけではなく，保険者も基金への委託を理由に報酬支払の義務を免れない（神戸地判昭 56・6・30）。

それゆえ，保険者には，審査支払機関の審査結果を保険者独自の立場から再審査する余地が残されている。近年，医療保険財政の悪化を理由に，多くの保険者がレセプトの再点検事業に熱心に取り組んでいる。

療養の給付の要件　すでに述べたように，保険医療機関の提供した医療行為のすべてが療養の給付とされるわけではない。自由診療では，報酬支払の対象となる医療行為の内容を患者と医療機関との合意，すなわち契約において自由に取り決めることができる（私的自治の原則）。しかし，保険給付としての医療行為については，保険料や国庫負担金（税金）を支出するのにふさわしい内容であることが求められる。そこで，わが国の医療保険は，保険診療の内容決定を厚生労働大臣に委ね，それを厚生労働省令の形式（療養担当規則）で定めている。

療養担当規則は，被保険者の「治療に必要な限度で現代医療の一般的水準に適合した治療等を療養の給付として施用させることを目的として制定されたもの」である（岐阜地判昭 59・10・15）。それゆえ，個々の診療行為が療養の給付と評価されるためには，その内容が療養担当規則に合致していればよいということになる。

レセプトの審査手続　具体的な診療行為の審査に関しては，審査支払機関がどの程度まで立ち入って審査で

きるかという問題がある。療養担当規則は，医療担当者の専門判断を尊重するという観点から，適切とされるべき医療行為の内容を個別的ないし具体的に定めていない。それゆえ，審査支払機関のレセプト審査は，診療の具体的な適切さには及ばず，単なる誤記等のチェックにとどまるとの主張もみられる。しかし，裁判例の多くは，個々の医療行為の療養担当規則への適合性について，形式面のみならず，その診療内容の適正さを含めた実質面まで審査できると判断している（東京高判昭54・7・19）。

　審査支払機関の審査は，診療行為の実質的な妥当性にまで及ぶので，審査支払機関には医療の専門家によって構成された審査委員会が設置されている。また，審査方式には，書面審査の原則が採用されているが，減点査定をすべきかどうかの判断にあたっては，保険医療機関からのより具体的な資料を必要とする場合もある。社会保険診療報酬支払基金法では，書面審査以上の手続を開始するかどうかを審査委員会の裁量に委ねている。しかし，このような手続を開始することによって容易に適正な審査結果を得られることが可能な場合には，手続を開始する方向にこの裁量が収縮するという裁判例がある（大阪高判平9・5・9〈百選88〉）。

| 減点査定の法的性格 |

診療報酬請求権の発生の時期については，審査支払機関の審査を終了した時点という見解と，診療行為が行われるたびごとに発生するという見解が存在する。前者の見解は，審査支払機関による審査結果の通知行為を行政処分と理解し，保険医療機関の診療報酬請求権がこの行政処分によって発生するとの考え方である。これに対して，後者は，保険医療機関が保険者との委託契約上の債務を履行したことによって当然に発生すると理解する。裁判例は，審査が「一般取引界における債

務者の債務確認行為と同様」であるとして（岐阜地判昭50・6・9），
その行政処分性を否定する（最判昭53・4・4〈百選24〉）。

　審査支払機関の減点査定が行政処分でないということは，保険医療機関が審査支払機関の減点査定に不服がある場合の訴訟手続として取消訴訟以外を選択しなければならないことを意味する。すでに述べたように，保険者と保険医療機関との法律関係は，公法上の準委任契約と理解されているので，診療報酬請求権は，公法上の債権として取り扱われる。そのため，理論的には，行政事件訴訟法4条後段の実質的当事者訴訟が訴訟形式として選択されるべきことになる。ただし，裁判実務では，この種の紛争を行政訴訟と意識せず，民事訴訟法の給付の訴えとして処理することが多い。

　なお，生活保護法の医療扶助に関しては，報酬請求の審査しか審査支払機関に委託していないため，医療機関に支払う診療報酬の額は，都道府県知事の行政処分によって確定される（生活保護53条，前掲大阪高判平9・5・9）。その結果，医療保険の診療報酬とは異なる取扱いがなされる（→第8章**6**①）。この場合，医療機関の診療報酬請求権が，知事の行政処分によって発生したと理解され，これに対する訴訟手続も行政処分の取消訴訟ということになる。

減点査定と一部負担金　審査支払機関による減点査定により，保険医療機関に支払われる診療報酬は，減額される。しかし，このことは，同時に次のような問題も引き起こす。すなわち，保険医療機関が患者に一部負担金を要求する段階では，自己の診療報酬請求が正しいということを前提としているので，減点査定がなされた場合には，患者は減点された分だけ余分に一部負担金を支払ったことになる。一部負担金が，適正な保険診療についてのみ支払わなければならないと考えれば，患者には保険医療機関

に余分に支払った一部負担金の返還請求権が発生する。

　この問題に関しては，保険者からは減点査定にかかる一部負担金の返還を求めることはできず，患者が保険医療機関に対して返還請求すべきものと考えられている（最判昭61・10・17〈百選28〉）。しかし，この結論に対しては，減点査定部分について自由診療契約が成立したと主張できること，患者と医療機関との間には通常の契約関係とは異なる特徴があることなどから，患者は，事実上返還請求を断念せざるをえず，不公平であるとの批判がある。

③　自由診療との関係

療養費の性格と意義

　医療保険には，療養の給付のほかに，被保険者が医療機関に支払った治療費を事後的に償還する療養費という制度も存在している（健保87条，国保54条）。その支給要件は，「療養の給付……を行うことが困難であると認めるとき」，または被保険者が保険医療機関を利用しないことについて「保険者がやむを得ないものと認めるとき」と規定されている。行政解釈は，この要件に該当するケースに，①事業主が資格取得届の手続中で被保険者証が未交付の場合，②感染症法により隔離収容され，徴収された薬価，③療養のため，医師の指示により義手等を装着した場合，④柔道整復師等による施術を受けた場合を挙げており，限定的にしか認めていない。

　療養費の支給には被保険者の申請が必要であり，保険者は，申請にかかる治療費が上記の要件を満たしているか否かを判断し，治療費の7割に相当する額を被保険者に支給する行政処分を行う。療養費の支給対象となる医療行為は，患者と医療機関の合意に基づいた自由診療であることから，必ずしも療養担当規則に合致することま

では求められない（東京高判昭58・9・27）。しかし，療養の給付の代替である以上は，療養担当規則を「一応の基準として」用いることは許されるから，診療内容が大きく療養担当規則を逸脱した場合には，療養費の支給が認められないこともある（東京地判平6・2・14）。

混合診療の禁止と
特定療養費

療養の給付は，療養担当規則に適合しなければならないので，その内容には一定の限界がある。昭和20年代の医療保険では，終戦直後の財政難を理由に保険診療として認められる医療行為の範囲が著しく制限されていた。そのため，この時期の裁判例には，保険診療のみでは不十分な治療しかできないような場合，不足分の医療サービスを私費で施術すべきか否かを被保険者に問うことなしに保険診療のみを継続することは許されないと判示したものがある（京都地舞鶴支判昭26・3・23）。それゆえ，この裁判例に従えば，保険診療の内容が被保険者の治療に不十分な場合は，保険診療に加えて自由診療を付け加えることも可能となる。

　このように，自由診療を保険診療に付加して行うことを**混合診療**という。混合診療は，時代が進むにつれて保険診療の範囲がかなり広く認められるようになったこと，また昭和30年代から40年代にかけて歯科治療とりわけ歯科補綴の分野で悪用され，被保険者が予期した以上の自己負担を求められるケースが続発したことなどを理由に，1976（昭和51）年の行政解釈によって禁止され，混合診療を構成する保険診療には診療報酬が支払われなくなった。健保法や国保法には，この点に関する明文の規定は存在しないが，裁判例は，被保険者保護の観点から先の行政解釈を適法と判断した（東京地判平元・2・23）。

　その後，混合診療の取扱いに関しては，1983（昭和58）年の健保

法改正が特定療養費を導入したことにより，立法上の解決がついたとされている。この制度は，厚生労働大臣が省令で指定する特定の医療行為について，自由診療であることを前提に，保険診療に相当する部分の診療費のみを特定療養費の支給という形で償還するものである。これによって，大学病院等で実施される高度先進医療の基礎的な入院費用，個室を利用した場合の差額ベッド料以外の治療費，金属床による総義歯の提供などについては，事実上，保険診療と自由診療の併用が認められた。特定療養費制度は，混合診療保険給付外の禁止原則が存在することを前提に，その禁止を部分的に解除する仕組みであるから，この制度の登場は混合診療保険給付外の禁止原則の存在を確認するものと受けとめられた。

保険外併用療養費　療養の給付で取り扱える医療の範囲は，制限診療といわれた昭和20年代に比べると飛躍的に広がった。しかし，新しい療法や薬剤の使用が保険適用になるまでには，ある程度のタイム・ラグが生じる。それゆえ，特定療養費の対象にならない混合診療を禁止し，保険診療部分も含めた診療行為のすべてを自由診療とする扱いは，患者にとっても不都合な面が多い。また，民間医療保険市場の拡大を背景に，近年，混合診療を積極的に容認すべきであるという主張が政府内でも強くなった。そのため，国内未承認薬等の使用や必ずしも高度でない先進技術について，できるだけ混合診療のニーズが生じないよう保険適用に至るまでのプロセスを見直すこととされた。

　さらに，2006（平成18）年改正（法83）は，「高度の医療技術を用いた療養その他の療養」のうち厚生労働大臣が指定する療養（これを「評価療養」という。健保63条2項3号）および「被保険者の選定に係る特別の病室の提供その他の厚生労働大臣が定める療養」（こ

れを「選定療養」という。同5号）を，療養の給付の対象外とした。しかし，これらの給付を療養の給付と併せて保険医療機関から被保険者が受けた場合には，療養の給付に相当する部分が保険外併用療養費（健保86条1項）として支給されることになった。なお，混合診療をめぐる一連の政策変更は，新しい医療技術が保険適用になるまでのタイム・ラグにどう対応するかという技術的な側面から展開されたものであり，これを保険医療の範囲縮減とみるべきではない。

　このような状況のなか，インターフェロン療法に加えて，自由診療とされる活性化自己リンパ球移入療法を併用する混合診療を受けた原告が，インターフェロン療法について療養の給付を受けることができる権利を有することを確認する判決が示された（東京地判平19・11・7）。しかし，控訴審（東京高判平21・9・29）は原判決を取り消し，最高裁も，先進医療が評価療養の要件に該当しないため，保険外併用療養費の支給要件を満たさない場合には保険診療に相当する診療部分についても保険給付を行うことはできないとして，原告・被控訴人の上告を棄却した（最判平23・10・25〈百選29〉）。この判決を契機に，保険適用につなげるためのデータを集積することを目的とする患者申出療養制度（「患者申出療養に係る費用」以外の診察や入院料等は保険適用される）が設けられた（同63条2項4号）。

| 医療事故と保険診療 |
保険診療を受けていたときに，医療事故で患者が死亡した場合，その損害賠償の責任は誰が負うのか。この問題のリーディングケースが東京地判昭47・1・25〈百選18〉である。損害賠償を請求された被告開業医は，本件診療契約の相手方は死亡した患者の保険者たる荒川区であると主張した。しかし，①被保険者は保険医療機関を自由に選択できること，②被保険者は保険医療機関に直接一部負担金の支払義務を負

うこと，③当時の国民健康保険法では，所在地の都道府県知事に申し出ることにより，他の都道府県区域内の国民健康保険の被保険者に対しても療養をする義務を負うこと，④必要に応じて自由診療への切替えが行われることを理由に，東京地裁は「保険診療において保険者と療養取扱機関との間にどのような公法上の権利義務関係が生ずるかとはかかわりなく，保険診療の被保険者である患者と療養取扱機関（現行制度では保険医療機関）との間には，診療に関する合意によって直接診療契約が締結されると見るべき」であるとした。

わが国の医療費全体に占める自由診療の比率は，1％に満たないほど小さいといわれている。しかし，交通事故の治療に関しては，自由診療が選択されるケースが多い。自由診療であっても，加害者の賠償責任をカバーする各種の損害保険が治療費を十分に補塡できると考えられるからである。わが国の医療保険は，故意の犯罪行為，泥酔や著しい不行跡を理由とする傷病を除けば，傷病の原因を問わずに保険給付を行う（健保116条・117条，国保60条・61条）。それゆえ，傷病の原因が交通事故によるものであっても，そのことを理由に保険診療の給付対象から除外されることは許されない（大阪地判昭60・6・28）。

しかし，交通事故による傷病については，交通事故医療の特殊性を理由に保険診療とは異なる診療報酬を得ようとする医療機関と，保険診療の利用によって損害額を抑えようとする加害者（その賠償責任を引き受ける損害保険会社）の利害が対立する。保険診療と自由診療の選択は，本来ならば，患者が自由に決定できる問題であるが，医療機関と加害者に挟まれてどちらを選択したかが争われるケースが少なくない。裁判例は，明示の合意で自由診療を選択した場合でも，患者が事後に被保険者証を提出することにより，その時点から

保険診療に切り替えることは認めている（前掲大阪地判昭 60・6・28）。しかし，被保険者証を提示する前の自由診療を遡及的に保険診療に転換することまでは認められない（福岡高判平 8・10・23）。

　また，自由診療の内容についても，緊急医療的な要素の強い交通事故医療では，当事者が具体的な診療内容や報酬の額を明示で合意することは難しい。そのため，契約当事者の黙示の意思を社会通念に従って解釈することにより，診療契約の内容が具体的に判断される（東京地判平元・3・14〈百選 31〉）。この判決は，診療報酬に関して，税金等を考慮し，診療報酬点数表（算定告示による廃止前のもの。以下同）に若干の修正を加えた（1 点単価を 10 円 50 銭に計算）。これに対し，他の裁判例の多くは，地域の医師会が採用する協定料金（診療報酬点数表の 1 点単価を 20 円ないし 30 円に計算）を用いている（前掲福岡高判平 8・10・23，神戸地判平 4・3・27）。

3 医療保険の財政方式と高齢者の医療保障

1 保険者組織と保険料の法的性格

| 医療保険の運営方式 |

　わが国の医療保険には，政府や地方自治体の行政部門が保険事業を運営する直営方式と，独立した法人格をもつ保険組合に保険事業を委ねる組合方式がある。かつての市町村国保や政府管掌健康保険（政管健）が直営方式であり，これらの保険事業には市町村や政府の一般会計から独立した特別会計が存在する。2008（平成 20）年 10 月以前まで保険者の一つであった政管健保は，厚生労働省の外局である社会保険庁が所管し，地方の出先機関としては地方社会保険事務局と社会保険

事務所が置かれていた。

　市町村国保・都道府県国保以外の医療保険では，組合方式が採用されている。これらは，さらに保険者組織という観点から，社団的な性格の強いものと財団的な性格の強いものに区別される。健保組合や国保組合は，被保険者を構成員とする社団としての性格が強い。例えば，内部機関には，執行機関としての理事のほかに，**組合会**という代議制の最高決定機関がおかれている（健保18条，国保26条）。なお，健保組合や国保組合は，単年度会計を原則とするので，理論上は責任準備金を積み立てる必要はないが，急激な支出増に備えるため，収入の一部を準備金として積み立てることが義務化されている（健保令20条，国保令20条）。

　他方，国家公務員共済組合や地方職員共済組合（道府県職員の共済組合。地公共済3条1項1号）などは，財団としての性格が強いと考えられている。これは，共済組合が年金保険（長期給付）と医療保険（短期給付）を同時に所管している関係上，組合財産である巨額の積立金に法人格を付与したと理解できるからである。また，これらの共済組合には，組合員の代議組織が存在せず，執行機関としては合議制の運営審議会が設置されている（国公共済9条，地公共済7条）。その構成員は，共済組合の組合員によって選出されず，各省庁の長または主務大臣より任命される。それゆえ，これらの共済組合は，組合方式ではあるものの，被保険者による自治的な参加の要素が非常に少ないということができる。

　2008（平成20）年10月から社会保険庁に代わって健康保険の運営を担当する全国健康保険協会は，その理事長および監事が厚生労働大臣，理事が理事長によって任命される（健保7条の9・7条の11）ため，その組織的な性格は共済組合に近いものといえる。ただし，

協会には運営委員会が設置され，この機関は被保険者およびその事業主の代表ならびに学識経験者で構成される（健保7条の18）。また，都道府県ごとに設置される協会の支部には，評議会が設置され，ここでも労使代表の関与が予定されている（健保7条の21第1項）。このように，協会には健保組合にみられる労使自治的な参加を担保するための仕組みが用意されており，この点を捉えれば，共済組合と健保組合の折衷的な性格をもつといえる。

| 医療保険の財政原則 |

医療保険の保険者は，それぞれに独立した会計を有し，単年度決算を原則としている。そこでは，保険料収入と国庫負担金ないし補助金が主要な収入源であり，保険給付費が支出の最も大きな部分を占める。社会保険の会計といえども，当然のことながら，収支相等が要請されるため，保険料の額も保険給付費の伸びに連動する。しかし，保険者ごとに国庫負担や国庫補助のあり方が異なるため，保険給付費が保険料の額に与える影響も多様である。なお，保険事業の運営に要する事務費については，協会健保や都道府県国保に従事する職員や公務員の給与等が一般会計から支出されていることとの均衡を図るため，健保組合や国保組合の執行費用も国庫が負担することとされている（健保151条・152条，国保69条）。

保険給付費にかかる支出については，協会健保や都道府県国保の場合，これに定率を乗じた額が国庫負担金ないし国庫補助金として保険者に支払われる（健保153条・154条，国保70条・73条）。そして，国庫負担金によっても補填されない保険給付費にかかる支出に対しては，被保険者から（被用者保険の場合にはその事業主からも）納付される保険料財源が充てられる（→「目で見る」II 1b）。ただし，その保険者に属する被保険者の財政力では，保険給付費の支出を塡補す

ることが過酷な場合には，さらに別の補助金や調整交付金が保険者に交付され，被保険者の保険料負担を減らすことができる（国保72条など）。それゆえ，医療保険財政における国庫負担金ないし補助金には，保険者の財政力に関係なく交付されるものと，保険者の財政力を調整する目的で交付されるものに区分することができる。

しかし，これらの国庫負担の機能は，保険者を財政的に支援することにとどまるものではない。例えば，国保法72条の調整交付金は，その詳細な規定が政省令に委ねられている中で，国保料の収納状況に応じた制裁的な減額の制度が取り入れられている（国民健康保険の調整交付金等の交付額の算定に関する省令7条）。その結果，市町村は，調整交付金の減額を通じて，国保料の徴収事務の執行を国から督励されている（徳島地判平6・4・15）。それゆえ，国庫負担は，具体的な状況に対応した国の政策判断を適宜，保険者に反映させる機能も有しているといえる。

社会保険料と
租税法律主義

憲法84条は，「あらたに租税を課し，又は現行の租税を変更するには，法律又は法律の定める条件によることを必要とする」と規定する（租税法律主義）。これは，国民の代表者で構成される議会の同意がなければ，国家は税を国民に課すことができないという原則を確認したものである。この規定は国の税制に関するものではあるが，地方税についても，地方自治に関する憲法92条を通じて適用される。そして，医療保険の保険料も，強制的に賦課・徴収されるという点では税金と類似しているので，租税法律主義の適用があるか否かが問題となる（→第1章**5**②）。

医療保険では，被保険者に保険料の負担・納付を義務づけ，滞納した場合には行政上の強制徴収手続が適用される（健保183条，国保

78条）。また，国民健康保険では，保険料徴収に関する行政事務の負担軽減を目的として，保険料を地方税法703条の4にいう国民健康保険税として徴収することができる（国保76条1項但書）。国民健康保険税については，行政上の便宜であっても税金の形式を採用する以上，租税法律主義が当然に妥当する（仙台高秋田支判昭57・7・23）とされてきた。しかし，国民健康保険料に関しては，これを租税と同一視して憲法84条を厳格に適用する裁判例（旭川地判平10・4・21）と，財源への公費投入によってもその対価性が失われないとして憲法84条の適用を否定する裁判例（札幌高判平11・12・21）とが対立していた。

最高裁（最大判平18・3・1〈百選8,9〉）は，後者を支持し，国民健康保険料に憲法84条の直接適用を認めない。ただし，この判決は，国民健康保険料が強制賦課金であることから，憲法84条の趣旨は適用されるとし，制度の目的や特質を考慮しながら，やや不明確な賦課要件であっても，その解釈・適用ないし運用に対して適切に議会の民主的統制が及んでいれば，憲法84条の趣旨に適合するとした。なお，最高裁は，農業共済組合の掛金について，国または地方公共団体の課税権に基づくものではないという理由から強制賦課の性格をもっていたとしても，憲法84条の趣旨適用で足りるとした（最判平18・3・28）。この考え方を援用すれば，農業共済組合と同様に「公共組合」の一種とされる，健保組合，国保組合および共済組合の賦課する社会保険料も同じように取り扱われることになろう。

| 事業主の保険料負担 | 被用者保険においては，保険料が被保険者のみならず，その事業主にも賦課される。 |

健保法161条1項は，事業主と被保険者における保険料の負担割合を2分の1ずつと規定しており，健保組合は，規約を通じて事業主

の負担割合を重くすることができる（健保162条）。ただし，事業主負担を10割として，被保険者負担を完全になくしてしまうことは，相互扶助を基本原理とする医療保険では許されない（横浜地判平10・9・16）。また，事業主は，保険者との関係において被保険者負担分の保険料も納付する義務を負い（同161条2項），被保険者の負担すべき保険料は，被保険者の賃金から直接，源泉徴収できる（同167条）。

応能負担と応益負担 医療保険における保険料の決定にあたっては，被保険者の負担能力に応じて算定する応能負担方式と，被保険者の受領した利益に応じて算定する応益負担方式がある。被用者保険では，実所得をもとに決定された標準報酬に保険料率を乗じる方法が採用されているので，応能負担方式が原則と考えられる。これは，医療保険が，医療サービスを必要とする可能性に着目して保険料を賦課すべきであるという保険原理の一部（**給付反対給付均等の原則**）を，社会連帯に基づく相互扶助の観点から修正する制度として発展してきたことに由来するものである。

ただし，一定額以上の高額所得者については，同一の標準報酬が適用される（健保40条。第50級）ので，被用者保険の応能負担には上限が画されているといえる。なお，協会健保では都道府県支部ごとに保険料率が設定されるため，同じ報酬等級であっても負担する保険料額に差が生じる。また，国民健康保険の保険料についても，保険料の上限を設定する条例がほとんどである（国保81条は，賦課額，保険料率，納期，減額賦課その他保険料の賦課および徴収等に関する事項を条例の制定事項とする）。これらは，応能負担の貫徹によって受益とかけ離れた負担を特定の被保険者に課すという状況を避けようとするものであり，特に違憲と判断されるような不合理があるとは

考えられていない（横浜地判平2・11・26）。

このように，応能負担方式を応益負担方式によって部分的に修正するという考え方は，国民健康保険の保険料決定において，より顕著に現れている（→「目で見る」Ⅱ2e）。国保の保険料は，応能負担で計算する部分（**応能割**＝所得額や資産額に一定の率を乗じる部分）と，応益負担で計算する部分（**応益割**＝1世帯あたりの定額保険料と被保険者1人あたりの定額保険料）から算定して賦課するように規定されている（国保令29条の7）。この賦課方式のうち，応益割の部分は，所得や資産の有無や程度に関係なく定額の保険料負担が課せられるので，強い逆進性をもっている。それゆえ，応益割の比重の決定にあたっては，被保険者の負担能力という観点から慎重であることが望ましいとされる。しかし，近年では，給付と負担の均衡という観点から応益割を拡大させる傾向がみられるようになり，結果として負担能力を超えた国保料が賦課されるケースも少なくない。

保険料の免除

わが国の医療保険には，被保険者の保険料負担を例外的に免除する制度がある。例えば，国保法77条は，「特別の理由がある者」に対して，保険料の減額もしくは免除またはその徴収の猶予ができると規定する（→「目で見る」Ⅱ2e）。しかし，この規定は，限定的に解釈され，「災害その他特別の事情により生活が著しく困難となった者」以外には保険料の減免を認めないと規定する市町村の国保条例も違法とされない（東京地判昭43・2・29。なお，介護保険料について同様の判断を下したものに，最判平18・3・28）。それゆえ，賦課された保険料の額が被保険者の負担能力を超える場合には，結果的に保険料を滞納せざるをえず，場合によっては保険給付を制限されることがある（→2①）。

保険料の免除制度では，保険料が実際に支出された保険給付費を

補塡する性格をもつ以上，免除した分の保険料収入の不足を別の収入によって補わなければならない。理論的には，保険料を免除したことによる収入の不足は，他の被保険者の保険料に転嫁される。しかし，わが国の医療保険では，このような方法はとられず，通常は国庫負担ないしは地方公共団体の負担とされる。国保の場合には，上記の災害等を理由とした免除保険料の一部を国の特別調整交付金が補塡するほか，国保法81条の2に基づいて都道府県に設置された財政安定化基金からの補助金ないし貸付金，市町村の一般会計からの繰入れ（国保72条の2）などが利用されている。

　それゆえ，保険料の免除制度は，これによって不足する財源の確保が十分でなければ，保険料負担の適正化を図るために有効に活用することができない。このことは，免除の代替財源を一般税財源に求めることの多いわが国では，税財源の投入の増加を意味すると理解されてきた。しかし，負担能力を超えた保険料の賦課が特定の保険者に集中しているような場合，すなわち保険者間の財政力の格差が背景にある場合には，税財源を投入するだけではなく，保険者間の財政力格差についても調整しなければならない。わが国では，この問題が主に高齢者医療の費用負担をめぐって顕在化してきたという経緯がある。次に，この問題にふれることにしよう。

*Key Word*④　保険者機能

　「健康保険……の保険者は，全国健康保険協会及び健康保険組合とする」（健保4条），「都道府県は，当該都道府県内の市町村（特別区を含む。……）とともに，この法律の定めるところにより，国民健康保険を行うものとする」（国保3条，同旨介保3条），あるいは「国民年金事業は，政府が，管掌する」（国年3条，同旨労災2条，雇保2条）というように，社会保険では，民間保険において保険会

社等の果たす役割を，国，市町村および法の定める法人が行う。これらを保険者という。なお，被用者年金一元化法（平24法63）により，厚生年金保険の事務を実施する機関を実施機関ということとされた（厚年2条の5）。

　保険者は，それぞれの社会保険に関する管理運営を行う主体と位置づけられる。その基本的業務は，被保険者や事業主から保険料を徴収し，支給要件を満たすと判断される場合には保険給付を支給したり，診療報酬，介護報酬などを支払うことである。

　しかし，保険者の役割はこれにとどまるものではない。以上に述べた基本的業務を通じて，保険者はさまざまな情報を収集・蓄積することができる。また，被保険者の見過ごしがちな情報や専門知識をもっている。これらを活かして，被保険者や受給者などに対して，積極的に有益な情報を開示していくこと（医療費通知，ねんきん定期便やねんきんネット）や，被保険者等の利益擁護のための支援体制を採用すること（病床再編をめざす地域医療構想の策定プロセスへの関与や年金積立金に関する運用方針の作成など）も可能である。また近午では医療費適正化をめざす「特定健診」が保険者に義務づけられ，その取組状況に応じて補助金を配分する保険者努力支援制度が創設され，特定健診や保健指導に関する連絡調整を行う保険者協議会が組織されている。こうして，保険者の役割を見直す文脈のなかで，保険者機能という言葉が使われることが多い。ただ，保険者機能の検討は，全体的な利益を重視すると個別的な利害と抵触する可能性もあることに留意すべきである。　　　　　　　　　　（加藤）

2 高齢者医療の費用負担

老人医療の無償化

わが国の医療保障制度には，もともと高齢者のみを対象とする制度は存在しなかった。

しかし，1973（昭和48）年の老人福祉法改正が，医療保険における高齢者の一部負担金を老人福祉の税財源から全額負担する制度を導入したことを契機に，高齢者のみを対象者とする医療保障制度について活発に議論されるようになった。この老人医療費の無償化は，医療保険における一部負担金が高齢者の所得保障を圧迫するという観点からなされたものであるが，高齢者に対する公的な医療費支出の増大という事態をもたらした。そのため，高齢者の医療費支出の適正化策が求められ，1982（昭和57）年に老人保健法が制定された。

　老人保健法は，満70歳以上の高齢者を対象に療養の給付と同等の医療を提供し，その一方で定額の一部負担金を徴収することで老人医療の無償化という政策に修正を加えた。また，わが国の医療保障制度としては，はじめて傷病の治療とその予防事業（健康手帳の交付や健康相談の実施など）を体系的に取り入れた。このように，老人保健法は，高齢者医療の体系的整備と医療費支出の適正化に向けた施策を数多く含んでいたが，その制定をより強く促したのは，市町村国保の深刻な財政困難という事情であった。

市町村国保と被用者保険の財政調整

1961（昭和36）年にスタートした国民皆保険体制において，市町村国保は，当初，自営業者と農林漁業者による職域的な医療保険に位置づけられていた。しかし，現役時代に被用者であった年金受給者は，定年退職と同時に被用者保険の被保険者資格を喪失し，市町村国保へと移行する。その結果，市町村国保の被保険者における高齢者の割合は，他の被用者保険に比べて，圧倒的に高い状況になった。これに加えて，老人医療費の無償化は，結果的に高齢者の多い市町村国保の保険給付費を急激に増大させ，多くの市町村国保を財政困難に陥らせた。

このような事態に対し，かつては国庫負担金による財政支援策しか用意されておらず，高齢者医療費の負担が市町村国保に偏るという状況の改善策は存在しなかった。そこで，被用者保険が市町村国保の財政を支援する財政調整制度の必要性が強く主張され，老人保健法では，高齢者の医療費に対する拠出金をすべての医療保険の保険者が支出し，高齢者が被保険者に占める割合に応じてその拠出金額を増減するという方式が採用された。この仕組みに関して，政府は医療保険の保険者が共同で老人医療の保障事業を運営するものであると説明した。しかし，その実質は，財政状態の良好な保険者から財政の困難な保険者に対する財政調整であった。それゆえ，この時点から医療保険財政における保険者の財政責任が，高齢者医療費についてだけは部分的に弱められたことになる。

このほか，市町村国保の財政基盤強化策として，一定額以上の医療費について都道府県内の全市町村が共同で負担する事業，あるいは市町村国保の財政不均衡を調整するための都道府県調整交付金の導入などが進められてきた。このような動きの帰結として，2015（平成27）年の国保法改正により，2018（平成30）年から都道府県が国保財政の責任主体となった。

老人保健医療事業　老人保健制度は，二つの保健事業を展開していた。一つは，高齢者に対する医療の提供であり，これは国が事業の担い手であり，市町村長が法定受託事務として各自治体に住所を有する高齢者に対して医療を実施する（地方自治法2条9項1号）。いま一つは，健康手帳の交付，健康教育，健康相談，健康診査などを行う事業であり，これらは市町村の自治事務として実施され，その費用は，国・都道府県・市町村がそれぞれ3分の1ずつ負担した。

前者の医療事業については，法形式上，「医療の取扱い及び担当に関する基準並びに医療に要する費用の額の算定に関する基準」が療養担当規則や診療報酬点数表とは別に制定され，内容的にも異なる規律が含まれてきた。しかし，老人医療の独自の存在意義は，医療内容の違いというよりはむしろ医療内容に差がないことを前提に，療養の給付とは異なった患者負担を適用するという点にあり，老人保健法は，1973（昭和48）年から続く老人医療費無償化を廃止し，定額制の自己負担制度を採用した。その後，老人医療費の国民医療費に占める割合が大きくなるにつれて，高齢者にも受益に見合った負担を求めるべきとの考え方が強くなり，定率負担制度が導入された。

　後者の健康手帳の交付，健康教育などに関する事業のうち，高齢者の医療の確保に関する法律に定められたもの以外については，健康増進法に基づく健康増進事業として，引き続き市町村が実施することとされた。

　老人保健の医療対象者は，医療保険の被保険者および家族療養費の支給対象者のうち，①満75歳以上に達した者と，②65歳以上75歳未満の者のうちでも特に政令で定める程度の障害の状態にある者，を対象とした。ここで，老人保健医療の適用対象者は，それまで加入している医療保険の被保険者資格を失うわけではなかったことが重要である。つまり，医療保険の被保険者資格を維持しながら，療養の給付に代えて老人保健医療を受給しているのであり，保険料も引き続きそれまで加入していた保険者に納入しなければならなかった。

高齢者医療と介護保険

高齢者医療の特色として，脳血管疾患など循環器系の疾患を中心に，身体上または精

神上の障害が残ったまま症状が固定することが少なくない。この場合，医療サービスを提供してもさらなる症状の回復が望めないので医学上は入院治療の必要性はない。しかし，わが国においては，高齢者の介護施設ないし事業の整備が立ち遅れていたため，自宅に戻ることができずに，入院状態の継続を余儀なくされることがある。このような入院のことを，その原因が社会的な事情にあることから**社会的入院**という。

社会的入院は，本来ならば社会福祉が負担すべき要介護に関する費用を，医療保険財政で負担することを意味する。それゆえ，その解消の必要性が主張され，1983（昭和58）年の老人保健法改正によって，老人保健施設が導入された。この施設は，社会的入院の状態にある高齢者を対象に在宅生活に必要な各種のリハビリテーションを提供することをねらいの一つとしてきた。しかし，社会的入院は，このような施策のほか，老人福祉法の介護施設や在宅介護事業の計画的整備によっても解消されなかった。そのため，1997（平成9）年に成立した介護保険法は，社会的入院という形で提供されていた高齢者の長期ケアや老人保健施設における各種のケアも，すべて介護サービスという概念に包摂することで，これらのサービス給付費を医療保険財政から介護保険財政に転嫁させているということができる（→第7章**2**②）。

後期高齢者医療制度の導入とその後の経緯　2006（平成18）年の健康保険法等改正法（法83）は，2008（平成20）年4月から老人保健法の名称を「高齢者の医療の確保に関する法律」に改めた。4半世紀以上もわが国の高齢者医療を支えてきた老人保健制度を廃止し，新たに「後期高齢者医療制度」を導入するものである。これは，老人保健制度の財源のうち，保険者から

の拠出金について，現役世代の保険料と高齢者の保険料が区分されておらず，高齢者の費用負担関係が不明確であり，財源運営の責任体制も曖昧であるなどの問題を是正しようとするものであった。

しかし，75歳という年齢に到達することで，それまで加入していた制度から分離するという基本的な構造に問題があるほか，75歳以上の被用者は傷病手当金が受けられず，保険料も全額本人負担となるなど，高齢者を中心に強い反発を受けた。このため，施行直後（2008〔平成20〕年4月）に長寿医療制度とその名称を変更し，75歳以上の高齢者も現役世代と同様に国保か被用者保険に加入したうえ，公費・現役世代・高齢者の負担割合を明確化することなどを骨子とする新たな制度の検討が開始された。この結果，「社会保障・税一体改革大綱」（2012〔平成24〕年2月17日閣議決定）において，高齢者医療制度改革会議の最終とりまとめをふまえた高齢者医療制度の見直しが盛り込まれた。しかし，その後に組織された社会保障制度改革国民会議は，「現在では十分定着して」おり，「現行制度を基本としながら，実施状況等を踏まえ，……必要な改善を行っていくことが適当」として（2013〔平成25〕年8月），制度存続の方向を示し，現在に至っている。

> **後期高齢者医療制度**

後期高齢者医療制度は，都道府県の区域ごとに設立される広域連合を保険者とする医療保険制度であり，被保険者は老人保健制度と同様に，満75歳以上の高齢者と65歳以上75歳未満のうちでも特に政令で定める程度の障害状態にある者である。

給付の種類は被用者保険・国保と基本的に共通しており，①療養の給付ならびに入院時食事療養費，入院時生活療養費，保険外併用療養費，療養費，訪問看護療養費，特別療養費および移送費の支給，

②高額療養費および高額介護合算療養費の支給（高齢医療56条1号・2号）のほか，広域連合の条例で定めるところにより，独自の給付を行うことができる（同条3号）。

　また，広域連合は高齢者の心身の特性に応じ，健康教育，健康相談等健康の保持増進のために必要な高齢者保健事業を行う。これら高齢者保健事業を効果的かつ効率的で被保険者の状況に応じたきめ細かなものとするため，国民健康保険保健事業，介護保険法に基づく地域支援事業と一体的に実施できるよう広域連合および市町村等において高齢者の医療・介護に関する情報を一括して把握できるよう規定整備が行われている（高齢医療125条3項・125条の3）。

　診療報酬については，当初，後期高齢者の心身の特性等にふさわしい医療を提供する趣旨・目的から，後期高齢者診療料・後期高齢者終末期相談支援料など独自の項目が設けられていたが，行政の周知不足や高齢者等からの批判を受け，被用者保険・国保の診療報酬体系が用いられている。

後期高齢者医療制度に
関する費用負担

制度発足当初は，基本的な一部負担割合は1割，現役並みの所得のある者は3割とされていた。その後，高齢者中心の社会保障から全世代型の社会保障へという政策展開の中で，2割負担の導入も検討された。しかし，負担増加に対する抵抗は強く，2割負担の適用を受ける一定以上の所得のある人は被保険者全体の20％にとどまることになった。この結果，(i)課税所得145万円以上の者は3割負担，(ii)同じ世帯の被保険者のなかに住民税課税所得が28万円以上の者がいて，世帯の「年金収入」と「その他の合計所得金額」の合計額が，単身世帯で200万円以上，2人以上世帯で320万円以上の場合には2割負担，(iii)それ以外の一般所得者は1割負担とされ

た（高齢医療67条）。なお，70歳以上75歳未満の者に対する一部負担割合は2割である（健保74条1項2号，国保42条1項3号）。

　後期高齢者医療制度にかかる費用は，患者自己負担を除く医療費のうち，2分の1を国および都道府県で負担し，残りを被保険者から徴収する保険料と，75歳未満の医療保険加入者の負担する後期高齢者支援金によって賄われる（→「目で見る」II*l*b）。このように，後期高齢者医療制度は制度としての独立を図るために，老人保健制度と異なり，満75歳以上の高齢者をそれまで加入していた医療保険（主に国保）の資格を喪失させ，新たに後期高齢者医療制度の被保険者とする。このため，それまでは家族療養費の対象となっており保険料を負担する必要のなかった高齢者についても保険料納付義務が生じる。また，後期高齢者支援金は，財政的にみると，介護保険の第2号被保険者保険料と同じ性格をもつが，この保険料は特定疾病に起因する介護給付とけん連性をもつのに対して，後期高齢者支援金はこれを負担する側の保険給付とけん連性を有しないことから，税負担と異ならないといえる。

*Key Word*⑤　財政調整

　　社会保障給付を実施する法主体が組織的にも会計的にも分離・独立している場合，給付に要する費用（支出）と調達されるべき財源（収入）は，法主体すなわち保険者や地方公共団体でそれぞれ決算される。この場合，決算には当然のことながら，収支相等が求められる。しかし，給付費に比して財源が不足する保険者や地方公共団体では，赤字決算となり，逆の場合には黒字決算となる。

　　民間の保険事業では，赤字決算の責任はもっぱらその事業者に帰せられるが，そこでは事業者の企業努力によってその業績を回復させることが前提となっている。しかし，社会保障給付の場合には，保険者や地方公共団体の努力によって赤字決算を黒字決算に転換す

ることが，構造上困難である。そのため，この格差を解消するため，本来であれば，独立した決算でなければならない法主体間で財源調達のための調整がなされる。これを財政調整という。

　単純な財政調整では，黒字決算で比較的余裕のある法主体から赤字決算で困窮する法主体へ財政収入が譲渡（移転）される。これは，保険者間ないし地方公共団体間の助け合いを意味しており，相互扶助の一形態とみることが可能である。しかし，このような財政調整では，赤字決算の法主体がなすべき努力をしなくてもその赤字分が他の法主体の財源によって補填されるため，保険者ないし地方公共団体の財政に対する責任が不明確になるという欠点がある。そのため，保険者間ないし地方公共団体間で移転されるべき財源の計算方式を工夫して，できるだけ個々の財政責任を解消させないような努力が継続されている。　　　　　　　　　　　　　　　　　（倉田）

4 その他の医療保障に関する法

1 予防医療に関する法

予防接種法

　予防接種の対象となる疾病は，予防接種法2条2項に列挙されるジフテリア，百日せき，急性灰白髄炎など11疾病のほか，政令で定めるものに限られる。そのなかでもさらに指定を受けたものについて，定期の予防接種が市町村長に（5条），臨時の予防接種が都道府県知事に（6条）義務づけられる。予防接種の対象者は，予防接種を受けるよう努力することが義務づけられ，対象者が満16歳未満の者または成年被後見人（民8条）の場合には，保護者が必要な措置を講ずる努力義務を負う（予防接種法9条）。ただし，これらの義務に対しては，罰

則による強制はない。

　予防接種にあたっては，接種によって健康に異常を生ぜしめるおそれのある者（**禁忌者**）を除外しなければならない（同7条）。禁忌者に関しては，予防接種実施規則4条の問診や体温検査等の実施が国家賠償請求における過失判断の基準とされていた。しかし，最判平3・4・19は，予防接種によって後遺障害が発生した場合には，被接種者が禁忌者に該当していたことに高度の蓋然性があるとして，特段の事由がない限り，禁忌者に該当するとの推定がはたらくとした。また，その後の裁判例には，医師個人の過失だけでなく，予防接種に関する行政組織全体の過失を問題とするものがある（東京高判平4・12・18）。

感染症法　エボラ出血熱やエイズなどの新たな感染症の出現や，結核やマラリアなどが再び脅威となってきた状況に対応するため，1998（平成10）年，伝染病予防法，性病予防法，エイズ予防法などを統合して「感染症の予防及び感染症の患者に対する医療に関する法律（以下「感染症法」という）が制定された。本法は，感染症をその危険性の程度に応じて分類定義し（6条），具体的な施策を定めている。

　2020年初頭から世界を震撼させている新型コロナウイルス感染症は，2020（令和2）年政令11号により本法6条8項の「指定感染症」に指定されたが，その後，感染症法改正（令3法5）により，「新型インフルエンザ等感染症」に変更された。感染症法に基づく入院患者への医療は，公費負担医療として提供され（37条），その費用負担の内容は感染症の類型や根拠法に応じて異なる（39条）。

　それまで結核の罹患と蔓延を防止するために，健康診断，ツベルクリン反応検査等に代表される予防接種，結核が発生した際の伝染

予防措置，結核患者への医療サービスなどを定めていた結核予防法も，2007（平成19）年改正により，感染症法に統合された。結核患者への医療サービスは，その治療費の100分の95を都道府県が支弁する公費負担医療である（37条の2）。なお，結核患者に医療保険が適用される場合には，医療保険の負担する治療費を超えた差額分のみが都道府県より支弁される。この費用は，国庫と都道府県がともに2分の1を支弁・補助する（58条・62条）。

　感染症法53条の2は，労働安全衛生法2条3号に規定する事業者，学校の長または矯正施設その他政令で定める施設の長に，当該事業に従事する者または収容されている者を対象として（同条1項），また市町村長に，その区域内に居住する住民を対象（同条3項）とする定期健康診断の実施を義務づけている。検診対象者には受診義務が課される（同53条の3）が，これに関する罰則規定等はないから，この受診義務は訓示規定である。なお，結核予防法時代の事案であるが，中学校教諭に対する定期健康診断につき，その受診を職務上の命令として命ずることができ（最判平13・4・26），受刑者が刑務所長に対して健康診断を求める義務づけ訴訟を提起することは許される（神戸地判昭48・9・4）。

健康増進法

高齢化の進展や疾病構造の変化は，傷病に罹患する以前の予防のみならず，国民の健康を積極的に増進させる施策の必要性と重要性を増している。このような状況のなか，国民健康づくり運動として「健康日本21」が展開された（2000〔平成12〕年度〜2010〔平成22〕年度）。その後，「医療制度改革大綱」（2001〔平成13〕年11月29日）において，国民の健康増進にかかる法的基盤の整備がうたわれ，これを受けたかたちで健康増進法（平14法103）が成立した。現在は，「21世紀にお

ける第二次国民健康づくり運動（健康日本 21〔第二次〕）」が展開されている（2013〔平成 25〕年度～2023〔令和 5〕年度）。

健康増進法は，厚生労働大臣による国民健康・栄養調査の実施（10 条～16 条の 2），市町村による生活習慣相談等の実施，都道府県による保健指導の実施とそれに従事する栄養指導員の任命（17 条～19 条の 4），特定給食施設における栄養管理（21 条～24 条），特別用途表示に関する規定（26 条～33 条）などを規定している。また，2020 年 4 月から，学校や体育館など多数の者が利用する施設は原則として屋内禁煙とし，違反者には罰則が適用される。

| 自治体の疾病予防 |

かつての老人保健法に基づく保健事業は，高齢者の医療の確保に関する法律や健康増進法に引き継がれた。まず，厚生労働大臣の定める特定健康診査等基本方針に基づき，医療保険各法の保険者は 6 年を 1 期とする特定健康診査等実施計画を策定し，40 歳以上の加入者に対し，特定健康診査や特定保健指導を行う（高齢医療 20 条・24 条）。また，特定健診・保健指導を除く事業（健康手帳の交付・健康相談など）は，健康増進法による生活習慣相談等として行われる。さらに，保健所を設置する都道府県および市（特別区を含む）は，母子保健法 9 条以下の母子保健の向上に関する措置（母子健康手帳の交付，保健指導，健康診査など）を実施しなければならない。このほか，任意の疾病予防事業として，保健所による集団の胃ガン検診（神戸地判昭 59・5・28）や体力測定等を内容とする健康フェスティバルの開催（長崎地判平 2・3・14）などを実施することができる。このような活動には，**地域保健法**によって積極的な位置づけが与えられ，保健所をもたない町村についても，同法 18 条の市町村保健センターの設置による保健活動の活性化が期待されている。

② 特定原因による健康被害に関する法

原爆による健康被害

広島および長崎に投下された原子爆弾により健康被害を被った被爆者に対しては，特別な健康管理と放射線障害の治療が必要である。1957（昭和32）年に成立した原子爆弾被爆者の医療等に関する法律（旧原爆医療法）は，これらの医療サービスを公費負担で提供するとしていた。また，1968（昭和43）年には，原子爆弾被爆者に対する特別措置に関する法律（旧原爆特別措置法）が制定され，健康管理手当，医療手当，介護手当等の現金給付が行われた。これらの法律は，被爆者の健康状態や生活危険に着目した社会保障立法であり，軍人・軍属等に対する国家補償立法から厳格に区別するという政府解釈が採られていた（→*ISSUE⑥*）。

しかし，最判昭53・3・30〈百選114〉は，旧原爆医療法について社会保障としての性格を有すると同時に，国家補償としての性格も有すると判断し，原爆被害にも国家補償の余地があるとの判断を示した。そして，長い紆余曲折を経た後，1994（平成6）年に現行の原子爆弾被爆者に対する援護に関する法律（**被爆者援護法**）が，旧原爆医療法と旧原爆特別措置法を一本化し，総合的な被爆者援護対策を実施する根拠法として制定された。被爆者援護法は，被爆者対策に関する国家責任を明確化し，給付における国家補償の性格を強調するという観点から，旧原爆特別措置法で採用されていた給付に関する所得制限を撤廃している。

被爆者援護法は，被爆者健康手帳の交付，健康診断の実施，健康診断の記録の管理および都道府県知事の指導から構成される健康管理と，医療サービスの実施を規定している。被爆者健康手帳は，被

爆者援護法1条の被爆者に交付されるが，この規定には国籍条項がおかれていない。前掲最判昭53・3・30は，旧原爆医療法2条について，人道主義的な救済を目的にするという同法の国家補償的な性格を根拠に，不法入国者である外国人被爆者であっても法所定の要件を満たす限りは，被爆者であると判断している（→**ISSUE①**）。また，その後，援護法の給付について，出国した被爆者への支給拒否処分を違法とする裁判例（大阪高判平14・12・5，福岡高判平17・9・26）が相次いで出された。最高裁（最判平18・6・13〈百選116〉）は，この点を明示的に判断しないものの，出国後も引き続き援護法の給付義務が継続することを前提に，その支給義務は国ではなく，最終滞在地の都道府県にあると判示する。また，在外被爆者が日本国外で医療を受けた場合に被爆者援護法における一般疾病医療費の適用を認めた事案（最判平27・9・8）がある。

　被爆者援護法に基づく医療サービスは，厚生労働大臣の指定した医療機関より提供され（12条），その診療方針および診療報酬に関しては，医療保険の療養担当規則が用いられる（14条）。ただし，原爆医療に特有なものについては，原子爆弾被爆者医療審議会の意見を聴取して，厚生労働大臣が特別に定める（15条）。また，受給に際しては，①被爆者の傷病が原子爆弾の傷害作用に起因していること（**被爆起因性**）と，②当該傷病が現に医療を必要とする状態にあること（**要医療性**）が認定されなければならない（大阪高判平12・11・7）。なお，被爆起因性に関しては，「経験則に照らして……特定の事実が特定の結果発生を招来した関係を是認し得る高度の蓋然性を証明する」必要がある（最判平12・7・18〈百選115〉）。

公害による健康被害　企業活動に伴う大気汚染や水質汚濁による国民の健康被害に対しては，1973（昭和

48）年に制定された公害健康被害の補償等に関する法律（公健法）が補償給付，被害者の福祉に必要な事業，公害による健康被害の悪化を予防するために必要な事業を規定している。公健法3条1項は，補償給付として，現物の医療サービスと，障害補償費・遺族補償費などの現金給付を規定している。医療サービスは，医療保険の指定医療機関が兼務する公害医療機関から供給される。その診療方針や診療報酬については，環境大臣が中央環境審議会の意見を聴いたうえで決定する（22条）。補償給付の額は，不法行為責任をふまえて損害賠償に近づけて構成され，その費用についても各企業から原因の度合いに応じて賦課金を徴収する方式が採用されている（52条）。それゆえ，公健法は，汚染者負担の原則に立ちつつ，被害者に迅速な救済措置を講じるために行政的に制度化されたものと理解することができる（福岡高宮崎支判昭63・9・30）。

補償給付の受給には，公健法の対象とする大気汚染や水質汚濁と健康被害との間の因果関係が必要である（4条）。この因果関係に関しては，不法行為法で採用される蓋然性説の立場によりながら，特に科学的な反証がなければ疫学的な因果関係の存在で足りると判断される（横浜地判平元・2・27）。なお，因果関係は，認定という行政処分により判断され，認定手続に関しても行政手続法上の権利が認められる。最判平3・4・19は，最終的に認定処分を受けた場合であっても，申請者が長期にわたって待たされたときは，遅延による精神的な苦痛が国家賠償法による救済の対象となると判断している。

予防接種による健康被害

予防接種法15条以下には，予防接種に起因する疾病・障害・死亡に対する給付制度がある。これは，予防接種の実施にあたった担当医師に過失がない場合でも健康被害が発生することが確認さ

れており，この場合には損害賠償制度では救済されないこと，および健康被害が過失に基づいている場合であっても私法的救済を得るためには相当の日時や費用が費やされることなどから，1976（昭和51）年の法改正によって設けられた。この制度は，社会的に特別の意味を有する事故に対し，相互扶助，社会的公正の理念に立ちつつ，公的補償の精神をも加味して図られる救済措置と説明される（仙台地判昭 60・3・12）。

　補償給付の実施機関は，市町村長とされ（15条1項），給付は，医療を保障するための医療費および医療手当，後遺障害の残った児童の養育者に支払われる障害児養育年金，後遺障害の残った18歳以上の者に対する障害年金，死亡一時金ならびに葬祭料である（16条）。給付を受ける際には，健康被害が予防接種に起因していること（**起因性**）の認定を受けなければならない。起因性の判断にあたっては，①ワクチン接種から症状が発生しうることについて医学的に合理性があること，②症状がワクチン接種に近接した時期に発症していること，③症状の発生がワクチンの接種以上に他の原因によるものと考えるほうが合理性がある場合でないこと，という基準が用いられている（長野地判平 2・5・24）。なお，給付水準に関しては，必ずしも十分ではないという批判があり，補償とは別に国家賠償請求訴訟が提起される原因となっている。

③　難病に関する法

| 難病医療法 |

持続可能な社会保障制度の確立を図るための改革の推進に関する法律に基づき，難病患者に対する医療費の助成として，消費税の収入を充てる法律が制定された。難病の患者に対する医療等に関する法律である（平26法

50)。

　本法は，発病の機構が明らかでなく，かつ，治療方法が確立して
いない希少な疾病であって，長期にわたり療養を必要とするものを
難病と定義し，難病患者に対する良質かつ適切な医療の確保および
療養生活の質の維持向上を図り，もって国民保健の向上を図ること
を目的とする。都道府県は，申請に基づき，指定難病患者に対し，
特定医療費を支給する（7条）。支給認定は，申請の日にさかのぼっ
て，その効力が生じ，支給認定をしないときには，あらかじめ指定
難病審査会に審査を求めなければならない。患者の自己負担割合は
原則2割とされるが，高額療養費制度などを参考に所得階層区分が
設定され，それに応じて自己負担上限額が設定される。

5　医療保障のこれまでとこれから

　わが国の医療保障政策は，1961（昭和36）年に国民皆保険を確立
してから，医療の平等消費を強く志向する制度展開を繰り返してき
た。国保の給付率向上，高額療養費制度の導入，老人医療費無償化
から財政調整を軸とした老人保健制度の構築を通じて，わが国の医
療保障制度は，すべての国民に対し，基本的に大きく異ならない内
容の医療を保障し，その費用を被保険者全体で応分に負担するとい
う仕組みに発展していった。これは，被保険者以外の者が費消する
医療費を被用者保険にも負担させようとした老人保健法制定時の政
策判断に拠るところが非常に大きいといえる。

　老人医療費無償化を達成した，1973（昭和48）年の「福祉元年」
こそが医療保障の理想に最も接近したとみる立場からすると，老人
保健制度の導入は，患者自己負担の復活という点で制度後退のはじ

まりと理解される。しかし，法形式上はどうであれ，保険者が被保険者以外の者の医療費を分担するという仕組みが導入されたことは，複数制度の組み合わせにすぎなかった医療保険制度を統一的に把握するという考え方が一つの国民合意になったことを意味する。結果的に，この制度の導入は，システムの安定化をもたらし，その副産物として高齢者介護を普遍的に保障する介護保険制度を生み出した。

しかし，その一方で，保険者の責任範囲が不明確になるとともにその独自の存在意義が軽視され，システム全体が硬直化ないしは非効率化したという欠点も見逃せず，1990 年代以降の制度改革論の中心は，システムの効率化に集中していった。また，その一方で，医療保障システム全体を市場主義的な方向に変革していこうとする議論も有力になり，規制緩和という視点からさまざまな改革提案が提起されてきた。ただし，このような改革提案は，医療の平等消費をめざしつつシステムの効率化を志向する従来型の改革論とは大きな違いがあり，2006（平成 18）年の法改正まで規制緩和論からの提案の多くが後退を余儀なくされている（例えば，病院経営の株式会社参入は社会医療法人制度の導入に，混合診療の全面解禁は保険外併用療養費の導入に代えることで，根本的な変更は回避された）。

それゆえ，わが国の医療保障政策の将来は，今後も市場主義的な医療制度改革論に対して，どこまで医療の平等消費を軸とした制度の基本を維持できるかという点にあり，この観点から制度の動向を注目していく必要がある。特に，2006（平成 18）年の法改正で導入が決定された，大胆な制度変更（新しい高齢者医療制度の創設と協会健保にみられる保険者組織・運営の改革）は，2008（平成 20）年度から徐々に具体化されており，その動向次第では医療の平等消費がさらに根本的な危機を迎える可能性がある。事実，後期高齢者医療制度

の導入は施行と同時に，高齢者を中心に強い反発をもたらし，2009（平成21）年の民主党への政権交代によって，一旦は廃止も検討されたが，結局は存続することとなった。この反発は，結局のところ，高齢者に焦点を絞った負担増に対する怨嗟とも評価できるもので，消費に応じた負担への途は困難を極めている。また，規制緩和の一環として治療の選択肢を拡大できるよう保険外併用療養費制度に患者申出療養という類型を設ける動きがある一方で，一部負担金など治療代を払えないために無料低額診療を利用する人が急増しているといわれる。医療の平等消費を制度軸とすることに異論はないが，支援金や拠出金に名を借りた保険料の租税化は，理論的にも現実的にも限界に達している。財源としての保険料と租税との役割の明確化こそが，今後の政策課題といえないだろうか。

| 医療提供体制の再構築 |

新型コロナウイルス感染症の大流行は，平常時には認識されない様々な社会システムの欠陥を浮き彫りにした。保健医療分野に限定しても，欧米に較べれば感染者数も死亡者数も相対的に少ないものの，急速な感染拡大に伴い医療体制は逼迫し，入院が必要な重症患者が入院できず自宅療養を余儀なくされるなど，医療機関の機能分化が進んでいないこと，医療現場の人員配置が手薄であること，感染症対策の整備が遅れていることなどが明らかとなった。

今回の新型コロナウイルスの問題はまだ収束していないものの，今後も起こりうる感染症に対応するための公衆衛生システムの確立，医療機関のより一層の機能分化・連携や人的資源の適正な配置など医療提供体制の再構築が求められる。医療機関の機能分化・連携については，現在，2次医療圏ごとに，医療機関が担うべき病床機能に関する協議，病床機能報告制度による情報の共有を目的とする地

域医療構想調整会議が開催されている。

特に，人材確保の問題が今後の大きな課題となる。短期的には，働き方改革の一環として，医師に対する時間外労働の上限規制の適用が 2024（令和6）年4月から開始される。長期的には，2040年における医療・介護就業者数の需給見通しは需要が供給を 100 万人ほど上回っている。これらのことから，安定的な医療・介護サービスを提供するためには，地域・診療科あるいは領域に偏らない人材の配置が求められるとともに，それを後押しするイノベーションを推進することが重要となる。

データヘルス改革 国民皆保険を核とする保健医療制度の持続可能性を維持しながら，一人一人の健康寿命をどう延ばすかという難問を解決するため，多角的な医療情報を用いて，効率的かつ有効な施策を展開するため，データヘルス改革推進計画が策定された（2017〔平成29〕年7月）。

2019（令和元）年には，マイナンバーカードにより被保険者資格を確認できるオンラインによる資格確認の導入，オンライン資格確認や電子カルテ等の普及のための医療情報化支援基金の創設，医療保険レセプト情報等のデータベース（NDB）と介護保険レセプト情報等のデータベース（介護DB）を連結して解析することを可能とするとともに，公益目的での利用促進のための所要の規定整備，さらには審査支払機関の機能強化を図る健康保険法等の改正が行われた（令元法9）。

コロナ対策でも明らかになったように，ICTの利活用がスムーズに浸透しない状況のなか，ビッグデータのプラットフォームを構築して，膨大な健康・医療・介護情報を抱えている審査支払機関を「業務集団」から「頭脳集団」に変貌させることができるかが，先

に述べた難問を解決するための糸口になる。

ISSUE⑥　社会保障と国家補償

　社会保障制度のあゆみは，第二次世界大戦の存在を抜きに語ることはできない。戦後のイギリスにおいて「福祉国家（welfare state)」が「戦争国家（warfare state)」との対比で主張されたことからみても，両者の関係はかなり密接といえる。わが国の社会福祉立法においても，その制定当初，第二次大戦による困窮化への対応策という面を有していたことは否定できない。このことは，児童福祉法が浮浪児，身体障害者福祉法が傷痍軍人または軍属を主な受給者として想定していたことからも明らかである。また，これらの法律にかなり遅れて，1963（昭和 38）年に制定された老人福祉法の立法過程においても，第二次大戦によって子を失った老親の存在が念頭におかれていた。しかし，これらの社会福祉立法は，生活困難という事情の存在に着目して給付を行うものであり，生活困難がどのような理由によるものかを問うものではない。この点で，戦争被害に対する国家補償とは厳密に区別されるべきものであろう。

　他方で，社会保障と国家補償のいずれの側面も備える立法の存在に留意する必要がある。

　まず，軍人軍属等であった者とその遺族に対する援護立法がある。昭和 27 年の平和条約の発効に伴い，戦傷病者戦没者遺族等援護法が 1952（昭和 27）年に成立した。同法は，「軍人軍属等の公務上の負傷若しくは疾病又は死亡に関し，国家補償の精神に基き，軍人軍属等であつた者又はこれらの者の遺族を援護することを目的とする」ものであり（同 1 条），「援護」として障害年金や遺族年金等を支給する点でこれらの者の生活を保障する機能を有する（なお旧軍人軍属等への恩給は連合国軍最高司令官総司令部〔GHQ〕の判断により廃止された〔昭 21・2・1 勅令 68・同月 2 閣令 4〕が，その後，1953

〔昭和 28〕年の恩給法改正により軍人恩給が復活した。また，戦傷病者手帳の交付，療養の給付等の援護を行うことを目的として 1963〔昭和38〕年に戦傷病者特別援護法が制定された）。

これに対して，民間の戦争被災者は対象から除外され，国家補償としての側面を有する援護給付を受けることはできなかった。この点に関して，最高裁は，戦争犠牲ないし戦争損害に対する補償が憲法のまったく予想しないものであることを理由に，戦争犠牲者援護について立法府の広い裁量を認め，民間の戦争被災者に対する援護法を制定しなかったことを合憲とした（最判昭 62・6・26〈百選〔第4 版〕120〉）。また，その後の裁判例も，外国籍を有する戦争犠牲者を対象としなかったことについて，同様の理由から憲法 14 条の平等原則に違背しないと判断している（台湾人については最判平 4・4・28，在日韓国人については東京地判平 6・7・15）。

次に，被爆者に対する医療保障立法が挙げられる（→**4**②参照）。旧原爆医療法および被爆者援護法は，社会保障法としての他の公的医療給付立法と同様の性格をもつ一方，原子爆弾の投下による放射能に起因した健康被害である特殊の戦争被害について，戦争遂行主体であった国が自らの責任により救済を図るという一面も有する点で，実質的に国家補償的配慮がその根底にあることが認められている。そのうえで，後者の側面を考慮して，不法入国した外国人被爆者にも旧原爆医療法が適用されること，および被爆者援護法に基づく健康管理手当の受給権が相続の対象となるという結論が導かれている（最判昭 53・3・30〈百選 114〉，最判平 29・12・18）。

（倉田 = 前田）

第6章

労 働 保 険

> 「労働保険の保険料の徴収等に関する法律」2
> 条1項は，労災保険と雇用保険をあわせて
> 「労働保険」としている。本章のねらいは，
> 労災保険，雇用保険の法的構造を明らかにす
> ることである。

1 労働保険の概要

① 労災保険制度

過失責任主義から
無過失責任主義へ

　労災補償制度が確立されるまで，業務に関連して被った傷病等は被災労働者本人の負担とされることが多かった。それは，不法行為責任等に基づいて損害賠償を請求する以外に，法的救済手段が存在しなかったからである。他方，産業革命以降の近代工業の進展は，労働のあり方を大きく変化させ，労働者の生命身体を損なう可能性を増大させ，深刻な社会問題を引き起こした。このような状況の中で，西欧諸国を中心に，労災補償に関する特別法が19世紀末から制定されるようになった。その多くは故意・過失の有無を問うことなく，業務上の傷病等であることだけを条件に，労働者およびその遺族に補償を行うものであった。

このような労働災害に関する補償システムの整備は，業務外の傷病等に対する保障にも関心を集め，他の社会保険制度の成立を促したということもできる。社会保険の多くが労働者を対象とする労働者保険から出発したことと密接に関連すると思われるからである。

労働基準法と労働者
災害補償保険法

1947（昭和22）年に労働基準法と労働者災害補償保険法が制定されたことにより，わが国の労災補償制度は確立した（→「目で見る」IV2a）。労働基準法（以下，労基法という）が無過失責任としての災害補償責任を使用者に課すと同時に，労働者災害補償保険法（以下，労災保険法という）が，政府を保険者とし使用者を加入者とする強制保険制度によって，使用者の災害補償責任の履行を確保するシステムを採用した（→第1章 **3**②）。

労災保険制度の展開

労災保険法は制定当初，労基法の災害補償と同一の内容および水準の補償しか規定していなかった。しかし，適用範囲，保険事故および給付内容について，次のような改正が行われてきた。

まず適用範囲については，1965（昭和40）年に小規模事業主や大工などの一人親方に対する特別加入制度が導入され，1969（昭和44）年4月から労働者を使用するすべての事業に労災保険が適用されることとなり，あわせて労働保険の保険料の徴収等に関する法律（以下，徴収法という）が制定された。また保険事故に関しては，通勤災害が業務災害とは別に1973（昭和48）年12月に創設された。その前年に労働災害を予防するという観点から制定された労働安全衛生法も重要である。さらに，給付面では，給付の年金化や傷病補償年金の新設，スライド制の採用，給付基礎日額における最低額保障の設定や前払一時金制度の導入など，所要の改正が図られてきた。

こうして労災保険制度は労基法の災害補償規定を超えた独自の内容や性格を備えるに至った。このような「労災保険のひとり歩き」現象について，労災補償の本質をどのように捉えるかにつき学説の対立がみられた。労災保険が保険というシステムを採用していること，政府が保険者であること，あるいは給付の年金化などから，傷病等に関する業務上外の区別は意味がなくなるとする見解と，年金化などの動向はより合理的な損害填補の形式を追求する現象と捉える見解とに大別される。社会保障の法的性格とも密接に関連する議論といえる。

② 雇用保険制度

> **失業の意義**

他の社会保険における保険事故が傷病や老齢など身体にかかわる危険であるのに対して，失業は産業構造の変化や景気循環の結果，職すなわち賃金を失う点で経済的な危険といえる。このような失業に伴う賃金の喪失に対しては，社会保険か社会手当のいずれかにより所得保障を行うことが考えられる。しかしいずれにせよ，失業給付には，失業期間中にその労働能力を維持して，失業労働者を労働関係に再編入させるという特徴がある。

> **雇用保険制度の展開**

第二次世界大戦の敗戦に伴う復員軍人や海外からの引揚者の帰還により，わが国では1947（昭和22）年にはじめて失業保険法が制定された（→「目で見る」Ⅳ3a）。同法は数多くの改正を経て制度の充実を図ってきたが，第1次石油危機を契機に，抜本的な見直しが図られた結果，失業保険法は廃止され，雇用保険法（1974〔昭和49〕年）が制定された。

　雇用保険法は，失業者に対する所得保障にとどまらず，完全雇用

の達成に向けて積極的な雇用政策を展開するという考え方に立つ。しかし，終身雇用制を中心とする雇用慣行の変化，雇用就業形態の多様化あるいは100年に一度といわれる経済危機（リーマン・ショック）に直面して，従来の制度体系の見直しが迫られた。

こうした状況のなか，2009（平成21）年以降，所得保障機能や再就職支援機能を強化する法改正が行われてきた（→第1章 **3**②）。

また，2020（令和2）年改正では，目的規定に「労働者が子を養育するための休業をした場合に……生活及び雇用の安定を図る」ことを追加し（雇保1条），育児休業給付金を雇用継続給付から削除して，失業等給付とは別に育児休業給付の章を新たに設けた。

③　働き方改革実行計画をめぐる動き

AIやビッグデータの活用などによる第4次産業革命の進行，多様な就業機会の保障，人手不足対策など複合的要因から，働き方改革実行計画（2017〔平成29〕年3月28日）は労働者の健康確保に留意しつつ，副業・兼業（以下「複業」という）を原則認める方向で，複業の普及促進を図ることとした。

こうして複数の事業主に雇用される労働者について，労災保険では複数事業労働者や複数業務要因災害，雇用保険では高年齢被保険者の特例が定められた（令2法14）。労災保険における複数業務要因災害という概念は，これまでの考え方を大きく変えるもので今後の動きが注目される。

2 労働保険関係

1 労働保険の適用関係

保険関係の成立と消滅

　健康保険や厚生年金保険では，所定の要件を満たす事業を適用事業とし，その適用事業所に常備的に使用されている労働者が保険に加入する。この場合，保険加入者とは，保険事故が発生したときに保険給付を受ける被保険者でもある。

　これに対して労働保険の保険関係は，労災保険法3条1項および雇用保険法5条1項に該当する事業主が新たに事業を開始した日に成立する（徴収3条・4条）。このため事業主は，その日から10日以内に労働基準監督署長または公共職業安定所長に，自らの事業にかかる保険関係の成立を届け出なければならない（→「目で見る」Ⅳ1）。また，事業が廃止されるか終了したときは，この保険関係はその翌日に消滅する（徴収4条の2・5条）。

適用事業

　労災保険は「労働者を使用する事業」を，雇用保険は「労働者が雇用される事業」を適用事業とし（労災3条，雇保5条），その業種や規模にかかわりなく，労働者を1人でも使用するあらゆる事業を適用事業とする。ここで事業とは，企業そのものではなく，独立性をもった一つの経営組織をいう。このため，同じ会社に属していても個々の支店や工場といった単位で適用される。したがって，労働保険に関する保険料の申告・納付あるいは各種の届出事務などは，原則として事業単位で行われる。

しかし，労災保険の場合には，例外的に国の直営事業など若干の非適用事業が存在する（労災3条2項）ほか，零細農林水産業の個人経営事業について，暫定的に任意適用事業としている（同昭44附12条）。また，雇用保険においても労災保険と同じく，零細農林水産業の事業のうちの一部を任意適用事業としている（雇保附2条）。

保険者および労働保険
事務組合

労災保険，雇用保険の保険者はともに，政府である（労災2条，雇保2条）。

また保険者ではないが，労働保険事務組合が設けられている。この事務組合は，中小事業主の負担を軽減するとともに労働保険への加入を促進することを目的に，事業協同組合や商工会などが，厚生労働大臣の認可を得て，事業主の行うべき保険料の納付その他の労働保険に関する事項を処理することができる（徴収33条・35条）。

② 労働保険における労働者

労災保険における
労働者

労災保険には他の社会保険とは異なり，被保険者という概念は存在しない。このため，労働者は被災労働者として給付を受ける。
そして労災保険法における労働者は，基本的に労基法9条にいう労働者と同一と解され，事業に「使用される者」で「賃金を支払われる者」をいう。ここで「使用される」とは，他人の指揮命令に従い労務を提供することをいい，これを使用従属関係という。したがって，使用従属関係のもとで提供した労務の対価として報酬を得ている者が労働者とされる。具体的に労働者であるか否かを判断する場合には，契約形式やその名称あるいは契約上の地位は問題とされない。あくまでも実際にその者が職務を遂行するうえで使用従属関係

にあるか否かで判断される。

　近年における就業形態の多様化は労働者概念の再検討を迫るものであり，これまでにも取締役，家族従業員，専門的技能者などをめぐって多くの紛争が発生してきた。この労働者性について，最高裁は傭車運転手の事例につき，指揮監督の態様，報酬の支払方法等からみて労働保険法上の労働者に該当しないと判示した（最判平 8・11・28〈百選 48〉）。

<table>
<tr><td>複数事業労働者</td><td>2020（令和 2）年改正法は，複数事業労働者という概念を新たに設けた。</td></tr>
</table>

　事業主が同一人ではない 2 以上の事業に使用される者を複数事業労働者という。また，一つの会社と労働契約関係にあり，他の就業については特別加入している者，あるいは複数の就業について，それぞれ特別加入している者も複数事業労働者とされる。

<table>
<tr><td>特別加入制度</td><td>労災保険は労働者の業務災害または通勤災害に対して給付を行う制度である。このた</td></tr>
</table>

め 1965（昭和 40）年まで，事業主や自営業者，その家族従業者などは労災保険の対象とされなかった。しかし，業務の実態や災害発生の影響などから，これらの者にも労災保険の保護を与えるべき場合があるとして，特別加入制度が設けられた（→「目で見る」Ⅳ2f）。この制度に加入できるのは，これまで，①中小事業主とその事業に従事する家族従業者，②個人タクシーの運転手や大工などのいわゆる一人親方とその家族従業者，③特定農作業従事者や家内労働者などの特定作業従事者，④海外派遣者であった。これらに加えて，2021（令和 3）年には芸能従事者，アニメーション制作者，柔道整復師，宅配代行業，IT フリーランス，2022（令和 4）年にはあん摩マッサージ指圧師，はり師，きゅう師，歯科技工士も対象者となっ

た。これらの者については，その申請に基づき，政府の承認により労災保険への加入が認められる。

特別加入制度は，労働者に関し成立している労災保険の保険関係を前提として，中小事業主またはその代表者を労働者とみなすことにより，労災保険法の適用を可能とする制度である。この保険関係は，労働者を使用する事業について成立するものであり，その成否は当該事業ごとに判断すべきものである（最判平9・1・23）。そして，「建設の事業」を行う事業主については，個々の建設等の現場における建築工事等の業務活動と本店等の事務所を拠点とする営業，経営管理その他の業務活動とがそれぞれ別個の事業であって，それぞれその業務の中に労働者を使用するものがあることを前提に，各別に保険関係が成立するものと解される（最判平24・2・24〈百選55〉）。

| 雇用保険における被保険者 |

雇用保険における被保険者は，雇用保険の適用事業に雇用される労働者で，65歳に達した日以後に雇用される者など雇用保険法6条各号に掲げる以外のものをいう（→「目で見る」IV3b）。労働者の年齢や就労形態から，一般被保険者，高年齢被保険者，短期雇用特例被保険者および日雇労働被保険者という4つの被保険者類型がある。なお，多様な就業機会を確保するため，65歳以降に新たに雇用される者を対象に，高年齢被保険者類型を設けた（平28法17）。ここでも「雇用される労働者」の範囲が問われる。基本的には労災保険と同様の判断基準から解釈すべきこととなる（浦和地判昭57・9・17）が，雇用保険法における労働者というためには，「仕事の依頼や業務に従事すべき旨の指示等に対する諾否の自由の有無，業務遂行上の指揮命令の有無」など，「その他の事情をも総合考慮して」，雇用保険法の保護を与えるに相当な関係が存すれば足りる

と解するのが相当であるとする裁判例もある（福岡高判平 25・2・28 〈百選 71〉）。

2008（平成 20）年以降の失業者の増加に伴い，雇用保険の適用範囲の拡大が図られ，現在は 31 日以上の雇用見込みがあること，1週間の所定労働時間が 20 時間以上であること，により，雇用保険の被保険者とされる。また，倒産や解雇など，再就職の準備をする時間的余裕がなく離職を余儀なくされた特定受給資格者については，一般の離職者に比べ手厚い給付日数となる場合がある。

雇用保険における届出義務

事業主は，労働者を雇い入れたり解雇した場合など被保険者資格の取得や喪失に関する事実について，厚生労働大臣（実際には所轄の公共職業安定所長）に届け出なければならない（雇保 7 条）。これら被保険者資格の得喪は，保険給付の権利義務にかかわる重要事項であるため，被保険者または被保険者であった者はいつでもその確認を請求することができるほか，厚生労働大臣の職権によっても行われる（雇保 8 条・9 条）。

この届出義務について，公法上の義務にとどまらず，債務不履行ないし不法行為に基づく損害賠償を請求することを前提とする裁判例（大阪地判平元・8・22〈百選 74〉）があるほか，使用者は雇用契約の付随義務として，労働者が失業等給付等を受給できるよう配慮すべき義務を負う，とする裁判例がある（大阪地判平 18・1・26）。

③ 労働保険の保険料

労働保険の保険料の徴収等に関する法律

健康保険法や厚生年金保険法では，保険料に関する個別の章を設け，保険料率や納付義務者などの規定を定めている。これに対

して労働保険では，労災保険や雇用保険の適用範囲の拡大に伴い，保険料の徴収事務などを一元的に処理するため，徴収法を制定した。

　労働保険の保険料には，一般保険料，特別保険料および印紙保険料の３種類がある。一般保険料は労災保険および雇用保険双方に適用される。特別保険料は，労災保険における特別加入者から徴収され，その種別に応じてさらに３種類の保険料がある。印紙保険料は，日雇労働被保険者に関する雇用保険料である（徴収22条）。

保険料負担のあり方

労災保険は，労基法における事業主の災害補償責任を担保するために制定された経緯から，事業主が全額保険料を負担し，労働者は保険料を負担することはない。また雇用保険の保険料のうち，失業等給付に要する費用は事業主と労働者とで折半されるが，雇用安定事業などの雇用２事業に要する費用については全額事業主が負担する。

一般保険料

一般保険料は，事業主がその事業に使用するすべての労働者に支払う賃金総額に一定の保険料率を乗じて得た額として算定される。適用される保険料率は，以下の３つに類型化される。①労災保険と雇用保険にかかる保険関係がともに成立している事業には労災保険料率と雇用保険料率とを加えた率，②労災保険にかかる保険関係だけが成立している場合には労災保険料率，③雇用保険関係のみが成立している場合には雇用保険料率が適用される。

　労災保険料率と雇用保険料率は，事業の種類に応じて異なる。労災保険料率は，事業の内容に応じて災害の発生率が異なることから，事業の種類に応じて，その事業に適用される料率が決定される（→「目で見る」Ⅳ2h）。この料率は，労災保険法の適用を受けるすべての事業の過去３年間の業務災害，複数業務要因災害および通勤災害

に係る災害率ならびに二次健康診断等給付に要した費用の額，社会復帰促進等事業として行う事業の種類および内容その他の事情を考慮して厚生労働大臣が定める（徴収12条2項）。

　雇用保険料率の場合は，農林水産業・清酒製造業，建設事業およびそれ以外の3通りの料率が定められ，それぞれ失業給付等に要する費用と雇用2事業に要する費用に充当される部分とからなる。失業給付等に当てられる部分については労使で折半される（徴収12条）。そして，労働者つまり被保険者の負担部分は，賃金額に被保険者負担率を乗じて算定され，賃金から源泉徴収される（徴収31条）。雇用2事業に充当される費用は，その全額を事業主が負担する。

```
┌─────────────┐
│  メリット制  │
└─────────────┘
```

災害の発生率は事業の内容に応じて異なると同時に，同種の事業であっても事業所によって異なる。このため，同種の事業に同じ保険料率を適用すると，災害を多発させる事業所とそうでない事業所との間に負担の不公平を生じる。このような不公平を防止し，作業環境の改善など災害予防に対する取組みを促すため厚生労働大臣は，災害の発生率に応じて保険料率を100分の40の範囲で増減させることができる（徴収12条3項）。これを労働保険料率の**メリット制**という（→「目で見る」IV2h）。

　メリット制については，近時，利害関係を有する事業主からの訴訟が散見される。最高裁は，労働災害と認められると保険料率が引き上げられる可能性があるため，事業主は労災保険不支給決定の取消訴訟に参加することが許される（最決平13・2・22〈百選70〉）とした。保険料を増額される事業主が労災認定処分の取消訴訟に関する原告適格を有するかについては，これを肯定する裁判例（東京高判

平 29・9・21）と否定する裁判例（東京地判令 4・4・15）がある。

特別加入保険料

特別加入者に関する保険料は，保険給付の基礎となる給付基礎日額を 365 倍した額に，特別加入者の類型に応じた保険料率を乗じて算定される。

中小事業主等を対象とする第 1 種特別加入保険料は，その特別加入者の事業に適用される労災保険料率が適用される。一人親方や特定農作業従事者などは，業務災害や通勤災害の発生率および労働福祉事業として行う事業内容などを考慮して厚生労働大臣の定める第 2 種特別加入保険料率，海外派遣者には第 3 種特別加入保険料率が適用される。

保険料の納付方法

事業主はまず**概算保険料**を納付しなければならない。この保険料額は，基本的には，4 月 1 日から翌年 3 月 31 日までの保険年度において，その事業で使用するすべての労働者に支払う賃金総額の見込額にその事業に適用される一般保険料率を乗じて得られる（徴収 15 条）。

しかし概算保険料では，実際に労働者に支払った賃金総額との関係で過不足が生じるため保険料を確定・調整する必要がある。実際に支払った賃金総額に基づき算定される保険料を**確定保険料**といい，確定保険料額が概算保険料額よりも少ない場合には，事業主はその不足額を納付しなければならない。逆に，概算保険料額が確定保険料額よりも多い場合には，過払金額は事業主に還付されるか，翌年度分の概算保険料に充当される（同 19 条）。

保険料の未納と受給権

事業主は保険料の納付義務や被保険者資格の得喪に関する届出義務を負う。事業主がこれらの義務を履行しない場合，保険給付受給権の帰趨が問題となる。しかし，事業主が雇用保険料を納付することは基本手当受給の

要件とはされていない（前掲大阪地判平元・8・22）。

3 業務災害等の認定

① 業務災害の認定

認定の意義

労災保険の保険給付を支給するか否かの決定は，労働基準監督署長が行う行政処分である（労災則1条2項・3項）。給付内容や給付水準について，他の社会保険と比べて労災保険の方が有利なため，労働災害ないし通勤災害と認定されるか否かは，被災労働者にとって重大な問題となる（→「目で見る」IV2d）。このことに関連して，うつ病に罹患して休業していた従業員に対する解雇について，労働基準法19条違反を理由に無効とした最判平26・3・24（東芝事件）がある。

このように労働者に重大な影響を与えるにもかかわらず，法は業務災害あるいは業務上の概念について明文の規定を設けていない。このため，何が業務災害ないし通勤災害に該当するかは，基本的に労災補償制度の趣旨目的に照らした法解釈に委ねられる。そして，大量に発生する個別事案を公平かつ迅速に処理するため多くの行政解釈が示されている。このように，業務災害等の認定は労災保険給付の支給・不支給を決定する基礎作業といえる。

業務と災害および
傷病等の関係

業務災害の認定において一つの手がかりとなるのは，時間的に特定できる一定の明確な事由，すなわち災害ないし災害的出来事の存在である。ここでいう災害とは法解釈上の技術的概念であるが，多くの業務上の負傷・疾病・障害・死亡（以下，これを業務上の傷病

等という）はこの災害を媒介として発生する。

端的にいえば，上の図における②および③の関係，すなわち災害と負傷ないし災害性疾病の関係は医学的な判断に委ねられるべき領域であり，業務災害か否かの認定は①の業務と災害との関係をどのように考えるかという問題に帰着する。また，災害を媒介としない非災害性疾病に関する認定（④）は，当該業務と非災害性疾病の発症をどのように捉えるかという問題となる。

業務起因性

　業務と災害の関係（図の①）を検討する際に重要なのは，業務上の傷病等が発生する場としての労働契約の性質である。労働者は，労働契約に基づいて使用者の指揮命令に従って労務を提供する。この指揮命令を受け就労している過程で，業務に内在ないし付随する危険が顕在化したと考えられる場合，労働者をその指揮命令のもとで拘束している使用者が，そのリスクを負担するのが社会的公平に合致する。

　このように労働者に生じた傷病等が「業務上の事由による」と認められるためには，使用者の指揮命令のもとに拘束されていることと傷病等との間に一定の因果関係が存在することが必要であると解される。これを業務起因性という。

業務遂行性

　行政解釈では，労働者が労働契約に基づく支配従属の関係にあること，すなわち業務遂行性が業務起因性の第1次的判断基準とされる。業務遂行性がな

ければ業務起因性は成立しないが，業務遂行性があってもただちに業務起因性が認められるわけではない。

業務と傷病等との関係については，単なる
条件関係や事実的因果関係の存在では不十分で，傷病等と業務との間には相当因果関係のあることが必要であり（最判昭 51・11・12 等），その傷病等が業務に内在する危険が現実化したものと評価できなければならない（最判平 8・1・23）。

業務が当該傷病に対して，相対的に有力な原因ないしは共働原因であるか否かは経験則に照らして判断される。しかし，無過失責任主義に立つ労災補償の場合，過失責任主義あるいは有責性を問題とする民法，刑法などとは異なり，結果発生の条件となる事情についての予見可能性の有無は問題とならない。したがって，傷病の発生に不可欠な条件となった一切の事情を基礎として，業務と傷病，特に業務と災害との間に相当因果関係があるか否かによって業務起因性が判断される。

業務の従事中に生じた災害は，作業に伴う
準備行為や用便等の業務付随行為時における災害を含めて，業務起因性を否定する特別の事情がない限り業務災害と認められる。特別の事情に関連して，業務遂行中に同僚とけんかをして死亡した事故（最判昭 49・9・2）については，業務に随伴または関連する行為といえないとして業務起因性が否定された。

休憩時間など使用者の支配下にあるものの業務に従事していない場合には，原則として業務外とされるが，作業環境や施設の欠陥等に起因する場合は業務上とされる。また，出張のように使用者の管理を離れて業務に従事している場合は，出張の過程全般について使用者の支配下にあるものとして，業務起因性が広く認められる。

宴会など各種行事への参加・出席については，使用者の業務命令があるなど特別の事情があれば業務起因性が認められる。これに関連して，事業主主催の懇親会等の社外行事に参加することは，事業運営上緊要なものと客観的に認められ，かつ参加が強制されているときに限り，業務行為になるとして，業務起因性を否定した事案（名古屋高金沢支判昭58・9・21〈百選50〉）がある。また天災地変など自然現象による災害も，その災害を被りやすい業務上の事情があれば業務起因性が認められる（「東北地方太平洋沖地震に係る業務上外の判断等について」平23・3・24基労管発0324第1）。

② 非災害性疾病の認定

特　徴　　災害を媒介としない疾病の場合，それが業務に起因するか否かの判断は多くの困難を伴う。発症の時期を特定することが難しく，じん肺のように退職後に発症するケースもみられるし，業務だけではなく労働者個人の素因や基礎疾病と競合することもあるうえ，個体差により有害因子に同じように曝露されても発病する者と発病しない者がありうるからである。

しかし医学的な経験則から，特定の業務との因果関係が明らかな疾病群が存在する。これらの疾病については業務上疾病ないし職業性疾病（いわゆる職業病）として，業務起因性の存在が推定される。近年では，過労による循環器系疾患やストレス性の精神神経障害を争う事案が増加している。

業務上疾病の範囲　　労災保険法における業務上の範囲は労基法のそれと同義であると解されており，労働基準法施行規則が業務上疾病を定めている（労基則35条・別表1の

2)。これによると業務上疾病は，災害性疾病（同別表1号），例示疾病（同別表2号～9号），大臣指定疾病（同別表10号。ジアニジンによる尿路系腫瘍など）および包括規定疾病（同別表11号）に大別される。

このうち，例示疾病はいわゆる職業性疾病に対応するものであり，2009（平成21）年に労基法施行規則別表第1の2を改正し，脳血管疾患および虚血性心疾患，心因性精神障害がそれぞれ8号・9号として追加された。また，11号は，例示疾病のいずれにも該当しない疾病でも，業務上の疾病である限り保険給付の対象となることを明らかにした包括規定疾病を定める規定である。

素因・基礎疾患等と業務上認定

素因とは，遺伝的体質的に特定の疾病にかかりやすい状態をいい，基礎疾患とは現在の疾病に先行して継続的に存在し，現在の疾病を発症する基礎となる病的状態をいう。脳出血に対する高血圧症，心筋梗塞に対する冠状動脈硬化症などである。行政解釈では，基礎疾患等を有する場合には，業務上の要因によって，当該疾病が「自然的経過を超えて著明に増悪し発症したこと」および「そのことが医学的にも認めうること」を必要とする。

裁判例は行政解釈にとらわれることなく，事案に即して弾力的な判断をしている。最高裁は脳血管が破裂する2日前に遭遇した事故が死亡労働者に「相当に強い恐怖，驚がくをもたらす突発的で異常な事態」であり，これにより「同人の基礎疾患等をその自然の経過を超えて急激に悪化させる要因となり得る」として非外傷性の脳血管疾患を発症した配電工の死亡と業務との相当因果関係を認めた（最判平9・4・25）。また，発症した特発性脳内出血自体には業務起因性が認められないものの，発症後やむをえず業務に従事することによって治療機会を喪失したことが「公務に内在する危険が現実化

したことによる」と判断した事案がある（最判平 8・3・5〈百選 53〉）。さらに，他に確たる発症因子があったはいえないとして，業務過重による消化器系疾患を業務上の疾病と認定した裁判例がある（最判平 16・9・7）。

過労死・自殺と
業務過重性

過労がさまざまな疾病の原因となることは医学的に認められている。いわゆる過労死とは，疾病の名称ではなく，業務の過重によって引き起こされる生命維持装置の破綻（死亡）を捉えた社会医学的用語といえる。過労死等防止対策推進法では，「業務における過重な負荷による脳血管疾患若しくは心臓疾患を原因とする死亡若しくは業務における強い心理的負荷による精神障害を原因とする自殺による死亡」を過労死と定義している（平 26 法 100。同 2 条）。

脳血管疾患・心臓疾患を循環器障害とすれば，これら循環器障害は，特定の職種や業務に限定されることなく広範囲の労働者に発症すること，職業性疾病としての特異性がないこと，個人的嗜好（酒，たばこ等）や加齢による基礎疾病に過重業務が影響を与えて発症に至る場合が多いことなどの特徴をもつ。このような循環器障害と業務との因果関係を認定することはきわめて困難な作業であり，行政解釈も一定の変遷を辿っており，災害に相当する事由が存在しなくとも循環器障害を業務上疾病としうる余地を認めるに至った（平 7・2・1 基発 38。その後，不整脈による突然死等を加えた平 8・1・22 基発 30 が出されている）。しかし，最高裁は，業務の過重性の評価にあたり「慢性の疲労や過度のストレスの持続が慢性の高血圧症，動脈硬化の原因の一つとなり得る」（最判平 12・7・17〈百選 51〉）とし，従来の認定基準よりも踏み込んだ判断を示した。このため，行政解釈も長期間にわたる疲労の蓄積や就労態様に応じた諸要因を考慮する

基準を示した（平13・12・12基発1063）（→「目で見る」Ⅳ2e）。

自　　殺

過重な業務は，いわゆる過労自殺という問題も引き起こす。自殺をめぐる業務上外の認定を争った事案として，「自殺……行為が業務に起因して発生したうつ病の症状として発現したと認められる場合には，労働者の自由な意思に基づく行為とはいえない」から，労災保険法12条の2の2第1項にいう故意には該当しないとして，業務起因性を認めた裁判例がある（名古屋高判平15・7・8。1審2審で結論を異にする事案として，京都地判平23・2・1〈否定〉，大阪高判平24・2・23〈肯定〉がある。さらに，労災民訴の事案としてうつ病に基づく自殺につき派遣先・派遣元企業双方の安全配慮義務違反を認めた東京地判平17・3・31がある）。

メンタルヘルス

電通事件（最判平12・3・24〈百選69〉）がそうであったように，長時間勤務による過労は，時に労働者の精神的な不調を引き起こし，ひいては自殺という不幸な帰結をもたらす。このような自殺をめぐる事案の増加に対応するため，「心理的負荷による精神障害等に係る業務上外の判断指針について」（平11・9・14基発544）が示されたが，仕事によるストレスが関係した精神障害についての労災請求は，その後も増加の一途を辿り，認定の迅速化を図るために新たな認定基準「心理的負荷による精神障害の認定基準について」（平23・12・26基発1226）が策定された。これは，発症直前の連続した2ヵ月間に1月あたり約120時間以上の労働時間数を強い心理的負荷とするなど，心理的負荷の具体例を明示したり，セクハラやいじめが長期間継続する場合には6ヵ月を超えて評価することとされた。また，精神科医の合議による判定を難しい事案にのみ限定した。

　健康情報に関連して，最高裁は，過重な業務が続くなかでその体

調の悪化が看取される場合には，精神的健康に関する情報について積極的な申告が期待し難いことを前提としたうえで，労働者の心身の健康への配慮に努める必要があると判示した（前掲東芝事件最判平26・3・24→①）。なお，2015（平成27）年12月から，従業員50人以上の事業所に対して，労働者の心理的負担の程度を把握するストレスチェックの実施が義務づけられた（労安衛66条の10）。

> ハラスメント

メンタルヘルスの不調は，各種ハラスメントが引き金となっているケースが多い。ストレスチェックの義務づけとも関連して，多様な労働者が活躍できる就業環境を整備するため，事業主は職場におけるハラスメント防止対策を講じることが義務づけられるほか，相談者や行為者等のプライバシーを保護するための措置を講じるとともに，相談したこと等を理由として解雇その他不利益な取扱いをしてはならない。

> 複数業務要因災害

複数事業労働者の2以上の事業の業務を要因とする負傷，疾病，障害または死亡を複数業務要因災害といい，ここにいう疾病とは脳・心臓疾患，精神障害その他2以上の事業の業務を要因とすることの明らかな疾病である（労災則18条の3の6，労基則別表第1の2第8号・9号）。

③ 通勤災害の認定

> 通勤の意義

通勤は，労務を提供するために，毎日，所定の時間に一定の経路で往復する行為であり，労務の提供と密接に関連する定型化された行為である。

法は，労働者の通勤による負傷，疾病，障害または死亡を通勤災害としている（労災7条1項2号）。従来，通勤とは住居と就業の場所との間の往復と定義されていたが，雇用形態の多様化に伴い，複

数の就業場所の移動や単身赴任者の住居間の移動も通勤に加えることとした（労災7条2項〔平17法108〕）。通勤災害と認定されるためには，①就業に関し，②法7条2項に定める3つの類型の移動を，③合理的な経路および方法により往復するという要件を満たさなければならない。また，④中断または逸脱があってはならず（同条3項），⑤業務の性質を有するものは除かれる。さらに当該通勤と災害との間に相当因果関係が存在することが必要であり，行政解釈では通勤に通常伴う危険が具体化したものか否か，により判断している。

| 通勤の3類型 | 通勤であるためには，法7条2項各号に定める往復ないし移動でなければならない。 |

1号にいう住居と就業の場所との間の往復に関連して，行政解釈は，住居とは労働者が居住して日常生活の用に供している家屋等の場所であり，労働者の生活の拠点とする。また就業の場所とは，業務を開始しまたは終了する場所をいう。労働者が本来の業務を行う工場，事務所等の場所以外にも，得意先での営業から直接帰宅する場合の得意先なども就業の場所となる。

2号は，複数の事業場で働く労働者が，第一の就業場所で勤務を終え，次の就業場所へ向かう移動をいい，3号は，単身赴任者が行う赴任先住居と帰省先住居との間の移動をいう。法改正前の裁判例として，自宅から単身赴任先近辺の寮へ向かう途中の事故を通勤災害とした事案がある（名古屋高判平18・3・15，秋田地判平12・11・10）。

| 合理的な経路および逸脱・中断 | 通勤は，一般に労働者が用いると考えられる合理的な経路・方法をとらなければならない。逸脱とは，通勤の途上，通勤とは関 |

係のない目的のために合理的な経路をそれることをいい，中断とは，

通勤を中断して通勤と関係のない行為を行うことをいう。逸脱・中断があった場合，日常生活上必要な行為であって厚生労働省令で定めるものをやむをえない事由により行うための最小限度のものに該当しない限り，逸脱・中断中だけでなく，その後の行程についても通勤とは認められない。これに関連して，女性労働者が自宅とは反対方向の商店に夕食の材料を購入するため，自宅に向かう交差点から40mほど逆行したあとの交通事故につき，合理的経路を逸脱中の事故として通勤災害にはあたらないとした裁判例（札幌高判平元・5・8），義父の介護のために義父宅に1時間40分程度滞在したのち帰宅する途中での交通事故につき，この介護は日常生活上必要な行為にあたるとして通勤災害と認定した裁判例（大阪高判平19・4・18〈百選54〉）がある。

4 労災保険給付

① 労災保険給付の通則

給付基礎日額 ⟩ 労災保険における現金給付は，原則として労基法の平均賃金に相当する給付基礎日額をもとに算定される。

　休業補償給付，年金給付および一時金給付の給付基礎日額は他の労働者の賃金との関係で合理的な水準を維持できるようスライド制を採用しているほか，前二者については賃金実態等に対応するため，年齢階層別の最低限度額と最高限度額が定められ，年齢変化に応じた給付額の修正を行う（労災8条の2〜8条の4）。

　これまで給付基礎日額は，支給事由の発生した事業場の使用者か

ら被災労働者に支払われた賃金に基づいて算出されてきた（王子労基署長（凸版城北印刷）事件・最判昭61・12・16）。しかし，これでは複業によって生計を立てている労働者にとって十分な補償とはいえなかった。そこで，複数事業労働者については，すべての事業場で支払われている賃金額を合算した額を基礎に給付基礎日額が算定されることになった（労災8条3項）。

給付制限　労働者が故意に負傷，疾病，障害もしくは死亡またはその直接の原因となった事故を生じさせたときは，保険給付を受けることはできない（労災12条の2の2第1項）。業務と傷病等との間に因果関係がないと考えられるからである。労働者の自殺については，業務上の精神障害により自殺行為を思いとどまる精神的な抑制力が著しく阻害されている状態と認められる場合には，結果の発生を意図した故意には該当しないとされる（平11・9・14基発545）。

　また，労働者が故意の犯罪行為もしくは重大な過失により，負傷，疾病，障害，死亡もしくはこれらの原因となった事故を発生させたとき，あるいは労働者が正当な理由なく療養に関する指示に従わないことにより傷病や障害の程度を悪化させ，もしくはその回復を遅らせたときは，保険給付の全部または一部を支給しないことができる（労災12条の2の2第2項）。

受給権の保護等　労災保険給付を受ける権利は，労働者の退職により変更されず，これを譲渡し担保に供しまたは差し押さえることができない。租税その他の公課は，保険給付を標準として課することはできない（労災12条の5・12条の6→第3章3①）。

労災保険給付は，労基法の災害補償とは異なり，被災者等の請求に基づいて行われる（労災12条の8第2項）。この請求に基づき，所轄労働基準監督署長は支給または不支給の決定を行い，請求人に通知しなければならない（労災則19条）。労基署長の決定に不服がある場合には，労働者災害補償保険審査官および労働保険審査会に審査請求，再審査請求をすることができる。不服申立前置主義をとるため，取消訴訟を提起するには労働者災害補償保険審査官の決定を経なければならない（労災38条・40条）。

療養補償給付，休業補償給付，葬祭料および介護補償給付などを受ける権利は2年，障害補償給付および遺族補償給付などを受ける権利は5年で時効により消滅する（労災42条）。しかし，時効の起算点については明文の規定がなく，裁判例も統一されていない。この点について，権利者において権利を行使することにつき「法律上の障碍事由がない限り，権利を行使することのできるときから進行する」とする事例（民法166条：東京地判平7・10・19〈百選58〉），公務災害認定を受けた日に法律上の障害がなくなるとする事例（地方公務員災害補償法：東京地判平16・1・29〈百選59〉）がある。なお，傷病補償年金は政府の決定により行われるため，時効消滅はない。

② 業務災害に関する補償給付等

労災保険法は，労基法75条に定める業務上の傷病等に対して，療養補償給付として診察治療などの療養の給付を行う（→「目で見る」IV2b）。この給付は傷病による身体的機能喪失の回復を目的とするため，積極的な治療手段が講じられ，その傷病が療養を必要としなくなるまで行われ

る。被災労働者は一部負担を払うことなく必要な給付を受けることができる（労災13条）。

療養補償給付の範囲について，行政実務は「労災保険法上の支給範囲は，政府が必要と認めるものに限られる」と解している。しかし，はり・きゅう治療に関する施術期間を最長12ヵ月とする通達（昭57・5・31基発375）について，この期間満了後も療養補償給付を求めうるかが争われた事案で「『政府が必要と認めるもの』の範囲については，『療養上相当と認められるもの』と解する……のが相当であるから，……政府が自由にその範囲を定めうるものではない」とした裁判例（東京高判平5・12・21）がある。

**休業補償給付の
支給要件**

休業補償給付は，以下の3要件を満たす場合，すなわち①業務上の傷病等による療養により，②労働不能のため，③賃金を受けることができない場合に支給される（労災14条→「目で見る」IV2b）。

①については，業務上の傷病に該当しない私傷病はもちろん，社会復帰促進等事業の一環として行われる外科後処置なども，ここでいう療養に該当しない。自宅療養は，それが医師の指示に基づく場合には休業補償給付の対象となる。②の労働不能とは，労働能力の喪失だけを意味するのではなく，医師の指示により労働することを止められている場合なども含まれる。ここにいう労働不能は一般的な意味での労働不能を指すため，被災後退職した場合でも労働不能の状態にあれば，②の要件を満たすことになる。また③は，療養のため労働不能であって賃金を受けることができない場合をいう。このため，被災労働者が休日または懲戒処分を受けた等の理由で賃金請求権を有しない日についても，休業補償給付は支給される（最判昭58・10・13）。

休業補償給付は賃金を受けない日の第4日目から支給される。ここにいう4日目とは，継続すると断続するとを問わず，実際に休業した日の4日目を意味する。休業の初日から3日目までを待期期間という。この期間については，休業補償給付は支給されないが，使用者は労基法76条に規定する休業補償を行わなければならない。

支給額は1日につき給付基礎日額の100分の60に相当する額である。しかし，実際に一部労働して賃金を受けている場合には，給付基礎日額から実際に労働した部分の賃金額を差し引いた額の6割とされる。支給額にはスライド制や年齢階層別の最低・最高限度額が定められているほか，社会復帰促進等事業として休業特別支給金が支給される。この休業特別支給金は給付基礎日額の100分の20に相当する額が支給されるから，実質的な休業補償は給付基礎日額の8割となる。支給期間についての制限はないが，傷病補償年金の支給要件に該当するに至った場合には休業補償給付は支給されない。

障害補償給付

業務上の傷病が治癒したとき，または症状が固定したとき，厚生労働省令に定める障害等級に該当する場合には障害補償給付が支給される。障害等級の認定は，障害等級表に基づいて行われる。障害等級の第1級から第7級に該当する場合には障害補償年金が，比較的軽い障害に分類される第8級から第14級に該当する場合には障害補償一時金が支給される（労災15条→第7章**4**）。

障害補償給付は，障害等級に応じて支給されるため，身体に何らかの傷痕などが残っても，それが障害等級に該当しなければ支給されない（労災則14条）。しかし，著しい外貌醜状につき，男女の性別によって障害補償給付に差を設けるのは合理的理由がなく性別に

よる差別的取扱いをするものとして憲法14条に違反するとされた（京都地判平22・5・27〈百選56〉）。これに伴い，障害等級表の見直しが行われ，外貌に関する障害等級の男女差が解消された。

────────────
障害等級
────────────
障害等級表は，140種の類型的な身体障害を14等級に区分して，各等級ごとの補償額を示している。この等級表は，解剖学的観点から身体の部位を体幹，胸腹部臓器などに分類したうえ，それぞれの部位における身体障害を機能面から，視力障害や運動障害などの障害群（障害の系列という）に分け，さらに労働能力の喪失の程度に応じて分類している（→「目で見る」Ⅳ2c）。

　障害等級表に掲げられていない障害については，その障害の程度に応じて，障害等級表を準用して等級が定められる。また，障害の系列を異にする身体障害が2以上ある場合には，原則として障害の重い等級をもってその身体障害の等級とする。これを**併合**という。しかし，この原則では著しい不均衡が生じる場合，すなわち第13級以上に該当する身体障害が併存する場合には等級の繰上げが行われる（労災則14条3項。最判昭55・3・27）。さらに，すでに身体障害のあった者が業務上の傷病（再発を含む）により，同一の部位につき障害の程度を加重したときは，その加重した限度で障害補償給付が行われる（同14条5項）。

────────────
遺族補償給付
────────────
労働者が業務上死亡したとき，その損害を填補して遺族の生活を守るため，死亡労働者との間に生計維持関係にある一定範囲の遺族がいる場合には遺族補償年金，受給資格者がいない場合には遺族補償一時金が支給される（→「目で見る」Ⅳ2c）。遺族補償年金は受給資格者の人数により（労災16条の3），遺族補償一時金は給付基礎日額を基準として（同

16条の6），支給額が定められる。このほか，社会復帰促進等事業として遺族特別支給金や遺族特別年金等が支給される。

　また，厚生年金保険法の遺族厚生年金等が支給される場合があり，この場合には遺族補償給付との調整が行われる。さらに，死亡労働者の遺族に労災保険給付が行われるべき場合には，労基法上の災害補償は行われない（労基84条）。

死亡の推定　被災労働者の死亡は，通常，死亡診断書や死体検案書等により確認される。しかし事故等の態様により死亡を確認できない場合がある。この場合，基本的には民法の失踪宣告の手続を経て被災労働者が死亡したとみなすべきことになるが（民30条・31条），この手続によっても死亡の確認に長い年月を要したり，確認そのものが困難な場合が残る。このような不便を取り除くため，法は失踪宣告等の特例として「死亡の推定」規定を設けた（労災10条）。

遺族補償年金の
受給者の範囲　遺族補償年金の受給資格者は基本的には，労働者の配偶者，子，父母，孫，祖父母および兄弟姉妹であり，労働者の死亡の当時その収入によって生計を維持していた者，すなわち生計維持関係にあった者である。妻については，婚姻の届出をしていないが事実上婚姻関係と同様の事情にあった者も含まれる（重婚的内縁関係につき，東京地判平10・5・27）。妻以外については，それぞれ法に定める要件を満たさなければならない（労災16条の2第1項）。

　労働者の死亡当時，胎児であった子が出生した場合には将来に向かって死亡労働者との間に生計維持関係があったものとみなされる（同16条の2第2項）。これらの受給資格者は，死亡，婚姻などに該当するに至ったときは受給資格を失い，次の最先順位の受給資格者

が受給権者となる（同16条の4）。なお，遺族補償年金の第一順位である夫と妻との年齢要件につき違憲無効であるとした原審（大阪地判平25・11・25）を取り消し，本件区別は合理性を欠くということはできないとした事案がある（大阪高判平27・6・19〈百選6〉）。

生計維持関係にあるか否かは，生活水準が著しく高いなどの例外的な場合を除き，当該遺族が死亡労働者の収入により消費生活の全部または一部を営んでいた関係（生活依存関係）が認められる限り，遺族と労働者との間に生計維持関係があったと認められる。

葬祭料　労働者が業務上の傷病等に起因して死亡した場合，その遺族または葬祭を行う者に対して，その請求に基づき葬祭料が支給される。遺族補償給付が生計を維持されていた遺族に対する所得保障であるのに対して，葬祭料は死亡労働者の葬祭を行うために支給される。埋葬の費用のみならず葬祭に要する費用を補償するものであり，その額は厚生労働大臣がこれを定める（労災17条）。

傷病補償年金　傷病補償年金は，数次の改正を経て，労基法の打切補償に相当する給付として導入された。被災労働者が業務上の傷病により，療養の開始後1年6ヵ月を経過した日，あるいは経過した日後に，①当該傷病が治っていないこと，②当該傷病による障害の程度が厚生労働省令で定める傷病等級（労災則別表2）に該当すること，のいずれにも該当する場合に，その傷病等級に応じた額が支給される（→「目で見る」Ⅳ2c）。

障害補償年金が症状の固定した場合に支給されるのに対して，傷病補償年金は傷病が治癒していない場合でも支給される点で異なるほか，職権によりその支給が決定されるところに特徴がある。療養開始後1年6ヵ月を経過しても治癒していないとき，あるいは毎年

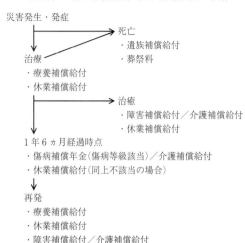

災害発生以降の保険給付概念図（業務災害の場合）

災害発生・発症
→ 死亡
　・遺族補償給付
　・葬祭料

治療
　・療養補償給付
　・休業補償給付

→ 治癒
　・障害補償給付／介護補償給付
　・休業補償給付

1年6ヵ月経過時点
　・傷病補償年金(傷病等級該当)／介護補償給付
　・休業補償給付(同上不該当の場合)

再発
　・療養補償給付
　・休業補償給付
　・障害補償給付／介護補償給付

1月分の休業補償給付を請求する際に，傷病の状態に関する届書を提出させ，それに基づき所轄の労働基準監督署長が支給決定を行う。

傷病補償年金と他の給付との調整　傷病補償年金は，休業補償給付に代えて支給されるため，傷病補償年金を受ける者には休業補償給付は支給されない（労災18条2項）。また，傷病が治癒していないことを要件に支給されることから，療養補償給付は引き続き行われる。

　障害厚生年金および障害基礎年金は，障害の原因となった傷病が業務上であるか否かを問わずに支給されるため，傷病補償年金と同時に障害厚生年金等が併給されることがある。しかし，このような併給が行われると給付合計額が従前賃金よりも高くなるため調整が行われる（労災令2条）。さらに，打切補償と傷病補償年金とでは支給すべき時期にズレが生じるため，療養の開始後3年を経過した日以後に傷病補償年金を受けることになった場合には，その受けるこ

とになった日に，使用者は労基法 81 条による打切補償を支払った
ものとみなしている（労災 19 条，最判平 27・6・8）。

介護補償給付 1995（平成 7）年改正法により新設された
介護補償給付（労災 19 条の 2）は，労基法
上の災害補償に直接対応する給付ではない。

　障害補償年金または傷病補償年金を受ける権利を有する労働者が，
それら年金の支給事由となる障害であって，厚生労働省令で定める
程度の障害により，常時または随時介護を要する状態にある間，当
該労働者に対して支給される。

複数業務要因災害に
対する給付 複数業務要因災害に対する給付には「補
償」の語は付されていないものの，7 種類
の給付が支給される（労災 20 条の 2）。業務
災害の規定が準用されており，基本的には業務災害の給付と共通し
ているが，給付基礎日額はすべての就業先の賃金額を合算した額を
基礎に算定される。

　なお，複数事業労働者であっても，一つの事業場のみの業務上の
負荷により業務災害と認定される場合には，複数業務要因災害では
なく，これまで通り「業務災害」とされるものの，この場合にあっ
ても給付基礎日額はすべての就業先の賃金額を合算した額を基礎に
算定される。

通勤災害に関する給付 通勤災害に対する給付は，療養給付・休業
給付・障害給付・遺族給付・葬祭給付・傷
病年金・介護給付の 7 種類である。これらの給付は，労基法の災害
補償責任を基礎としないため，「補償」という文字を用いていない。

　通勤災害に関する給付は，基本的に，業務災害に関する保険給付
と同一内容の給付が行われる。療養給付の場合には，健康保険法等

と同様に，被災労働者に一部負担金の支払が求められるものの，休業給付の額から一部負担金相当額を減額して，一部負担金の徴収に代える取扱いがなされている。また，通勤災害に関する休業については労基法19条による解雇制限規定の適用はなく，傷病補償年金と打切補償との関係を論ずる必要もない。

二次健康診断等給付

労働安全衛生法に基づく直近の定期健康診断等（一次健康診断）において，脳・心臓疾患に関連する血圧検査・血中脂質検査等の項目につき異常所見が認められた場合，労働者の請求により二次健康診断と特定保健指導が支給される（労災26条）。

二次健康診断は，空腹時血中脂質検査や負荷心電図検査などの検査をいい，特定保健指導は二次健康診断1回につき1度，医師または保健師により行われる栄養指導，運動指導などで，ともに受診者の負担はない。

③ 社会復帰促進等事業

概　　要

労災保険法は，被災労働者の社会復帰の促進，当該労働者およびその遺族の援護，適正な労働条件の確保等を図り，労働者の福祉の増進に寄与することも目的としている。これらの目的を実現するため，政府は独立行政法人労働者健康安全機構を通じて社会復帰促進等事業を行う（労災2条の2）。

政府は，社会復帰促進等事業として，①労災病院の設置など被災労働者の円滑な社会復帰を促進するために必要な事業，②被災労働者の療養生活の援護，あるいは遺族の就学援護等の事業，③業務災害の防止に関する活動に対する援助や労働者の安全および衛生の確

保，賃金の支払の確保等を図るために必要な事業，を行うことができる（労災29条）。

| 特別支給金 | 社会復帰促進等事業の一環として，労働者災害補償保険特別支給金支給規則に基づき |

被災労働者やその遺族に対して，特別支給金が支給される（→「目で見る」IV2g）。特別支給金には，休業，障害，遺族および傷病の各特別支給金，障害，遺族および傷病の各特別年金，そして障害と遺族の各特別一時金がある（同規則2条）。これらの支給金は，療養生活や傷病治癒後の生活転換等に関する援護金あるいは遺族見舞金的性格を有し，労基法上の災害補償に対応するものではない。

　特別支給金は社会復帰促進等事業として行われるため，他の社会保険からの給付および民事損害賠償との併給調整の問題は生じないとされている（最判平8・2・23〈百選66〉）が，保険給付との同一性などからその結論は疑問である。また，最高裁は，労災就学援護費を支給しない旨の決定は「行政庁の処分その他公権力の行使に当たる行為」に該当するとしている（最判平15・9・4〈百選57〉）。

5 労働災害と損害賠償

1 労災補償と損害賠償

| 併 存 主 義 | 被災労働者またはその遺族は，労基法・労災保険法による労災補償・労災保険給付請 |

求権を取得するとともに，加害者たる使用者または第三者に対して損害賠償を請求することができる。このようにわが国では，労働法に基づく労災補償制度と一般民事法に基づく損害賠償制度とが併存

している。

　このような併存主義が採用された背景には，労災補償制度には精神的損害（慰謝料）の塡補が含まれていないこと，休業補償などで補償される賃金は特別支給金を含めても最高で平均賃金の80％に抑えられているとともに，逸失利益が見込まれていないことなどが指摘されている。このため，被災労働者や遺族が全損害を塡補しようとすれば，民法上の損害賠償請求訴訟（いわゆる労災民事訴訟）を提起することとなる。

労災民事訴訟の類型と
安全配慮義務

　　　　　　労災民事訴訟の方法には，①不法行為責任・使用者責任（民709条・715条），②工作物責任（同717条），③債務不履行責任（同415条）を追及するという3つの類型がある。かつては①および②に基づく請求が多く見られた。しかし，不法行為構成では加害者の過失（注意義務違反）を証明することが困難な場合が多く，債務不履行構成による責任追及の類型が普及しはじめた。

　債務不履行構成の普及に大きく貢献したのは，「ある法律関係に基づいて特別な社会的接触の関係に入った当事者間において，当該法律関係の付随義務として当事者の一方又は双方が相手方に対して信義則上負う義務〔安全配慮義務〕」の存在を明らかにした最高裁判決（最判昭50・2・25〈百選68〉）である。この判決からも明らかなように，安全配慮義務は必ずしも雇用ないし労働契約の存在を前提としない（労働関係における安全配慮義務につき，最判昭59・4・10）。したがって，元請企業や注文主企業であっても下請企業の従業員や社外工に対して安全配慮義務を負う。

傷病の発生に関する相当因果関係および使用者の責任に関連して，長時間にわたる残業を恒常的に伴う業務に従事していた労働者がうつ病に罹患し自殺した場合，使用者の損害賠償責任を肯定した判例として電通事件（最判平 12・3・24〈百選 69〉）がある。

日鉄鉱業松尾採石所ほか事件は，複数の粉じん職場で働いてきたじん肺患者らが，特定の企業のみを安全配慮義務違反で訴えた事件である。会社側は，当該企業での就労期間が占める割合に応じて責任が限定されるべきであると主張したが，1 審（東京地判平 2・3・27）は会社側の債務不履行と患者の被った損害の一部または全部との間に因果関係がないことを主張立証しない限り，その責任を免れることはできないとし，最高裁もこの判決を支持した（最判平 6・3・22）。また，筑豊じん肺訴訟において，最高裁（最判平 16・4・27）は，鉱山保安法に基づく保安規制を直ちに行使しなかったことは合理性を欠き，国家賠償法 1 条 1 項の適用上違法であるとして，国の規制権限の不行使に基づく責任を肯定した。さらに，国・建設アスベスト訴訟で，最高裁は安衛法に基づく規制権限を行使しなかったことが，労働者に該当しない者との関係においても国家賠償法 1 条 1 項の適用上違法であるとした（最判令 3・5・17）。

② 労災保険給付と損害賠償の調整

損害賠償額の算定には，通常，逸失利益，積極損害，慰謝料，遅延損害金および弁護士費用がその対象となる。しかし，被災労働者に対する労災補償・労災保険給付と労災民事訴訟による損害賠償は，ともに被災労働者の損害を塡補するという共通の目的を有することから，二重塡補を

回避するため，一定の限度で調整（損益相殺ともいわれる）が図られる。このように労災保険給付等と損害賠償との調整には，複雑多様な側面がある。

　労災保険法により労基法上の災害補償に相当する給付が被災者に行われるときには，使用者は労基法上の災害補償責任を免れる。また，被災労働者に対し災害補償を行った使用者は，同一の事由につきその限度で損害賠償義務を免れる（労基84条）。逆に保険者たる政府により労災保険給付が行われた場合，労基法84条2項を類推適用して，使用者はその限度で損害賠償義務を免れる（最判昭62・7・10〈百選60〉）。

慰　謝　料

慰謝料は，被災労働者の精神的損害を塡補するためのものである。不法行為の場合，被害者は加害者に対し精神的損害の賠償すなわち慰謝料も請求できると規定されており，妻や子にも固有の慰謝料が認められている（民710条・711条）。債務不履行の場合には，民法710条を類推適用して被災労働者（債権者）は慰謝料を請求できるとされており，遺族は固有の請求権としてではなく，死亡労働者の慰謝料を相続するという構成をとる。

　ここで注目されるのは，「慰謝料」機能の拡大傾向ともいうべき包括一律請求に関する長崎じん肺訴訟である。慰謝料は本来，精神的損害に対する賠償金として機能していた（最判昭41・12・1〈百選63〉）が，近年，逸失利益や精神的苦痛などを包括して請求する事案が増加している。最高裁（最判平6・2・22）は，労働者側が別途財産上の請求をしないことを明確に宣明していることなどを理由に，控訴審の認定した慰謝料額が低きに失し不相当であるとして福岡高裁に差し戻し，慰謝料額を増額した（福岡高判平7・9・8）。

| 過 失 相 殺 |

労災保険給付の場合，被災労働者に故意または重過失があったときにのみ給付の制限がなされる（労災12条の2の2）。しかし，損害賠償額を算定する際，被災労働者に過失がある場合にはそれを考慮することとなり（民722条2項・418条），損害額と相殺（過失相殺）される。

災害発生に労働者にも過失が認められる場合，損害の総額につき過失相殺した後で労災保険の給付分を控除するのか，損害総額から労災保険給付分を控除した後に過失相殺するのかで，損害額に大きな違いが生じる。後者の方が，被災労働者にとっては有利となるが，最高裁は損害の総額につき過失相殺した後で労災保険の給付分を控除することを明らかにした（最判平元・4・11〈百選67〉）。

| 第三者行為災害 |

使用者以外の第三者の行為によって労働災害に遭遇した場合，保険者たる政府が先に保険給付をしたときには，保険給付の価額の限度で被災労働者が第三者に対して有する損害賠償請求権を代位取得する（労災12条の4第1項）。他方，被災労働者が先に第三者から損害賠償を得た場合には，政府はその限度で保険給付をしないことができる（同条2項）。

この場合，使用者による災害補償責任と第三者の損害賠償責任との競合が問題となる。使用者が先に災害補償を行えば，民法422条（代位）の類推により，使用者は被災労働者に代位して第三者に対する損害賠償請求権を取得する（最判昭36・1・24）。逆に第三者が損害賠償したときには，労災法12条の4を類推して，使用者はその責任を免れるというのが通説および政府見解（内閣法制局昭32・2・19法制局1発7）である。

| 示　　談 |

労災保険給付が支給される前に，被災労働者は加害者たる第三者に対して有する損害

賠償請求権を放棄することができる。被災労働者が賠償請求権を示談で免除したのち保険給付が行われた場合につき，最高裁は，被災労働者が第三者の賠償義務を免除でき，その限度で賠償請求権は消滅するから，政府がその後保険給付を行っても賠償請求権の存続を前提とする政府の法定代位権は発生しないとする（最判昭 38・6・4〈百選 62〉）。

　行政実務では，示談によって損害賠償請求権を放棄しても，障害補償年金および遺族補償年金については 3 年経過後に支給することとしている。

```
将来の労災保険給付
との調整
```
すでに支給された労災保険給付との調整のほか，将来支給される労災保険給付と損害賠償との関係についても調整が必要となる。

　最高裁は，まず第三者行為災害について，将来の労災保険給付が確定していても，いまだ現実に支給がなされていない以上，受給権者は第三者に対する賠償請求において，将来給付分を損害額から控除する必要はないとの立場をとり（最判昭 52・5・27），ついで使用者災害においても同様の理由から非控除説を採用した（最判昭 52・10・25〈百選 64〉）。しかし，このような解決は，使用者にとって労災保険に加入する利点を減殺させる機能を有するため，使用者に対する損害賠償の履行猶予制度が設けられた（労災 64 条 1 項）。また，損害賠償債務を履行した使用者の将来給付分に対する代位請求権が問題となった事案につき，最高裁は労災保険給付が賠償された損害に代わるとはいえないから民法 422 条の機能すべき事案ではないとした（最判平元・4・27）。

6 雇用保険における給付等

1 給付・事業の概要

　雇用保険法は，その保険給付や事業の機能に着目すると，大別して2つの目的を有している。第1は，労働者が失業したり，育児や介護などにより雇用の継続が困難となる事由が生じた場合に対応する所得保障としての機能である。第2は，再就職を促進したり，雇用機会の増大や労働能力の向上に必要な給付ならびに事業を行う雇用保障としての機能である。次頁の図は，雇用保険法における給付と事業の概要を示したものである。

　雇用継続給付や育児休業給付は，介護休業や育児休業を取得しても雇用の継続を確保するとともに，休業中の賃金の一部相当額を支給することから，雇用保障と所得保障ふたつの機能を併有するものである。また，新型コロナウイルス感染症に伴う事業の縮小に対する雇用維持のために支給された雇用調整助成金は雇用安定事業に分類され，就職支援事業では失業等給付を受給できない求職者に職業訓練その他の就職支援を行う（雇保64条→7求職者支援制度参照）。

2 求職者給付

失業・離職

　基本手当は，被保険者が失業した場合に，原則として離職の日以前2年間に被保険者期間が通算して12ヵ月以上あるときに支給される（雇保13条1項）。ここにいう失業とは「被保険者が離職し，労働の意思及び能力を有するにもかかわらず，職業に就くことができない状態にあること」

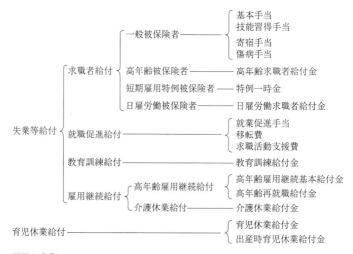

```
                              ┌ 基本手当
          ┌ 一般被保険者 ─────┤ 技能習得手当
          │                   │ 寄宿手当
          │                   └ 傷病手当
   求職者給付┤ 高年齢被保険者 ─────── 高年齢求職者給付金
          │ 短期雇用特例被保険者 ── 特例一時金
          └ 日雇労働被保険者 ─────── 日雇労働求職者給付金
          │                              ┌ 就業促進手当
   就職促進給付 ──────────────────┤ 移転費
失業等給付 ┤                              └ 求職活動支援費
          │ 教育訓練給付 ──────────────── 教育訓練給付金
          │              ┌ 高年齢雇用継続給付      ┌ 高年齢雇用継続基本給付金
          └ 雇用継続給付 ┤                         └ 高年齢再就職給付金
                          └ 介護休業給付 ─────────── 介護休業給付金
                                                  ┌ 育児休業給付金
   育児休業給付 ─────────────────────────┤
                                                  └ 出産時育児休業給付金
```

雇用 2 事業
就職支援法事業

＊ハローワークインターネットサービス・雇用保険制度の概要（mhlw.go.jp）
　（2022.8.10, last visited）に基づき筆者作成

をいう（同 4 条）。この定義に関連して，「報酬等の経済的利益の取得を法的に期待しうる継続的な地位にある場合には，雇用保険法上，職業に就いたものとして失業給付を受け得ないと解するのが相当である」として，代表取締役の地位にありながら受領した失業給付の返還命令を適法なものとした裁判例がある（広島高岡山支判昭 63・10・13〈百選 73〉）。

　また，離職とは「被保険者について，事業主との雇用関係が終了すること」をいい，解雇，契約期間の満了，任意退職などその理由のいかんを問わない。しかし，法は給付制限事由の一つとして「被保険者が自己の責めに帰すべき重大な事由によって解雇され，又は正当な理由がなく自己の都合によって退職した場合」には，7 日間の待期期間満了後から一定期間，基本手当を支給しないとしている

（雇保33条1項。東京地判平4・11・20〈百選72〉）。

失業の認定

基本手当の支給を受けるためには，まず受給資格の決定を受けなければならない。受給資格の決定とは，公共職業安定所長が離職票を提出した者について基本手当の受給資格を有する者であると認定することをいい，この段階で，失業認定日が指定され受給資格者証が交付される。このように基本手当の支給を受けることができる者を受給資格者という。ついで失業認定日に「受給資格者証」と「失業認定申告書」を公共職業安定所に提出して，失業の認定を受けなければならない（→「目で見る」IV3c, d）。失業の認定は，原則として離職後最初に出頭した日から起算して4週間に1回ずつ行う（雇保15条）。

基本手当を受ける権利は，受給資格者が法所定の手続を履践し，かつ公共職業安定所長が受給資格者の失業を認定したうえで，基本手当の支給を決定することによりはじめて具体的に発生するとされており（横浜地判昭59・4・27），失業認定日に出頭しない場合には，原則として基本手当は支給されない（神戸地判昭61・5・28〈百選75〉，大阪地堺支判平4・7・29）。また基本手当を受給するためには，法所定の被保険者期間を満たさなければならず（広島高松江支判平元・5・31〈百選76〉），求職条件に固執し職業相談や職業紹介等に応じない場合には延長給付は認められない（大阪高判昭57・8・9〈百選78〉）。

基本手当

基本手当の日額は，賃金日額（被保険者期間最後の6ヵ月に支払われた賃金総額を180で除した額）に，賃金日額に応じて定められる割合を乗じて算定される（雇保16条・17条）。基本手当は，失業認定日の前28日分について一括して支給されるが，受給資格者が離職後最初の求職の申込みをした日以後において，失業している日が通算して7日に満たない

間は支給されない（同21条）。この期間を**待期期間**という。

基本手当を受けられる期間は，受給資格者の被保険者期間，年齢等に応じて異なる（同22条・23条→「目で見る」IV3c，次頁の表参照）。

高年齢求職者給付金

それまで適用除外とされていた65歳以上の労働者は，2017（平成29）年1月1日から高年齢被保険者とされた。同日以降も継続して雇用される高年齢継続被保険者も高年齢被保険者となる。

高年齢被保険者が離職して受給要件を満たすときには，被保険者期間が1年以上の場合には基本手当日額の50日分，1年未満の場合には30日分が一時金として支給される（これらの者に関する保険料は，2019年度分は免除される）。

高年齢被保険者の特例

それまでのスキルを活かし，マルチジョブホルダーとしての働き方が相対的に増加している65歳以上の労働者を対象に，本人の申出を起点に二つの事業所の労働時間を合算して「1週間の所定労働時間の合計が20時間以上である」ことを基準に「特例高年齢被保険者」として，雇用保険法の被保険者資格が認められることとなった。

特例高年齢被保険者には，一つの雇用先の離職により被保険者資格を喪失することを要件に，離職した雇用先の賃金のみを賃金日額の算定基礎として，高年齢求職者給付金が一時金形式で支給される（雇保37条の6）。この取組みは試行であり，施行後5年を目途にその効果等を検証するものとされている。

技能習得手当・寄宿手当・傷病手当

受給資格者が公共職業安定所長の指示により公共職業訓練等を受講する場合，技能習得手当および寄宿手当が支給される（雇保36条）。技能習得手当は，公共職業訓練等を受講する日について基

1 特定受給資格者および特定理由離職者（就職困難者を除く）

区分 ＼ 被保険者であった期間	1年未満	1年以上5年未満	5年以上10年未満	10年以上20年未満	20年以上
30歳未満		90日	120日	180日	—
30歳以上35歳未満		90日	180日	210日	240日
35歳以上45歳未満	90日	90日	180日	240日	270日
45歳以上60歳未満		180日	240日	270日	330日
60歳以上65歳未満		150日	180日	210日	240日

2 1および3以外の離職者

区分 ＼ 被保険者であった期間	1年未満	1年以上5年未満	5年以上10年未満	10年以上20年未満	20年以上
全年齢	—	90日	90日	120日	150日

3 就職困難者

区分 ＼ 被保険者であった期間	1年未満	1年以上5年未満	5年以上10年未満	10年以上20年未満	20年以上
45歳未満	150日	300日			
45歳以上65歳未満	150日	360日			

本手当のほか，受講手当と通所手当とが支給される。寄宿手当は，受給資格者により生計を維持されている親族と別居して公共職業訓練を受ける場合に支給される。

傷病手当は，受給資格者が引き続き15日以上疾病または負傷により職業に就くことができない場合，すでに求職の申込みをしているなどの要件を満たすことを条件に支給される（同37条）。

3 雇用継続給付

雇用継続給付は，高年齢者や育児休業あるいは介護休業を取得した者の職業生活の円滑な継続を支援・促進するため，雇用の継続が困難となる事由を失業に準じた保険事故として扱い，所得保障を行うものである。雇用継続給付は，高年齢雇用継続給付，育児休業給

付および介護休業給付から構成されていたが，2020（令和2）年改正により，育児休業給付が第3章の2として独立した。なお，雇用保険からはやや脱線するが，育児休業・介護休業に関連して，子の看護休暇，介護休暇が存在する。対象となる子や家族一人につき年間5労働日（時間単位も可）取得することができる（育介16条の2・16条の5）。

高年齢雇用継続給付

高年齢雇用継続基本給付金は，被保険者期間5年以上の60歳以上65歳未満の一般被保険者が，60歳到達時の賃金に比べて法に定める以上に賃金が低下した状態で雇用を継続している場合に支給される（雇保61条）。その支給額は，現在支払われている賃金が60歳到達時の賃金額に対してどれくらい低下したかという割合に応じて定まる。支給期間は，被保険者が60歳に達した日の属する月から65歳に達する日の属する月までの間である。

高年齢再就職給付金は，受給資格者が基本手当の所定給付日数を一定以上残して再就職し，かつ再就職後の賃金が60歳到達時の賃金に比べて所定の基準以下である場合，高年齢雇用継続基本給付金における算定方法と同様の基準による支給額を，基本手当の支給残日数に応じて支給する（雇保61条の2）。

介護休業給付

介護休業給付金は，介護休業を取得した一般被保険者で，かつ介護休業開始日前2年間に被保険者期間が12ヵ月以上ある者に対して支給される。支給対象となる家族の範囲は広く，配偶者，子，父母，配偶者の父母，同居し扶養している祖父母，兄弟姉妹および孫である。1ヵ月あたりの介護休業前賃金の67％に相当する額が，休業開始日から3ヵ月間支給される（同61条の6・附則12条の2）。事業主から賃金が支

払われる際の調整方法は育児休業基本給付金と同様である。

4 育児休業給付

育児休業給付は，育児休業給付金と出生時育児休業給付金である。

育児休業給付金　育児休業給付金は，一般被保険者がその1歳（両親が取得する場合には1歳2ヵ月，保育所に入所できないなどの場合には最長2歳）に満たない子を養育するため休業した場合に，以下のような要件のもと支給される。

雇用保険被保険者が，育児休業開始日前2年間に，賃金支払基礎日数（日給者は出勤日数，月給者は各月の暦日数）が11日以上ある完全月「みなし被保険者期間」が通算して12ヵ月以上あるときに支給される（完全月が12ヵ月に満たない場合は賃金の支払基礎となった時間数が80時間以上あれば完全月とし，これも完全月に含む）。

育児休業給付金は，休業開始後180日までは休業開始時賃金の67％，その後は50％に相当する額が支給される。支給額には上限額が設けられているほか，事業主から賃金を得ている場合にはその賃金額に応じて調整が行われる（雇保61条の7）。

出生時育児休業給付金　子の出生後8週間以内に4週間まで取得することができる出生時育児休業（産後パパ育休ともいう）の創設に伴い，出生時育児休業給付金が支給される。育児休業給付金と同じ支給要件のもと，休業1日あたり休業開始時賃金日額の67％が支給される。この支給日数は，育児休業給付の支給率67％の上限日数である180日に通算される（雇保61条の8）。

⑤ 就職促進給付および教育訓練給付

就職促進給付は，被保険者が失業した場合，求職者給付とあわせて，再就職を促進するために支給される（雇保56条の3）。就業促進手当，移転費および広域求職活動費からなる。これらの給付を受けることができるのは高年齢継続被保険者を除く一般被保険者の受給資格者等である。

就業促進手当は，さらに再就職手当，就業促進定着手当，就業手当および常用就職支度手当からなり，基本手当の支給日数を一定以上残して再就職した場合に基本手当の支給残日数を，それぞれ所定の要件のもとに支給する。再就職を促進する雇用保障の側面とともに，所得保障の機能も併有すると考えられる。

教育訓練給付は，一般被保険者等が厚生労働大臣の指定する教育訓練を受け，これを修了した場合に，その費用の一部が一時金として支給される（雇保60条の2）。一定の被保険者期間の要件を満たしていることが求められ，給付額と支給上限額は被保険者期間の長短に応じて異なる。

⑥ 雇用2事業

雇用保険は，労働者の職業の安定に資するため，失業の予防，雇用状態の是正および雇用機会の増大，労働者の能力の開発および向上その他労働者の福祉の増進を図ることもその目的としている。この目的を遂行するため，雇用安定事業および能力開発事業が行われており，これを雇用2事業という。

雇用2事業の財源は，事業主の負担する保険料でまかなわれており，数多くの助成金が支給されている。これらの助成金は雇用保険

法の施行規則に基づく要領や要綱により支給されており，要綱等に合致しなければ支給されない（最判昭60・12・5）ことは当然としても，不正受給の事例も散見される。かくして，事業の見直しが行われ，独立行政法人高齢・障害・求職者雇用支援機構への業務移管や助成金の整理合理化が行われている。なお，助成金不支給決定については行政処分性が否定されている（福岡高那覇支判平5・12・9等）。

7 求職者支援制度

雇用保険とも密接に関連する施策に，求職者支援制度がある。これは，雇用保険給付を受給できない求職者が職業訓練によるスキルアップを通じて早期就職を目指す制度である。2008（平成20）年のリーマン・ショックに対する緊急雇用対策として導入された「緊急人材育成・就職支援基金事業」を改編・恒久化したものであり，失業しても生活保護に至る前に労働市場に復帰できるように支援する「第二の安全網」ともいうべき制度である（→「目で見る」IV3e）。

再就職できないまま雇用保険の給付期間を終了したり，学卒未就職者など，①ハローワークに求職の申込みをしていること，②雇用保険被保険者や雇用保険受給者でないこと，③労働の意思と能力があること，④職業訓練などの支援を行う必要があるとハローワーク所長が認めたこと，という4つの要件すべてを満たす者（特定求職者という）を対象に，求職者支援訓練または公共職業訓練を行うほか，訓練期間中に職業訓練受講給付金を支給する。

職業訓練受講給付金は，本人収入が月8万円以下で，かつ世帯全体の収入が月25万円以下であり，すべての訓練実施日に出席するなど一定の条件を満たす者に，月額10万円の職業訓練受講手当と通学のための交通費としての通所手当とが支給される（→ISSUE⑫）。

7 今後の課題

① 労災保険制度の課題

労働災害の死傷者数は，長期的には減少傾向にあるが，定期健康診断における有所見率は半数を超え，仕事や職業生活に関する強い不安やストレスを感じている労働者も6割に達するなど，労働者を取り巻く職場環境は厳しい状況にある。このため，第13次労働災害防止計画（2018年度〜2022年度）では，重点業種・疾病ごとに数値目標を設定するという考え方のもと，2017年度比で①死亡者数につき15%以上減少させる，②死傷者数（休業4日以上）につき5%以上減少させる，③腰痛による死傷者数を死傷年千人率で5%以上減少させる，④メンタルヘルス対策に取り組む事業場割合を80%以上とする，ことなどを全体目標として掲げた。

過重労働とも密接に関連する過労死や精神障害等については，「脳・心臓疾患の認定基準」や「精神障害等の判断指針」によって労災認定が行われてきた。特に，精神障害については，新たに「心理的負荷による精神障害の認定基準」を定めることによって，審査の迅速化・適正化が図られることになった。セクシャル・ハラスメントやいじめについても，認定基準における心理的負荷と位置づけることによって，労働災害と認定することとされている。さらに，暴露から発症までに長い年月を要するために，特別の救済措置を講じている石綿（アスベスト）による健康被害救済法について，特別遺族給付金の請求期限を10年延長して2022（令和4）年3月27日までなどとする改正が行われた。アスベストに関連しては，最高裁

は泉南アスベスト訴訟において，昭和33年以降，石綿に関する省令制定権限を行使しなかったことが国賠法上の違法となる余地がある，とした（最判平26・10・9）。また，労働安全衛生法に基づく規制権限不行使が石綿粉じんに暴露した労働者および労働者以外の一人親方等との関係においても国賠法上違法であるとした（最判令3・5・17）。この令和3年判決を契機として「特定石綿被害建設業務労働者等に対する給付金等の支給に関する法律」（令3法74）が制定された。さらに，2012（平成24）年，印刷会社の従業員に胆管がんが多発していることが明らかとなり，専門家による検討会を経て，1,2-ジクロロプロパンのばく露が原因で発症した蓋然性が高いとして，労災認定されることとなった。

　長時間労働の是正などを講ずる働き方改革を着実に遂行することによって，過労死の根絶などディーセントワークの実現が望まれる。

　また，副業・兼業の推進を視野に入れた複数事業労働者に対する労災保険給付や複数業務要因災害という概念がスムーズに定着・浸透するか注目される。

② 雇用保険制度の課題

2008（平成20）年秋のリーマン・ショックに端を発した世界的な金融危機の影響により，派遣労働者や契約社員などが解雇や雇い止め等による離職に伴い，仕事と同時に住居を失うという事態が社会問題化した。このような状況の中で，雇用保険による所得保障や雇用保障だけでは不十分であることから，雇用保険と生活保護という2つのセーフティネットを補完する「第二のセーフティネット」と総称される施策が実施されてきた。緊急人材育成支援事業とそれを継承した求職者支援制度，あるいは離職者に対して賃貸住宅の家賃

を給付する「住宅手当」などである。

　このことは，雇用保険に基づく雇用保障や所得保障だけでは，全労働者のうち4割近くを占めるまでに増大した非正規労働者に，十分対応できないことを意味している。したがって，雇用保険の機能強化を図るだけでなく，これら非正規労働者の正社員化を積極的に推進するほか，非正規労働者を正面から社会保険システムにビルドインさせる施策が求められる。他方，希望者全員が65歳まで働ける社会を実現するための高年齢者雇用安定法，雇用の場における男女の均等な機会と待遇の確保を図る男女雇用機会均等法など，雇用保障のより一層の充実が望まれる。

▌ISSUE⑦　就労形態の多様化と社会保障（社会保険）

　就労形態の多様化は，二つの要素に分解できる。働き手の多様化と働き方の多様化である。

　働き手の多様化とは，パートタイム労働者や派遣労働者などいわゆる非正規雇用労働者の増加，男性労働者中心の就労構造から子育て世代の女性や高齢者が就労する割合が高まりつつあることをいう。

　働き方の多様化とは，複業や兼業を認める企業が増えていることや，情報通信技術（ICT）の進展による新しい働き方，すなわちテレワークやプラットフォームワークの浸透をいう。雇用労働者が自宅やサテライトオフィスで勤務する形態をテレワークとすれば，プラットフォームワークは，オンライン環境下のプラットフォームを通じた労働力の取引であり，発注者やサイト運営者との関係で就労者が労働者といえるかは議論のあるところである。

　また，新型コロナウイルス感染症の問題は，テレワーク・リモートワークの拡大を加速化する一方，フリーランスなどに対する所得

保障のあり方など，既存システムの弱点・盲点を明らかにした。

　以上のような就労形態の多様化に対して，社会保険制度がいかなる対応をしてきたか，どのような問題が残されているかを，以下では概観する。

　まず，短時間労働者に対する健康保険（健保）・厚生年金保険（厚金）の適用拡大が図られてきた。第3章年金・第5章医療保障でも言及したとおり，2024（令和6）年10月から，週あたり所定労働時間が20時間以上であること，雇用期間が2ヵ月以上見込まれること，賃金月額が8万8000円以上であること，学生でないこと，被保険者数が常時50人以上を超える事業所であることを要件に，健保・厚年の被保険者範囲が拡大される。

　次に，複業を促進することとの関係で，労災保険では複数事業労働者や複数業務要因災害に関する規定が設けられ，複数の企業で働く高年齢被保険者の特例が設けられた。

　さらに，産前産後休業や育児休業した期間の保険料免除なども，子育てをしながらの就労環境を整えるという側面がある。

　次に，課題として3点指摘する。第1に，短時間労働者に関する被保険者範囲の拡大にあたっては，学生は週20時間以上働いていても適用を排除されている。コロナ禍が明らかにした問題のひとつは，生活費をアルバイトに依存している学生が多いこととそれに対する保障の網が存在しないことである。国民年金では第1号被保険者としての資格を付与し，学生納付特例制度を設けているとはいえ，保険料の負担義務を課していることを考えれば，短時間労働者から学生を排除することは検討を要する。

　第2に，短時間労働者と密接に関連する課題として，就業調整による被保険者資格の操作可能性を指摘することができる。これも健保・厚年における問題であるが，行政通達によれば，年収が130万円未満で，かつ被保険者の年収の2分の1未満である場合には被扶養者とされる（昭52・4・6保発9・庁保発9，令2・4・10事務連絡）。

被扶養者と認定されれば，健康保険の被扶養者になると同時に，国民年金第3号被保険者となり，健保・厚年ともに直接的な保険料の支払い義務は発生しない。この点，非正規の職員・従業員のうち収入を一定金額に抑えるために就業時間・日数を調整する者が560万人近く存在し，そのうちの8割を超える者が，所得階級別「50〜99万円」および「100〜149万円」に集中しているとの統計がある（平成29年就業構造基本調査）。雇用保険ではこのような調整は不可能であり，このことは労働者でありながら，医療年金保険と雇用保険との適用範囲にギャップがあることを示している。

第3の課題は，フリーランスの問題である。コロナ禍は，国民健康保険法の傷病手当金が具体的に支給されたことからも明らかなように（国保58条2項），短期的な所得保障の必要性を顕在化させた。短時間労働者など雇用労働者の場合には，国民健康保険により対応できる。しかし，雇用労働者とはいえない働き方をしている人々については，失業保険も適用されないため，雇用調整助成金の適用範囲を拡張することによる対応が行われた。

コロナ禍は早急に収束することを願うばかりであるが，情報通信技術やAIの進展による働き方の多様化は加速することはあっても後退することは考えられない。だとすれば，働き方の多様化に対して，持続可能な社会保障制度あるいは働き方に中立的な社会保険制度をどのように構築するのか，2040年を見据えた課題ということができる。　　　　　　　　　　　　　　　　　　　　　　　　（加藤）

第7章 社会福祉

人は自らの生活を営むなかで様々な困難や負担に直面することが少なくない。社会福祉はこれを緩和・解消するために，とりわけ高齢者・児童・障害者・母子等に諸種の支援ないし援助を行うことを目的とする。本章では，社会福祉について，その法制度および法理論を解説する。

1 総　説

1 社会福祉の意義

　何人も，他者とのかかわり合いや社会参加を通じて自身の生のあり方を自ら決定し，追求していくことを憲法上保障されている。ただ，とくに年齢・障害等により生活を営むなかで多様な困難や負担を抱えるため，それを現実に可能なものとするには，諸種の支援や社会的条件・環境の整備が必要となることが多い（憲 25 条・13 条。→第 2 章 *1*②参照）。社会福祉は，このような観点から必要とされるサービスとその利用を保障するものである。

② 社会福祉法制の展開

公的責任と措置制度の
確立

第二次世界大戦前，国家は，救護法（1932〔昭和 7〕年施行）等により生活困窮の児童・老人・障害者等を対象に救貧施策を実施した以外は，民間篤志家等による慈恵的な社会事業に対して社会事業法（1938〔昭和 13〕年）等により規制監督および助成を行うにとどまっていた。社会福祉の給付を行い，そのための体制を整備するとともに，財源を確保するという意味での公的責任（ないし国家責任）が法制度上確立する契機となったのは，連合国最高司令官総司令部（GHQ）の対日福祉政策である。1946（昭和 21）年の「社会救済」覚書（SCAPIN775）や 1949（昭和 24）年の社会福祉行政 6 原則にみるように，GHQ は，社会福祉の公的責任の確立と，これを果たすための行政体制の整備等を日本政府に強く要求していた。また，公私分離という観念のもと，民間の社会事業者に対する公的責任の転嫁，民間の社会事業に対する国家の関与や補助を禁止することを指示した。

1951（昭和 26）年に制定・施行された社会福祉事業法は，公的責任および公私分離を立法化した。これは，措置制度として具体化をみた。その主旨は，社会福祉の各法に定められた各種の措置（サービスが主であるが現物給付や金銭給付もある）を国家が実施するというものである。もっとも，当時，整備途上であった供給体制の下では，民間事業者を度外視して社会福祉事業を拡充することは困難であったため，これに措置を委託することが認められた。この措置委託という方式を通じて，社会福祉の措置を実施する公的責任を維持すると同時に，措置委託費により民間事業者の経営を安定させてサービ

ス供給量を増加させようとしたのである。

社会福祉の各法制の
成立と展開

社会福祉の各法は，救護法ないし生活保護法から専門分化していくという過程をたどった。戦後まもなく成立したのは児童福祉法（1947〔昭和 22〕年）および身体障害者福祉法（1949〔昭和 24〕年）である（生活保護法とあわせて福祉 3 法と称された）。その実施体制の特徴は，機関委任事務として厚生大臣の指揮監督のもと事務が処理されたこと，給付は施設入所が中心で処遇の緊要性にウェイトがおかれていたこと等にある。サービス供給量は限られていたので，措置の対象とされたのは主に低所得者層であった。

1960 年代に入ると精神薄弱者福祉法（1960〔昭和 35〕年。1998〔平成 10〕年に知的障害者福祉法に名称変更），老人福祉法（1963〔昭和 38〕年），母子福祉法（1964〔昭和 39〕年。1981〔昭和 56〕年に母子及び寡婦福祉法，2014〔平成 26〕年に母子及び父子並びに寡婦福祉法に名称変更）の 3 法が加わった（福祉 6 法）。1962（昭和 37）年の社会保障制度審議会勧告は，社会福祉をなおも低所得階層に対する防貧的施策と位置づけていたが，高度経済成長による社会生活の変化に伴い家族の扶養機能が低下し，供給体制が拡充されて，受給者層が拡大したことで，社会福祉は普遍的なサービスを指向するようになった。

1973（昭和 48）年は「福祉元年」と位置づけられたものの，その秋の第 1 次オイルショックを契機とした低成長期の到来により福祉政策が軌道修正されることとなった。その後，1981（昭和 56）年に設置された第 2 次臨時行政調査会等の行財政改革の答申を受け，1986（昭和 61）年以降，社会福祉に関する国の財政負担割合を従来の 8 割から最終的に 5 割に引き下げる一連の立法が行われた。これとあわせて，施設入所に関する事務が自治事務に位置付けられた

(1987〔昭和62〕年）。

　その後，少子高齢社会の加速化に伴い，その政策的対応が迫られることになる。1989（平成元）年，国の「高齢者保健福祉推進10ヵ年戦略」（ゴールドプラン）が策定され，翌年，老人福祉法と老人保健法の改正により，全国すべての地方公共団体に老人保健福祉計画の策定が義務づけられた。同時に，在宅サービスを積極的に推進する施策への転換，社会福祉の総合的な実施主体としての市町村の位置づけとその責任の強調（老人福祉法と身体障害者福祉法に基づく入所措置権限を町村に移譲し，市町村を在宅サービスの実施主体とするなど）を主な内容とする福祉8法改正をみる。さらに，民間活力の利用という政策動向にそって，措置委託先を拡大し，供給主体の多元化が進められた。

措置制度と社会福祉
基礎構造改革

　措置制度では，利用希望者の申出または申請を契機に，措置権者（地方公共団体またはその長）がその受給要件を認定して措置決定を行い，その結果，措置が実施されるというプロセスをたどる。措置決定は，受給要件の認定と給付内容の決定から成る。要件認定では，平等・公正さを確保するため，必要度・緊急度に応じて優先順位が決定される。措置決定によって措置権者は受給資格者に措置を実施する義務を負う。民間事業者に措置を委託した場合でもその義務を免れない。受給権の実現を確実なものにするため，社会福祉の各法では，措置の受託義務および受託者に対する規制監督が規定された。

　その後，措置制度は，次のような問題を内在するものであるとして，その改革の必要が主張されるようになった。第1に，措置決定を行政処分であるとみてその権力性ないし一方性が強調され，そこ

から，利用者の法的地位は従属的であるからその意向が措置内容に反映されるものではないという解釈・運用が支配的であった。第2に，措置の実施は職権主義によるとして申請権が否定され（否定例に，大阪高判平13・6・21），同時に，サービスを受ける利益は，措置の実施の結果生ずる反射的利益であるとして，権利性が否定された。第3に，供給量の不足を理由に，サービスを拒否する行政裁量が広範に認められていたうえ，多数の待機者の存在を背景に，そもそも利用の申出を受けつけない手続の運用もみられた。第4に，施設最低基準や措置費の算定基準が画一的かつ低水準であり，これらに依拠したサービス提供では処遇面にかかわる質の確保・向上が軽視された。

　以上の点は主に運用上の問題とみられ，措置制度の仕組みを前提に，法解釈論を通じて運用を改善する途がなかったわけではない。これに対して，解決策として提示されたのは，措置制度を根本的に見直す社会福祉基礎構造改革であった。これは，戦後の社会福祉法制度の抜本的な改革を意図しており，その理念は，自己決定の実現，福祉サービスを自ら選択できる利用者本位の仕組みの整備，公私の適切な役割分担，および民間活力の利用である。規制緩和によって諸種の供給主体を参入させることでサービス供給量を増加させ利用者の選択の幅を広げるほか，事業者間の競争を通じて社会福祉事業の効率化を図りサービスの質の向上につなげるという政策への転換である。そのために，サービス利用の法的仕組みを，地方公共団体の措置決定から，利用者の選択により事業者と直接契約する方式に代えることが主眼とされた（こうした動向は「措置から契約へ」と称された）。

　この改革は，1997（平成9）年の児童福祉法改正および2000（平

成 12）年に施行された介護保険法により先鞭がつけられた。さらに，2000 年 6 月，社会福祉事業法の改正により社会福祉法が成立し，同時にその他社会福祉各法が改正され，社会福祉のほぼ全分野にまたがり立法化をみた。その最大の改正点は，身体障害者福祉法および知的障害者福祉法の施設入所・居宅サービス等について，サービスを給付する方式から，その利用に要した費用を支給するという方式に基本的に代えられたことである（支援費制度）。サービス費用の支給という方式はすでに介護保険法に導入されており，この改正で適用分野が拡大した結果，社会福祉の主たる給付形式となったのである。そのねらいは，サービスの選択や利用のしやすさを図り，利用者と事業者の権利義務関係を明確にすることにあると説明されている。つまり，利用者は，事業者とサービス利用契約を締結するという形で自己決定，選択を行う。他面，公的責任の中身は，サービス給付を行う法的責任から，サービス費用の支給および事業の規制監督を行う法的責任，提供体制の確保その他の基盤整備責任，およびサービス利用の推進施策を講じる責任等に変容することとなった。

③ 社会福祉法の基本原則

┌─────────────┐
│ 社会福祉法の目的と │
│ 基本理念 │
└─────────────┘

社会福祉法は，「社会福祉を目的とする事業の全分野における共通的基本事項」を定めるものである（社福 1 条）。同法には，以下のような社会福祉に関わる理念を定める規定が盛り込まれている。

まず，同法は，福祉サービスの基本的理念について，個人の尊厳の保持，および自立を明示する（同 3 条。障害者基本法，介護保険法，生活保護法などにおいても自立が目的に位置づけられている）。ここでいう「自立」は，他からの援助を受けないという意味ではなく，福祉

サービスの利用者が他者とのかかわり合いや社会参加を通じて自身の生のあり方を他者の支配や干渉を受けずに自ら決定し，追求していくという意味に解される。

第2に，地域福祉の推進を定める社会福祉法4条1項に，「地域住民が相互に人格と個性を尊重し合いながら，参加し，共生する地域社会の実現」を目指すことが，2020（令和2）年の同法改正により明記されている。地域共生社会の実現は，すでに2017（平成29）年の同法改正により打ち出されたものである（→**ISSUE②**参照）。この理念のもとで，地域住民等（地域住民のほか，社会福祉を目的とする事業の経営者，および社会福祉に関する活動を行う者をいう）は，地域福祉の推進主体として，福祉，介護・介護予防のみならず，保健医療，住まい，就労，教育に関する課題，地域社会からの孤立，あらゆる分野の活動への参加機会の確保といった各般の「地域生活課題」を把握し，支援関係機関と連携してその解決を図るよう特に留意するものとされる。他方，国・地方公共団体は，地域生活課題の解決に資する支援の包括的な提供体制の整備などの措置を講じ，また保健医療，労働，教育，住まい，さらに地域再生に関する施策などの関連施策との連携に配慮するよう努めるものとされる（同6条2項。106条の2以下も参照）。

第3に，福祉サービスの提供の原則として，社会福祉を目的とする事業の経営者は，利用者の意向を十分に尊重することが求められている（同5条）。この要請は，社会福祉事業の経営者については，事業に関する情報提供，福祉サービスの質の評価など質の向上のための措置，利用者等からの苦情の適切な解決等を行う努力義務として具体化されている（同75条以下）。

(1) 市町村は，地域生活課題の解決に資する包括的な支援体制を整備するため，地域住民等が自ら他の住民の地域生活課題に関する相談に応じ，また支援関係機関が連携して地域生活課題の解決に資する支援を行う体制の整備等の努力義務を負う（社福106条の3第1項）。

その具体化として，2020年社会福祉法改正により，重層的支援体制整備事業が創設されている（同106条の4第2項）。これは，地域住民の複雑化・複合化した支援ニーズに対応するため，同法および他の法律に基づく事業（生活困窮者自立相談支援事業も含む。第8章**3**参照）を一体のものとして実施することにより，属性を問わない包括的な相談支援（同項1号），参加支援（2号），交流の拠点の開設など地域づくりに向けた支援（3号）の一体的な実施が目指されている。これらの支援を支えるものとして，アウトリーチ等を通じた継続的支援，多機関協働，支援プランの作成が規定されている（4号〜6号）。

市町村は，この事業を実施するときは，重層的支援体制整備事業実施計画を策定するよう努めるものとされ（同106条の5），また，事業の実施に必要な情報の交換（守秘義務が規定されている），支援体制に関する検討を行うため支援関係機関等により構成される支援会議を組織することができる（同106条の6）。

(2) 市町村は，地域福祉を総合的かつ計画的に推進するため，地域福祉計画を策定し，都道府県は地域福祉支援計画を策定する努力義務を負う（同107条・108条）。地域福祉計画の内容となるのは，高齢者福祉・障害者福祉・児童福祉等に関し共通して取り組むべき事項，地域における福祉サービスの目標量とこれを達成するための

サービス提供体制の計画的な整備，ボランティア団体・NPO法人等の社会福祉活動の支援など地域福祉活動への住民参加を促進するための手段や施策，地域生活課題の解決に資する支援が包括的に提供される体制整備等である。また，計画の策定・実行・評価の過程に地域住民等の意見を反映させるための措置を講ずる必要性が強調されている。

サービス利用契約の締結と利用者保護　事業者と利用者の対等な契約関係が基本とされても，現実には利用者が不利な立場におかれることが多い。そこで社会福祉法は，社会福祉事業の経営者に対して，その事業に関する情報提供を努力義務とする（社福75条1項）とともに，誇大広告を禁止する（同79条）。さらに，利用契約の締結過程で，申込み時に，契約の内容とその履行に関する事項の説明を行うよう努力義務を負わせる（同76条）ほか，利用契約成立時に，一定の重要事項を記載した書面の交付を義務づけている（同77条）。これらの諸規定は，利用者と事業者との権利義務関係に関する規律として妥当する。これによって，事業者は，利用者との情報の非対称性や交渉力格差に配慮することが求められるのである。

　もっとも，消費者保護のための他の事業規制法令と比べても，利用者保護としての実効性に疑問が残る。そのため，福祉サービス利用関係の特性に配慮した契約を導入する必要がある。少なくとも，事業者・施設の指定基準や社会福祉施設の設備・運営の基準の内容（5で後述）を，契約に盛り込むことが望まれる（諸種の団体がモデル契約書を公表している。→「目で見る」Ⅵ.3h）。福祉サービス契約法理の形成と法制度化が課題となっている。

<table>
<tr><td>福祉サービス利用
援助事業</td></tr>
</table>

高齢者・障害者のなかには，判断能力が不十分なために，社会福祉各法の給付を申請することや，サービスや事業者を自ら選択し契約を締結してサービスを利用することが困難である者が少なくない。このような場合，民法上の成年後見制度（→**ISSUE⑧**参照）を利用することも考えられる。社会福祉法はこれとは別に，サービスを必要とする者が実際にこれを利用できるよう援助するという観点から，福祉サービス利用援助事業を社会福祉事業とした（社福2条3項12号・80条以下）。この事業は，事業者のサービスに関する相談・助言，サービス利用の手続や費用の支払に関する援助などを内容としている。

目下のところその主要な担い手は社会福祉協議会であり，**日常生活自立支援事業**という名称で，上記に加え，日常的な金銭管理，通帳など書類・証書の預かりなどのサービスが実施されている。同事業の運営を監視する機関として，運営適正化委員会が都道府県社会福祉協議会に設置される（同83条以下，同法施行令15条以下）。

同事業は，住民への周知不足，利用料がかかること，家族による事実上の代理等により，利用実績は予想されるニーズに比べて低く，新規利用契約件数（年1万2000件弱）も減少傾向にある。また，利用者が事業の利用契約の内容について判断しうる能力を有していることが前提となるため，判断能力の低下が進んでいる場合は成年後見制度を通じた権利擁護が必要となる。

ISSUE⑧　成年後見制度と権利擁護支援

　成年後見制度とは，認知症の高齢者，精神障害者，知的障害者な

ど判断能力が不十分であるため，法律行為にかかる意思決定が困難な者についてその権利を守るため，財産管理および身上監護に関する事務を行う制度である（未成年者を保護の対象とする未成年後見とは区別される）。従前，これに該当するものとして禁治産，準禁治産の制度が存在した。もっとも，この制度は種々の問題を抱え，実際には利用しがたいものであったため，民法の改正により，対象を拡大すると同時に，各人の状況に応じて柔軟で利用しやすい新たな成年後見制度が2000（平成12）年に導入された。ここでは，高齢者等の自己決定の尊重，残存能力の活用等という理念が採り入れられている（なお，東京地判平25・3・14は，成年被後見人は選挙権を有しないと定めた公職選挙法の規定は選挙権に対する「やむを得ない」制限であるということはできず，憲法15条1項・3項，43条1項・44条但書に違反すると判示した。その後，同規定は削除された。名古屋高判令4・11・15も参照）。

　成年後見は，法定後見と任意後見からなる。法定後見には，**後見**，**保佐**に加えて，比較的軽度の精神上の障害により判断能力が不十分な者を対象とする**補助**という制度が新設された。家庭裁判所が成年後見人・保佐人・補助人を選任する（民法7条以下・843条以下参照）。補助人は当事者の申立ての範囲内で家裁の定める特定の法律行為について代理権・同意権・取消権をもつ。後見等の開始の審判の申立ては，民法に規定された者のほか，高齢者等の福祉を図るため特に必要があると認めるときは，市区町村長もこれを行うことができる（老福32条，知福28条，精神51条の11の2）。市区町村長による申立件数は年々増加し，2021（令和3）年には9000件を超えて全体の約23.3%を占めており最も多い。裁判例では，認知症と診断された高齢者についてその子による介護は極めて不適切であるから保護の必要性が高いという状況のもと，「老福32条の『その福祉を図るために特に必要があるとき』の要件を満たす」として区長による申立ては適法であるとした東京高決平25・6・25がある（ただ

し，後見開始の実体的要件等の審理不尽を理由に原審判を取り消した）。

　他方，任意後見は，本人が自ら事前に契約を締結して任意後見人を選任し，後見事務の全部または一部の代理権をこれに付与するものである（任意後見契約に関する法律）。それぞれについて，後見人の事務を監督する後見監督人が家裁により選任される。

　成年後見制度の利用を促進するため，地方公共団体では，審判に要した費用や後見人等の報酬にかかる費用を助成する成年後見制度利用支援事業が実施されている。また，成年後見制度が十分に利用されていないことに鑑み，**成年後見制度利用促進法**が2016（平成28）年に施行され，これに基づき国が策定した成年後見制度利用促進基本計画のもとで利用促進に関する施策が提示された。ただ現状では利用が進んでいないことから，2022（令和4）年度からの第2期基本計画のもと，同制度の運用改善のほか，市町村で計画の策定や権利擁護支援の地域連携ネットワークづくりが進められている。

　さらに，後見人のほかサービス提供者等が，利用者本人の意思尊重，意思決定支援に主眼を置いてその業務を担うことが課題となっており，厚生労働省は意思決定支援に係る各種ガイドラインを示している。　　　　　　　　　　　　　　　　　　　　　　　（前田）

**福祉サービスの質の
向上と第三者評価**

以前，福祉サービスは，量の拡充がもっぱら念頭におかれ，利用者の自己決定や選択は必ずしも重視されていなかった。また，施設の最低基準は，設備や従業者人員に重点が置かれ，入所者の処遇・介護内容などサービスの質に関する規律が十分ではなかった。そこで，社会福祉法は，福祉サービスの質の向上を図るために，社会福祉事業の経営者に，自ら提供するサービスの質の評価，および

その他の質の向上のための措置を行う努力義務を課している（社福78条1項）。

　国は，福祉サービスの質の公正かつ適切な評価の実施に資するための措置（同条2項）として，厚生労働省の通知により，福祉サービス第三者評価の仕組みを整備している。都道府県ごとに評価推進組織が設けられ，同組織が第三者評価機関の認証を行うとともに，評価に関する基準を策定する等の役割を担っている。評価基準は，施設の設備・運営の基準や事業者等の指定基準のように，遵守義務を課したうえで規制監督を行うものではなく，事業者が自発的にこれらを上回るサービス水準を目指すよう誘導する基準としての意味をもつ。さらに評価結果が公表されることで，利用希望者が事業者・施設を選択するのに役立つ。ただし，公表は一部にとどまるうえ，各事業者・施設が第三者評価を受けるか否かは任意であるため，評価を受ける事業者・施設の割合は低い。

　他方，認知症高齢者グループホーム等は自己評価を実施するとともに，定期的に外部の評価を受け，それらの結果を公表することが義務づけられている（「指定地域密着型サービスの事業の人員，設備及び運営に関する基準」97条8項・72条2項など参照）。さらに，児童養護施設・児童自立支援施設・母子生活支援施設などの社会的養護関係施設については，とくに施設運営の質の向上が必要であるとして，第三者評価を受けてその結果を公表することが義務付けられている（「児童福祉施設の設備及び運営に関する基準」45条の3など参照）。

　以上とは別に，介護保険では，介護サービス情報の報告および公表の仕組みが導入されている（→**2**②「介護サービス情報の報告および公表」参照。障害福祉サービスに係る事業や障害者支援施設等の情報の公表・報告については，障害者総合支援76条の3参照）。

4 福祉サービスの実施運営体制

行 政 組 織

(1) 介護保険の給付の決定，障害者総合支援法に基づく自立支援給付の支給決定，および老人福祉法等に基づく居宅介護・入所の措置等の権限は，市町村が有する。一部の給付・措置の決定，社会福祉法人の認可，施設の設置認可，事業者・施設の指定および規制監督等の権限は，都道府県にある（指定都市・中核市等にも一部移譲されている）。社会福祉分野では地方公共団体への権限移譲が進んでおり，大部分が自治事務となっている。ただし，社会福祉法人に対する一般的監督など，一部は法定受託事務にあたるものもある。社会福祉に関する事務を所掌する厚生労働省は，関係法令を所管し，地方公共団体の事務処理に対して技術的助言を含め法定の関与を行う。国は，給付や施設の設置等に要した費用を各法の定める割合で負担または補助する。

(2) 諮問を受け，あるいは自ら社会福祉に関する基本施策の検討・討議を行い，その結果を答申または意見具申等の形で提示して政策決定に関与するのが，審議会である。事業の設備および運営の基準に関する省令の制定にあたり，または個別の権利保護手続において，意見を述べるという役割を果たすものもある（前者の例として厚生労働省設置法7条の規定する社会保障審議会について介保74条4項参照。後者の例として，児福8条の規定する都道府県児童福祉審議会について同27条6項参照）。

(3) 直接住民に対して社会福祉全般に関する相談指導や給付等の業務（現業という）を行う専門機関は，**福祉事務所**である。都道府県と市（特別区を含む）はこれを設置する義務がある（社福14条）。そのほか，各福祉に専門分化した業務を行う専門機関として，児童相

談所，身体障害者更生相談所，知的障害者更生相談所が法定されており，都道府県には必置である（児福12条，身福11条，知福12条。自治令174条の26以下も参照）。

このような機関には所定の資格を有する公務員を配置することが法律上規定されている（任用資格）。福祉事務所には，**社会福祉主事**の資格を有する職員を条例で定数を定めて（現業員については生活保護の受給世帯数に対する一定割合を標準に定める）配置しなければならないうえ，原則として法定された職務にのみ従事させる専任規定がある（社福15条以下）。ただ，社会福祉主事の資格要件はそもそも社会福祉の業務量や内容に比べて高いとはいえず，それにもかかわらず十分に配置されていないのが現状である。こうした実情に照らすと，社会福祉行政の専門性をどのように確保するかが課題として依然残されている。また，市の福祉事務所には，老人福祉に関する専門的技術を必要とする業務を行う社会福祉主事（老人福祉指導主事）が置かれる（老福6条）。その他の専門機関には，児童福祉司（児福13条），身体障害者福祉司（身福11条の2），知的障害者福祉司（知福13条）が配置される（これらは福祉事務所に置くこともできる）。

(4)　援助を必要とする者に対する相談・助言，福祉サービスの利用援助，福祉事務所の業務や社会福祉主事の職務への協力等を，民間人に委託ないし委嘱できることが法律上認められている。民生委員法に基づき都道府県知事の推薦を経て厚生労働大臣から委嘱される**民生委員**は，社会福祉全般についてこの業務を行う。そのほか，各法には，民間人が務めるものとして，児童委員（児福16条以下），母子・父子自立支援員（母福8条），身体障害者相談員（身福12条の3），知的障害者相談員（知福15条の2）について規定が置かれている。

| 社会福祉協議会 | 社会福祉協議会は，GHQ の指示により，社会福祉を目的とする事業に関する調査・

連絡・調整・助成や，社会福祉に関する活動への住民参加のための援助等を行うことを目的とする団体として設置され，旧社会福祉事業法にその設置と組織・運用に関する規定が置かれた（現在は社福109条以下に規定されている）。都道府県および市町村に設置され，その区域内の社会福祉事業または更生保護事業を経営する者の過半数が参加する。NPO（民間非営利団体）や住民ボランティア組織など広く社会福祉を目的とする事業を行う者や社会福祉に関する活動を行う者の参加も予定されており，社会福祉協議会は，これらの連絡調整・援助も行う。

　従来，社会福祉事業の経営を主な活動としてきた社会福祉協議会も存在したが，多様な民間事業者の参入に伴い，これらに期待できない事業や公正・中立の立場を要求される事業に，活動の重点を移すようになった。すなわち，社会福祉活動への住民参加の援助事業，民間事業者の進出が困難な地域でのサービス供給，都道府県社会福祉協議会にあっては特に，日常生活自立支援事業や福祉サービス第三者評価事業（→③参照）のほか，社会福祉の事業従事者の養成・研修，苦情解決等である。

| 社会福祉法人その他の社会福祉事業の経営者および従事者 | (1)　公の助成により社会福祉事業を保護育成するという意図で，戦後，旧社会福祉事業法に設けられたのが，社会福祉法人である。共同募金会を設立してその募金を社会福祉事業者に配分し助成したものの，これのみでは到底十分とはいえず公費からの助成が求められていた。しかし，当時の見解によれば，「公の支配に属しない」慈善等事業に対する公金の支出等を禁止する憲法89条に抵触

するおそれがあったため，「公の支配」として，旧社会福祉事業法に基づく規制監督（社会福祉法人の設立認可，事業・運営・組織に対する規制監督等）を設けることで，助成の途を開いたのである。

戦後，社会福祉事業を主に担ってきたのは社会福祉法人であった。資産基準などその設立要件は厳格であり，措置制度の下でサービスの提供を事実上いわば独占してきた。その後，サービス供給主体の多様化を図るため社会福祉法人以外の民間事業者の参入が政策上推進されたことから，その役割は相対化している。

社会福祉法は，社会福祉法人という制度自体は維持して，第1種社会福祉事業の経営主体を基本的に地方公共団体以外は社会福祉法人に限定する（社福60条）一方，これに対する従来の規制監督措置のみならず，その経営の原則を定め（同24条），その事業経営の効率性および透明性の向上を図っている。すなわち，社会福祉法人の事業報告書，財産目録，貸借対照表，収支計算書の作成，監査，備置き・閲覧提供等の義務を設けている（同45条の27以下）。2016（平成28）年の社会福祉法改正により，社会福祉法人の経営組織のガバナンス強化（議決機関としての評議員会の必置等。同36条1項等），事業運営の透明性向上（貸借対照表等の公表等。同59条の2等），財務規律の強化，地域における公益的な取組みを実施する責務等の社会福祉法人制度改革が行われている。さらに2020年社会福祉法改正では，地域共生社会の実現という方向性のもと，社会福祉法人等が社員となり，福祉サービス事業者間の連携・協働を図るための取組み等を行う新たな法人制度として，社会福祉連携推進法人が創設されている（同125条以下）。

社会福祉事業の経営者には，社会福祉法人以外にも，医療法人，生協，農協，営利法人，NPO等が該当する。さらに，社会福祉事

業に該当しない社会福祉の活動を行う組織・団体の果たす役割も重要となっている。社会福祉法はこれらを「社会福祉を目的とする事業」（同1条）と称して射程に収め，その事業や活動のありようを方向づける規定を設けている。

(2) 福祉サービスの実施はマンパワーを不可欠とするため，社会福祉法は，社会福祉事業および社会福祉を目的とする事業の従事者の確保，養成・研修，処遇の改善，福利厚生等に関する規定をおいている（社福89条以下）。社会福祉事業の従事者の専門資格としては，主なものに，社会福祉士，介護福祉士，介護支援専門員（ケアマネージャー），保育士，精神保健福祉士がある（→第5章 *1*① 「福祉専門職の資格」参照）。2016年社会福祉法改正により，福祉人材（とくに介護人材）の確保を促進するための一連の措置が講じられている（社福89条・95条の3等）。

⑤ 社会福祉事業の運用と規律

社会福祉事業 社会福祉法は「社会福祉を目的とする事業」全般を規律対象としているが，そのうち2条2項と3項に限定列挙された社会福祉事業およびその経営者に対して，より強い規制を及ぼしている。これには第1種社会福祉事業（以下，第1種事業）と第2種社会福祉事業（以下，第2種事業）がある。第1種事業の多くは施設（社会福祉施設）経営の事業に該当する。第2種事業には，在宅サービス事業のほか，福祉サービス利用援助事業，放課後児童健全育成事業，障害者に対する相談支援事業，手話通訳事業等がある。

第2種事業の一つである無料低額宿泊事業（生計困難者のために，無料または低額な料金で，簡易住宅を貸し付け，または宿泊所その他の施

設を利用させる事業。社福2条3項8号）について，いわゆる貧困ビジネス問題に対応するため，2018（平成30）年の社会福祉法改正において新たに社会福祉住居施設（同法68条の2第1項）の規定が設けられている。ここでは，同施設の設備および運営に関する基準を都道府県が条例で定め，事業の開始等の届出義務を課したうえでこの基準に則した規制監督を行うことにより対策が強化されている。

　社会福祉法は第7章で，社会福祉事業に対する一般的な規律および規制監督措置を定めている（ただし，これらの規定は，施設の設置や事業の開始等について他の法律に基づく許可，認可または届出を要するものには適用されない。社福161条）。第1種事業と第2種事業とでは規律に差が設けられている。つまり，第1種事業については，とくに施設入所者の権利擁護を重視して，国，地方公共団体または社会福祉法人による経営を原則とする（同60条）。ただし，それ以外の者でも，都道府県知事の許可を受けて経営することができる（同62条2項以下・67条2項以下）が，無許可で社会福祉事業を経営した者には罰則がある（同161条）。これに対して，第2種事業は，経営主体の制限がなく，事業を開始する者は届出義務を負うにすぎない（同68条の2・69条）。

　社会福祉法に従って社会福祉事業が実施されているか否かを監督するため，都道府県知事は，経営者に対し，必要と認める事項の報告を求め，またはその職員に施設，帳簿，書類等を検査させ，その他事業経営の状況を調査させることができる（社福70条）。

社会福祉施設の設備・運営の基準と規制監督

（1）従来，社会福祉施設の設備の規模・構造および運営について設置者が遵守すべき最低基準は，厚生労働大臣が省令で定めていたが，国の法令による自治事務の義務付け・枠付けの見直しを図

る「地域の自主性及び自立性を高めるための改革の推進を図るための関係法律の整備に関する法律」（とくに 2011〔平成 23〕年公布の第 1 次・第 2 次一括法）により，都道府県が条例で定めることとなった。ただし，施設に配置する職員およびその員数や居室の床面積等については省令で定める基準に従い，また利用定員については同基準を標準として定めるものとされ，さらにその他の事項については同基準を参酌することが求められる（社福 65 条。児福 45 条，障害総合支援 80 条も参照）。すなわち，条例を定めるにあたって，省令で定める基準が，事項に応じて，従うべき基準（条例の内容はこれに従うべきものとされる。なお，人員の増員や一人あたりの床面積の拡大といった上乗せは許容される），標準とすべき基準（これを標準としつつも合理的な理由がある範囲内で異なる内容を定めることができる），または参酌すべき基準（地域の実情に応じてこれと異なる内容を定めることができる）となる。この中には，サービス提供の方法，利用者からの苦情への対応等の運営に関わる規定も盛り込まれている。

(2)　施設が都道府県の定める基準に適合しないと認められるに至ったとき，都道府県知事は経営者に対して必要な措置をとるよう命ずることができる（同 71 条）。経営者が，この命令に従わない場合，立入調査を拒否した場合，またはサービス利用者の処遇について不当な行為をした場合等に，都道府県知事は，事業の経営を制限し，事業の停止を命じ，または許可を取り消すことができる。そのほか，誇大広告の禁止，書面交付義務違反の場合にも同様の規制措置が定められ，その実効性の確保が図られている（同 72 条）。なお，市町村もまた，施設に対して指導または助言を行うことができ，施設はこれに従い必要な改善を行わなければならない（児童福祉施設の設備及び運営に関する基準 14 条の 3 第 3 項等）。

(3) 利用者に施設の最低基準に基づくサービスを受ける権利があるか否かが争点となった神戸地決昭48・3・28がある。ここでは，保育所の入所児童はその最低基準による保護を受ける権利（本件では最低基準に適合した屋外遊戯場の使用を要求する権利）を有することが肯定された。つまり，保育の実施を含むサービス給付方式および措置方式では，最低基準（上述の改正後は設備・運営の基準）は，規制権限行使の基準にとどまらず，サービス受給権の内容を具体化するものである。これに対して，自立支援給付方式や介護保険方式（⑥で後述）においてこの考え方が妥当するのは，上記基準の内容がサービス利用契約に包含されていると解釈できる場合に限られる。そのため，サービス利用者が自己の権利利益を保護する規範として当該基準（および後述する指定基準）を援用するための解釈論の検討が課題となっている（指定障害者支援施設等の人員，設備及び運営に関する基準9条を参照して，施設経営者が契約更新を拒絶するには「正当な理由」が必要であるという大阪地堺支判平26・5・8も参照）。

事業者・施設の指定制度　(1) 自立支援給付方式および介護保険方式のもとでの給付は，あらかじめ行政庁の指定を受けた事業者および施設のサービスを利用した場合に，これに要した費用を利用者に支給することを基本とする（⑥で後述）。事業者・施設は，指定を受けることで，自立支援給付および介護保険の給付の対象となるサービスを提供できる法的地位を取得すると同時に，サービスに要した費用の代理受領が可能になるという利益を有する（大阪高判平27・9・8は，指定障害福祉サービス事業者等が市町村に対する介護給付費等についての債権を取得するものと解することはできないという）。

(2) 指定は事業者等の申請により行われる。たとえば居宅サービ

ス事業者については，事業所の従業者の知識，技能および人員が都道府県の条例で定める基準および員数を満たしていないとき，条例で定める設備・運営に関する基準に従って適正な事業の運営をすることができないとき等に該当すると，指定を受けることができない（介保70条。介護老人福祉施設については同86条。指定地域密着型サービスの事業者の指定要件の一つである介保78条の2第4項3号に該当しないことを理由とする同指定申請拒否処分を適法とした，東京地判平24・10・19，東京高判平24・11・22参照。障害福祉サービス事業者の指定については障害総合支援36条，障害児通所支援事業者の指定は児福21条の5の15を参照）。

　なお，不正な介護報酬の請求などを理由に指定を取り消される事業者・施設が増加したことを背景に，過去に犯罪や不正行為を行った事業者等について指定の要件が厳格化されるとともに，指定の更新制が導入されている。

　なお，2017（平成29）年の地域包括ケアシステムの強化のための介護保険法等の一部を改正する法律により，介護保険の居宅サービスと障害者総合支援法上の障害福祉サービス等を同一の事業所で実施しやすくするための指定基準が新たに設けられた（共生型サービスと称される。介保72条の2，障害総合支援41条の2）。

　さらに，地方公共団体が，その策定する計画（都道府県介護保険事業支援計画，市町村介護保険事業計画，都道府県障害福祉計画等）の中で目標として定められているサービス利用可能者数，施設入所定員，サービス量等の達成状況に照らして指定を拒否することを可能とする規定が設けられている（介保70条4項・78条の2第6項4号・94条5項，障害総合支援36条5項・38条2項等）。その結果，指定制度のもとで，これらの計画に一定の法的拘束力が認められるとともに，当

該地域内のサービス供給量を調整する権限を付与されている点が留意される（なお，介護保険法78条の2の文理に即して，小規模多機能型居宅介護の指定は市町村介護保険事業計画の達成に支障を生ずるおそれがあることを理由に拒否できないとした名古屋高金沢支判平21・7・15〈百選108〉がある。都道府県と市町村の調整について介保70条7項以下参照）。

(3)　指定基準となる人員ないし従業者，設備および運営に関する基準（以下「指定基準」という）は，とりわけ第1次・第2次一括法を機に，都道府県が条例で定めることとなった（なお，市町村の条例で定められる指定基準もある。介保78条の4）。これら省令（「指定居宅サービス等の事業の人員，設備及び運営に関する基準」，「指定障害福祉サービスの事業等の人員，設備及び運営に関する基準」等）には，従うべき基準として，従業者とその員数，居室等の床面積，正当な理由のないサービス提供拒否の禁止などの規定がある（介保74条3項・88条3項，障害総合支援43条3項，児福21条の5の19等）。そのほか，運営についてサービスの質を確保する規定がおかれている。たとえば，指定介護老人福祉施設に関しては，緊急やむをえない場合以外の身体拘束の禁止，施設サービス計画の作成，入浴・排泄・食事提供等の介護等の方法，サービスの質の評価，および苦情受付窓口の設置等の規定がおかれている（「指定介護老人福祉施設の人員，設備及び運営に関する基準」）。

(4)　この基準は指定を受けるための要件であると同時に，指定を受けた後も，これに従って事業を運営することが義務づけられることから（それゆえ実務では「運営基準」と称されている），これを担保するために地方公共団体には規制監督権限が付与されている。

　まず，都道府県知事（一定の事業・施設については市町村長）は，指定事業者・施設に対して，報告の徴収，帳簿書類の提出・提示の命

令，従業者等の出頭の要求，質問・検査を行うことができる（介保76条，障害総合支援48条，児福21条の5の22等）。

次に，このような調査の結果，あるいは市町村からの指定取消要件に該当する事業者である旨の通知その他から，従業者の人員等が条例で定める指定基準に適合していない，または基準に従った適正な事業の運営が行われていないなどの事由が認められる場合には，都道府県知事は，当該指定事業者・施設に対して基準を遵守すべきことを勧告することができ，それにもかかわらず当該事業者等がこれに従わなかったときは，その旨を公表するほか，その勧告に係る措置をとるべきことを命じることができる（当該命令をした旨を公示することも予定されている。介保76条の2，障害総合支援49条，児福21条の5の23等。なお，介護保険法103条に基づく勧告を受けた事業者が公表および措置命令・業務停止命令の仮の差止めを申し立てたが，これを却下したものに，東京高決平19・11・13）。

基準に違反している状態が是正されないような場合，最終的には指定が取り消されうる。そのほか，上述の調査を拒否した場合，サービス費用の請求に不正があった場合等にも，指定が取り消され，または指定の効力が停止される（介保77条，障害総合支援50条，児福21条の5の24等。介護保険法上の指定居宅サービス事業者等としての指定の取消処分について，事業所における記録不備は一般に行政指導によって是正され得る性質の問題であり，指導を受けたことのない原告について基準に従って適正な事業運営を期待できないと認めることは困難である等として取消事由には該当しないとして，同処分を取り消した松山地判平26・7・1参照。なお，取消処分の理由提示義務を定める行政手続法14条違反を認めて同処分を取り消した裁判例もみられる。名古屋高判平25・4・26など）。

指定制度における規制監督の規定がより詳細に整備されるに至った背景には，とりわけ介護保険において不正請求を中心として法令に違反した指定事業者等が相当数にのぼっている実態がある。そこで，不正事業者による処分逃れの対策として事業廃止の事前届出制が導入され（介保 75 条 2 項等），さらに，事業者が職務遂行上の義務（介保 74 条 6 項等）を履行することを確保するため，その業務管理体制を整備させる規制監督の仕組み等が設けられている（介保 115 条の 32 以下等）。ただし，事業停止命令等によって事業を行うこと自体が規制されるのは，基本的には指定制度の枠外であり，別に法令で規定された要件に該当する場合である（老福 18 条の 2・19 条，障害総合支援 82 条，社福 72 条等）。

指定基準や運営基準の遵守は行政庁の規制監督により担保されるものであることから，利用者がこれに従ったサービスを受ける権利を行使するためには，その規律内容がサービス利用契約に含まれると解されることが前提となる（→③「サービス利用契約の締結と利用者保護」参照）。

利用者が指定を受けていない事業者のサービスを受けた場合でも，指定基準のうち都道府県の条例で定めるものを満たすと認められる事業を行う事業所等により実施されたもの（基準該当居宅サービス，基準該当障害福祉サービス等）については，市町村がその地域でのサービス事業の実態等を勘案して「必要があると認めるとき」，特例居宅介護サービス費，特例介護給付費または特例訓練等給付費等として給付が行われる（介保 42 条，障害自立支援 30 条等）。

6　社会福祉の給付方式とサービス利用関係

社会福祉基礎構造改革に伴う社会福祉各法の改正を経て，今日，

給付の方式およびサービスをめぐる法律関係は多様化している。以下，それらを類型化して説明する。

自立支援給付方式 　障害者総合支援法に基づく自立支援給付は，利用者が，都道府県知事の指定を受けた事業者または施設と契約を締結してサービスを利用したときに，利用に要する費用につき金銭給付として行われるものである（**図1参照**）。

　自立支援給付費を受給するためには，市町村に申請して，その**支給決定**を受ける必要がある（障害総合支援19条・20条）。支給決定においては，障害福祉サービスの種類ごとに，介護給付費または訓練等給付費が支給されるサービスの量（支給量）が月単位で定められる。支給決定を受けた者は，市町村から交付された受給者証を指定事業者・施設に提示して，これらと利用契約を締結することでサービスの提供を受ける。これに要した費用について，市町村は，支給額を限度として利用者に代わって指定事業者等に支払う。つまり，指定事業者等は，市町村から利用者の自己負担分を除いた額を報酬として受けることができる（**代理受領**）。その結果，利用者が指定事業者等に支払うのは，サービス費用全額ではなく自己負担分だけで済むことになる（障害総合支援29条4項・5項等）。これを「現物給付」化と表すことがあるが，法令の規定に照らすと自立支援給付それ自体は金銭給付である。

　なお，子ども・子育て支援法に基づく「子どものための教育・保育給付」（施設型給付費・地域型保育給付費），および児童福祉法に基づく障害児に対する給付も同様の仕組みで行われる（詳しくは，*3*「子どものための教育・保育給付」，「障害児に対する給付」で後述）。

介護保険方式 　介護保険の給付を受けるには，被保険者が市町村に申請して**要介護認定**等を受けたう

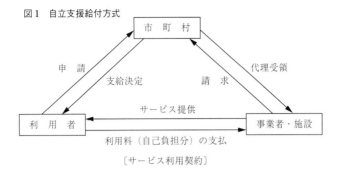

図1　自立支援給付方式

市　町　村

申　請
支給決定
代理受領
請　求

サービス提供

利　用　者

事業者・施設

利用料（自己負担分）の支払

〔サービス利用契約〕

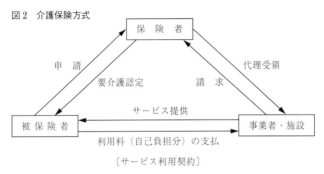

図2　介護保険方式

保　険　者

申　請
要介護認定
代理受領
請　求

サービス提供

被　保　険　者

事業者・施設

利用料（自己負担分）の支払

〔サービス利用契約〕

えで，指定事業者・施設との間でサービス利用契約を締結する。そして，サービス利用に要した費用の9割について保険給付が行われる。この点で，介護保険においても，自立支援給付方式と同様の法律関係が成立する（**図2**参照）。

　また，保険者から指定事業者等に費用の9割分を直接支払い，被保険者は1割分を指定事業者等に支払うという代理受領の仕組みがとられている（介保41条6項以下・48条4項以下等）。これに着目すれば，現物給付である医療保険の療養給付と類似するようにみえることから，介護保険の給付を（事実上の）現物給付とする説明もあるが，介護保険の保険給付もまた自立支援給付と同様に金銭給付で

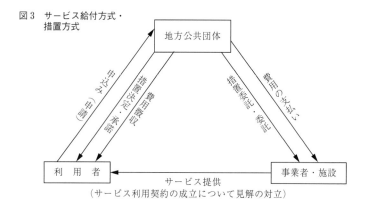

図3　サービス給付方式・
　　 措置方式

地方公共団体

申込み（申請）

措置決定・委託

費用徴収

措置委託・委託

費用の支払い

利　用　者

事業者・施設

サービス提供

（サービス利用契約の成立について見解の対立）

ある。

サービス給付方式・
措置方式

　まず，従前どおり措置として実施されるサービスまたは現物給付（児福27条1項3号に基づく施設入所措置，母福17条・31条の7に基づく母子家庭・父子家庭に対する日常生活支援など）が，この方式に該当する（**図3**参照）。

　次に，自立支援給付や介護保険の給付対象となったサービスについても，なお措置として行われる場合がある。すなわち，高齢者介護はその多くが介護保険により実施されるが，「やむを得ない事由」により，介護保険法に規定する居宅介護サービスの利用や施設の入所が著しく困難であると認めるときは，市町村は老人福祉法に基づく介護や入所の措置をとる権限を有する（老福10条の4第1項各号・11条）。自立支援給付の対象となるサービスについても同様である（身福18条，知福15条の4・16条1項2号，児福21条の6等）。判断能力が低下している，あるいは虐待を受けている等により事業者・施設と契約してサービスを利用するのが困難なケースにおいては，金銭給付を行うだけでは必ずしもサービスそのものが保障されないお

それがあるから，市町村がサービスを給付（または委託）し，しかも申請を待たず職権で実施できることとしたのである。

さらに，児童福祉法に基づく保育所，母子生活支援施設および助産施設についても，この方式による（児福22条・23条・24条）。これらの入所決定は，行政処分である措置決定から，地方公共団体と利用希望者との契約に基づく利用に改めたと説明されている。つまり，利用希望者が地方公共団体に対し申込みを行い，両者の利用契約の締結を契機にサービスが実施されるが，サービス利用の法律関係は，地方公共団体がサービス給付義務を負う点では，措置方式による場合と変わりはない。

この方式のもとで地方公共団体が措置ないしサービス給付を民間事業者に委託した場合，その利用の法律関係の性質について議論があるが，地方公共団体・利用者・民間事業者のそれぞれの間に権利義務関係は成立しているとみる三面関係説が有力である。これによれば，地方公共団体と民間事業者との間には第三者のためにする契約（民537条）が成立する。これは，第三者に当たる利用者のためにサービスの実施を委託する準委任契約である（ただし，身福18条の2等に基づく事業者の受託義務などの社会福祉各法の規制が及ぶ）。また，民間事業者と利用者は，措置決定等または委託契約の枠内でサービスの詳細について取り決めることができる。

その他の法定事業 以上のほか，自立支援給付，介護保険の給付，措置の対象とはならないが，社会福祉事業として法定され，事業および施設の設備・運営とその規制監督について法定されているサービスがある。これらのなかには，地方公共団体が，その事業等に対して補助を実施するほか，利用のあっせん・調整，事業者等への利用の要請を行うものがある（児福21条

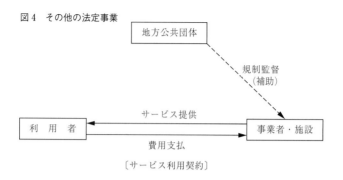

図4　その他の法定事業

〔サービス利用契約〕

の 11 等）。ここでは，事業・施設の経営者でない地方公共団体と利用者との間にサービス提供に関する権利義務関係は成立しない（**図4**参照）。ただし，利用者は，地方公共団体による規制監督や指導，補助を通じて利益を受ける点が留意される。一例として，児童福祉法に基づく子育て支援事業（放課後児童健全育成事業など。児福 21 条の 10・34 条の 8 以下）や，身体障害者福祉法に基づく身体障害者福祉センター（身福 31 条）の利用がある。

2 高齢者福祉

① 高齢者福祉の法と政策

高齢者福祉の
法制度

日本では，急速に高齢化が進行し，65 歳以上の人口が総人口に占める割合（高齢化率）が 28.9%，75 歳以上人口の割合は 14.9% に上る（2021〔令和 3〕年 10 月現在）。このような状況下で，高齢者のニーズに配慮して，福祉サービスをはじめ，公的年金，就業，保健医療，住宅，社会参加支援，公共的施設の利用の円滑化な

ど諸種の施策を推進することが急務となっている。これら諸施策の目的および基本理念を定めるのが，高齢社会対策基本法である。

そのなかでも喫緊の課題に位置づけられるのが介護保障である。高齢者に対する介護は，主として介護保険法によって保障される。これを補完するものとして，障害者に該当する場合は障害者総合支援法に基づく給付，老人福祉法の介護の措置，さらに生活保護法に基づく介護扶助などがあるほか，諸種の国庫補助事業や地方公共団体の独自事業が存在する。これらは，その根拠や運営方式（社会保険方式か税方式か）に違いはあっても，憲法25条の生存権に介護サービスの保障が含まれることを前提に（→第2章 *1*②参照），高齢者介護保障法として体系的に考察される必要がある。

また，高齢者の権利利益の擁護という観点から，高齢者に対する虐待が深刻な状況にあることを考慮して，「高齢者虐待の防止，高齢者の養護者に対する支援等に関する法律」（**高齢者虐待防止法**）が2005（平成17）年に制定された。家族などの養護者，および養介護施設従事者等（居宅サービスや施設等の従事者）による虐待（養護者等が当該高齢者から不当に財産上の利益を得るなどの経済的虐待も含む）を受けた高齢者を保護するため，通報，立入調査や一時保護などの措置，後見開始等の請求，事業者・施設への老人福祉法や介護保険法上の規制監督権限を適切に行う等の規定が設けられている（高齢者虐待防止法9条2項に基づき高齢者を一時保護するため老人福祉法10条の4第1項3号の措置をとったことに裁量権の逸脱濫用はないとした大阪地判令元・7・26参照）。

さらに，高齢者の居住の安定確保に関する法律（高齢者住まい法）が2011（平成23）年に改正された。ここでは，一定のバリアフリーの構造を具えた高齢者向けの賃貸住宅または有料老人ホームにおい

て入居者の状況把握サービスや生活相談サービス等を提供する事業（サービス付き高齢者向け住宅事業）について，その建築物ごとに都道府県知事の登録を受ける制度（ただし，登録を受けるかは任意である）等が設けられており，定期巡回・随時対応型訪問介護看護など介護保険法上のサービスと組み合わせた普及が進められている。

高齢者福祉施策の計画的遂行

　1990（平成2）年の老人福祉法および老人保健法の改正により，全国すべての地方公共団体は老人福祉計画・老人保健計画（両者は一体のものとして作成され，老人保健福祉計画と称された）の策定を義務づけられた（老福20条の8以下。なお，老人保健法は，2008〔平成20〕年4月から「高齢者の医療の確保に関する法律」に改められている。→第5章*3*参照）。このときすべての市町村が，高齢者住民の介護ニーズを調査し，これに依拠してサービスの種類ごとに目標数値を設定したうえで，マンパワーや施設の整備等を確保するという計画を策定することとなった。

　2000（平成12）年の介護保険の導入後，市町村は**介護保険事業計画**を，都道府県は介護保険事業支援計画を，国の基本指針に即して策定している（介保116条以下）。市町村介護保険事業計画では，3年を1期として，日常生活圏域ごとに被保険者の心身の状況その他の事情を把握したうえで，介護保険の給付の対象となるサービス量の見込みとその確保のための方策のほか，認知症支援策，在宅医療や高齢者の住まいなど日常生活の支援のため必要な事項等を（2017〔平成29〕年の介護保険法改正により，介護予防・重度化防止等の取組内容と目標等も）定めることが求められる。同計画は市町村老人福祉計画と一体のものとして作成されるとともに（老人福祉計画は，老人福祉事業全般について定める計画である），「地域における医療及び介護

の総合的な確保の促進に関する法律」（医療介護総合確保法）5 条 1 項に規定する市町村計画との整合性の確保を図るとともに，市町村地域福祉計画（社福 107 条）等と調和が保たれたものでなければならない（介保 117 条 9 項・10 項）。その策定または変更にあたっては，あらかじめ被保険者の意見を反映させるために必要な措置を講ずるものとされ，計画策定への住民参加に途を開く規定が設けられている（同条 11 項。計画策定委員会への被保険者代表の参加など）。現在，各市町村は第 8 期（2021〔令和 3〕年度から 2023〔令和 5〕年度）の介護保険事業計画（「地域包括ケア計画」とも称されている）を策定し，これに沿って施策・事業を遂行している（なお，2014〔平成 26〕年改正により，都道府県の介護保険事業支援計画について医療計画との整合性が強化されている）。

　これらの計画については，介護保険事業計画で定められたサービス量等が保険料の算定基礎となるほか，また，都道府県老人福祉計画中の必要入所定員総数の達成状況が特別養護老人ホーム等の設置認可の拒否事由となる（老福 15 条 6 項）など，一定の法的効果が認められる場合がある（指定制度において介護保険事業計画等のもつ法的効力については，**1**⑤「事業者・施設の指定制度」参照）。

② 介護保険法

介護保険の導入の
経緯と法改正

　　介護保険の導入に向けた検討の必要性は，1995（平成 7）年社会保障制度審議会勧告や翌年の老人保健福祉審議会の最終報告のなかで提起された。導入の是非をめぐって，介護の保障方法を焦点に活発な論争が繰り広げられた。導入のねらいとして，措置制度の抜本的な見直し，高齢者の自立支援と選択の尊重による制度を構築

すること，社会連帯を基礎に社会保険方式を採用して介護リスクの一般化および介護費用財源調達方式の公平を確保すること，社会的入院を解消し介護を医療保険から切り離すこと（→第5章 **3②**参照）等が主張された。これに対して，保険料や利用料の支払は低所得高齢者にとって負担増をもたらすこと，また，社会保険方式は保険給付の対象から排除される保険料滞納者等を生み出すことから，税方式がより公平かつ公正である等の反対意見がみられた。

介護保険法は，1997（平成9）年に制定され，2000（平成12）年4月に施行された。その後，受給者数の増加に伴って給付費が増大し，今後も急速に高齢化が進展することを見据えて，数次にわたって改正が行われている。

2005（平成17）年の改正（以下「2005年改正」という）では，介護保険制度の持続可能性を高めるという観点から，給付の効率化・重点化，および予防重視型システムへの転換が図られた。

2014（平成26）年，持続可能な社会保障制度の確立を図るための改革の推進に関する法律（社会保障制度改革プログラム法。2013〔平成25〕年）の具体化として，「地域における医療及び介護の総合的な確保を推進するための関係法律の整備等に関する法律」（医療介護総合確保推進法）が成立した。これは，2025年に要介護認定率の高い75歳以上高齢者人口がとくに大都市部で急増し，医療・介護サービスが不足するという見通しのもと，病院での入院期間を短くして早期の在宅復帰を促し，住み慣れた地域で継続的な生活を可能にするため，医療・介護・介護予防・住まい・生活支援サービスが包括的に確保される**地域包括ケアシステム**（医療介護総合確保法2条1項）の構築を目指すものである。医療介護総合確保推進法によって，医療法のほか介護保険法も改正されている（以下「2014年改正」とい

う）。2011（平成23）年にすでに同システムの実現に向けた改正が行われていたが（以下「2011年改正」という），この2014年改正では，それをさらに推進するための諸規定が盛り込まれたのである。

さらに2017（平成29）年に，地域包括ケアシステムをさらに深化・推進するための改正が行われている（以下「2017年改正」という）。

目的・基本原則

介護保険は，要介護者等が，自らの尊厳を保持し，その有する能力に応じ自立した日常生活を営むことができるよう，必要な保健医療サービスおよび福祉サービスに係る給付を行うことを目的とする（介保1条）。給付の内容・水準は，要介護状態になっても可能な限り居宅において自立した生活を営むことができるよう配慮すべきものとされており，居宅での生活が優先される（同2条4項）。同時に，給付は，要介護状態または要支援状態（以下「要介護状態等」という）の軽減または悪化の防止に力点をおくこと，被保険者の選択に基づくこと等が要求される（同条2項・3項）。

国民は，共同連帯の理念に基づき，介護保険事業に要する費用を公平に負担するものとされる（同4条2項）。これが，保険料や利用料の負担等に関する政策論，解釈論で基本理念として機能する点が留意される。

保険者および
被保険者

住民にもっとも身近な行政主体が保健福祉を一元的かつ総合的に推進する等の観点から，保険者となるのは市町村および特別区である（介保3条1項。以下では特別区を含め「市町村」という）。保険者は，被保険者の資格管理，保険料の設定と徴収，要介護認定，保険給付，財政運営等に関する業務を担う。

保険事業にはスケールメリットが認められ，介護基盤の整備や行財政能力の不十分な小規模自治体による運用は困難を伴う。そこで，地方自治法に基づく一部事務組合，広域連合の設立，介護認定審査会の共同設置（自治252条の7），都道府県への審査判定事務の委託（同252条の14）のほか，介護保険法上の市町村相互財政安定化事業（介保148条）などを利用し，保険事業，保険者業務を広域的に処理する市町村が相当数存在している。

　市町村の区域内に住所を有する65歳以上の者（第1号被保険者），および市町村の区域内に住所を有する40歳以上65歳未満の医療保険加入者（第2号被保険者）は，当該市町村の行う介護保険の被保険者となる（介保9条）。被保険者は市町村から被保険者証の交付を受け，要介護認定の申請やサービス利用の際に提示する。

要介護状態・要支援状態　　要介護状態とは，身体上または精神上の障害により，日常生活における基本的な動作について継続して常時介護を要する状態であって，介護の必要の程度に応じて厚生労働省令で定める要介護状態区分に該当するものを意味し（介保7条1項），要支援状態とは，要介護状態の軽減または悪化の防止に特に資する支援を要すると見込まれる等，支援の必要の程度に応じて厚生労働省令で定める要支援状態区分に該当するものをいう（同条2項）。

　第1号被保険者については原因を問わず要介護状態等にあることが保険事故であるのに対し，第2号被保険者については，その要介護状態等の原因である身体上または精神上の障害が加齢に伴う心身の変化に起因する特定疾病によって生じたものに限定されている（介保7条3項2号・4項2号。末期のがん，関節リウマチ，パーキンソン病，脳血管疾患などが指定されている。介保令2条）。

要介護認定・ 要支援認定

保険給付を受けるには，要介護認定（以下，特に断らない限り，要支援認定を含む。要支援認定については介保32条以下を参照）を市町村に申請する。申請は，地域包括支援センターのほか，指定基準に違反したことがない等の要件を充たす指定居宅介護支援事業者，地域密着型介護老人福祉施設および介護保険施設に限り，本人に代行して行うことが認められている（介保27条1項，介保則35条3項）。

申請を受けた市町村は，認定調査員を申請者に面接させてその心身の状況等を調査させる。2005年改正により，新規の申請に対する認定調査は市町村が行う（介保27条2項。認定調査の委託が過度のニーズの掘り起こしを招いた等の理由による。ただし，指定市町村事務受託法人に委託することができる。同24条の2。認定更新時の調査については指定居宅介護支援事業者等に委託できる。同28条5項）。受託者は守秘義務を課されるほか，刑法その他の罰則の適用につき公務員とみなされる。

認定調査員は申請者と面接し，その日常生活動作能力等について全国共通の調査票を用い調査を行う。その結果をコンピュータにより分析して要介護時間を算出し，その長短などによって要介護状態ないし要支援状態区分の該当性が判定される（1次判定）。さらに，その調査内容（特記事項を含む），および申請者の疾病等に関する主治医等の意見を基に，**介護認定審査会**が審査および判定を行う（2次判定）（介保27条3項・4項→「目で見る」Ⅵ.3b）。

市町村は，介護認定審査会から通知された審査判定結果に基づき，要介護認定を行い，被保険者に通知する（非該当ないし不認定の場合も同様である）。これは申請があった日から原則として30日以内にしなければならない。要介護認定をしたときは，被保険者証に，該

当する要介護状態等区分（要支援1・2，要介護1〜5の7段階），および介護認定審査会の意見（必要があると認める時に意見を述べる）が記載される（介保27条7項以下）。この意見に基づき，市町村は，保険給付対象となる居宅または施設サービスの種類を指定することができる（同37条。これを受けて被保険者は種類の変更申請を行うことができる）。これは給付内容の制限にあたると解される。所定の有効期間（概ね新規認定は6ヵ月，更新認定は12ヵ月）ごとに認定の更新を申請しなければならない（同28条）。要介護認定の効力は，申請時に遡って生じる（同27条8項）。なお，要介護認定前に緊急その他やむをえない理由で介護サービスを受けた場合でも，保険給付の対象となりうる（同42条1項1号の定める特例居宅介護サービス費など）。

　要介護認定は，日常生活動作能力や認知機能などもっぱら本人の心身状況に照らして，厚生労働大臣の定める基準に従い行われるものであり，これが導入される前の老人福祉サービスと異なり，受給要件に関する市町村の判断余地がほとんど認められない点で，給付の公平を重視する介護保険の特徴が見出される。これに対して，介護の必要性が同居家族の状況や居住環境等に左右されるため，これらの生活環境上の要因を市町村が考慮する余地を認めるべきであるという考え方もある。

　なお，裁判例には，非該当処分が行われた事案で，要介護認定の有効期間の経過後も同処分の取消しを求める訴えの利益があることを前提に，市町村には要介護状態区分等の認定について介護認定審査会の審査判定の結果を踏まえた裁量が認められると解したうえで，その審査判定の過程等に厚生労働省の通知等にそぐわない点や不合理な点は認められない点で裁量権の逸脱，濫用はないとした名古屋高判平30・9・26がある。

| 居宅介護支援 | 要介護者（以下，特に断らない限り，要支援者も含む）の心身の状況やおかれている環境に即して，必要かつ適切なサービスを総合的かつ効果的に提供する |

境に即して，必要かつ適切なサービスを総合的かつ効果的に提供するためには，ケアマネジメントを実施する必要がある。すなわち，①要介護者のニーズを把握したうえ（アセスメント），②サービスの計画（ケアプラン）を作成し，③必要な各種のサービスを組み合わせ，その提供が確保されるよう事業者との連絡調整を行い，④要介護者の状況を見守りつつサービス提供を継続的に管理し，その効果を測定して（モニタリング），⑤ニーズの変化や効果に応じ再度アセスメントを行う，という循環プロセスがこれにあたる。

　介護保険法は，在宅の要介護者のケアマネジメントを居宅介護支援と位置づけ（介保8条24項），これを保険給付の対象とする（居宅介護サービス計画費として費用の10割が給付される。同46条等）。居宅介護支援事業者は，ケアプラン作成のほか，事業者との連絡調整，施設の紹介その他の便宜の提供も担当する。所定の実務経験を有し，試験に合格して実務研修を修了した**介護支援専門員（ケアマネージャーともいう）**を所定の員数で配置することが，指定居宅介護支援事業者として指定される要件の一つとなる（同79条以下）。

　なお，介護支援専門員が配置されている居宅介護支援事業者がサービス提供事業者を兼ねるところが多いうえ，要介護者宅を訪問しないなどそのアセスメントが十分でないといった実態が問題として指摘された。そこで，2005年改正により，介護支援専門員による適切かつ公正な業務の遂行をはかるため，提供されるサービスが特定の種類や事業者・施設に不当に偏ることのないよう公正かつ誠実にその業務を行わなければならないことが定められたうえで（同69条の34），名義貸しおよび信用失墜行為の禁止，秘密保持義務，お

よびこれを担保するための介護支援専門員としての登録の消除に関する規定が設けられた（同69条の35以下）。同時に，その資質の向上を図るため，資格の更新制（5年）が導入され，定期的に研修を受けることが義務づけられている（同69条の8）。

居宅サービスはケアプラン作成が必須ではないが，作成しない場合，また自分で作成したがそれを市町村に届け出ない場合，保険給付は償還払いになる。

ケアマネージャーは，利用者の居宅を訪問して利用者とその家族に面接し，利用者の心身状況のほか生活環境等の評価を通じて解決すべき課題を把握し，その結果と利用者の希望に基づき居宅サービス計画の原案を作成したうえ，それを利用者に説明して文書によりその同意を得なければならない（指定居宅介護支援等の事業の人員及び運営に関する基準13条→「目で見る」Ⅵ3i）。なお，市町村およびその委託を受けた者により設置される地域包括支援センター（「地域支援事業」で後述）は，要支援者に対する介護予防サービス計画の作成を含む介護予防サービスのマネジメントも担当する（介保8条の2第16項・58条）。介護保険施設でもケアマネージャーを配置し，ケアプラン作成にあたる（介護保険施設には，指定介護老人福祉施設〔特別養護老人ホーム〕，介護老人保健施設のほか，2017年改正により創設された，長期療養のための医療と日常生活上の世話を一体的に提供する介護医療院がある）。

保険給付は，作成されたケアプランどおりにサービスが提供されることを前提とする（指定居宅サービス等の事業の人員，設備及び運営に関する基準16条等）。そのため，ケアマネージャーは，ケアプランの実施状況を把握して，給付管理票を作成するなどの作業にも従事している。

　保険給付には，要介護者に対する**介護給付**（介保40条）と，要支援者に対する**予防給付**（同52条）がある（なお，2014年改正により，予防給付のうち訪問介護および通所介護は，保険給付の対象から外され，新たに市町村が独自に実施する地域支援事業に位置づけられた）。これらは金銭給付であり，その内容は，上述した居宅介護サービス計画費（予防給付の対象者は介護予防サービス計画費），福祉用具購入費や住宅改修費以外に，居宅サービスの費用，地域密着型サービスの費用，施設サービスの費用の3類型に大別される（それぞれに分類されるサービスの種別については，**表1**を参照）。

　2005年改正により**地域密着型サービス**が導入された。これは，住み慣れた地域での生活を支えるため，市町村において提供されることが適当なサービスを内容とするものである。同サービスは，市町村にその実施体制を整備する権限が委ねられている点に特色がある。すなわち，利用者は原則として当該市町村の被保険者であり，その必要整備量が各市町村の策定した計画に定められるほか，提供事業者の指定基準の策定と指定，規制監督は，都道府県ではなく保険者である市町村が行う（介保78条の2以下）。

　2011年改正は，地域包括ケアシステムの実現という観点から，重度者を含め要介護高齢者の在宅生活を支えるため，訪問介護と訪問看護が連携して日中・夜間を通じ短時間での定期的な巡回訪問や通報を受けて随時対応を行う定期巡回・随時対応型訪問介護看護（同8条15項），および，訪問看護と小規模多機能型居宅介護の組合せ等により提供される複合型サービス（同8条23項）が，地域密着型サービスの一類型として創設された。

　保険給付の対象となるサービスが介護保険法上逐一法定されてい

表1 保険給付の対象となるサービス

	居宅サービス	地域密着型サービス	施設サービス
介護給付	訪問介護（ホームヘルプサービス） 訪問入浴介護 通所介護（デイサービス） 短期入所生活介護（ショートステイ） 特定施設入居者生活介護 （有料老人ホーム等の入居者に対する介護） 訪問看護 居宅療養管理指導（訪問診療等） 訪問リハビリテーション 通所リハビリテーション（デイケア） 短期入所療養介護 福祉用具貸与（車いす・特殊ベッドなど） 特定福祉用具販売（入浴や排泄用具などの用具）	定期巡回・随時対応型訪問介護看護 夜間対応型訪問介護 地域密着型通所介護 認知症対応型通所介護 小規模多機能型居宅介護 認知症対応型共同生活介護（グループホーム） 地域密着型特定施設入居者生活介護 地域密着型介護老人福祉施設入所者生活介護 複合型サービス（看護小規模多機能型居宅介護）	介護福祉施設サービス （特別養護老人ホーム） 介護保健施設サービス 介護医療院サービス
予防給付	介護予防訪問入浴介護 介護予防短期入所生活介護（ショートステイ） 介護予防特定施設入居者生活介護 介護予防訪問看護 介護予防居宅療養管理指導（訪問診療等） 介護予防訪問リハビリテーション 介護予防通所リハビリテーション（デイケア） 介護予防短期入所療養介護 介護予防福祉用具貸与 介護予防特定福祉用具販売	介護予防認知症対応型通所介護 介護予防小規模多機能型居宅介護 介護予防認知症対応型共同生活介護（グループホーム）	

る（しかもこれに，事業者に支払われる介護報酬の設定が結びついている）ため，高齢者のニーズ・状態に応じてサービス類型が追加されることで利用者にとってますます複雑なものとなっている。また，国の法令の規律密度が高いなかで市町村が自らに与えられた権限を適切に行使しうるのかが問われよう。

　他方，施設入所については，市町村の措置決定による方式から，利用者が自由に施設を選択して入所契約を締結する方式になったが，施設数および在宅サービスが依然として著しく不足している現状では，入所の必要性の高い高齢者が優先されないという欠陥が介護保険導入前からすでに指摘されていた。そのため，「指定介護老人福祉施設の人員，設備及び運営に関する基準」7条2項に，介護の必要の程度および家族等の状況を勘案し，指定介護福祉施設に入所する必要性が高いと認められる申込者を優先的に入所させる努力義務が設けられた。その趣旨に沿って，相当数の地方公共団体が入所選考に関する指針を策定している。もっとも，施設サービス利用を公平かつ公正に保障するためには，施設の努力に委ねず，法的拘束力のある規律を行うことが必要となろう。その後，2014年改正により，特別養護老人ホームについて，居宅生活が困難な中重度の要介護者を支える施設としての機能に重点を置くため，新規入所者を原則として要介護度3以上に限定している。

　さらに，要介護または要支援の被保険者に対する市町村の独自給付として法定されているものに，保険給付の横出し給付（その例として寝具乾燥，移送，配食，おむつの支給）等を，条例を定めて実施する市町村特別給付（介保62条）がある。

地域支援事業

　(1) 高齢者は，介護のみならず見守りや生活の維持改善などその日常生活を支えるた

めの各種の支援を必要とする場合が多い。そのため，介護保険導入前より諸種の生活ニーズに応えた福祉施策を実施してきた市町村が少なくない。導入後も，国は，国庫補助の対象となる諸種の事業のメニューを示し，地方公共団体に介護保険の補完事業の実施を促し，また，市町村の中には，これら以外にも，地域の事情や住民のニーズを考慮し，要介護認定で非該当とされた高齢者も対象とする在宅介護サービスも含め，介護保険外で独自事業を実施するところがみられた。

　(2)　2005年改正により，総合的な介護予防システムの確立をはかるため，地域支援事業が導入された（介保115条の45）。これは，介護保険法に基づき第1号被保険者を対象とする事業として，保険給付である介護給付や予防給付との一貫性ないし連携を図りつつ介護予防を推進するとともに，要介護状態となった場合も地域で自立した日常生活を営むことができるよう支援するものである。

　2011年改正により，要支援と非該当を行き来する高齢者や，ひきこもりなど介護保険の利用に結びつかない高齢者を主な対象に，一定の予防給付と介護予防事業等とを総合的・一体的に行うものとして，**介護予防・日常生活支援総合事業**が地域支援事業の中に盛り込まれた。

　その後，2014年改正では，地域包括ケアシステムの構築に向けて地域支援事業の拡充が図られた。とりわけ，要支援者に対する予防給付であった訪問介護と通所介護を，介護予防・日常生活支援総合事業の中に位置づけて（介護予防・生活支援サービス事業と称される），同事業者の指定制度および保険給付と同様のサービス提供・給付の仕組み（第1号支給費）を導入した（介保115条の45第1項1号・115条の45条の3以下）。訪問介護と通所介護は，市町村が地域

の実情に応じた取組みができるものとして，全国一律の基準で行う保険給付の対象から外されたうえで，従前の予防給付に相当するサービスのほか，サービス提供の人員・単価等の基準を大幅に緩和して住民ボランティアの活用も含めた低廉なコストで行うサービス提供の枠組みを整備したのである。その利用者には，要支援者のみならず，それ以外で市町村または地域包括支援センターが対象者と判断した高齢者も含まれる。介護予防・日常生活支援総合事業として上記のほかに，介護予防のための事業が実施されている（一般介護予防事業。介保115条の45第1項2号）。

　地域支援事業にはそのほか，包括的支援事業がある（同条2項。そのメニューは2014年改正により追加された）。これらはすべての市町村が行う事業であるが，これ以外に，任意事業も規定されている（同条3項。以上の地域支援事業のメニューについては**表2**参照）。

　(3)　包括的支援事業の実施機関，さらに地域包括ケアシステムの中核機関となるのが，**地域包括支援センター**である（介保115条の46以下。市町村，またはその委託を受けた一定の要件を満たす法人により設置される）。また，地域包括支援センターが介護予防サービスのマネジメントを担当する（介護予防支援。同115条の22，前掲「居宅介護支援」参照）。ここには，その担当区域における第1号被保険者数に応じ，原則として保健師・社会福祉士・主任介護支援専門員が配置される。

　2014年改正では，包括的支援事業のうちケアマネジメント支援事業（**表2**中の③。個別のケアプランのチェックを含む）を効果的に実施するために，介護支援専門員，保健医療・福祉の専門知識をもつ者，民生委員その他の関係者，関係機関・関係団体などから構成され多職種協働による**地域ケア会議**を市町村が設置するよう努める規

表2 地域支援事業として実施される各種事業の内容

介護予防・日常生活支援総合事業	包括的支援事業	任意事業
①介護予防・生活支援サービス事業： ○訪問型サービス ○通所型サービス ○その他の生活支援サービス（配食・見守り等） ○介護予防支援（介護予防ケアマネジメント） ②一般介護予防事業 ○介護予防把握事業 ○介護予防普及啓発事業 ○地域介護予防活動支援事業 ○一般介護予防事業評価事業 ○地域リハビリテーション活動支援事業	①被保険者の心身の状況や居宅での生活実態などの把握，施策に関する総合的な情報の提供，関係機関との連絡調整などの総合的な支援（介護予防ケアマネジメント，総合相談支援） ②虐待の防止・早期発見，その他の被保険者の権利擁護のための必要な援助 ③保健医療・福祉の専門知識をもつ者による被保険者のサービス計画の検証，定期的な協議などを通じた包括的かつ継続的支援（ケアマネジメント支援） ④医療に関する専門知識をもつ者と，介護サービス事業者・居宅で医療を提供する医療機関などとの連携（在宅医療・介護連携の推進） ⑤日常生活の支援，介護予防の体制の整備など（生活支援サービスの体制整備） ⑥認知症である被保険者などへの総合的支援（認知症施策の推進）	○介護給付費の適正化 ○家族介護支援 ○その他

定が設けられた（介保115条の48）。これらを通じた地域ネットワークの構築が目指されている。

介護サービス情報の報告および公表

従来，課題とされてきたサービスの質の確保と向上をはかるために，第三者評価事業が運用上実施されている（→**1**③「福祉サービスの質の向上と第三者評価」参照）。介護保険ではこれとは別に，利用者の適切な選択を可能にするため，介護サービスの内容や運用状況に関する情報（介護サービス情報）を公表する仕組みが，2005年改正により設けられた。すなわち，事業者・施設に，その提供する

サービスに係る情報を報告する義務を課し，これを受けて都道府県知事はその内容を公表し，必要に応じて調査を実施する。事業者が，報告をしない，虚偽の報告をする，または調査を受けないなどの場合は，是正命令や調査，さらには指定取消しなどの対象となる（介保115条の35）。

なお，事業者および施設に対する規制監督については，**1**⑤「事業者・施設の指定制度」を参照。

支給限度と介護報酬

居宅サービスに対する保険給付については，居宅サービスの区分と要介護状態等の区分に応じて支給限度基準額が設定されている（区分支給限度基準額。介保43条1項）。この限度を超えるサービス利用費用は全額自己負担となるから，多くはこの限度額の範囲内でサービスの種類を組み合わせて利用することになる。市町村は条例を定めて，この支給限度額を上回る額をその市町村における基準額とすることができる（同条3項等。上乗せ給付）。その財源は，横出し給付である市町村特別給付と同様に，原則として第1号被保険者の保険料のみで賄うものとされており，その保険料を引き上げる要因となることから，これらの導入は進んでいないのが実情である。

保険給付の対象となるサービスの種類ごとに，その費用を単価で算定する基準が告示されている。保険給付を事業者・施設が代理受領する場合が大半であるので，この基準で算定される費用は介護報酬と称されている。単価は地域により格差が設けられている。介護報酬はその算定基準いかんにより，利用者にとっては限度額内で利用できるサービス内容が定まり，他方，事業者・施設にとっては，その経営状態が影響を受けることから，サービスの提供・利用の動向を左右する。

　措置制度における費用徴収は応能負担であったのに対し，介護保険は応益負担という見地から，サービス費用の1割が本人の負担である（費用負担の公平化を図る 2014 年改正により，一定額以上の所得を有する第1号被保険者は2割を負担することとなった。さらに 2017 年改正によって介護保険制度の持続可能性の確保という理念から，そのうち特に所得の高い層の負担割合は3割となった。なお，ケアマネジメントにかかる居宅介護サービス計画費等については利用者負担がない）。代理受領の場合，本人負担分を利用料として事業者・施設に支払う。利用者が利用料額の高さを懸念してサービス利用を抑制する傾向が指摘されている。

　さらに，2005 年改正により，在宅と施設の負担の公平の観点から，ショートステイを含む介護保険施設やデイサービスなど通所サービスにおける居住（滞在）費・食費が利用者負担となった（居住費は個室利用など居住環境により差が設けられている。通所サービスは食費のみ）。低所得者の負担増に配慮して，所得や資産の状況等を勘案した負担限度額が定められ，その減額分に相当する特定入所者介護サービス費（補足給付）が設けられている（介保 51 条の 3）。

　特別の事情により居宅サービス等の費用を負担するのが困難である場合，9割を超える保険給付が支給され（介保 50 条等），利用者負担が軽減される。ただし，災害による著しい損害や生計維持者の死亡等により著しい収入の減少が生じた場合等に限定され（介保則 83 条等），低所得者について負担の実質的公平を図るという趣旨ではない。そのほか，所得段階に応じて設定された利用者負担上限の超過分を償還払いで給付する高額介護サービス費（介保 51 条・51 条の 2 参照），特別養護老人ホームの旧措置者に対する負担軽減，および社会福祉法人によるサービスの利用料の減額などの措置が講じられ

ている。市町村では，これらの対策ではなお不十分であるとして，独自に，低所得者を中心に利用料の助成施策を導入するところがある。

保 険 料 保険料は，基本的には，給付費から公費負担分（2分の1）を除いた分を，第1号被保険者と第2号被保険者の総人数比で按分して算定する。

第1号被保険者の保険料率は，市町村が，市町村介護保険事業計画に定めるサービスの見込み量に基づく給付費の予想額等に照らして，おおむね3年を通じ財政の均衡を保つことができるよう算定する（介保129条）。第8期（2021年度から2023年度）における同計画の策定に伴い保険料の改定が行われたが，多くの保険者が給付費の増加を理由に保険料を大幅に引き上げている（保険料の全国平均は月額6014円で，増加の一途をたどっている）。

保険料は，被保険者の所得に応じた段階を設けて納付額を増減しており，応能負担の考え方が当初より部分的にとり入れられてきた。保険料額が増大している状況に配慮して，2014年改正により，この保険料段階を従来の6段階から9段階を標準とし，市町村によってはこれをさらに細分化して，低所得層にはさらなる軽減を行うことで応能負担の趣旨をいっそう強化している。

第1号被保険者のうち月額1万5000円以上の公的年金受給者の保険料は，年金保険者が年金の支給時に天引きし市町村に納入する（特別徴収）。この徴収方法は，保険料の確実な収納と市町村の徴収事務の負担軽減を意図したものである。他方，市町村が徴収する普通徴収においては，世帯主および配偶者は連帯納付義務を負う（介保132条）。特別徴収の制度については，とくに年金額その他の所得金額の少ない被保険者の生活状況を勘案して批判が強い。この点に

ついて，最高裁は，この制度は著しく合理性を欠くということはできず，また，生活保護法にいう要保護者や市町村民税非課税者について一律に保険料を賦課しない，または全額免除する旨の規定を設けていないとしても，経済的弱者を合理的な理由なく差別したものではないとして，憲法14条・25条違反の主張を斥けている（最判平18・3・28）。

第2号被保険者の保険料（2017年改正により報酬額に応じた負担）は，それぞれの医療保険の保険者が医療保険の保険料とあわせて徴収する。そして社会保険診療報酬支払基金が医療保険者から介護給付費・地域支援事業支援納付金を徴収し（同150条以下），市町村に対して一定割合で介護給付費交付金として交付するという仕組みで収納される（同125条。地域支援事業支援交付金については同126条参照）。

保険料の減免または徴収猶予は，市町村が条例の定めるところにより「特別の理由がある者」に対してこれを行うことができる（同142条）。その事由は，災害による著しい損害が生じた場合等に限定されるという解釈があるが，一定基準以下の収入しかない低所得者について独自の減免措置を導入する市町村が少なくない。厚生労働省は，保険料の全額免除，収入のみに着目した一律の減免，および減免分に対する一般財源からの繰入れは，負担の公平という介護保険制度の趣旨に照らして不適当であるという見解を示している（減額した額について市町村の特別会計への繰入れと，繰入金について国・都道府県の負担割合が規定されている。介保124条の2）。

負担の公平という理念を貫くため，滞納処分による強制徴収のほかに，保険料滞納者に対する不利益措置が設けられている（同66条以下）。すなわち，法定代理受領から償還払いに支給方法を変更す

る措置，保険給付の全部または一部の支払の一時差止め，差し止められた給付額からの滞納額の控除（相殺）である。さらに，保険料を滞納した第1号被保険者は，債務が時効により消滅した以降でも，後に要介護状態になり保険給付を受けるにあたって，保険料徴収債権の消滅期間に応じて保険給付を減額する，または高額介護サービス費の支給を行わない等の措置が講じられる。介護保障の公平をはかるという理念に照らすならば，これらの不利益的な措置をとるうえで，少なくとも，低所得者に対する保険料の減免を通じて負担の実質的公平が確保されていることが前提となると考えられる。

費用負担と財政 介護保険に関する収支につき，市町村は特別会計を設ける（介保3条2項）。介護保険の費用は，保険給付に必要な給付費と事務費におおむね大別される。給付費の50%を公費でまかない，残りを保険料財源でまかなう。つまり，介護保険は社会保険方式を採用しているといっても，給付財源の半分に公費が投入されているのである。

50%の公費負担の内訳は，国は25%（定率20%＋調整交付金5%），都道府県は12.5%，市町村は12.5%を負担するというものである。ただし，介護保険施設および特定施設入居者生活介護に係る給付費については，国庫負担は20%まで引き下げられ，都道府県の負担は17.5%まで引き上げられている。他方，介護予防・日常生活支援事業については，国庫負担および市町村・都道府県の費用負担に関する規定が別に設けられている（以上について同121条以下参照）。

調整交付金は，後期高齢者率（75歳以上人口／65歳以上人口）や被保険者の所得格差等に起因する市町村間の財政力格差を調整するものである（同122条以下）。なお，給付費の増加や第1号被保険者保険料収納率の低下による介護保険財政の悪化に備えて，都道府県ご

とに財政安定化基金が設置されている（その財源は，国，都道府県，市町村がそれぞれの拠出による）。同基金からの資金の貸付け・交付による財政補塡がある（同147条）。

③ 老人福祉法

福祉の措置

老人福祉法は福祉の措置として，居宅における介護（老福10条の4）および老人ホームへの入所（同11条）等を規定している。介護保険の導入によりこれらの措置に相当するサービスは保険給付の対象となったが，「やむを得ない事由により」，介護保険法に規定する居宅介護の利用，介護老人福祉施設への入所等が「著しく困難であると認めるとき」には，市町村は職権でこれらの措置を実施するのである。

「やむを得ない事由」として主に念頭におかれているのは，一人暮らしで判断能力が低下している，または家族から虐待を受けているといったケースである（前掲大阪地判令元・7・26参照）。居宅介護の措置は，介護保険法上の保険給付等を受けることができる者であることが前提とされている（老福5条）のに対して，入所措置については，このような制限が設けられていないので，介護保険の給付対象でない高齢者であっても措置の対象となると解される。介護保険法の給付対象に含まれない措置，特に養護老人ホームへの入所措置には，このような給付事由の限定はない。

事業・施設と
その規制監督

老人福祉法には，老人居宅生活支援事業，すなわち，老人居宅介護等事業，老人デイサービス事業，老人短期入所事業，小規模多機能型居宅介護事業，認知症対応型老人共同生活援助事業，複合型サービス事業，および老人福祉施設，すなわち，老人デイサービ

スセンター，老人短期入所施設，養護老人ホーム，特別養護老人ホーム，軽費老人ホーム，老人福祉センター，老人介護支援センターの設置・休廃止等を規律する規定がおかれている（老福14条以下）。同時に，これらの運営に関する改善命令・事業停止命令など，さらに，特別養護老人ホーム・養護老人ホームについては，その設備・運営に係る都道府県が条例で定める基準を遵守させるため，設置認可の取消しを含む規制監督措置が設けられている（同17条以下）。

　有料老人ホームは老人福祉施設ではないが，設置数が増加している一方，経営が必ずしも安定せず倒産例も後を絶たない状況にかんがみ，老人福祉法は，高齢者福祉の見地から入所者の利益を保護するため，設置および事業の休廃止について届出義務を課したうえで規制監督の対象としている（老福29条）。すなわち，帳簿の作成・保存，提供する介護等の内容の情報開示や運営状況等の都道府県知事への報告のほかに，権利金等の受領禁止，前払金の保全措置や短期間での契約解除の場合における返還の義務などを設けている（認知症対応型老人共同生活援助事業〔グループホーム〕についても同様の義務が規定されている。老福14条の4参照）。これらの義務に違反したとき，入居者の処遇に関し不当な行為をし，またはその運営に関し入居者の利益を害する行為をしたと認めるとき等は，都道府県知事は，改善命令を行い，さらに法令に違反した場合には事業の停止を命ずることができる。また，都道府県知事には立入調査の権限も付与されている。

　裁判例には，一時金方式の終身利用型の有料老人ホームについて，入居者が見込みよりも大幅に下回って経営が破綻し，契約内容が不履行となるのが十分予測可能であったのに，入居契約を締結しホームに入居させて入居者に損害を与えた場合に，設置者の不法行為責

任を認めたものがある（津地判平7・6・15〈百選110〉）。

3 児童福祉

児童福祉法の意義 1947（昭和22）年に戦後社会福祉立法の先駆けとして児童福祉法が成立するまで，貧困児童，孤児，浮浪児など要保護児童の救貧・保護，治安対策という観点から立法その他施策が講じられていたにすぎなかった。児童福祉法は，18歳未満のすべての児童を対象とする児童福祉に関する総合的な立法という性格を有する。「全て児童は，児童の権利に関する条約の精神にのつとり，適切に養育されること，その生活を保障されること，愛され，保護されること，その心身の健やかな成長及び発達並びにその自立が図られることその他の福祉を等しく保障される権利を有する」という児童福祉法の理念を明確にし（児福1条），積極的に児童福祉の増進を図るという観念に立つ。この理念は，児童にかかわるすべての法令の施行において指導原理となる（同3条）。さらに，国・地方公共団体は，保護者を支援するとともに，児童を家庭において養育することが困難である等の場合は家庭と同様の環境でその養育を推進するなど必要な措置を講じる責務を負う（同3条の2。なお，2016〔平成28〕年の同法改正により1条と3条の2が新設された）。

児童福祉法制の展開 (1) 児童福祉法は1997（平成9）年に大幅な改正が行われ（以下「1997年改正」という），ここでは，少子化の進行や児童をめぐる環境の変化，および児童を権利主体として捉える**児童の権利条約**の批准（1994年）に伴い，児童と保護者の選択・意向の尊重，自立支援，子育て家庭の支

援という理念が具体化された。まず，選択・意向の尊重は，保育の実施の申込みと，入所希望保育所の申込書への記載という形で具体化され（児福24条），また，要保護児童の入所措置等に先立ち，児童の意向の聴取を前提とする（同26条2項）。つぎに，自立支援という機能が，母子生活支援施設（旧母子寮），児童養護施設，児童自立支援施設（旧教護院）に付加された。児童自立支援施設は，不良行為のある児童の入所のほか，家庭環境その他環境上の理由から生活指導等を要する児童も対象とし，その入所・通所施設としての機能を付加された（同44条）。さらに，子育て家庭支援という理念のもと，児童家庭支援センターが児童養護施設等に附置され，その地域での児童・家庭の相談助言，要保護児童とその家庭への指導（児童相談所から受託）等の業務を行うこととなった（同44条の2）。

　(2)　少子化の進行に歯止めがかからないなかで，2003（平成15）年に，少子化社会において講ずる施策の基本理念とともに，国・地方公共団体の責務，少子化に対処するために講ずべき施策の基本事項等を定める少子化社会対策基本法，また，次世代育成支援のための取組みを促進するために，地方公共団体・事業主がそれぞれ行動計画を策定して実施すること等を定める次世代育成支援対策推進法が成立した。これとともに，地域における子育て支援策をいっそう強化するために児童福祉法が改正され，とくに保育需要の増大に伴い，保育の実施への需要が増大している市町村が保育の実施の事業その他子育て支援事業等についてその供給体制の確保に関する計画を定めるものとされた。

　その後，2012（平成24）年，**子ども・子育て支援法**その他関連法（児童福祉法改正を含む。以下「2012年改正」という）が成立した。これは，従前からの課題である待機児童の解消に向けた保育の量的拡

大・確保，幼児期の学校教育と保育の総合的な提供，および地域の子ども・子育て支援の充実を図るものである。

(3)　ニート・ひきこもり・不登校など，社会生活を円滑に営む上での困難を有する子ども・若者が存在する現状を踏まえ，子ども・若者育成支援推進法（2010〔平成22〕年施行）により，子ども・若者総合相談センターなど地域での相談支援，子ども・若者支援地域協議会という関係機関のネットワーク整備，地方公共団体での子ども・若者計画策定などの取組みが行われている。

ひきこもり状態にある人々（2015年内閣府調査によれば15歳から39歳までで約54万人）への支援について，2018（平成30）年までにひきこもり地域支援センターがすべての都道府県・指定都市に設置されたが，2022年度からは，より住民に身近なところでの相談支援を受けられるよう，その設置主体を市町村に拡充し，相談支援・居場所づくり・ネットワークづくり等を一体的に実施するひきこもり支援ステーション事業が導入されている。さらに，ヤングケアラーに対する支援のための事業が2022年度予算に計上され開始されている。

(4)　2022（令和4）年，こども施策を総合的に推進することを目的として，**こども基本法**が成立した。同時に，こども政策の新たな推進体制を構築するため，こども家庭庁設置法が制定された（いずれも2023〔令和5〕年4月1日施行）。こども家庭庁は，内閣府の外局として創設され，内閣府や厚労省等からこどもの福祉・保健等に関する事務の移管を受け，こどもの健やかな成長，こどものいる家庭での子育て支援，こどもの権利利益の擁護に関する事務を行うことを任務とし，こども政策の企画立案・総合調整を担うことになる。

| 子ども・子育て支援法 | 子ども・子育て支援法は，(i)児童手当を子どものための現金給付として明示的に位置 |

づける（同法9条。→第4章**2**「子ども手当と児童手当」参照）ほか，(ii)子どものための教育・保育給付，さらに（2019〔令和元〕年の同法改正により）(iii)子育てのための施設等利用給付を導入し，これらを**子ども・子育て支援給付**として位置づけている（同8条）。後述するように，(ii)によって，児童福祉法24条に基づく市町村による保育の実施または確保について新たな制度・仕組みが設けられている。

また，子ども・子育て支援法は，市町村が，(ii)にかかる施設・事業所の必要利用定員総数，その他の教育・保育の量の見込み，実施しようとする教育・保育の提供体制の確保の内容と実施時期などの事項を盛り込んだ**子ども・子育て支援事業計画**を定めるものとしている（5年を1期として策定する。子育て支援61条。これは，同62条の規定する都道府県子ども・子育て支援事業支援計画とともに，児童福祉施設および家庭的保育事業等の認可の拒否事由となる法的効果をもつ。児福34条の15第5項・35条8項。市町村整備計画に関する同56条の4の2も参照）。

| 子どものための教育・保育給付 | (1) 小学校就学前であって①満3歳以上の子ども，②満3歳以上で家庭において必要な保育を受けることが困難である子ども， |

③満3歳未満の子どもで家庭において必要な保育を受けることが困難である子どもに対して，それぞれに応じ，子どものための教育・保育給付（前掲「子ども・子育て支援法」の(ii)）である (A) 施設型給付費または (B) 地域型保育給付費を支給する（子育て支援11条・19条）。

(A) **施設型給付費**は，保育所での保育，認定こども園での教育・保育，幼稚園での教育を受けたときに支給される（**表3**参照）。保育所

表 3　子どものための教育・保育給付の種類・内容

施設型給付費	地域型保育給付費 （③の子どもが支給対象）
⑦保育所での保育（②③の子どもが対象） ⑦認定こども園での教育・保育（①②③の子どもすべてを対象） ⑨幼稚園での教育（①の子どもが対象）	ⓐ家庭的保育（保育ママ。利用定員 5 人以下） ⓑ小規模保育（同 6 人以上 19 人以下） ⓒ居宅訪問型保育（保護者の自宅での保育） ⓓ事業所内保育（会社の事業所の保育施設）

での保育に対する支給は，家庭において必要な保育を受けることが困難である子ども（上記②③）に限られる。その一方，これに該当しない子ども（上記①）が認定こども園（後掲「施設・事業とその規制監督」参照）での教育・保育，幼稚園での教育を受けたときにも支給対象となる点が注目される（同 27 条）。

(B) **地域型保育給付費**は，上記③の子どもが，**表 3** のⓐⓑⓒⓓのいずれかを受けたときに支給される（同 7 条 5 項以下・29 条）。待機児童の大半を満 3 歳未満の児童が占める現状にかんがみ（2022〔令和4〕年 4 月時点での全国の待機児童数は 2944 人まで減少したが，新型コロナ禍での利用控えが背景にあり，依然 3 歳未満児がそのほとんどを占める），その解消を図る方策として，これら規模の小さい地域型保育の量的拡充が目指されている。

(A) または (B) のいずれの支給に関しても，都道府県または市町村の定める認可基準を満たしたうえで，市町村が条例で定める運営に関する基準に適合し，市町村長の**確認**を受けた施設または事業者による教育または保育であることが前提となる（それぞれ「特定教育・保育施設」，「特定地域型保育事業者」と称される。市町村長は確認の際に利用定員を定める。同 31 条・34 条・43 条・46 条。幼稚園については学校

教育法3条以下も参照)。

　(2)　(A)または(B)の給付は，同じく金銭給付である自立支援給付と基本的に同じ仕組みで行われる（→*1*⑥「自立支援給付方式」参照。ただし，後掲「保育の実施・確保」も参照）。すなわち，市町村は，保護者からの申請に対し，支給要件に該当すると認めるときは（上記②③の子どもについては保育必要量の認定を含む）**支給認定**を行い，支給認定証を交付する（同20条）。保護者は上述した特定教育・保育施設または特定地域型保育事業者にこれを提示し，これらとの間で契約を締結して保育または教育を受けることで，その費用に関して（保護者の世帯の所得状況等を勘案して定められた利用者負担分を除き）(A)または(B)の給付を受ける（同27条・29条）。施設・事業者に支払うべき費用は市町村が保護者に代わり施設・事業者に支払うことができる（代理受領）。

　なお，支給認定にかかる子どもが，認定の申請から支給認定までの間に，緊急その他やむを得ない理由により特定教育・保育または特定地域型保育を受けた場合等は，市町村は特例施設型給付費または特例地域型保育給付費を支給することができる（同28条・30条。これらもまた子どものための教育・保育給付に含まれる。同11条）。

　利用契約の締結に関して，施設・事業者は，正当な理由がない限り保護者からの利用申込みを応諾する責務，利用定員を超える場合に公正な選考を行う責務（同33条・45条），市町村による利用のあっせんや要請に協力する責務（同42条・54条）を負うという規律が設けられている。

　支給要件，保育必要量の認定等に関して国の法令の規律密度が大きく，市町村の条例制定権を含む判断余地が狭められている点が留意される。

(1) 児童福祉法の 2012 年改正により，保育の実施を定める 24 条に大幅な改正が加えられた。すなわち，同条 1 項によれば，市町村は，児童福祉法および子ども・子育て支援法の定めるところにより，保護者の労働または疾病その他の事由により，その監護すべき乳児，幼児その他の児童について保育を必要とする場合において，2 項に定めるところによるほか，当該児童を保育所において保育しなければならない。ここでは，市町村による保育の実施が児童福祉法のみならず子ども・子育て支援法の定めるところによると規定され，また，保育所入所要件が改正前の「保育に欠ける」から「保育を必要とする」に変更されている（また，保育に対する需要の増大等のやむを得ない事由があるときは，家庭的保育事業により保育を行うことその他の適切な保護をしなければならない旨を定める同条 1 項但書も削除された）。そして，同条 2 項によれば，市町村は，1 項に規定する児童に対し，認定こども園，家庭的保育事業等（**表 3** の ⓐⓑⓒⓓ の各事業）により必要な保育を確保するための措置を講じなければならない。

　同条 1 項および 2 項について，市町村に体制確保の義務を課すにとどまるのか，あるいは，個々の子どもに対して認定こども園や家庭的保育事業等も含めた保育を実施する市町村の法的義務を解釈論上導くことができるかをめぐって議論がある。裁判例では，児童福祉法は 2012 年改正前後を通じて，保育所の定員を上回る需要がある場合に市町村が調整を行い，その結果として保育の必要性がありながら入所が認められない児童が生じるという事態を想定しているものと解されるから，定員を上回る需要があることを理由に市が希望保育所への入所を不承諾とする処分を行ったとしても違法でないとした東京高判平 29・1・25 がある。

(2) 児童福祉法上の保育は，利用関係の異なる 3 つの類型が並立している（→**1**⑥「自立支援給付方式」,「サービス給付方式・措置方式」も参照）。

第 1 の類型は，子ども・子育て支援法に基づく施設型給付費の支給対象となる認定こども園への入所，および地域型保育給付費の支給対象となる家庭的保育事業等の利用関係である。ここでは，（市町村が自ら実施する事業を除き）市町村は保育を行う義務を負わず，保育の利用関係は児童の保護者とこれら施設・事業者の間で成立する。これらの利用を確保するため，市町村が利用のあっせん，調整や設置者・事業者に対する利用の要請を行うことが求められている（子育て支援 42 条・54 条，児福 24 条 3 項）。

第 2 の類型は，保育所における保育の利用関係である。ここでは，市町村が保育所で保育を実施する義務を負うという 2012 年改正前の法律関係が引き続き成立する。すなわち，保護者の保育所入所申込みに市町村が承諾することで保育所利用関係が成立する。保護者が申込書に記載した入所希望保育所が定員を超過した等の場合，市町村が公正な方法で入所児童を選考し，入所決定を行う。

私立保育所における保育については，子ども・子育て支援法 27 条は適用されず施設型給付費の支給対象外である。つまり，入所申込みを承諾した市町村は私立保育所に対して，当該児童の保育を委託し，保育に要した費用を委託費として支払うとともに，保護者等から利用者負担分を徴収する（子育て支援附則 6 条。公立保育所での保育に同条は適用されないが，保育の実施・利用に係る法律関係それ自体は 2012 年改正前と基本的に同じである）。

保育所入所の仕組みは，1997 年改正により，行政処分である保育所入所決定に基づく保育の措置から契約に基づく保育の実施に変

更されたと説明されているが，他方で，同改正後も，入所不承諾および保育の実施の解除は，行政不服審査法に基づく不服申立ての対象となるという行政解釈が示されており，裁判例でも行政処分と解されている（東京地判平18・10・25〈百選95〉，保育の利用解除処分について執行停止を認めた，さいたま地決平27・9・29など）。

　第3の類型は，保育を必要とする乳幼児が，やむを得ない事由により施設型給付費や地域型保育給付費の対象となる保育を受けることが著しく困難である場合には，市町村が自ら，当該乳幼児について保育所・幼保連携型認定こども園への入所，家庭的保育事業等による保育，またはそれぞれの委託を行うというものである（児福24条6項）。この場合は，第2の類型と同様に，市町村が保育を行う義務を負う（なお，児童相談所長等から報告または通知を受けた児童や，被虐待児童など優先的に保育を行う必要があると認められる児童の保育についても同様である。同条5項）。

　(3)　子ども・子育て支援法の施行後もなお，保育の必要性の認定を受けた子どもが，保育所，認定こども園，家庭的保育事業等を利用するにあたり，市町村が利用調整を行ったうえで，各施設・事業者に利用の要請を行う（児福24条3項・附則73条1項）。そのため，利用希望者は市町村に対してこれらの利用を申し込むが，希望者数が利用定員を上回る場合，市町村は保育の必要度を基準に選考して利用調整を行い，利用を承諾できない申込者には保育所等利用保留等の通知を行う運用がみられる。実務では，これは行政上の不服申立ての対象となる行政処分の通知とされている。こうした取扱いは，待機児童がなお多い中で保育の実施の公平を図るものであるが，その反面，保育の利用関係を複雑なものにしている。

2019（令和元）年，幼児教育・保育の無償化の一環として，子ども・子育て支援法の改正により，子ども・子育て支援給付である子育てのための施設等利用給付が創設された（前掲「子ども・子育て支援法」の㊂参照）。これは，ⓐ小学校就学前までの3歳以上の子ども，ⓑ住民税非課税世帯の3歳未満の子どもであって保育の必要性がある子どもが，特定子ども・子育て支援施設等（すなわち，子どものための教育・保育給付の対象外である認定こども園，幼稚園，特別支援学校の幼稚部，認可外保育施設，預かり保育事業，一時預かり事業，病児保育事業，子育て援助活動支援事業であって，市町村長の確認を受けたもの。同7条10項・30条の11）から教育・保育その他の子ども・子育て支援を受けたとき，その費用について施設等利用費を支給するものである（同30条の2）。その受給に当たって，子どものための教育・保育給付と同様に，市町村に申請して支給認定を受ける必要がある。

子育て支援の強化を図るため，子育て支援事業として，放課後児童健全育成事業（放課後児童クラブ。児福6条の3第2項）の法定を始め，子育て短期支援事業（同条3項。保護者の疾病等により家庭での養育が一時的に困難となった児童を児童養護施設等に入所させて必要な保護を行う），乳児家庭全戸訪問事業（同条4項），養育支援訪問事業（同条5項。保護者の養育を支援することがとくに必要と認められる児童等の居宅で養育の相談・指導等を行う），地域子育て支援拠点事業（同条6項），一時預かり事業（同条7項）という子育て支援事業のメニューが追加されてきた（児福21条の9，児福則19条も参照）。さらに病児保育事業，子育て援助活動支援事業などが加えられたほか（2022〔令和4〕年改正により，ヤ

ングケアラーも対象とした子育て世帯訪問支援事業，学校・家以外の居場所支援を行う児童育成支援拠点事業，親子関係形成支援事業が新設されている），これらの事業の多くが，子ども・子育て支援法上の地域子ども・子育て支援事業の中に位置づけられている（子育て支援 59 条）。

市町村はこれら事業の実施を必ずしも義務付けられているわけではなく，その区域内でこれらの事業が着実に実施されるよう必要な措置を行う努力義務を負うにとどまる（児福 21 条の 9）。また，市町村はこれら事業の利用についてあっせん・調整を行うほか，子育て支援事業を行う者に対して利用の要請を行うという役割を担う（同 21 条の 11。この事務を外部に委託することも認められている）。放課後児童健全育成事業，一時預かり事業，病児保育事業については，児童福祉法上の届出制のもとに置かれ，都道府県知事または市町村長の規制監督を受ける（児福 34 条の 8・34 条の 12・34 条の 18。放課後児童健全育成事業については市町村がその設備・運営の基準を条例で定める）。

| 障害児に対する給付 |

「障害児」（身体に障害のある児童，知的障害のある児童，精神に障害のある児童〔発達障害児を含む〕，一定の難病に伴う障害のある児童。児福 4 条 2 項）については，2010（平成 22）年の障害者自立支援法改正に伴う児童福祉法改正により，身近な地域における支援の強化のため，障害種別等に分かれていた施設が一元化され，⑦障害児通所支援および④障害児入所支援に再編されるとともに，新たに⑦障害児相談支援が設けられた。上記以外の居宅サービスについては，障害者総合支援法に基づく障害福祉サービスを利用し，その費用について介護給付費の支給を受けることができる（障害総合支援 2 条 1 項 1 号・5 条 2 項など）。

⑦障害児通所支援は，児童発達支援，医療型児童発達支援，就学している障害児に対する放課後等デイサービス，居宅訪問型児童発

達支援，および保育所等に通う障害児に対する保育所等訪問支援をいう（児福6条の2の2第1項）。そのうち児童発達支援は，障害児に対して，施設に通所させて日常生活上の基本的な動作の指導や知識技能の付与，集団生活への適応訓練その他の便宜を供与するものである。⑦**障害児入所支援**は，障害児入所施設（「施設・事業とその規制監督」で後述）に入所または指定発達支援医療機関に入院する障害児に対して行われる保護，日常生活の指導，知識技能の付与，さらに治療をいう（同7条2項）。⑨**障害児相談支援**は，障害児通所支援を受けるうえで行われる事業者等との連絡調整その他の便宜の供与，障害児支援利用計画の作成などをいう（同6条の2の2第7項）。

これらの支援に係る給付の仕組みは，上述した自立支援給付方式と基本的に同様である（→**1**⑥「自立支援給付方式」参照。**1**⑤「事業者・施設の指定制度」も参照）。すなわち，障害児通所支援については市町村，障害児入所支援については都道府県に申請し，給付決定を得たうえで，指定障害児通所支援事業者，指定障害児入所施設，指定発達支援医療機関，指定障害児相談支援事業者と契約を締結して支援を受けた場合，それに要した費用についてそれぞれ障害児通所給付費，肢体不自由児通所医療費，障害児入所給付費，障害児入所医療費，障害児相談支援給付費が支給されるという仕組みである（同21条の5の3以下・24条の2・24条の25。自己負担分は費用の1割を上限とした応能負担による）。

なお，「やむを得ない事由により」，上記の障害児通所給付費または障害者総合支援法に基づく介護給付費の支給を受けることが著しく困難であると認めるときは，市町村は自ら，障害児通所支援または障害福祉サービスを提供する（これら措置の委託を含む。同21条の6）。

そのほかの給付として，身体に障害のある児童に対する保健所長の療育の指導（同19条），都道府県が結核罹患児童に対して医療および学習や療養生活に必要な物品を支給する療育の給付がある（同20条）。

2017（平成29）年の児童福祉法改正により，障害児支援のニーズの多様化にきめ細かな対応をするため，重度の障害等により外出が著しく困難な障害児に対し，居宅訪問型児童発達支援の新設（同6条の2の2第5項），市町村および都道府県が障害児通所支援等の提供体制の確保に係る目標や必要な見込量等について障害児福祉計画を策定する義務（同33条の20・33条の22）等の措置が講じられている。

さらに2021（令和3）年に，「医療的ケア児及びその家族に対する支援に関する法律」が公布，施行されている。同法は，日常生活および社会生活を営むために恒常的に人工呼吸器による呼吸管理や喀痰吸引などの医療的ケアを受けることが不可欠な児童（医療的ケア児。全国で約2万人いると推計される）の健やかな成長を図り，その家族の離職の防止に資すること等を目的とする。地方公共団体は，医療的ケア児と家族に対する相談支援体制の整備，日常生活における支援のほか，医療的ケア児が在籍する保育所や学校等に対する支援等の措置を講じるものとされる。

要保護児童その他に対する措置

(1)　要保護児童とは，保護者のない児童，または保護者に監護させるのが不適当であると認められる児童をいう（児福6条の3第8項）。

要保護児童を発見した者による通告（同25条）を受けてとられる措置は多岐にわたる。すなわち，市町村による指導，児童相談所そ

の他権限を有する機関への送致・通知等（同25条の7以下），児童相談所長または都道府県による指導（同26条1項2号・27条1項2号）のほか，小規模住居型児童養育事業（ファミリーホーム）を行う者や里親への委託または児童養護施設や児童自立支援施設等の児童福祉施設への入所（同27条1項3号），家庭裁判所の審判に付するための送致（同項4号）等がある（なお，里親委託解除処分の取消しを求める里親の法律上の利益を否定した東京地判令元・11・7も参照）。

少年法18条により家庭裁判所から都道府県知事または児童相談所長に送致された児童，および同法24条1項2号の保護処分を受けた児童も，児童福祉法27条1項の措置の対象となる点で，少年法上の手続ないし処分との交錯がみられる（児福27条3項・27条の2参照）。

(2) 以上の措置をとるに至るまで，児童相談所長は，必要があると認めるとき，具体的には，子の安全を確保し，現在の環境に置くことが子の権利尊重・自己実現にとって看過できないと判断されるとき（東京高判平25・9・26参照），保護者および児童の同意なしに，短期の措置として児童を**一時保護**することができる（同33条。児童虐待を受けたと思われる児童に当たり一時保護を加える必要があるとして行った処分を適法とした大阪地判平28・6・3など参照）。一時保護は，開始した日から2ヵ月を超えて行うことはできないが，必要があると認めるときは，家庭裁判所の承認を得て引き続き行うことができる（同条3項以下。この承認例として大阪高決平30・6・15など参照）。なお，2022（令和4）年の児童福祉法改正（以下「2022年改正」という）により，一時保護を行うときは裁判官に一時保護状を請求してこれを得なければならないという形で，同法33条に司法のチェックを受ける手続が導入されるに至った（公布〔2022年6月15日〕後3

年以内で政令で定める日から施行）。

(3) 児童福祉法27条に基づく措置をとるにあたり，児童とその保護者の意向を確認することが前提とされる（同26条2項，児福令32条1項）。その趣旨は児童の権利条約12条にいう児童の意見表明権の具体化にあることから，児童の手続的権利を確認したものと解される。2022年改正により，当該措置をとる，または解除する等の場合（一時保護も同様である），当該児童の意見を聴取しなければならないとする規定が盛り込まれた（児福33条の3の3。同時に，上記の場合のほか，当該措置がとられている児童の処遇に係る意見または意向の把握等を行う意見表明等支援事業が創設された。同6条の3第17項。2024〔令和6〕年4月1日施行）。

(4) 保護者がその児童を虐待し，著しく監護を怠るなど保護者に監護させることがその児童の福祉を著しく害する場合は，保護者の意に反するときでも，児童福祉法27条1項3号に基づく児童養護施設等への入所措置等をとることができる。ただし，保護者が親権を行う者または後見人であるときは，その監護権等を制限することになるため家庭裁判所の承認を得る必要がある（児福28条。承認例として，たとえば大阪高決平29・12・15）。また，承認の申立てがあった場合に，家庭裁判所が都道府県に対し保護者への指導措置をとるよう勧告できること，都道府県は指導の結果を家庭裁判所に報告すること，および家庭裁判所は勧告した旨を保護者に通知すること等の司法関与が導入されている（同条4項以下）。

(5) 児童福祉法27条1項3号に基づく入所措置等を行った後の監護と親権の関係，児童の家庭環境に配慮した規定も児童福祉法に置かれている。すなわち，入所措置等は2年を超えてはならないが，保護者に対する指導措置の効果等に照らして，当該措置を継続しな

ければ保護者がその児童を虐待する等のおそれがあると認めるときは，都道府県は家庭裁判所の承認を得て期間を更新することができる（児福 28 条 2 項。東京家審平 18・2・7 も参照）。また，家庭裁判所は，承認の審判をする場合，当該措置の終了後の家庭環境等の調整を行うため，保護者に対する指導措置を採るべき旨を都道府県に勧告することができる（同条 6 項。東京家審平 19・12・21 参照）。さらに，施設等は関係機関と連携し，入所措置児童等とその保護者に対して親子の再統合（親子関係の再構築等）のための支援等の措置をとらなければならない（同 48 条の 3）。措置解除等の際に親子の生活の再開等を図るため，親子再統合支援事業が法定化されている（2022 年改正による同 6 条の 3 第 15 項。2024〔令和 6〕年 4 月 1 日施行）。

(6) 児童相談所長は，家庭裁判所に対する親権喪失および親権停止の請求（民 834 条・834 条の 2。親権喪失を宣告した原審判の判断を妥当であるとした名古屋高決平 17・3・25〈百選 94〉参照），および親権者のない児童について未成年後見人選任等の請求（同 840 条）を行う権限を有する（児福 33 条の 7 以下）。

一時保護または里親に委託中の児童で親権を行う者や未成年後見人のないものについて，児童相談所長が親権を行う。児童福祉施設に入所中の同様の児童については，児童福祉施設の長がこれを行う。施設長，里親等は，入所中，受託中の児童について監護，教育に関する措置をとることができる（児福 33 条の 2・47 条）。

児童福祉法 27 条 1 項 3 号の措置を解除されて児童養護施設等を退所した児童等に対して，その社会的自立を図るため，いわゆる自立援助ホームにおいて相談その他の日常生活上の援助や生活指導，就業の支援を行う児童自立生活援助事業がある（同 6 条の 3 第 1 項・33 条の 6）。

(7)　地方公共団体は，要保護児童等への適切な支援を図るために必要な情報の交換を行うとともに，支援の内容に関する協議を行うため，児童福祉関係機関・関係者のほか，学校・教育機関，保健医療機関，警察，弁護士会，NPO 等の関係機関・団体により構成される**要保護児童対策地域協議会**を設置するよう努めなければならない（同 25 条の 2）。協議会を設置した地方公共団体の長は，協議会を構成する関係機関等から，事務の総括や関係機関等との連絡調整等を担う要保護児童対策調整機関を指定する。そこには児童福祉司等の一定の専門資格を有する調整担当者が置かれる。積極的な情報提供や連携を図るため，この地域協議会を構成する関係機関等には守秘義務が課せられている（同 25 条の 5）。現在，ほぼすべての市町村でこの協議会が設置されており，児童虐待の登録ケースが多い。

児童虐待防止と
被虐待児童の保護

今日，児童虐待の増加が社会問題となっている。被虐待児童をより迅速かつ効果的に保護するため，上述した児童福祉法上の要保護児童に対する措置に加えて，2000（平成 12）年に成立した児童虐待の防止等に関する法律（**児童虐待防止法**）は，児童虐待の定義規定をおくとともに，通告の促進，立入調査の要件緩和，虐待を行った保護者と児童との面会・通信の制限等の措置を定める（児童虐待 6 条・12 条など。なお，児童相談所長が行政指導として行った児童養護施設入所中の児童に対する保護者の面会通信制限の限界について，宇都宮地判令 3・3・3 参照）。

　その後もなお，とくに家庭での深刻な児童虐待が後を絶たない状況にかんがみ，その対策の強化をはかるため，同法の改正が重ねられてきた。すなわち，身体的虐待，性的虐待，ネグレクトのほか，児童に対する著しい暴言または著しく拒絶的な対応，児童が同居す

る家庭での配偶者に対する暴力その他の児童に著しい心理的外傷を与える言動を行うこと（心理的虐待）を児童虐待の定義に盛り込む（児童虐待2条）とともに、「児童虐待を受けたと思われる児童」についても通告義務の対象とした（同6条）。

　また、親子の再統合を含め児童が良好な家庭的環境で生活できるよう、児童虐待を行った保護者が児童福祉法27条1項2号の指導を受けないときは、都道府県知事はその保護者に対し指導を受けるよう勧告でき、保護者がこれに従わない場合、一時保護や入所措置等をとることができる（児童虐待11条）。さらに、児童の安全確保を図る方策を強化することを目的に、虐待事実等を調査するため、児童の住所等への立入調査・質問（児福29条）に加え、保護者への出頭要求等を経て、裁判所の許可状を得て実力による住居への強制立入調査を行う権限（児童虐待9条の3以下）が都道府県知事に認められている。さらに、保護者に対し入所措置等のとられている児童への接近禁止命令（同12条の4）の対象が拡大されている。

　他方で、上述の措置によって施設に入所した児童が施設職員からの虐待を受けるという事例も生じており（児童養護施設の長による入所児童への暴行等について県の国家賠償責任を肯定した東京高判平21・2・26参照）、これに対応するための諸規定が設けられている（児福33条の10以下）。さらに、2019（令和元）年、児童虐待防止対策の強化を図るため、親権者による体罰の禁止が明文化された（児童虐待14条1項。児童相談所長、児童福祉施設の長等も同様である。児福33条の2第2項・47条3項）。

| 施設・事業とその規制監督 | 児童福祉施設として位置づけられるのは、助産施設、乳児院、母子生活支援施設、保育所、幼保連携型認定こども園、児童厚生 |

施設，児童養護施設，障害児入所施設，児童発達支援センター，児童心理治療施設，児童自立支援施設および児童家庭支援センターである（児福7条・36条〜44条の2。さらに2022年改正により，里親の普及啓発，里親や委託児童等に対する相談支援等を行う里親支援センターが児童福祉施設の一つとして創設された。同44条の3。2024〔令和6〕年4月1日施行）。

　そのうち障害児入所施設は，従来，障害種別に分かれていた施設を2010（平成22）年の児童福祉法改正で入所による支援として一元化したものである（前掲「障害児に対する給付」参照）。また，同改正で創設された児童発達支援センター（児福43条）は，障害児通所支援を担うほか，身近な地域における障害児支援の中核として位置づけられている。

　児童福祉施設の設置は，市町村は都道府県に届出を行い，市町村以外の者は都道府県の認可を得る必要がある（児福35条3項・4項。都道府県には児童自立支援施設を設置する義務がある。同条2項，児福令36条）。施設の種類ごとに設備・運営に関する基準が都道府県の条例で定められており（児福45条。→**1**⑤「社会福祉施設の設備・運営の基準と規制監督」参照），都道府県知事は，その遵守に関して報告徴収・質問・立入検査，基準に達しない場合は改善勧告，改善命令および事業停止命令を行い（同46条），法令違反等のある場合は認可を取り消す権限を有する（同58条）。さらに，保育所の認可に際しては，同条例への適合が審査されるほか，経済的基礎，社会的信望，社会福祉事業に関する知識・経験の有無，および人的欠格要件への該当性が審査対象となることが2012年改正により法定された（同35条5項）。

　2006（平成18）年に「就学前の子どもに関する教育，保育等の総

合的な提供の推進に関する法律」（認定こども園法）が制定され，所定の要件を充たした保育所または幼稚園を都道府県知事が**認定こども園**として認定する制度が導入された。認定こども園は，保育を必要とする子どもであるか否かにかかわらず教育および保育を総合的に提供するとともに，保護者に対する子育て支援を行う。そのうち幼保連携型認定こども園は，2012年改正により学校としての教育と児童福祉施設としての保育を一体的に行う施設に位置づけられている（認定子ども園法2条7項，児福39条の2）。

　認可を受けていないが児童福祉施設と同様の業務を行う施設に対しても，入所児童の福祉の観点から規制監督措置が設けられている。すなわち，都道府県知事は，報告徴収や立入調査を実施し，施設の設備・運営の改善等の勧告を行うことができ，これに従わない場合にはその旨の公表が予定され，さらに事業停止命令や施設閉鎖命令を行う権限を付与されている（同59条）。とりわけ，認可外保育施設での入所児童の負傷・死亡事件が続発したため，上述の規制監督措置に加えて，設置者に対して都道府県知事への事業開始・休廃止等の届出義務を課すとともに，運営状況の報告，さらに利用希望者への契約内容等の説明，契約成立時の書面交付等を求めている（同59条の2以下）。なお，子ども・子育て支援法の施行によって，地域型保育給付費の支給対象となる家庭的保育事業等（同24条2項。前掲「保育の実施・確保」参照）に移行する認可外保育所がみられる。

　家庭的保育事業等は市町村長の認可を得たうえで行うことができ，その規制監督を受ける（同34条の15以下・58条2項）。他方，その認可を受けない事業者に対しても認可外保育所と同様の規制監督が及ぶ。

(1) 都道府県は，児童の特殊性に対応した専門機関として**児童相談所**を設置し，そこに**児童福祉司**をおく義務がある（児福 12 条・13 条。指定都市も同様である。自治令 174 条の 26 第 1 項）。児童相談所の業務は，児童に関する家庭等からの相談，児童とその家庭についての調査，医学的・心理学的その他の知見からの判定，これらに基づく指導，および児童の一時保護である（児福 12 条）。児童相談所長には，児童福祉法 27 条に基づく要保護児童に関する都道府県知事の措置権限，福祉事務所長には，その他の都道府県知事・市町村長の権限が委任されている場合が多い（同 32 条）。2019（令和元）年，児童虐待防止対策を強化するため，医師・保健師の配置義務（同 12 条の 3 第 8 項）や，弁護士の配置またはこれに準ずる措置（同 12 条 4 項），児童相談所の介入機能と支援機能の分離（児童虐待 11 条 7 項）等の児童相談所の体制強化，さらに，都道府県知事による児童相談所の管轄区域の策定（児福 12 条 2 項）など児童相談所の設置促進が図られている。

(2) 市町村は，従来の保育の実施等に加えて，児童の福祉に関し，必要な実情の把握，情報の提供を行うとともに，家庭その他からの相談に応じ，必要な調査・指導を行う等の業務を担う（同 10 条）。また，母子保健法により，妊産婦，乳幼児の保護者に対して，妊娠・出産，育児に関して必要な保健指導を行っている（保健所もまた，児童の健康相談・療育指導等の業務を行う。児福 12 条の 6）。さらに，2022 年改正により，市町村は，母子保健の相談を含め，妊産婦，子育て世帯，子どもに対し一体的に相談支援を行う機能をもった，こども家庭センターの設置に努めることとなっている。同センターは，相談を受けて，地域における様々な資源による支援メニューにつなぐためのマネジメント，および支援を要する子どもや妊産婦等

へのサポートプランの作成を担うものである。また，市町村は，地理的条件・人口等を勘案して定める区域ごとに，住民からの子育てに関する相談に応じ，必要な助言を行うことができる地域子育て相談機関を整備する努力義務を負う（同10条の2・10条の3。2024〔令和6〕年4月1日施行）。

児童委員は，民間人に委嘱された民生委員がこれを兼ねており，その職務体制と内容に関する規定が置かれている（同16条以下）。

費用負担　給付に伴う費用の利用者負担は基本的に応能負担による（児福21条の5の3第2項2号・56条等，子育て支援27条3項）が，2019年，「子どもの保護者の経済的負担の軽減について適切に配慮」することが子ども・子育て支援法の基本理念に追加され（同2条2項），幼児保育・教育の無償化が導入されている（3歳以上の子ども，住民税非課税世帯の3歳未満の子どもが，保育所・認定こども園・幼稚園，地域型保育事業，子育てのための施設等利用給付の対象施設・事業などを利用した場合，一定の条件のもとで利用者負担が無償となる）。また同時に，小学校就学前までの3歳以上の障害児に対する児童発達支援などの障害児通所支援，および障害児入所支援にかかる利用者負担も無償化されている。

国・都道府県・市町村それぞれの費用負担については，児童福祉法51条以下，子ども・子育て支援法65条以下を参照。

公立保育所の民営化をめぐる裁判　地方行財政改革の一環として，市町村で公立保育所の民営化が進められたが，それに伴う保育の質の低下や保育環境の変化が児童に与える影響等を懸念して保護者らが，公立保育所を廃止する条例の取消訴訟を提起する事例が全国でみられた。

この訴訟では，まず，廃止条例の制定行為が行政処分に当たるか

どうかが問題となる。最判平21・11・26〈百選96〉は、「保育所の利用関係は、保護者の選択に基づき、保育所及び保育の実施期間を定めて設定されるものであり、保育の実施の解除がされない限り……、保育の実施期間が満了するまで継続するものである」から、「特定の保育所で現に保育を受けている児童及びその保護者は、保育の実施期間が満了するまでの間は当該保育所における保育を受けることを期待し得る法的地位を有する」ことを認めた。そのうえで、廃止条例は、「他に行政庁の処分を待つことなく、その施行により各保育所廃止の効果を発生させ、当該保育所に現に入所中の児童及びその保護者という限られた特定の者らに対して、直接、当該保育所において保育を受けることを期待し得る上記の法的地位を奪う結果を生じさせるものである」こと等を理由に処分性を肯定した（ただし、保育の実施期間がすべて満了しているため取消しを求める訴えの利益は失われたとする）。

　つぎに、本案については、廃止条例の制定について広範な裁量を認め、請求を棄却する下級審判決が少なくない（大阪高判平18・1・20、大阪地判平17・1・18、大阪地判平17・10・27、大阪地判平29・5・18など）。これらによれば、利用契約は当該保育所が存続することを前提とするものであり、公立保育所の廃止は保育需要や財政状況などを総合的に勘案した市町村の裁量に委ねられているから、経費節減や待機児童解消という合理的な理由があり、また、移管される保育所で保育内容の継続性や保育水準の維持に配慮した措置が講じられていることを考慮すると、その逸脱、濫用はないとして条例制定行為は適法であるという。

　これに対して、保護者らの選択した保育所で保育を受ける利益を尊重して、民営化に急ぐあまりその過程において保護者や児童への

配慮が十分でないような場合に，保育所廃止について裁量権の逸脱または濫用を認めた判決もある。たとえば，民営化に多くの保護者の承諾が得られないうえ，市との間で信頼関係の回復が見込めない状況にもかかわらず，早急に民営化を実現するため約3ヵ月後に保育所を廃止する条例を制定したことは違法であるとした横浜地判平18・5・22〈百選〔第4版〕102〉がある（ただし，保育所が廃止されて2年余りが経過した時点で本件条例の制定を取り消すことは公の利益に著しい障害を生じるとして，行訴法31条に基づく事情判決を行って取消請求を棄却し，市の国家賠償責任のみ認めた。そのほか，神戸地決平19・2・27，大阪高判平18・4・20も参照）。

禁止行為　「児童は，これを酷使してはならない」という憲法27条3項の趣旨に従い，児童福祉法は，児童の心身の発達に有害な影響を及ぼすなど児童の福祉を害する典型的な行為を列挙する（児福34条1項）と同時に，児童福祉施設での児童の酷使を禁止する（同条2項）。これに違反した者には罰則の適用がある（同60条）。そのほか，児童の権利擁護を目的として，「児童買春，児童ポルノに係る行為等の規制及び処罰並びに児童の保護等に関する法律」が，1999（平成11）年に制定されている。

4 障害者福祉

1 障害者福祉の理念と法制の展開

(1)　第二次大戦前は，傷痍軍人に対する援助施策以外に，障害者に関する独自の法制度は存在しなかった。GHQの指示により同施

策は廃止され，**身体障害者福祉法**の制定をみたのは 1949（昭和 24）年になってからである。当初，訓練等により経済的自立の可能な身体障害者の更生援護に運用の重点がおかれていた。

1970（昭和 45）年，障害者施策を所管省庁の垣根を越えて総合的に推進するため，その基本事項を定める心身障害者対策基本法が成立した。その後，1975（昭和 50）年に国連総会で「障害者の権利宣言」が決議され，その実施を促進するため，1981（昭和 56）年を国際障害者年として，障害者の「完全参加と平等」を目指す施策が推進された。これを契機に，障害者運動の進展と並行して，障害等により社会的不利を被る人々が社会において等しく権利を享受できるよう保障するというノーマライゼーションの理念が普及することとなった。

この考え方は，法制度や施策面に影響を及ぼし，1993（平成 5）年に成立した**障害者基本法**にも盛り込まれている。同法は，障害者の自立と参加を基本理念として，障害者の医療・介護，年金等，教育，雇用の促進等，住宅の確保，公共的施設や情報の利用におけるバリアフリー化など多岐にわたる施策の基本方針を定める。なお，雇用の促進については，すでに「障害者の雇用の促進等に関する法律」（1960〔昭和 35〕年制定の身体障害者雇用促進法が 1987〔昭和 62〕年に名称変更）において，職業訓練・職業紹介や事業主の雇用義務等が定められていた。

2002（平成 14）年に策定された国の障害者基本計画は，入所施設のあり方を見直し，施策の重点を在宅サービスにさらにシフトさせるものであった（現在，2018〔平成 30〕年度からの 5 年間を対象とする障害者基本計画〔第 4 次〕のもとでの諸施策が推進されている）。同計画の策定にあたって，内閣府に設置される障害者政策委員会の意見を

聴くことが求められている（障害基 11 条 4 項）。

2004（平成 16）年，障害者基本法に，障害者に対する差別の禁止が明示された（同 4 条）。また，地方公共団体は障害者計画の策定を義務づけられることとなった（同 11 条）。さらに 2006（平成 18）年，公共的施設や公共交通機関の利用について，「高齢者，障害者等の移動等の円滑化の促進に関する法律」（バリアフリー新法）が成立した。

(2)　1950（昭和 25）年の精神衛生法を経て 1987（昭和 62）年の精神保健法まで，精神障害者は，公衆衛生・保健医療の対象として観念されてきた。1993 年成立の障害者基本法において精神障害者の自立と社会参加も基本理念に位置づけられるに至り，1995（平成 7）年の「精神保健及び精神障害者福祉に関する法律」（**精神保健福祉法**）により，地域での生活を支援する社会福祉事業が法定化されるに至った。

また，1960（昭和 35）年に制定された精神薄弱者福祉法は，1998（平成 10）年に**知的障害者福祉法**に名称変更された。さらに 2004（平成 16）年，**発達障害者支援法**が制定された。従来，発達障害（自閉症，アスペルガー症候群その他の広汎性発達障害，学習障害，注意欠陥多動性障害その他これに類する脳機能の障害であってその症状が通常低年齢において発現するものとして政令で定めるもの）は，支援の必要性が十分には認識されず，障害の種別の谷間に置かれ，いずれの法制度によっても適切な給付その他の支援を受けられないという状況がみられた。そこで，同法は，早期にこれを発見し発達支援を行う国・地方公共団体の責務を明らかにするとともに，発達障害者支援センターでの相談・助言，学校教育や就労等における支援など，発達障害者の自立および社会参加に資するよう，その生活全般にわたる支援を図る

ことを目的とするものである。2016（平成28）年の改正により，目的（1条）に「障害者基本法の基本的な理念にのっとり」，発達障害者の定義（2条2項）に「発達障害がある者であって発達障害及び社会的障壁により日常生活又は社会生活に制限を受けるもの」という文言が盛り込まれ，これらに照らして新設された基本理念（2条の2）に基づき，支援のための各施策（5条以下）が強化されている。

（3）2003（平成15）年，身体障害者福祉法や知的障害者福祉法等が改正され，支援費制度が導入された（→**1**②「措置制度と社会福祉基礎構造改革」参照）。これに伴い，障害者のサービス利用が急増して経費が増加し，財源不足に陥るという事態となり，また，サービス資源および実施水準の地域格差が大きいという問題が指摘された。その結果，支援費制度を維持することが困難視されるようになり，介護保険の被保険者の範囲を拡大し，同制度を介護保険に統合するという解決策が示された。

しかし，この案をめぐって議論が紛糾したため，2005（平成17）年の介護保険法改正ではこれは実現せず，代わって同年に成立したのが障害者自立支援法である。同法は，身体障害，知的障害をはじめ障害の種別や年齢等に応じて分立していた障害者福祉法制を，給付面についてほぼ一元化するものであり，また，支援費制度の枠外に置かれていた精神障害者福祉もその対象に含められることとなった。もっとも，同法についてはとりわけ応益負担（サービス費用の1割が利用者の自己負担となる）に批判が集中し，同法の違憲を主張しその廃止を求める訴訟が提起されるに至った。

（4）2006（平成18）年，**障害者権利条約**が国連で採択され，日本はその翌年に署名した。これに伴い，その締結に向けて国内法の整備が進められた（日本は2014〔平成26〕年に国内で発効）。内閣府に設

置された障がい者制度改革推進会議を中心に，上記訴訟の原告らと国（厚生労働省）との基本合意文書も踏まえつつ，障害者法制の改革論議が行われた。

その結果，利用者負担は原則，応能負担となり（2010〔平成22〕年），「障害者」の定義について障害者基本法2条が改正され（2011〔平成23〕年。②「障害・障害者の定義，社会的障壁とその除去」で後述），障害者自立支援法の名称が改められ，「障害者の日常生活及び社会生活を総合的に支援するための法律」（**障害者総合支援法**〔2012（平成24）年〕）が成立した。その後，障害者の地域生活の支援を図るためのサービスの新設などの改正が行われている（2016〔平成28〕年）。

(5)　障害者に対する深刻な虐待事件が発生していることを受けて，養護者，障害者福祉施設従事者等，および使用者による障害者に対する虐待の防止等に関する施策を促進するために，「障害者虐待の防止，障害者の養護者に対する支援等に関する法律」（**障害者虐待防止法**）が2011（平成23）年に制定された。同法には，障害者虐待防止に係る具体的なスキームとして，市町村，都道府県，都道府県労働局長，労働基準監督署長または公共職業安定所長がそれぞれの有する立入調査，障害者支援施設等への入所等による一時保護，後見開始等の請求，または規制監督等を適切に行うこと，および対応窓口となる市町村障害者虐待防止センター，都道府県障害者権利擁護センターの機能を市町村または都道府県の部局または施設に果たさせること等が規定されている。

また，障害者権利条約の締結に向けて，上記推進会議で障害者差別禁止法の制定論議が進められ，2013（平成25）年に「障害を理由とする差別の解消の推進に関する法律」（**障害者差別解消法**）の成立をみた（→**ISSUE⑨**）。

　障害者を対象とする法制度は，21世紀に入り大きく変貌を遂げている。なかでも重要なのが，障害者差別禁止法制の導入である。差別禁止というアプローチ自体，公的な給付という色彩の強い社会保障法の中に当然に位置づけられるものではないが，障害者の生活保障を考えるにあたって大変重要であるため，ここで触れておきたい。

　障害者差別禁止の先駆けとなったのは，1990年アメリカで成立した「障害をもつアメリカ人法（ADA）」である。2006（平成18）年には国連で障害者権利条約が採択された。日本政府は，2007（平成19）年9月に条約に署名し，それ以後，条約批准に向けた取組みがなされ，2014（平成26）年に批准した。

　従来の日本の障害者法制は，福祉サービスや雇用率制度といった社会権的（あるいは福祉的）アプローチが主流であったのに対し，権利条約は平等と差別禁止の理念のもと，障害者の人権を自由権と社会権との複合的な基盤から捉えようとするものであった。2011（平成23）年障害者基本法改正では，従来から定められていた障害を理由とする差別の禁止（同4条1項）に加えて，社会的障壁の除去の実施について必要かつ合理的な配慮がされなければならないこと（同条2項）を定めた。合理的配慮の否定は，権利条約2条が障害に基づく差別に含めており，この考え方を踏まえて規定したものである。

　さらに2013（平成25）年，障害を理由とする差別の解消の推進に関する法律（障害者差別解消法）が成立した。行政機関等における障害を理由とする差別の禁止につき，障害を理由とする不当な差別的取扱いの禁止（同7条1項），必要かつ合理的な配慮の提供義務（同条2項）を規定した。事業者における障害を理由とする差別の禁止についても，障害を理由とする不当な差別的取扱いの禁止（同8条1項）を規定した一方，必要かつ合理的な配慮の提供（同条

2項）については努力義務にとどめた。他方，同年の障害者雇用促進改正法では，雇用率制度を残しながらも，賃金の決定等にかかる不当な差別的取扱いの禁止（同35条）を規定するとともに，募集および採用，均等待遇の確保等にかかる必要な措置を事業主に義務づけた（同36条の2・36条の3。ただし，過重な負担を及ぼすこととなるときは，この限りでない。同36条の2但書・36条の3但書）。このように，民間事業者（主）に対しては，雇用分野の法的規制の方が強力といえるものであった。ただし，2021（令和3）年障害者差別解消法改正により，民間事業者に対する合理的配慮が法的義務となり，雇用以外の分野についても強化された（公布日〔2021（令和3）年6月4日〕から3年以内）。

　差別禁止アプローチの本格的な導入は，障害者を保護の客体から権利の主体へと捉え直す重要な契機となり得る点でも重要である。

（菊池）

② 障害・障害者の定義と障害者手帳制度

障害・障害者の定義，
社会的障壁とその除去

「障害」および「障害者」概念が問い直されている。つまり，障害を個人に内在する属性と捉える従来支配的であった見方（個人モデル・医学モデル）が批判に晒され，個人の機能障害（個人の心身の機能・構造上の損傷，インペアメント）と社会的障壁の相互作用から生まれるものとして捉える考え方（社会モデル）が有力となっているのである。障害の解消は，個人モデルでは，医学的リハビリテーション等を用いて障害者個人を社会に適応させることによって追求する一方，社会モデルでは，社会的障壁を除去・改変することを

つうじて目指すことに重点が置かれる。

　社会モデルの考え方は，障害者権利条約の中に明示され，日本でも 2011（平成 23）年に改正された障害者基本法の「障害者」の定義に盛り込まれるに至っている（同法 2 条）。すなわち，「身体障害，知的障害，精神障害（発達障害を含む。）その他の心身の機能の障害（以下「障害」と総称する。）がある者であって，障害及び社会的障壁により継続的に日常生活又は社会生活に相当な制限を受ける状態にあるものをいう」（同条 1 号）。**社会的障壁**とは，「障害がある者にとって日常生活又は社会生活を営む上で障壁となるような社会における事物，制度，慣行，観念その他一切のものをいう」（同条 2号）。

　こうした社会的障壁の除去について，障害者差別解消法は，（その実施に伴う負担が過重でないときは）必要かつ合理的な配慮をすることを求めている（障害基 4 条 2 項も参照）。従前，事業者はこうした配慮をする努力義務を負うにとどまっていたが，2021（令和 3）年の同法改正により，行政機関等と同様に義務を課せられることとなった（障害差別解消 8 条 2 項。同年 6 月 4 日の公布日から起算して 3 年を超えない範囲内において政令で定める日から施行される→**ISSUE⑨**。なお，名古屋高判令 3・9・3 は，町が，町立中学校に通う障害のある生徒に対し喀痰吸引器具を公費で取得して貸与することを合理的配慮であると認めず，これを父母が取得すべきとしたことが，障害基 4 条 2 項，障害差別解消 7条 2 項に違反するといえないと判示している）。

障害者手帳制度

　障害者に対するサービス・給付を一元的に規定する障害者総合支援法は，「障害者」の定義に発達障害者が含まれることを明記するほか，一定範囲の難病患者を新たに加えている（同法施行令 1 条）。ただし，その支給対

象について，依然，身体障害者福祉法，知的障害者福祉法，精神保健福祉法の定義を踏襲している（障害総合支援4条1項。障害児については児福4条2項）。

　とくに身体障害者福祉法は，同法にいう身体障害者を**身体障害者手帳**の交付を受けたものと規定しており（身福4条），その結果，サービスその他の支援の受給者要件は手帳制度と一体化している。すなわち，身体障害者とは，身体障害者福祉法別表に掲げる身体上の障害がある18歳以上の者であって，都道府県知事から身体障害者手帳の交付を受けたものを指す（同4条）。都道府県知事は，申請に基づき別表に掲げる障害に該当すると認定したとき同手帳を交付する。別表には，視覚障害，聴覚または平衡機能の障害，音声機能・言語機能・そしゃく機能の障害，肢体不自由，心臓・腎臓または呼吸器の機能の障害その他身体障害者福祉法施行令36条に定める障害（いわゆる内部障害）のうち，永続し，かつ日常生活が著しい制限を受ける程度であると認められるものが列挙されている。さらに，身体障害者福祉法施行規則5条3項により手帳に記載される障害の級別（1級から7級）がその別表第5号で具体化されている。

　知的障害者福祉法には，知的障害者の定義や，身体障害者手帳のような障害認定に関する規定はない。他方，知的障害者（児）に対して一貫した指導・相談を行うとともに，各種の援助措置を受けやすくするために，知的障害者更生相談所または児童相談所で知的障害があると判定された者に対して**療育手帳**を交付する制度がある。ただし，これは，法令上根拠規定はなく，通達ないし要綱の定めによって設けられたものである（それにもかかわらず，療育手帳の交付申請に対して知的障害の程度を総合判定C〔軽度〕とした認定を行政処分であるとしてその無効確認の訴えを適法とする東京高判平13・6・26〈百選

〔第 4 版〕109〉がある。他方，処分性が否定される場合でも，公法上の当事者訴訟または民事訴訟をつうじた救済が認められよう）。

　精神保健福祉法は，精神障害者を，統合失調症，精神作用物質による急性中毒またはその依存症，知的障害，精神病質その他の精神疾患を有する者と定義する（精神 5 条）。精神障害者の申請に基づき都道府県知事が**精神障害者保健福祉手帳**を交付する制度が，同法 45 条に設けられている。

　各障害者手帳の取得は，法令上または運用上，各種福祉サービス・金銭給付や，雇用促進・公租公課・旅客運賃等に係る助成措置の受給資格と様々な仕方でリンクしている点で，障害者手帳制度は「障害者」であることの公証的機能を果たしている。もっとも，障害者総合支援法をはじめ各障害者福祉法の給付対象・受給要件は，上述した障害者基本法 2 条の障害者概念に照らして，各人が日々の生活の中で直面する諸種の社会的障壁を除去・改変する必要性に焦点を合わせる必要がある。とくに身体障害者手帳については，生活上の制約や困難さに重点を置いたものではなく，身体機能の喪失・低下を基準としたものであり，しかもそのうち一定範囲の機能障害を対象とするにすぎない。したがって，手帳交付決定が，障害者総合支援法上の給付その他の受給者要件の認定を拘束する法制度および運用を見直すことが課題として残されている。

③　障害者総合支援法

――――――――――
| 給付・事業の種類と内容 |

　障害者総合支援法は，従来の各障害福祉法制に分立して規定されていた給付および事業を一元化した。同法に基づく給付および事業は，①自立支援給付と②地域生活支援事業に二分される（なお，障害児の施設入所または

通所に係る給付は，児童福祉法に基づき行われる。児福21条の5の2以下・24条の2以下。→**3**「障害児に対する給付」参照）。

　①**自立支援給付**は，ⓐ障害福祉サービス，ⓑ地域相談支援・計画相談支援，ⓒ自立支援医療，およびⓓ補装具を主な対象とする（給付の種類・内容については障害総合支援6条参照）。

　ⓐ**障害福祉サービス**は，従前は居宅サービスと施設サービスにそれぞれ分類されていたものを，住まいの場としての施設での生活と，地域における日中活動との連続性を重視し，両者を総合的に捉えている（同サービスの種類・内容については表4を参照。表中，就労選択支援は2022〔令和4〕年の障害者総合支援法改正により創設）。同時に，自立および就労支援を強化するために，これらサービスに要する費用に対する金銭給付は，介護給付費と訓練等給付費の2つに類型化されている（同28条以下）。

　ⓑ地域相談支援・計画相談支援は，障害者福祉におけるケアマネジメントに相当する（「相談支援とサービス利用計画」で後述）。ⓒ自立支援医療は，従前の身体障害者福祉法に基づく更生医療，児童福祉法に基づく障害児への育成医療，精神保健福祉法に基づく精神通院医療を統合したものである（同52条以下）。ⓓ補装具に関する給付は，従来，現物支給であったが，補装具の購入費または修理費の支給に変更されている（同76条）。

　②**地域生活支援事業**は，相談・情報提供・助言，虐待の防止など権利擁護に必要な援助，成年後見制度の利用に要する費用の支給，手話通訳の派遣や日常生活用具の給付または貸与，移動支援，地域活動支援センターでの創作的活動や生産活動の機会提供等の便宜供与等の事業を内容としており，市町村がこれを実施する（同77条）。

表4　障害福祉サービスの種類

障害福祉サービス	介護給付費	居宅介護（ホームヘルプ） 重度訪問介護（常時介護を要する障害者の日常生活支援・外出時の介護） 同行援護（視覚障害者の外出時の同行，移動の援護など） 行動援護（知的障害者や精神障害者が行動する際の危険等を回避するための援護，外出時の介護） 療養介護（昼間，病院で行う機能訓練，療養上の管理，看護，医学的管理の下での介護など） 生活介護（障害者支援施設での昼間における介護や創作的活動等の機会の提供） 短期入所（ショートステイ） 重度障害者等包括支援（常時介護を要する障害者等に対する居宅介護その他の障害福祉サービスの包括的提供） 施設入所支援（障害者支援施設での夜間における介護）
	訓練等給付費	自立訓練（機能訓練・生活訓練） 就労選択支援（就労を希望する者が就労移行支援等を受けること等について，アセスメントの実施，これに基づく事業者等との連絡調整その他の便宜の供与） 就労移行支援 就労継続支援（雇用型・非雇用型） 就労定着支援（雇用された事業所での就労継続を図るための事業主・障害福祉サービス事業を行う者その他の者との連絡調整など） 自立生活援助（施設入所支援・共同生活援助を受けていた障害者が居宅で日常生活を営む上での各般の問題について定期的な巡回訪問や随時通報による相談・情報の提供・助言） 共同生活援助（グループホームでの夜間における相談その他の日常生活上の援助，一人ぐらし等を希望する者への支援や退居後の相談等）

支給決定の手続

　自立支援給付は，利用者が，都道府県知事の指定を受けた事業者または施設と契約を締結して，これらによるサービスを利用したときに，その利用に要する費用に係る金銭給付として行われる。これを受けるためには，

サービスの種類ごとに市町村に申請して，その支給決定を受ける必要がある（障害総合支援19条・20条等）。

　障害福祉サービスに係る自立支援給付については，その支給決定にあたって，まず，市町村職員の面接により障害者の心身の状況，その置かれている環境その他厚生労働省令で定める事項（障害総合支援規則8条）について調査が行われる（後述する指定一般相談支援事業者に委託可能）。自立支援給付のうち介護給付費の申請については，同調査の結果に基づく第1次判定，外部有識者からなる市町村審査会の審査による第2次判定を経て，障害支援区分（6区分）の認定が行われる。障害支援区分は，心身の状態を示す従前の障害程度区分から，障害（とくに知的障害や精神障害）の多様な特性その他の心身の状態に応じて必要とされる標準的な支援の度合いを総合的に示す区分へと，改められたものである。

　市町村は，支給の要否の決定に関する判断のなかで，障害支援区分をはじめ厚生労働省令で定める事項を勘案する（障害総合支援22条1項）。これは，障害の多様な特性に応じた判断をすることを求める趣旨であり，介護保険法ではもっぱら心身の状態に即して要介護認定が行われ，要介護状態の区分に応じて支給限度額が設定されることと対照的である。ただし，上記省令で定める事項には，「当該申請に係る障害福祉サービスの提供体制の整備の状況」も含まれる点に注意を要する（障害総合支援規則12条）。

　また，市町村は，申請者に対してサービス等利用計画案の提出を求め，これも勘案して支給要否決定を行う（障害総合支援22条4項〜6項。「相談支援とサービス利用計画」で後述）。必要があると認めるときは，市町村審査会のほか身体障害者更生相談所など関係機関の意見を聴いて，最終的に同決定を行う（→「目で見る」Ⅵ5d）。

支給決定においては，障害福祉サービスの種類ごとに介護給付費等が支給される同サービスの量（支給量）が月単位で定められる（同22条7項）。処分庁たる市町村は，支給量を定めるうえでも，利用者のおかれた環境や地域の事情等を勘案することが必要となる。支給決定における勘案の仕方や支給量の決定については市町村に裁量が認められるが，一律の給付額を定める要綱等に依拠し，個々の障害者に係る勘案事項について考慮すべき事項を考慮しないなど，当該裁量を適切に行使しない場合，その逸脱または濫用に当たり支給決定は違法となる。

　　┌─────────────────┐
　　│ 支給決定をめぐる訴訟 │　まず，重度訪問介護の支給量が争点となっ
　　└─────────────────┘　た一連の裁判例がある。大阪高判平23・

12・14は，障害者の心身の状況を適切に勘案していない点で支給決定に係る裁量権の範囲の逸脱，濫用を認め，支給量につき月578時間を下回らない支給決定を義務付けた。また，東京地判平28・9・27は，障害者の家族による介護が可能かつ相当な時間を勘案した支給量の決定は市町村長の裁量の範囲内であるとしつつ，月655時間を下回らない支給決定を義務付けた。さらに，東京地判平30・10・12は，障害者の意向を誤認して考慮すべきでない事項（自助努力時間）を過剰に考慮し，考慮すべき事項（昼食および歯磨き介助の必要性）を考慮しない支給決定を違法として，支給量を月568時間20分を下回らないとする支給決定を義務付けている。

　他方，札幌高判平27・4・24は，支給量の決定において財政事情を考慮する余地を認め，24時間介護給付の対象者を限定する審査基準を適法としたうえで，支給量を540時間とする支給決定を適法であるとした。この点に関して，財政事情それ自体は，上記省令所定の勘案事項に明記されておらず，文理上も「障害福祉サービスの

提供体制の整備の状況」という勘案事項に該当するといえないことから，個別事案における支給決定でこれを考慮することは許容されないと解される。審査基準の設定において財政事情を考慮しうるとしても，その考慮の仕方については司法審査が及ぶ。

次に，電動車いすの購入に充てる障害者総合支援法76条1項に基づく補装具費支給の申請を却下した処分を取り消し，同支給決定を義務付けた判決として，福岡地判平27・2・9がある（京都地判令3・3・16も参照）。

さらに，同法7条は，他の法令による給付との調整について介護保険優先原則を規定することから，同条に従い，障害福祉サービスを利用している障害者が介護保険法上の介護給付を利用できることを理由に行われた不支給決定等の違法が争点となった裁判例がある。同決定を違法とした広島高岡山支判平30・12・13がある一方，千葉地判令3・5・18は，介護保険法に基づく要介護認定申請をすることが障害者総合支援法上の介護給付費支給申請の適法要件であると解し，同申請却下処分を適法とした。もっとも，同法にその旨の明示的な規定がない以上，こうした解釈は適切でないと解される。

相談支援とサービス利用計画　障害福祉サービスの利用プロセスには，アセスメント，サービス利用計画の作成とこれに即して各種サービスの組み合わせ，サービス事業者等の連絡調整，サービス実施とその状況・結果のモニタリングというケアマネジメントの手法が，介護保険と同様に採用されている（→**2**②「居宅介護支援」参照）。障害者総合支援法上，これに該当するのが**相談支援**である。相談支援は，㋐基本相談支援に加え，㋑計画相談支援および㋒地域相談支援という類型が設けられ，㋑および㋒の利用に要した費用に対する給付が自立支援給付として

法定化されている（障害総合支援5条18項・19項，6条。前掲「給付・事業の種類と内容」①ⓑ参照）。

　①**計画相談支援**（サービス利用支援）には，サービス等利用計画の作成が含まれる。サービス等利用計画案は，市町村が支給要否決定を行うに当たって，申請者にその提出を求めて勘案するものである（障害総合支援22条4項以下・51条の7第4項以下）。これに対して介護保険におけるケアプランは，要介護認定後に概ね区分支給限度額の範囲内で作成される点に違いがある。

　サービス等利用計画の作成，および支給決定を経てサービス利用のモニタリングに基づく同計画の見直しを含めた計画相談支援を，市町村長の指定を受けた特定相談支援事業者から受けた場合，これに要した費用は計画相談支援給付費として支給され，利用者負担はない（同51条の17。なお，申請時に市町村に対し提出するサービス等利用計画案は，同事業者以外の者または申請者自身が作成するものであってもよい）。

　②**地域相談支援**は，地域移行支援（障害者が障害者支援施設または精神病院から退所・退院して住居の確保をはじめ地域での生活に移行するための準備に関わる相談等の便宜供与），および地域定着支援（居宅で単身生活する障害者について常時の連絡体制を確保し緊急時における相談等の便宜供与）を内容とする。都道府県知事の指定を受けた一般相談支援事業者からこれら支援を受けた場合，市町村に申請し，その支給決定を受けて地域相談支援給付費を受給できる（同51条の5）。

　障害者の総合的な相談のほか，相談支援事業者間の調整や支援を行うなど，2022（令和4）年の障害者総合支援法改正により，地域における相談支援の中核的な役割を担う機関として，市町村（またはその委託を受けた者）は基幹相談支援センターを設置し（同77条の

2），また地域で生活する障害者等に対する緊急時の対応や施設等からの地域移行の推進を担う地域生活支援拠点等を整備する努力義務を負う（同77条3項・4項。2024〔令和6〕年4月1日施行）。

利用の仕組み，
費用負担

（1）　支給決定を受けた障害者は，市町村から交付された受給者証を指定事業者・施設に提示して，これらと契約を締結することでサービスの提供を受ける。これに要した費用について，市町村は支給額を限度に，利用者に代わって指定事業者等に支払う。つまり，サービス費用は，本来であればその全額を利用者が指定事業者等に対して支払うのであるが，指定事業者等は市町村から直接支払を受けることができ，また，利用者は自己負担分を支払うだけで済むという利益を受ける（障害総合支援29条4項・5項等。代理受領）。

（2）　従前の支援費制度のもとでは，利用者またはその扶養義務者の負担能力に応じて自己負担額が算定されていた（応能負担）うえ，食費等も給付対象であった。その後に制定された障害者自立支援法により，サービス費用の1割が，利用者の負担能力にかかわらず利用者が負担することになり（応益負担），また，食費，光熱水費など施設等での居住・滞在に要する費用等も利用者の自己負担とされた。その結果，少なくない障害者が負担増となったことから，国の特別対策として，所得に応じて，月額の負担上限額を設定する高額障害福祉サービス費（同76条の2）や，食費・光熱水費等の負担を軽減する補足給付（特定障害者特別給付費。同34条），その他低所得者について一定の減免措置がとられた。しかしながら，利用料の増加を背景に従前受けていたサービス利用を減らさざるを得ない障害者が増えたこと，とくに障害者福祉における応益負担の採用それ自体に批判が集中したことから，2010（平成22）年の同法改正により負担

能力に応じた利用者負担に戻された。

　この改正により，介護給付費および訓練等給付費の具体的な支給額は，障害福祉サービスに通常要する費用について厚生労働大臣の定める基準に基づき算定した額から，障害者の家計の負担能力等をしん酌して政令で定める額（利用者負担額）を控除した額となった（応能負担。同29条3項等）。なお，同費用の算定基準は，従前は地方の実情等をも考慮して市町村長が定めることが認められていたのに対して，障害者自立支援法以降，地域間格差の是正を意図して，その権限が厚生労働大臣に一元化されている。

　自立支援医療費および補装具費の支給等についても，以上とほぼ同様の支給手続，契約締結による利用の仕組み，利用者負担制度がとられている（同58条・76条）。

　(3)　障害者総合支援法では，介護給付費，地域相談支援給付費，計画相談支援給付費，自立支援医療費，補装具費の支給については，市町村が支弁した費用のうち，国は2分の1，都道府県は4分の1を負担する。なお，市町村が行う地域生活支援事業に要する費用については，予算の範囲内での補助金としての支出にとどまる（補助の割合は国が2分の1以内，都道府県が4分の1以内。障害者総合支援94条・95条，地財16条）。

障害福祉計画　　2004（平成16）年の障害者基本法改正により，政府・都道府県・市町村は障害者計画を策定する義務を負う（同11条）。障害者総合支援法もまた，これと調和を保ちつつ，障害福祉サービス・相談支援・地域生活支援事業の提供体制を整備し，同法に基づく給付・事業を円滑に実施するために，3年を1期として障害福祉計画を策定することを義務づけている（同87条以下。第6期障害福祉計画は2021〔令和3〕年から3年

間を計画期間とする）。

　厚生労働大臣の定める基本指針に即して，市町村障害福祉計画では，当該市町村の区域における障害者等の数，その障害の状況その他の事情を勘案して，障害福祉サービス・相談支援・地域生活支援事業の提供体制の確保の目標，種類ごとの必要な量の見込み，その確保のための方策等が定められる。都道府県障害福祉計画では，そのほかに，広域的な見地から，従事者の確保・資質の向上のために講ずる措置のほか，各年度の指定障害者支援施設の必要入所定員総数等が定められる。なお，その達成状況が，障害福祉サービス事業者および障害者支援施設の指定に関する基準としての効力を認められている点が留意される（同36条5項・38条2項。**1**⑤「事業者・施設の指定制度」も参照。2022〔令和4〕年の同法改正〔以下「2022年改正」という〕により，指定障害福祉サービス事業者の指定について，市町村は都道府県知事に対して市町村障害福祉計画との調整を図る見地からの意見を申し出ることができ，都道府県はその意見を勘案して指定に際し必要な条件を付すことができる。同36条6項以下。2024〔令和6〕年4月1日施行）。

　計画の策定・変更に際し，都道府県および市町村に設置される協議会の意見を聴く努力義務がある（同88条9項）。これは，自立支援協議会と称され，その設置は努力義務にとどまるが，関係機関・団体のほか障害者とその家族もまたその構成員となり，地域における障害者等への支援体制に関する課題について情報を共有し協議を行うものである（同89条の3。なお，この協議会は，2022年改正により，個々の事例についても情報を共有するとともに，参加者に守秘義務を課す規定が盛り込まれた）。

> **事業・施設とその規制監督**

障害者総合支援法は，従前，障害福祉各法で区々に定められていた事業・施設を，その機能に着目して大括りに再編成している。

　まず，同法に基づく事業として，5つの種類，すなわち，障害福祉サービス事業，一般相談支援事業・特定相談支援事業，移動支援事業，地域活動支援センターを経営する事業，福祉ホームを経営する事業を規定し，国・都道府県以外の者による開始および休廃止に伴う届出義務を課す（同79条）。そして，施設を必要とする障害福祉サービス事業，地域活動支援センター，福祉ホームの設備・運営について都道府県が条例で基準を定める。ただし，事項に応じて厚生労働省令で定める基準の拘束を受ける（同80条。→**1⑤**「社会福祉施設の設備・運営の基準と規制監督」参照）。さらに，都道府県知事は，事業に対する規制監督として，報告徴収および立入調査を行い，その事業に関し不当に営利を図り，処遇につき不当な行為をしたとき，または上記の基準に適合しなくなったとき等には，事業の制限または停止命令を行う（同81条・82条）。

　次に，同法に基づく施設は，**障害者支援施設**として包括的に規定されている。その設備・運営についての基準は，事項に応じて厚生労働省令の拘束を受けつつ都道府県条例で定められ（同84条），社会福祉法65条1項の基準とみなされて，国・都道府県・市町村以外の者による設置については同法に基づく設置許可の基準となる（社福62条4項）。また，その遵守は社会福祉法および障害者総合支援法の定める規制監督措置により担保される（同71条以下，障害総合支援85条・86条）。

　これらの事業者・施設，および医療機関が，自立支援給付の対象となるサービスを行うには，さらに都道府県知事による指定を受け

る必要がある（障害総合支援 36 条以下・51 条の 19 以下・59 条以下）。これに伴い，指定の全部または一部の効力を停止，さらに指定の取消しを含む規制監督を受ける（→**1**⑤「事業者・施設の指定制度」参照）。

2016（平成 28）年の改正により，事業者に対して障害福祉サービスの内容等を都道府県知事へ報告することを求めるとともに，都道府県知事はその報告内容を公表する仕組みが創設された（同 76 条の3）。

④　身体障害者福祉，知的障害者福祉，精神障害者福祉

サービスの提供および措置，その他の施策

障害者総合支援法に基づく給付を補完するために，身体障害者福祉法，知的障害者福祉法は，市町村が従前の措置を行う余地を残している。すなわち，障害者総合支援法の障害福祉サービスおよび障害者支援施設への入所を必要とする障害者が，やむを得ない事由により介護給付費または訓練等給付費等の支給を受けることが著しく困難であると認めるときは，市町村は職権で，その障害者につき，政令で定める基準に従い，障害福祉サービスを提供し，障害者支援施設等に入所・入院させ，またはこれを委託することができる（身福 18 条，知福 15 条の 4・16 条）。そのほか，身体障害者福祉法には，盲導犬・介助犬・聴導犬の貸与，身体障害者生活訓練等事業，および身体障害者社会参加支援施設の設置（身福 20 条以下）などが規定されている。

精神保健福祉法には，2022 年（令和 4）改正により，その目的規定（同 1 条）に，障害者基本法の基本的な理念にのっとり精神障害者の権利の擁護を図ることが明記されている。すでに 2013（平成25）年改正では，保護者制度が廃止され，医療保護入院の要件が見

直された（精神障害者の医療については，***ISSUE⑩***を参照。2022年改正による医療保護入院手続の改正，精神科病院における虐待の防止措置等も参照）。また，厚生労働大臣が精神障害者の医療の提供を確保するための指針を定めなければならないことが規定された（同41条）。この指針には，入院医療中心の精神医療から地域での生活を支えるための精神医療への改革の実現に向けて，障害福祉サービス事業者等と医療機関との連携等の推進が盛り込まれている（精神障害者が精神病院から退院する際に障害者総合支援法に基づき行われる地域移行支援については，前掲③「相談支援とサービス利用計画」⑦参照。なお，2022年改正により，精神障害者等に対する包括的な相談支援体制の整備を行う規定，および都道府県知事の選任する入院者訪問支援員が医療保護入院中の者等の話を聞いて生活相談その他の支援を行う入院者訪問支援事業などが創設された。精神保健福祉35条の2以下・46条以下。2024〔令和6〕年4月1日施行）。

実 施 体 制 身体障害者福祉法または知的障害者福祉法に基づく援護または更生援護の実施者は，市町村である（身福9条，知福9条）。ただし，その業務を行う市町村の機関や職員について専門性を確保するための組織規制がない一方，都道府県には**身体障害者更生相談所**および**知的障害者更生相談所**を設置する義務がある（身福11条，知福12条）。これらの機関は，障害者総合支援法に基づく支給決定の手続に意見の聴取という形で関与するほか，専門的知識・技術を要する相談・指導，身体障害者または知的障害者の医学的・心理学的・職能的判定，補装具の処方・適合判定等の専門的業務を行う。これらにはそれぞれ，所定の資格を有する身体障害者福祉司または知的障害者福祉司を配置しなければならない。

精神保健福祉法は，都道府県が**精神保健福祉センター**をおくものとしている（精神6条）。これは，精神保健および精神障害者の福祉に関する知識の普及，調査研究，複雑・困難な相談・指導等を行うほか，障害者総合支援法に基づく支給決定の手続に関与する。ここには，精神障害者やその家族の相談に応じて指導等を行うために，所定の資格を備えた精神保健福祉相談員をおくことができる（同48条）。なお，精神保健指定医および精神科病院については，精神保健福祉法18条以下および19条の7以下を参照。

ISSUE⑩　精神保健法制のあゆみ

　わが国の精神保健法制は，1900（明治33）年の精神病者監護法，1919（大正8）年の精神病院法を経て，1950（昭和25）年の精神衛生法によって，その基礎がつくられた。精神衛生法は，本人または親族等の自宅において精神障害者を隔離・監置するという精神病者監護法の仕組み（私宅監置制度）を廃止し，都道府県に精神病院の設置義務を課すとともに，自傷他害のおそれのある精神障害者のための措置入院，保護義務者の同意に基づく同意入院などの強制入院を通じて，精神障害者の保護を図ろうとするものであった。同法の強制入院を中心とした精神保健のあり方は，費用の多くが一般財源から支出されたこと，薬物療法が未発達であったことなどから，精神病院増設の一因となり，診療体制の整備に一定の貢献を果たした。

　しかし，強制入院中心の精神保健体制は，精神障害者の社会参加を阻害し，閉鎖的な病棟内での虐待を招くなど，基本的人権の保障という点からは問題が少なくなかった。その後，看護職員の暴行によって2名の入院患者を死亡させた「宇都宮精神病院事件」を契機に，精神保健法制の見直し作業が1984（昭和59）年から進められた。1987（昭和62）年に，精神衛生法は，精神保健法に改められ，

入院中心の医療保護体制から地域中心の医療保護体制への転換が画られた。また，精神医療における患者の人権保護を強化するために，強制入院手続を整備し，強制入院から任意入院を中心にするなどの改正がなされた。

さらに，1993（平成5）年の改正により，地域生活援助事業（グループホーム）が法定化され，精神障害者社会復帰促進センターが創設されるなど，社会復帰施策のよりいっそうの充実が図られた。また，同年の障害者基本法の制定によって精神障害者が同法の「障害者」として明確に位置づけられたこと（2条），翌1994（平成6）年には地域保健法の成立によって地域保健体制の整備が促進されたことを背景として，精神保健法は，1995（平成7）年に現行の「精神保健及び精神障害者福祉に関する法律（精神保健福祉法）」に改められた。これらの施策により，わが国においても，強制入院を中心とした制度から，社会復帰を前提とした地域社会における精神保健福祉体制に移行したといえる。

ただし，現行法制度の下においても，強制入院が全廃されたわけではない。指定医の診察の結果，その診察を受けた者が精神障害者であり，かつ，医療および保護のために入院させなければその精神障害のために自傷他害のおそれがあると認められた者に対しては，都道府県知事の行政処分によって強制的に指定の精神科病院に入院させる措置入院（精神29条），指定医の診察の結果，医療および保護のために入院させる必要のある精神障害者に対して，家族等のうちいずれかの者の同意に基づいて本人の同意がなくとも指定の精神科病院に入院させる医療保護入院（同33条），都道府県知事が指定する精神科病院の管理者に対し，医療および保護の依頼があった者について，急速を要し，保護者の同意を得ることができない場合において，指定医の診療の結果，直ちに入院させなければ医療保護を図る上で著しく支障がある場合，72時間以内に限り入院させる応急入院（同33条の7）が認められている。

社会復帰施策との関連では，2005（平成17）年障害者自立支援法により，通院医療が同法に移行し，居宅・在宅の福祉サービスとともに障害者法制全体の中での位置づけを与えられた。また2013（平成25）年精神保健福祉法改正により，精神科病院の管理者に対し，医療保護入院者の退院後の生活環境に関する相談および指導を行う者の設置（同33条の4），地域援助事業者（入院者本人や家族からの相談に応じ必要な情報提供等を行う相談支援事業者等）との連携（同33条の5），退院促進のための体制整備（同33条の6）を義務づけ，退院による地域生活移行促進を図るための措置を講じた。

2022（令和4）年同法改正では，家族等が同意・不同意の意思表示を行わない場合にも，市町村長の同意により医療保護入院を行うことを可能とする一方，入院者の権利擁護の取組みを推進する観点から，医療保護入院の入院期間を定め，一定期間ごとに入院の要件の確認を行うほか，本人の希望により入院者訪問支援事業を創設し（同35条の2），本人の話を丁寧に聴くとともに入院中の生活相談に応じ，必要な情報提供等を行うこととした。　　　　　（倉田）

5　母子家庭・父子家庭と寡婦の福祉

沿　革

母子家庭は，女性の就労条件が相対的に悪いうえに，家事・育児を抱えていることとも相俟って，経済的にも社会的にも不安定な状態におかれていることが多い。

母子家庭に対する福祉施策の総合化を図るため，1964（昭和39）年に母子福祉法が制定された。その後1981（昭和56）年に改正され

て母子及び寡婦福祉法となり，かつて配偶者のない女子として児童を扶養し，子が成人した後も収入や就業等の面で不利な状況におかれている寡婦に対して，母子家庭の母に準じた福祉施策を規定した。

その後，離婚による母子家庭の急増に伴い児童扶養手当（→第4章**2**参照）の受給者が増大したことを背景に，母子家庭支援を，同手当中心の経済支援から就労・自立に向けた総合的な支援に転換し，同手当の受給に制限を設ける児童扶養手当法の改正が2002（平成14）年に行われ，その受給期間に制限が設けられることとなった。これにより，受給資格者が身体上の障害がある場合，就業もしくは求職活動その他自立を図るための活動をしている場合，または疾病などにより就業もしくはこのような活動ができない場合を除き，支給開始から5年を経過すると支給額が2分の1に減額されることとなった（児扶手13条の3，児扶手令7条・8条。→第4章**2**「児童扶養手当法」参照）。

これと並んで行われた2002年の母子及び寡婦福祉法改正に際しても，家事・育児など日常生活を支援する福祉サービスや就労を通じて，母子家庭を支援する施策に重点を置く必要性が主張された。その結果，まず，母子家庭ですでに実施されていた，乳幼児の保育・食事の世話その他の日常生活等を営むのに必要なサービスの提供等が，父子家庭もまたそのニーズに照らして対象とされた（母福17条）。第2に，就労を通じた生活の安定・向上のために職業能力の向上，求職活動の支援および職業生活の安定を図るため，就労支援事業や母子家庭自立支援給付金など各種施策が盛り込まれた。第3に，離別した父親から子の養育費を継続的に受け取る母子家庭が少ないことがその経済的不安定の要因となっている現状にかんがみ，扶養義務の履行を実効的に確保する手段を設ける民事執行法の改正

が行われた。母子及び寡婦福祉法には，扶養義務の履行を図る努力義務の規定が置かれている（同5条）。第4に，福祉サービスその他の支援に関する施策の計画化はこの分野にも適用され，母子家庭等と寡婦の生活を安定・向上させるための施策の基本となるべき事項等に関する基本方針を厚生労働大臣が策定し，福祉サービスの提供や職業能力の向上の支援の措置に関する事項等について，都道府県・市等が基本方針に即して自立促進計画を策定する（同12条）。

その後，2014（平成26）年に，父子家庭への支援を拡大するため，**母子及び父子並びに寡婦福祉法**に改称されることとなった。ただ，雇用環境の悪化のもと，2018（平成30）年の母子家庭の平均総所得金額は年間約306万円で，児童のいる全世帯の41%にとどまるのが現状である（2019年国民生活基礎調査）。そのため，所得保障をはじめ経済的支援を中核とした母子家庭への支援策のさらなる拡充が，依然として求められている。

母子家庭・父子家庭等 に対する福祉の措置 その他

配偶者のない者で現に児童を扶養している者（母子家庭の母，父子家庭の父）および寡婦の相談・指導は，福祉事務所のほか，都道府県知事・市長等の委嘱する母子・父子自立支援員が担当する。これは，職業能力の向上や求職活動を支援する役割も担う（母福8条）。

福祉の措置としては，母子家庭・父子家庭の親および寡婦が，疾病等により日常生活に支障を生じたとき，乳幼児の保育や食事の世話など日常生活等を営むのに必要な便宜を供与する居宅等における日常生活支援がある（同17条・31条の7・33条。この事業の開始・休廃止にあたって届出を要する）。これに加えて，母子家庭・父子家庭と寡婦に対する経済面の支援措置として，種々の使途に応じ低利また

は無利子で貸付けが行われる（母子福祉資金・父子福祉資金などの貸付け。同13条以下・31条の6・32条）。そのほか，法定されているものに，公共的施設内での売店等の設置許可，公営住宅の供給等に加えて，保育施設や放課後児童健全育成事業（放課後児童クラブ）等の利用に関する特別の配慮，児童に対する学習支援を含めた相談・支援を行う母子家庭・父子家庭生活向上事業（同25条以下）がある。

地方公共団体は，母子家庭の母および父子家庭の父に対する就業支援事業として，就職に関する相談その他の必要な支援（同30条・31条の9）を行うほか，当該ひとり親に対して支給される自立支援給付金が導入されている。これには，教育訓練を受けてこれを修了した場合にその経費の一部を支給する自立支援教育訓練給付金（上限10万円）と，就職に有利な一定の資格（看護師・介護福祉士・保育士など）を取得するため養成機関で2年以上修業する場合にその期間中の生活を支援するために支給する高等職業訓練促進給付金（上限月額10万円）がある（同31条・31条の10）。

さらに，就業支援や子の養育・生活支援等の事業を担う母子家庭等就業・自立支援センターの設置，母子・父子自立支援プログラム策定事業などの国庫補助事業が導入されている。同事業は，児童扶養手当受給者に対し，福祉事務所等で個別に面接を実施し，本人の生活状況・就業への意欲・資格取得への取組み等について状況把握を行い，個々のケースに応じた自立支援プログラムを策定したうえで，ハローワークと連携してきめ細かな就労支援を行うものである。ただし，プログラム策定件数は少ない。

母子家庭および父子家庭の利用に供する母子・父子福祉施設としては，各種相談・生活指導・生業指導等を行う母子・父子福祉センター，レクリエーション等を供与する母子・父子休養ホームが法定

されている（同39条）。また，児童福祉法は，母子の福祉という観点から，妊産婦が経済的理由により入院助産を受けることができない場合には助産施設での助産を行い（児福22条），また配偶者のない（またはこれに準ずる事情にある）女子が保護者として監護する児童の福祉に欠けるところがある場合には，母子生活支援施設に入所させて保護を実施することとしている（同23条）。なお，夫等の暴力を理由とする同施設への入所が増加している。DV被害女性に対する保護，支援する機関として，婦人相談所ないし配偶者暴力相談支援センター，婦人保護施設，婦人相談員が地方公共団体で設置されている。

　なお，法定されたもの以外に，地方公共団体がひとり親家庭に対して実施している医療費助成などの援助施策も存在する。

　ただし，以上の支援施策・事業の実施は，地方公共団体が任意で行うことができるにとどまり，地域によりばらつきがみられ，そのうえ施策の周知が不十分で利用は低調である。とりわけ母子家庭の母の多くが非正規雇用で働き所得の少ない経済的状況や，子どもの貧困ないし貧困の連鎖（→**ISSUE⑬**）という問題を解決するためには，これに焦点を合わせたより抜本的な対策が求められる。

6 権利利益の保護と救済

サービスの利用
に関する情報

　現実にサービスを利用し，給付を受けるためには，国・地方公共団体および事業者・施設による積極的な情報の提供（社福75条，児福48条の4等）が要請される。市職員から身体障害者手帳の交付を受けた際に，介護者の鉄道・バス運賃割引制度について何らの説

明を受けなかったことが説明義務ないし情報提供義務違反にあたるとして損害賠償を求めた事案で，東京高判平21・9・30は，同割引制度は，市町村の業務として課されている「身体障害者の福祉に関し，必要な情報の提供を行うこと」（身福9条5項2号）に該当するとして，説明義務を否定した原判決を破棄した（差戻控訴審であるさいたま地判平22・8・25は国家賠償責任を肯定している）。

それに加えて，事業者・施設を選択するための介護サービス情報や教育・保育情報の公表（介保115条の35，子育て支援58条），サービスの第三者評価結果の公表（→**1**③「福祉サービスの質の向上と第三者評価」参照）のほか，サービス利用に際しての，契約書その他重要事項を記した書面の交付（社福77条等），ケアプランや訪問介護計画等の開示もまた必要となる（指定居宅介護支援等の事業の人員及び運営に関する基準13条11号等）。

また，プライバシーの権利，自己情報コントロール権という観点から，サービス利用に関する利用者の個人情報はその秘密保持が義務づけられる（同23条等）と同時に，利用者本人に対してその求めに応じ開示することが要請される（市のホームヘルパー派遣申請に関して作成されたケース記録について，個人情報保護条例に基づく開示請求に対して一部非開示とした処分が争われ，これを違法として取り消して全部開示を認めた判決に，東京高判平14・9・26がある）。

| 苦情の解決 |

サービス提供や行政運用について行政上の不服申立てや訴訟を提起しその不当性や違法を争うことは，とくに高齢者や障害者にとって実際上困難が多い。それゆえ，比較的軽微な不利益を受けた場合にこれを簡易迅速に救済する手段として，苦情解決ないし苦情処理が導入されている。

一部の地方公共団体あるいは社会福祉施設では，従来，条例また

は要綱，内部指針等を定めて，住民や利用者の苦情を解決する制度ないし手続を運用しているところがある（東京都中野区福祉オンブズマンなど）。社会福祉法では，都道府県社会福祉協議会に設置される運営適正化委員会が苦情解決を行うことを法定し（社福83条以下），介護保険法では，国民健康保険団体連合会が苦情処理に相当する業務を実施する（介保176条1項3号）。市町村もまた，苦情受付窓口をおいて苦情の処理にあたっている（指定事業者・施設に対して調査および指導・助言を行う。指定居宅サービス等の事業の人員，設備及び運営に関する基準36条3項等）。そのほか，各施設の設備・運営の基準や事業者・施設の指定基準により，社会福祉事業の経営者等が自ら利用者の苦情を受け付けて解決することが要求されている（同36条1項等）。

ただし，苦情解決・苦情処理は，当事者間の話合いによる解決が基調とされ，解決のあっせんにあたって事業者の同意が要件とされ（社福85条2項），解決手段が指導・助言にとどまることなどから，サービスの質の確保・向上を目指すための手段としては相応しいとしても，解決可能な事項には限界がある。利用者の救済の実効性を高めるには，地方公共団体による規制監督との迅速な連携や，総合法律支援法などによる争訟提起の援助施策が必要となる。

申請に対する処分および不利益処分手続の保障

措置方式のもとでは，実務上申請権が否定されていた（→**1**②「措置制度と社会福祉基礎構造改革」参照）。他方，介護保険の保険給付や自立支援給付等は申請権が認められており，行政手続法第2章の「申請に対する処分」の適用がある。それゆえ，処分庁は，同法5条に従い，審査基準を定めて公にする義務を負う。また，福祉事務所等に申請が提出されているにもかかわらず，これを受け付けな

い，返戻するという対応をとることは，同法7条に違反する。さらに，同法8条に従い，申請を拒否する処分をする場合は，理由を提示する義務がある。この理は，申請一部拒否処分にも妥当する（支援費制度下での身体障害者福祉法に基づく居宅生活支援費の申請〔月165時間〕の一部拒否処分〔支給量を月125時間とする処分〕について，福島地判平19・9・18は，同処分に理由を付記しなかったことは行政手続法8条に違反すると判断した。なお付言すると，支給量の変更について支給変更決定の申請を認める障害者総合支援法24条1項のような明示的規定が法令にない場合でも，当該法令の解釈により一定水準の給付を求める実体的請求権ないし申請一部拒否処分を観念できる）。

　自立支援給付の支給決定の取消し等については，受給者の権利利益を保護するため事前にその意見を聴くという手続が法定されていない。また，金銭給付を制限する不利益処分であるため，行政手続法13条2項4号により聴聞等の手続も適用はない。社会福祉の給付が金銭給付化された結果，不利益処分に関する事前手続の保障が欠落することとなった点は問題が大きい。

　サービスや施設入所の措置の解除，保育の実施等の解除については，事前に，利用者に理由を説明し，その意見を聴く手続が法定されている（身福18条の3，児福33条の4等）。これは，行政手続法を一部適用除外としたうえで，社会福祉行政の特色に照らした独自の手続をとるものと説明されている。もっとも，運用上，手続が簡略化され，手続保障が必ずしも十分であるとはいえない。

行政上の不服申立てと行政訴訟　社会福祉の各給付に関する決定が行政処分であると解される場合，これに不服があるときは，行政不服審査法に基づく不服申立て，および抗告訴訟を提起して救済を求めることになる。

介護保険法は，特別の不服審査機関として，都道府県に附属機関である介護保険審査会を設置するものとしている。市町村が行う要介護認定や被保険者証の交付請求に関する処分を含む保険給付に関する処分，および保険料の賦課徴収等に関する処分に不服がある者は，同審査会に審査請求をすることができる（介保183条以下。処分の取消訴訟は，その処分に係る審査請求に対する裁決を経た後でなければ提起できないとする審査請求前置がとられている）。同審査会は被保険者代表・保険者代表・公益代表の3者から構成されており，中立・公平な立場から専門的知識・経験に依拠して審査に従事し，裁決を行う。

　また，障害者総合支援法は，市町村の行う介護給付費等または地域相談支援給付費等に係る処分について都道府県知事に対して審査請求をするものとし，その審査請求の事件を取り扱わせるため，都道府県知事に，外部の学識経験者からなる障害者介護給付費等不服審査会を附属機関として設置することを認めている。ここでは，都道府県知事が裁決権限を有し，審査請求前置が採用されている（障害総合支援97条・98条・105条）。

　申請拒否処分を裁判で争う場合，従前はその取消し（または無効確認）の訴えを提起するほかないと解されていた。また，行政事件訴訟法44条は処分その他公権力の行使に当たる行為について民事保全法上の仮処分を排除しており，仮の救済として暫定的に給付を受けることは不可能であった（他方，給付決定の取消しは執行停止を通じた仮の救済が可能である。たとえば，さいたま地決平27・9・29は，保育の利用継続不可決定および保育の利用解除処分についてこれを認めた）。そのため，措置方式やサービス給付方式のもとでは，たとえ申請拒否処分が判決で取り消されても，過去分の現物給付は不可能である

として訴えの利益が否定され（東京地判平8・7・31)，あるいは介護保険や支援費制度のもとでも，要介護認定ないし申請拒否処分が取り消される前に事業者・施設からサービスを受けていないときは，過去分の金銭給付の可否が問題となっていた。

　その後，2004（平成16）年の行政事件訴訟法の改正により，義務付け訴訟（行訴3条6項)，および仮の義務付け（同37条の5）が法定され，これらが社会福祉の給付に関して実効的な救済手段となり得る。障害児に対する保育所入所の不承諾処分が行われた事案について，東京地決平18・1・25は，不承諾処分によって，保育所に入所して保育を受ける機会を喪失するという損害は，その性質上，原状回復ないし金銭賠償による塡補が不能な損害であり，現に保育園に入園することができない状況に置かれているのであるから，損害の発生が切迫しており，社会通念上，これを避けなければならない緊急の必要性もある等として，入所を仮に承諾することを求める仮の義務付けの申立てを認容した。また，その本案について東京地判平18・10・25〈百選95〉は，不承諾処分について裁量権の逸脱または濫用を認めてこれを取り消すとともに，入所を承諾すべき旨を命ずる義務付け判決を行った。さらに，和歌山地決平23・9・26は，重度訪問介護の支給量を1ヵ月511.5時間とする障害者自立支援法に基づく介護給付費支給決定の仮の義務付けを認めた（ただし抗告審である大阪高決平23・11・21は，仮の義務付けの要件を満たさないとして原決定を取り消している)。

　なお，公立保育所の民営化に関して，同じく法定された仮の差止め（同37条の5）が申し立てられた事案で，民間移管に伴い児童の生命・身体等に重大な危険が生じ，保護者・児童の保育所選択に関する法的利益も侵害され，「償うことのできない損害を避けるため

緊急の必要」があるとして，これを認容した神戸地決平 19・2・27
がある（そのほかの訴訟については，**3**「公立保育所の民営化をめぐる裁
判」，**4**「支給決定をめぐる訴訟」を参照）。

> 債務不履行・不法行為
> 責任，国家賠償責任

(1) サービス提供に際しての事故や，ホー
ムヘルパーなど従事者による加害行為につ
いては，自立支援給付方式または介護保険
方式（→**1**⑥参照）のもとでは，多くは事業者ないし施設経営者の不
法行為責任または債務不履行責任が問われることになる。

　たとえば，医療法人の経営する介護老人保健施設内で利用者が転
倒して頭部骨折等の傷害を負いその結果死亡した事故について，京
都地判令元・5・31 は，職員は，入所利用契約に信義則上付随する
安全配慮義務として，当該利用者の動向を注視した上で付き添って
介助することで転倒の発生を防止すべきであったが，これらを怠っ
たことにより同法人は債務不履行責任（民 415 条）を負うとして損
害賠償責任を認めた（転倒事故に関して同様の判示を行う大阪地判平
29・2・2 も参照）。また，社会福祉法人の経営する特別養護老人ホー
ムの入所者が誤嚥により死亡した事故について，松山地判平 20・
2・18 は，同法人は，当該入所者の食事の介助を行う職員が摂食方
法について特段の配慮をしていることを確認し，またそうした配慮
をするよう職員らを教育，指導すべき注意義務に違反したとして，
民法 709 条および民法 715 条により不法行為責任を認めた。

　(2) 他方，サービス給付方式・措置方式のもとでは，サービスな
ど給付に関する事務ないし業務の受託者による不法行為についても，
措置権者ないしサービス給付の委託者である地方公共団体の不法行
為責任，または当該給付の実施が国家賠償法 1 条 1 項にいう「公権
力の行使」にあたり，それゆえ受託者が「公務員」に該当すれば，

国家賠償責任が成立する余地がある。

　まず，広島地福山支判昭 54・6・22 は，市が設置してその管理業務を社会福祉法人に委託した知的障害者援護施設での職業授産等の実施中に入所者が行方不明になり死亡した事故について，その所在確認に係る被用者の注意義務違反を認めて社会福祉法人の使用者責任を肯定するとともに，市の行う社会福祉事業が「公権力の行使」に該当することを認め，市から職業授産等の委任を受けた社会福祉法人の被用者としてこれに従事する職員は「公務員」にあたるとして，市の国家賠償責任を肯定した（ただし，その根拠を，市の設置した施設の管理を社会福祉法人に委託していた点に求める見解がある。同種の事案で，県の国家賠償責任を否定する鹿児島地判平 18・9・29 も参照）。

　次に，県による児童福祉法 27 条 1 項 3 号の入所措置に基づき，社会福祉法人の運営する児童養護施設に入所していた児童が，施設内で他の入所児童らから暴行を受けて後遺障害を負ったことについて加害児童らへの施設職員の監督義務違反が認められた事案で，最判平 19・1・25〈百選 106〉は，「3 号措置に基づき児童養護施設に入所した児童に対する関係では，入所後の施設における養育監護は本来都道府県が行うべき事務であり，このような児童の養育監護に当たる児童養護施設の長は，3 号措置に伴い，本来都道府県が有する公的な権限を委譲されてこれを都道府県のために行使するものと解される」から，「当該施設の職員等による養育監護行為は，都道府県の公権力の行使に当たる公務員の職務行為」であると解して，県の国家賠償責任を認めている（なお，県が国家賠償責任を負うことを理由に，同法人の使用者責任を否定しており，この点は議論が残る）。

　同最判で「公権力の行使」ないし「公務員」該当性が肯定された根拠について，当該養育監護に係る事務が本来県に帰属するもので

あることに見出す考え方がある一方，国・公共団体の国家賠償責任の範囲をより限定して捉える見解が有力である。これは，児童福祉法27条1項3号に基づく措置とその委託後の養育監護との結び付き，すなわち，県は親権者等の意に反しても入所措置を行うことができ，委託後も施設での養育監護は依然として県の権限と責任に基づくものであること，施設の長は当該児童について懲戒権も含む養育監護に関する措置をとることができたことに着目する。

さらに，サービスの実施主体である地方公共団体の債務不履行責任が認められるケースもある。市の子育て支援事業の業務を委託された社会福祉法人の経営する施設に一時入所中の乳児が死亡した事故について，神戸地判平12・3・9は，当該業務を同法人に委託する契約，ならびに乳児を預けた親と市との間の利用契約の成立を認めて，同法人は市の履行補助者であるとして市の債務不履行に基づく損害賠償責任を肯定した。

(3)　以上とは別に，地方公共団体の調査確認や規制監督の権限不行使について国家賠償責任が肯定される場合がある。

まず，無認可保育所の園長が在園児童に暴行を加えて死亡させた事件について，高松高判平18・1・27は，県が同保育所に対して事業停止命令等の権限を行使しなかったことは，児童の生命・身体に重大な危害を加える加害行為が行われるおそれが切迫した状況にあり，それを県の担当課が予見することができ，同命令を発していれば事件を防止できたこと等から違法であるとして，県の国家賠償責任を肯定している（同種の事案で国家賠償責任を認めた東京高判令3・12・15も参照）。

次に，区の要綱に基づき認定された保育ママによる幼児への暴行事件で，当該要綱に基づく調査や認定取消しの不作為について，区

の国家賠償責任を肯定した東京地判平 19・11・27 がある。また，横浜地横須賀支判令 2・5・25 は，児童福祉法上の家庭的保育中の乳児が吐乳吸引により窒息死した事故について，市が，親との保育委託契約により家庭的保育を実施していた者に対して一定の指導研修を実施する義務に違反したことを理由に，市の国家賠償責任を認めている。

　さらに，県立知的障害者更生施設を退所し民間工場に住み込み就職した知的障害者が，雇用主による暴行その他の不当な扱いにより死亡した事件について，同施設がその就労状況・生活状況・薬の服用状況の確認を怠ったことの違法を認めて県の国家賠償責任を肯定した大津地判平 15・3・24〈百選 105〉，また，経済的虐待の現実的危険性を認識していた市の担当者が，当該障害者に対して障害者虐待防止法に基づく行政指導を怠ったことを理由に，市の国家賠償責任を認めた大津地判平 30・11・27 が注目される。

　⑷　社会福祉の給付方式やサービスの提供方法が多様化するとともに，非常勤ホームヘルパーやボランティアなど，さまざまな身分・地位の従事者が新たにサービスの提供に関わることにより，サービス利用をめぐる法律関係が複雑となっている。その結果，債務不履行責任や不法行為責任の所在が争点となる。

　たとえば，世田谷区の心身障害者家庭奉仕員等派遣事業に基づき家政婦紹介所のあっせんで派遣された家事援助者が，派遣先の視覚障害者の預金等を着服した事件で，同事業の実施主体である区は介護券の交付をつうじて費用を助成するにとどまり，家政婦は公務員にあたらないうえ，区との間で使用者と被用者という関係もないとして，区の国家賠償責任および使用者責任を否定した東京地判平 11・3・16 がある（その控訴審判決である東京高判平 12・6・14〈百選

107〉もほぼ同旨。ただし、区の要綱が区職員である家庭奉仕員の派遣と家事援助者の派遣の扱いをほとんど区別しておらず、両者の選択が区長の裁量判断に委ねられていた等の特別の事情があることから、家事援助者の行為を公権力の行使とみる余地があるという考え方もある）。

　また、ボランティアの歩行介護を受けていた利用者が転倒して骨折した事故について、ボランティア活動の本旨に照らすと、その登録・紹介元である社会福祉協議会と利用者の間には、ボランティアを派遣する準委任契約は成立しないとして、社会福祉協議会の債務不履行責任を否定した東京地判平10・7・28〈百選103〉がみられる。

7　今後の理論的課題

　介護保険、障害者総合支援法、子ども・子育て支援法などの一連の立法により、国家が行う社会福祉給付の大半が、金銭給付という形でのサービス費用の助成に代わることとなった。これと同時に、利用者の自己決定の尊重や多様なニーズへの対応という理念に即して、諸種のサービス供給主体の参入が促進され、これらと契約を締結してサービスを利用する仕組みに変更された。その結果、福祉サービスの利用をめぐる法律関係の様相は大きく変わることとなった。

　これに伴い、新たな理論上の課題が生じている。その考察においては、福祉サービス、およびこれを必要とする者とそのニーズの特性を視野に入れることが不可欠となる。

　まず第1に、社会福祉のサービス保障は、基本的には、福祉サービスにかかる費用についてその一定割合の助成を目的とするものとなっているが、例外的にせよ、このような仕組みでのサービス利用が現実に困難である者に対してサービス給付を行う措置方式が残さ

れている点，および生活保護法にサービス給付たる介護扶助が創設された点に留意しなければならない。これらは人的サービスとしての福祉サービスの特性を考慮し，人的サービスそのものを保障するものである。これらに着目して，生存権を具体化するという視点から，社会福祉におけるサービス給付方式の規範的意味を，いま一度検討する必要がある。職権措置の法的権利性や要件事由を解明するうえでも，この検討が不可欠となる。

第2に，金銭給付たる社会福祉の給付については，申請権が明示され，受給要件および給付内容が法令でより詳細に規定されている。これによって行政裁量が縮小して，権利性が確立したといえそうである。もっとも，要件および給付内容の画一化ないし定型化は，心身の状況以外の生活環境に起因するニーズの多様性をサービス保障の外におくことになる。介護保険が，社会保険方式であることから，標準化・定型化された介護ニーズに係るサービス保障という役割に限定されるとしても，社会福祉の法理論においては，その射程外にあるさまざまな生活ニーズを視野に入れざるをえない。このようなニーズの充足が介護その他の援助と分かちがたいものとして生存権の内容に含まれうると考えられ，これを充足する仕組みや実施体制を整備することが課題となる。そこでは，市町村，供給主体となる事業者，受給者およびこれを支援するNPOなどの協働という視点が不可欠となる。

第3に，介護保険給付，自立支援給付，子どものための教育・保育給付等によるサービス費用の助成が，事業者等との契約締結によるサービス購入を前提とすることから，利用契約ないし利用をめぐる権利義務関係に関する法理論の検討が課題となる。本来的には，施設の設備・運営基準や指定基準が，一定範囲でサービス利用契約

に対して拘束力を及ぼす旨の明示的な立法が望まれよう。現行法の解釈論としては，これらの基準内容が利用契約に対していかなる規範的意味，法的効力を有するのかが検討されることになる。この検討においても，上述の福祉サービスとそのニーズの特性の考慮，さらに生存権の規範的効力の具体化という視点が必要になると思われる。

　最後に，社会福祉法制が目的とする自立とその支援についての原理的な検討という課題が残されている。従来，自らの生の追求は個人の自己決定に委ねられるが，そのための能力を十分に具えておらずその結果を引き受ける責任を負わせるのは酷であると考えられる人びと，すなわち，社会福祉の対象となる障害者・高齢者・子ども等については，もっぱら自律・自己決定のための条件・環境の整備その他の支援を行う必要が論じられてきた。社会福祉法制は，このような人びとの「自立」を支援することを目的として規定するが，その反面，この目的を追求することが，国家による一定の人間像や善き生の押し付け，個人の自律領域への介入というジレンマを孕んでいる。したがって，ここでは，自立を支援する国家ないし行政に対するコントロールという課題が浮かび上がる。社会福祉法制が対象とする人の属性や，目的とする自立の意味内容を問い直すこと，それと同時に，受給者本人とこれに寄り添う支援者を中心に，サービス提供者等も含む主体・組織・職種間の協働を踏まえた支援の仕組みを構想することが必要である。

ISSUE⑪　司法福祉と社会福祉

　窃盗（万引きなど）や詐欺（無銭飲食など）といった微罪を繰り

返し，実刑判決を受ける高齢者・知的障害者などへの対応につき，司法と福祉の連携が進展している。累犯の高齢者や知的障害者などの多くは，年金などの所得保障制度や，社会福祉サービスによる十分な支援を受けられず，社会的な孤立を深め犯罪に至ったもので，事実上，刑務所が生活保障のための受け皿になっている。犯罪者の処遇や犯罪対策は，刑事政策の領域に属するとしても，こうした悪循環（生活困窮→犯罪・逮捕→起訴・実刑判決→刑務所収容→出所・生活困窮→犯罪）からの脱却を図ることは，社会保障の目的を「国民の生活保障」と捉えてきた社会保障法の関心事でもある。

福祉的支援が必要となる場面としては，①罪に問われた被疑者・被告人段階の取調べ・司法手続の段階で必要とされる支援（入口支援），②刑務所での受刑中の処遇に際して必要とされる（介護等を含む）支援，③刑務所出所後の社会生活を見据えた生活支援（出口支援）の各段階がある。このうち①と②では，刑事手続や刑務所内処遇の枠組みの中での福祉的支援の必要性が問われるのに対して，③は，地域社会での生活そのものの支援のあり方が問われる点で，社会福祉・社会保障の視点がより前面に出てくる。

この③に関して，厚生労働省は，2009（平成21）年地域生活定着支援センター事業を開始した。現在では地域生活定着促進事業と改称され，全都道府県に地域生活定着支援センターが整備されている。同センターでは，(i)入所中から帰住地調整を行うコーディネート業務，(ii)刑務所など矯正施設退所後に行う社会福祉施設入所後の定着のためのフォローアップ業務および，(iii)退所後の福祉サービス等についての相談支援業務を一体的に行うことにより，社会復帰と再犯防止に寄与している。なお，地域生活定着促進事業では2021（令和3）年度から，先の①に関連して被疑者・被告人等で高齢または障害により自立した生活が困難な人に対する支援も行っている。

現代社会保障の前駆形態である救貧法の時代（→第1章3①）にあっては，公的救済の根拠として社会防衛という側面が意識されて

いた。今日では，生存権思想のもと，社会秩序の維持に関わる公共
の福祉の観点が表面に出てくることはほとんどない。その意味で，
刑務所退所者に対する福祉的支援は，今日における社会福祉ないし
社会保障とは何かを改めて問い直す試金石といっても過言ではない。

（菊池）

第8章

公 的 扶 助

> 公的扶助は，最低限度の生活を保障するもの
> として，他の社会保障制度を補完する役割を
> もつ（いわゆる最後のセーフティネット）。
> 本章では，この補完性に着目しつつ，公的扶
> 助の法理論を考察する。

1 公的扶助の意義と動向

　公的扶助は，困窮のため自助により最低限度の生活を維持できな
い者に対して，国家が，その不足に応じ，事前の拠出を条件とせず
一般財源による公費から給付を行うものである。社会保障制度全体
のなかでは補完的な位置づけを与えられており，国民所得が向上し，
社会保険をはじめ他の社会保障制度が整備・充実することで，その
役割は次第に低下していくと考えられていた（1942年のベヴァリッジ
報告。→第1章 *3* ①「社会保険から社会保障へ」）。

　しかしながら，その見通しに反して，日本において公的扶助に当
たる生活保護の受給者は増加することとなった。従来，日本では保
護率が相対的に低く1995（平成7）年度に約0.7％まで低下したが，
高齢者や非正規労働者の割合の増加など社会経済状況や就業構造の
急激な変化等を反映し，保護率の上昇傾向が顕著となった。その後，
2015（平成27）年3月をピークに若干低下し，2022（令和4）年5月

時点で，保護率は 1.62％，保護受給者数は約 202 万人である（被保護者調査〔概数〕。大阪市では 2022 年 3 月時点で 4.81％ にのぼる）。

　受給者のうち，高齢者世帯の割合が全体の 56％ で，傷病・障害者と併せた非稼働世帯が約 8 割を占めており，受給期間が長期化する傾向にある。他方，世界金融危機を機に，稼働年齢層を含む世帯数も増加した。その背景には雇用状況のいっそうの悪化がある。今日，年金や雇用保険など他の社会保障制度が所得保障の機能を十分に発揮しておらず，そのために，最後のセーフティネットである生活保護が重い役割を担っている。

2 公的扶助制度の変遷

第二次大戦前の
公的扶助制度

公的扶助制度は，イギリスではエリザベス 1 世統治下の 1601 年の救貧法にその淵源が求められる。日本では 1874（明治 7）年の 恤 救 規則がその始まりである。同規則は，その対象を無告の窮民（原則として，障害，疾病，70 歳以上で重病または老衰により就労できない単身者，13 歳以下で身寄りのない者）に限定していた。

　その後，1929（昭和 4）年に成立した救護法は，対象をより拡大し，貧困のために生活できず，かつ「65 歳以上ノ老衰者」，「13 歳以下ノ幼者」，「妊産婦」，「不具廃疾，疾病，傷痍其ノ他精神又ハ身体ノ障碍ニ因リ労務ヲ行フニ故障アル者」とした。ただし，扶養義務者が扶養できるときは対象外とされた。また，同法は，居宅救護の原則のもと救護の種類を列挙し，救護機関には市町村長をあて，また救護費の 2 分の 1 以内を国庫が補助するなど，規定上は従来よりも格段に整備された。もっとも，扶助を受ける権利は否定されて

おり（また，受給者が性行著しく不良，または著しく怠惰であるときは給付を打ち切ることが認められていた），救護を受けた者には普通選挙法上の選挙権の欠格条項が適用された。

生活保護法の成立と展開 第二次大戦直後，連合国最高司令官総司令部（GHQ）の対日福祉政策に従い，公的扶助立法の改正と実施体制の確立が急務とされた。GHQ は 1946（昭和21）年 2 月に日本政府に示した「社会救済」覚書（SCAPIN775）で，困窮者に対して無差別平等に扶助を実施すること，公的扶助を実施する国家責任を確立すること，および扶助費の総額に制限を設けないことを要求した。

これに従い起草され，同年 9 月に成立したのが旧生活保護法（以下「旧法」という）である。もっとも，旧法は，保護請求権を否定していたうえに，「能力があるにもかかはらず，勤労の意思のない者，勤労を怠る者その他生計の維持に努めない者」や，「素行不良な者」を保護の対象外とする欠格条項（同 2 条）を設ける等の問題を残していた。そのため，1949（昭和24）年に社会保障制度審議会により「生活保護の改善強化に関する件」という勧告が示され，1950（昭和25）年，現行生活保護法が成立した。

その後，上述した社会経済的状況の変化とその下での受給者数の増加等を背景に，2013（平成25）年，就労による自立の促進，不正受給対策の強化，医療扶助の適正化を主なねらいとする改正法が成立した（以下「2013 年改正法」という）。

さらに 2018（平成30）年，生活保護世帯の子どもの大学進学を支援するための一時金の支給や，生活保護法 63 条に基づく返還金の強制徴収などの措置を講じる改正が行われた（以下「2018 年改正法」という）。

3 生活困窮者自立支援法

2013（平成25）年，生活保護法の2013年改正と同時期に，生活困窮者自立支援法が制定された。同法は，生活困窮者，すなわち「就労の状況，心身の状況，地域社会との関係性その他の事情により，現に経済的に困窮し，最低限度の生活を維持することができなくなるおそれのある者」（3条1項）に対して，これらの者が生活保護に至る前の段階で，その状況に応じて包括的かつ早期に支援を実施する点に特色がある。

同法の規定する支援・事業には，生活困窮者の抱える多様で複合的な課題に応じて次のようなものがある（3条2項以下）。

まず，必須事業として，①自立相談支援事業（就労その他の自立に関する相談支援，関係機関との連絡調整，認定就労訓練事業の利用のあっせん等を行う）と，②住居確保給付金の支給（離職またはこれに準ずる事由を要件に，生活保護の住宅扶助額を上限として家賃額を原則3ヵ月支給。最長9ヵ月まで延長可。就職活動要件あり）が定められている。

次に，任意事業として，③就労準備支援事業（生活習慣やコミュニケーション能力の形成，就労体験など日常生活自立・社会生活自立のために必要な訓練を含め，就労に必要な知識および能力の向上のために必要な訓練を有期で実施する），④家計改善支援事業（家計の状況の適切な把握，家計の改善の意欲を高める支援等を行う），⑤一時生活支援事業（ホームレスの状態にある者など住居をもたない者に対して，宿泊場所や衣食の提供その他の支援を行うほか，この支援を利用していた者，家賃滞納により現在の住居を失うおそれのある者で地域社会から孤立しているもの等に対して，訪問による見守りや生活支援などの地域居住支援を行う），⑥子ど

もの学習・生活支援事業（生活困窮家庭の子どもに対する学習支援や，その保護者も対象に含めた子どもの生活習慣や育成環境の改善，進路選択に関する助言等を行う）がある。なお，③と④については①と併せた一体的な実施が促進されている。

　これら事業の実施主体は福祉事務所設置自治体（都道府県・市・福祉事務所を設置する町村）であるが，その委託を受けて民間団体が実施しているところが少なくない（①は約6割が委託による運営であり，その大半を社会福祉協議会が受託している）。

　上記①の自立相談支援事業では，相談支援員や就労支援員を配置するとともに，ケースマネジメントの手法を採り入れ，本人のニーズに合わせた支援に関する自立支援計画の策定を予定している（なお，①は，市町村が地域生活課題の解決に資する包括的な支援体制を整備するため一体的に行う重層的支援体制整備事業の一つに位置づけられている。社福106条の4第2項1号ニ参照。→第7章 *1*③「包括的な支援体制の整備，地域福祉計画」）。また，支援会議を開催して構成員である関係機関間において生活困窮者世帯に関する情報を共有し（守秘義務が課せられる），その困窮状態の深刻化・緊急度を踏まえた積極的な連携，適切な支援を可能にする仕組みが設けられている（生活困窮支援9条）。ただ，これを設置している自治体は，設置予定と合わせても2019年度で約4割にとどまる。

　また同法には，就労への移行のため柔軟な働き方（中間的就労とも称される）を認める必要がある者（ひきこもりの状態にあった者や長期失業者など）に対して，社会福祉法人・NPO・営利企業等が自主事業として実施する就労訓練事業を認定する仕組みが設けられている。ただ，その利用にかかる費用の支給や，その間の生活支援のための給付金は設けられていない（この点は上記③も同様である）。2020

（令和2）年の同事業の利用件数は547件にとどまり，非雇用型（雇用契約を締結しないもの）が半分を超える。

　ホームレスの状態にある者への支援については，「ホームレスの自立の支援等に関する特別措置法」がすでに2002（平成14）年に時限立法として制定されており（2017〔平成29〕年にさらに10年延長されている），国の補助事業として厚生労働省の通知に基づき各種事業が実施されてきた。その後，これらの事業は，生活困窮者自立支援法の施行に伴い，基本的には同法に基づく一時生活支援事業（上記⑤）に位置づけられている。なお，ホームレスの状態にある場合でも要保護状態にあると認められる者は，生活保護を受給できるのはいうまでもない。

　実施自治体が支弁する費用に関して，国は，必須事業にかかる費用の4分の3を負担する一方，任意事業は2分の1ないし3分の2を補助することができるという位置づけである。生活困窮者自立支援法の成立・改正の背景や課題については，**ISSUE⑫**を参照。

ISSUE⑫　生活困窮者への自立支援施策の法制化と，コロナ禍における支援の課題

　⑴　2008（平成20）年秋のリーマン・ショック以降，雇用の不安定化，失業者の増加，失業の長期化に伴い，失業を背景とする生活保護受給者が増加したが，その受給に至らない生活困窮者もまた急増したため，どのような支援を実施するかという課題が浮上することとなった。そもそも生活保護は漏給率（受給資格のある者のうち実際に受給していない者の割合）が高い（約8割に上るともいわれる）うえ，雇用保険と生活保護について制度の狭間が存在する。すなわち，失業のリスクに対応するはずの雇用保険は，被保険者期間などの受給要件のほか受給期間の制限があるため（→第6章**6②**），最初

から受給資格のない者や，受給期間内に再就職先を見つけて十分な収入を得ることができない者は，自らの貯えや他からの援助を使い果たすと，最後のセーフティネットである生活保護を受給する以外には最低生活を確保する術がない。

この隙間を埋めるため，職業訓練とこれを受ける期間の給付金の支給等を実施する求職者支援制度が導入され，2011（平成23）年施行の「職業訓練の実施等による特定求職者の就職の支援に関する法律」（求職者支援法）として恒久化されている（職業訓練受講給付金は月10万円。訓練期間は2〜6ヵ月）。この制度に基づく住宅支援給付は，その後，生活困窮者自立支援法上の住居確保給付金として位置づけられている。

他方，地方自治体が国の補助を受けるなどして，保護受給者，さらに低所得者等も対象に含めた就労支援（生活保護受給者等就労自立促進事業など）や自立支援プログラムの事業を実施するようになった（→4②「自立支援プログラム，就労支援」）。

以上の事業・施策の成果および課題を踏まえ，生活困窮者をより広く対象とした支援として法定されたのが，2013（平成25）年に成立した生活困窮者自立支援法である（詳細は**3**参照）。ただ，予算規模が小さく，任意事業を実施していない自治体も相当数存在しており，その背景には支援体制，とくに担い手や資源の不足が挙げられる（2021〔令和3〕年度の実施率は，就労準備支援事業と家計改善支援事業はそれぞれ約70%，子どもの学習・生活支援事業は約65%である）。

(2) 2020（令和2）年春から続くコロナ禍において，休業，失業等による経済的困窮者が急増することとなった。その経済的な支援策として，⑦住居確保給付金の支給対象者・求職活動の要件緩和，支給期間の延長等の特例措置，⑦生活福祉資金貸付制度の緊急小口資金および総合支援資金の特例貸付が実施され，さらに⑦生活困窮者自立支援金が設けられている。

住居確保給付金の新規支給決定件数は 2019 年度に約 4000 件だっ
たが 2020 年度は約 13 万 5000 件に上り，また特例貸付の貸付件数
は延べ 300 万件を超えるなど，これらの利用件数が増加している。
　特例貸付のうち，緊急小口資金は，新型コロナウイルス感染症の
影響を受け，休業等により収入が減少して緊急かつ一時的な生計維
持のための貸付を必要とする世帯に対する生活資金（20 万円以内）
の貸付であり，また総合支援資金は，同影響のもと収入の減少や失
業等により生活に困窮して日常生活の維持が困難となっている世帯
に対し一定期間（3 ヵ月）・一定額（2 人以上世帯で月 20 万円以内）
の貸付を行う。貸付の延長や再利用を認め，また償還時に住民税非
課税世帯である場合は償還を免除する措置が導入されている。これ
らの貸付については，長期間にわたる返済が生活にもたらす影響も
考慮に入れて，対象世帯に対して継続的に相談支援や家計改善支援
等を行う必要があるが，貸付事業を担う社会福祉協議会はその手続
に要する業務に追われ，本来の相談支援を行うのが困難となってい
る状況がある。
　生活困窮者自立支援金は，特例貸付の再貸付を終了してもはや利
用できないがなお生活困窮の状況にある者等に対して，福祉事務所
設置自治体が金銭を支給（2 人世帯で月額 8 万円を 3 ヵ月間支給）す
るものである。ハローワークでの求職申込み・職業相談等の求職活
動をすることが要件となる。これは，返済困難者，特例貸付等で生
活再建できなかった者に対する応急的な施策であり，支給対象者・
金額・期間が限られていることから，今日の経済情勢下で保護受給
に至る前のセーフティネットとして機能を発揮できるかが課題とな
る。　　　　　　　　　　　　　　　　　　　　　　　　　（前田）

4　生活保護の目的と基本原理

1　最低生活保障

　生活保護を受ける権利は，憲法 25 条 1 項にいう「健康で文化的な最低限度の生活を営む権利」，すなわち生存権の具体化である（生活保護 1 条・3 条。最大判昭 42・5・24〈百選 1〉朝日訴訟上告審判決を参照）。この意味で生存権には一定の規範的効力が認められており，生活保護法を代替的措置なく廃止し，または最低生活を営むことが不可能になるほど生活保護の水準を切り下げる立法は違憲となる。

　生活保護法に基づく最低生活保障の内容は，同法 8 条にいう「厚生労働大臣の定める基準」（厚生労働省の告示である「生活保護法による保護の基準」。「保護基準」と称される）を通じておおよそ具体化される（保護基準について詳しくは，**5** 1 参照）。

　生活保護の内容は，金銭給付による所得保障に尽きるものではなく，医療扶助や介護扶助など現物給付ないしサービス給付，自立助長のための援助ないし支援（ソーシャルワーク）という社会福祉的側面も有する。

2　自立の助長

自立の観念

　　　最低生活の保障と並んで，自立の助長が生活保護法の目的である（生活保護 1 条）。自立とその助長は，生活保護法上の各規定の解釈・運用基準とされるから，その意味をどのようなものと考えるかが重要となる。

　一つは，生活保護を受けずに生活するという意味での自助，とく

に就労による経済的自立という考え方がある。ただし，これを過度に重視すると，かつて強調された惰民養成の防止という観点から，生活保護の実施を抑制する解釈運用に結び付きやすい。もう一つは，障害者運動のなかで標榜されてきた日常生活および社会参加における自立の観念である。これは，社会保障制度や他者の援助を利用しながらも，日常生活および社会の中で主体的に自らの生活を営むことを自立と捉える考え方である。憲法13条により保障される個人の自律という考え方からは，後者の観念に立脚した生活保護法の解釈・運用が求められる。

生活保護ソーシャルワーク

生活保護の運用においてソーシャルワーク（とくにケースワーク）を実施することは，現行生活保護法制定当初から前提とされていた。ただし，その意義をめぐって論争が存在し，保護の実施機関の指導・指示に従う義務およびこれに違反した場合に保護の不利益変更を認める規定（生活保護62条）に着目して，これを消極的に解する見解がみられた。しかしながら，生活保護法が自立の助長を目的とする以上，自立を援助するソーシャルワークの実施を当然の前提としていると解される。

1999（平成11）年の改正により，自立助長のための相談・助言が生活保護法上明文化された（生活保護27条の2）。もっとも，生活保護担当現業員の配置数や専門知識・経験の不足を背景に，このようなソーシャルワークが組織的・体系的に実施されていない状況がみられる。

自立支援プログラム，就労支援

(1) 2005（平成17）年度，厚生労働省は，自立支援プログラムを国庫補助事業として導入した。これは，保護受給者（生活保護

6条1項にいう「被保護者」）の状態像や自立阻害要因等に応じて支援内容を類型化した個別支援プログラムであり，地方公共団体がその地域の受給者の状況を把握して具体的な内容を整備し，参加を希望する個々の受給者の状況等に即して実施するものである。

　ここで目標とされる自立の観念には，就労による経済的自立のみならず，身体や精神の健康を回復・維持し，自身で健康・生活管理を行うなど日常生活において自立した生活を送ること（日常生活自立），および社会的なつながりを回復・維持し，地域社会の一員として充実した生活を送ること（社会生活自立）が含められている。

　(2)　その一方，就労可能な保護受給者に対しては，就労支援を計画的に実施する施策が強化されている。とくに，福祉事務所が都道府県労働局・公共職業安定所と連携し，地方公共団体にハローワークの相談窓口を設置して就労支援を集中的に行う生活保護受給者等就労自立促進事業に力点が置かれてきた。

　これと併行して，2013年改正法により，福祉事務所に配置された就労支援員が保護受給者の相談に応じ必要な情報の提供や助言を行い，求職活動の支援，さらに個別求人開拓や職場定着支援を行う被保護者就労支援事業が必須事業として法定された（同55条の7。2020〔令和2〕年度の参加者数は6万5854人で，減少傾向にある）。併せて，就労を通じた生活保護脱却のインセンティブを高めること等を目的に，収入認定した就労収入のうち一定額を積み立てて保護脱却時に支給する就労自立給付金が創設された（同55条の4。単身世帯で上限10万円。そのほか，積極的に就職活動等に取り組んでいる保護受給者には月5000円の就労活動促進費が支給される）。

　これに対し，就労意欲や生活能力が低い者など就労に向けた課題を多く抱える保護受給者については，日常生活習慣の改善やコミュ

ニケーション能力の向上など，日常生活自立および社会生活自立の支援を通じて就労体験を含む就労支援を行う被保護者就労準備支援事業が実施されている（ただし，2021〔令和3〕年度の実施自治体数は327にとどまる）。

(3) 以上の自立支援プログラム，とくに就労支援に参加しない，あるいはその取組みが不十分とされた保護受給者が，指導・指示と保護の不利益変更（同27条・62条3項）の対象とされ，事業実施の効果がもっぱら保護受給者数ないし保護費の減少により計られる運用にならないよう留意する必要がある。

なお，保護開始申請者に対して就労支援のプログラムへの参加を助言指導し，そのうえで，その取り組み状況に鑑みて能力活用要件を審査し保護の要否判定を行う地方公共団体がみられるが，これは保護の迅速な開始という観点（同24条5項）からは問題が残る（→④「能力の活用」）。

自立支援を行うには，日常生活自立・社会生活自立の観念，および保護受給者の同意を前提に，アセスメント，支援計画の策定，その評価等に関する適切な手法，および事業の受託団体を含め諸種の関係機関・専門職との連携の仕組みを整備することが課題となる。こうした自立支援ないしソーシャルワークの実施のあり方は，行政庁が（保護の不利益変更を含め）保護の決定を行うに際して考慮すべき事項であって，同決定の違法性が争点となる訴訟および審査請求では，この点が審査の対象になる（→**8**「保護受給者に対する指導または指示」）。

意　義

保護の無差別平等（生活保護2条）は，保護を受ける機会が平等であること，要保護者に対して保護が平等に行われなければならないことを意味する。この原理に従い，軍人とその関係者のみを優遇する軍事扶助法は廃止された。

同時に，無差別平等は，困窮原因を問わずに扶助を実施するという考え方をもその内容としている。これに従い，従前の公的扶助制度にみられた稼働能力のある困窮者を扶助の対象外とする考え方は排され，失業により要保護状態に陥った者も生活保護の受給資格を有する。また，能力があるにもかかわらず，就労の意思のない者や就労を怠る者，素行不良者等に保護を行わないとしていた旧法の欠格条項は廃止され，従前であればこうした欠格者に該当するとみなされる者であっても，生活保護法の対象から除外されない。

外国人に対する
生活保護

生活保護法上明文の国籍要件はないものの，日本国民であることが保護の要件となると解釈されている。同時に，厚生労働省の通知により，生活に困窮する一定範囲の外国人には，国民に対する生活保護の決定実施の取扱いに準じて保護が実施されてきた。

1990（平成2）年に，この措置の対象となる外国人を，永住者や定住者等の外国人（出入国管理及び難民認定法別表第2に挙げられた在留資格をもつ外国人）に限定する旨の取扱い方針が示された。これにより，不法（非正規）滞在者に限らず定住資格のない外国人が緊急に医療を要する状態に陥った場合でも，医療扶助は実施されないこととなった（最判平13・9・25〈百選5〉は，不法残留者は，緊急に治療

を要する場合も含め，保護の対象でないと判示している）。その結果，すでに一部で実施されている外国人の医療費に対する助成施策を拡充して立法化する等の恒久的な対策が課題となっている（医師の診療義務はその履行確保措置が十分でないことからも，外国人への医療を保障するものとはならない。医師 19 条参照。**ISSUE①**も参照）。

　上記の厚生労働省の通知に基づき保護を受ける外国人の法的地位について，これをどのようなものと解するかが争点となった訴訟がある。福岡高判平 23・11・15 は，難民条約の批准とこれに伴う国会審議を契機に，一定範囲の外国人に対して日本国民に準じた生活保護法上の待遇を与えることを是認したといえるから，当該外国人（本件では永住者の在留資格をもつ外国人）も同法の準用による法的保護の対象になると解した。これに対して，上告審である最判平 26・7・18〈百選 79〉は，同法 1 条・2 条にいう「国民」は日本国民を意味するという解釈を前提に，外国人は「行政庁の通達等に基づく行政措置により事実上の保護の対象」となるにとどまるとして，同法に基づく受給権を否定した。

　同最判によれば，同法に基づく保護申請を却下する処分は適法であるということになるが，この解釈を前提としても，通知により国民に対する生活保護の決定実施の取扱いに準じて保護を受ける法的利益は認められるから，その実現を図るために当事者訴訟等を提起して救済を得ることは否定されない。もっとも，下級審裁判例では，保護実施機関側が保護給付の申込みを承諾しない以上，贈与契約が成立しないことを理由に給付または確認の訴えを認めない判決がみられ（大阪地判平 28・8・26 など），十分な司法的救済を得られないという現状がある。

④ 保護の補足性

補足性の要件 公的扶助概念のメルクマールの一つである補足性は，生活保護法4条に規定されている。これは，自己の有する資産・能力を活用して得られた金銭，扶養義務者その他から行われた援助，受給しうる年金や児童扶養手当など他の法律に定める給付を，要保護者の最低生活費を維持するために活用または充当し，なお不足がある場合に保護が実施されることを意味する。

資産の活用 (1) 収入以外の狭義の資産の活用は，最低限度の生活の内容としてその所有または利用を容認するに適しない資産の処分を要求するというよりも，当該資産の売却等により得られた代金を生活費に充てることで最低限度の生活を維持することが前提となるという趣旨である。したがって，最低限度の生活維持のためにその所有・利用が必要である場合には保有が認められる。保有限度に関して，行政実務では，①現実に最低生活の維持のために活用しており（または近い将来活用されることがほぼ確実である），保有しているほうが生活維持・自立の助長に実効があがっているもの，②処分が不可能または著しく困難なもの，③売却代金よりも売却に要する経費が高いもの，④社会通念上処分が不適当なもの等という解釈が示され，対象別にさらに具体化されている。

(2) 土地・家屋について保有が認められるものに，居住用家屋およびこれに付属した土地があるが，処分価値が利用価値に比して著しく大きいと認められるものは，その例外とされる。保有が認められていた居住用不動産の買換えについて，東京高判平28・3・16は，

買換えがやむを得ない事由に基づくものであり，買換え後の居住用不動産が従前と同様に最低限度の生活維持のために活用され，かつ，これを処分するよりも保有している方が生活維持および自立の助長に実効があがると評価される場合には，売却代金を取得代金に充てることは生活保護法 4 条 1 項にいう資産の活用として認められると述べて，買換え後の不動産を売却する指示およびこれに従う義務違反を理由とした保護停止処分は違法であるという。

　居住用不動産については，これを担保に高齢者である要保護者に対して社会福祉協議会が毎月生活資金の貸付けを行う要保護世帯向け不動産担保型生活資金貸付制度（いわゆるリバースモーゲージ）がある。これを利用できるとされた者が利用を拒む場合，資産活用の要件を満たさないという理由で保護申請を却下ないし保護を廃止できるという解釈が厚生労働省の通知で示されている。また，さいたま地判令 2・10・7 は，同制度の利用を求める同法 27 条に基づく指導または指示に受給者が従わなかったことを理由に行われた保護停止処分を適法とする。もっとも，保有を認められている居住用不動産である場合，借金である以上は返済義務を負ううえに不動産価格の大幅な下落などのリスクがあること，月々の貸付金が限度額に達した後は要保護状態に陥ると見込まれること等から，申請却下または保護停廃止を基本とする運用は，同法 4 条 1 項の趣旨に照らしても疑問が残る。

　(3)　家電製品・家具什器等の生活用品は，世帯人員・構成から判断して利用の必要があり，かつ保有を認めても当該地域の一般世帯との均衡を失することにならないと認められるもの（具体的には，当該地域の全世帯の 70% 程度の普及率が目安とされる）は，保有が認められている。ただし，ルームエアコンなど，高齢者・身体障害者等

のいる世帯がその身体状況または病状により利用しているもので，その保有が社会的に適当であると認められる場合，普及率が低くても保有が認められる。

(4)　自動車の保有は，障害者（児）や，公共交通機関の利用が著しく困難な地域の居住者等が，通勤，通院・通所・通学に利用するための保有に限定されるうえ，自動車の利用が真にやむを得ない状況であることが明らかに認められること（通院については他の送迎サービスやタクシーでの移送と比較衡量される），自動車の処分価値が小さいこと，維持費が援助や他施策の活用等により確実にまかなわれる見通しがあることなど，厚生労働省の通知所定の基準に適合する場合に認められている（大阪地判平 25・4・19〈百選 81〉は，このような基準について一定範囲で合理性を認めつつ，本件での利用はこれを満たしているとして自動車の保有を認めた。同様の判断をした福岡地判平 21・5・29 も参照）。他方，それ以外でも，個別の事情によっては保有を認める余地があると解される（自動車の保有のみならず使用を禁ずることの可否が争点となった福岡地判平 10・5・26 について，**8**「保護受給者に対する指導または指示」参照）。

(5)　預貯金は，保護費のやり繰りによって生じたものについては，その使用目的が生活保護の趣旨目的に反しないと認められる場合（大学等への就学に必要な経費も含む），保有が容認される。

従前，原則として保有が認められず，収入として認定されるという取扱いであった。月々の最低生活費を切り詰めこれを原資として貯蓄した預貯金の保有の可否が争われた事案で，秋田地判平 5・4・23 は，最低生活費（保護費と収入認定された年金の合計）を原資とする預貯金について保有が認められる要件，すなわち，貯蓄目的が生活保護の支給目的に反しないこと，国民感情に照らし違和感を覚

えるほど高額でないこと，を示したうえで，これに照らして保有を
認め，預貯金の一部を収入認定した保護費減額処分と，残りの使途
を弔慰に限定する指示をそれぞれ違法，無効とした。

　貯蓄性の高い保険は，原則として解約が指導され，その返戻金の
活用が求められてきた。この点に関して，学資保険の満期保険金
（50万円）の保有が争点となった事案がある。最判平16・3・16〈百
選80〉は，保護受給者が実際の生活のなかで支出を節約することに
より貯蓄に回すことの可能な金員が生ずることが考えられ，同法4
条1項・8条1項は，要保護者の保有するすべての資産を最低限度
の生活のために使い切らないと保護を許さないというものではない
から，同法の趣旨目的にかなった目的と態様での保護費等を原資と
する貯蓄は，収入認定の対象とすべき資産には当たらないとして，
貯蓄ないし預貯金の保有限度を広げる判断を示すに至った。そのう
えで，学資保険については，保護受給世帯において最低限度の生活
を維持しつつ子どもの高校修学費用を蓄える努力をすることは，同
法の趣旨目的に反するものではなく，本件返戻金は，同法の趣旨目
的に反する使われ方をしたなどの事情がうかがわれないことから，
収入認定すべき資産に当たらず，それゆえ，その一部を収入認定し
た保護費減額処分は違法であると判示した。

　⑹　借金をすることは，資産の活用には含まれないと解されてき
た（なお，借金があることのみをもって保護の受給要件を欠くものではな
い）。

　年金（および恩給）担保貸付けの利用について，過去に保護受給
中に貸付けを利用した者が，保護廃止後に再度貸付けを受けたもの
の困窮し，改めて保護を申請した場合，年金という利用しうる資産
の活用を恣意的に忌避したことになるという行政解釈が示されてい

る。裁判例では，この解釈と同じ考え方に立ち，資産活用の要件を満たさないとして申請却下処分を適法であるという判決がある（大分地判平22・9・13）が，これに対し，貸付けに至った経緯，能力や健康状態など申請者の個別事情に関わる諸要素を総合的に勘案して判断すべきであるとして，同処分を違法とした判決がある（大阪地判平25・6・13。那覇地判平23・8・17も同旨）。

　そもそも資産活用の要件は，当該時点で利用しうる資産を換金等により生活費に充当すべきであるという趣旨であって，過去に困窮原因となる行為（ここでは借入れ）をしたとしても，それを理由に現に要保護状態にある者について保護を実施しないことまで含意するものではないと解される（無差別平等を定める同法2条の上記趣旨も参照）。要保護者による過度の借入れは，むしろ債務整理や家計管理に関わる自立支援として対応すべきケースが少なくない。

> 能力の活用

(1)　能力の活用も保護の実施要件であると解されている。これは稼働能力の活用を意味する。厚生労働省は，①稼働能力があるか否かについて，年齢や医学的な面のみならず，その者の有している資格・生活歴・職歴等を把握・分析し，客観的かつ総合的に勘案して評価すること，②稼働能力を活用する意思があるか否かについて，その者の求職活動の実施状況を具体的に把握し，その稼働能力を前提として真摯に求職活動を行ったかどうかを踏まえ評価すること，③実際に稼働能力を活用する就労の場を得ることができるか否かについて，その稼働能力を前提として，地域における有効求人倍率や求人内容等の客観的情報や，育児や介護の必要性などその者の就労を阻害する要因を踏まえて評価すること，という解釈指針を示している。

(2)　裁判例では，ほぼこの行政解釈に沿って能力活用要件が判断

されている。裁判例で主に争点となるのは②と③である。

　まず、③就労の場について、一般的抽象的な就労可能性、すなわち、有効求人倍率にかんがみて、職業安定所で職業紹介を受けたうえ真摯な態度で求人先と交渉すれば就労の可能性があったとして、これを認める判決（名古屋高判平9・8・8〈百選〔3版〕86〉）が存在した。その後の裁判例は、申請者等の個別事情を考慮しつつ具体的な就労の場が現実に存在するかどうかによって判断する。たとえば、大阪地判平25・10・31は、当該申請者が求人側に対して申込みをすれば原則として就労する場を得ることができるような状況であったか否かを基準として判断すべきであり、そのうえで、就労の場を、申請者が一定程度の給与を一定期間継続して受けられるような場であると解する（そのほか、大津地判平24・3・6、東京高判平24・7・18〈百選82〉参照）。

　さらに、こうした就労の場があるとしても、当該就労の期待可能性のあることも判断要素となると解される。それゆえ、特殊な技能を保持することや育児・介護のほか修学に専念する必要があること等の事情も、ケースに応じて考慮すべきであろう。

　⑶　次に、②稼働能力を活用する意思は、当該申請者等の求職活動の状況などの客観的な事情から判断することになるが、どの程度求職活動を実施していればこの基準を満たすのかが判然とせず、判断基準として明瞭さを欠くといわざるを得ない。これが認められる場合を厳格かつ限定的に解する考え方（前掲名古屋高判平9・8・8）がみられたが、その後の裁判例は、本人の資質や困窮の程度等を斟酌することにより、稼働能力活用の意思を比較的容易に認めている。たとえば、前掲大津地判平24・3・6は、申請者がその時点までに行いうるあらゆる手段を講じていなければ稼働能力を活用する意思

がないとするのは相当ではないという。

　就労拒否者等には保護を行わないと規定していた旧法2条が廃止され，要保護者にはその困窮原因を問わずに保護を実施するという現行生活保護法2条の趣旨に照らすと，申請前の求職活動等の事情を（司法審査では申請拒否処分後の事情も）基に，能力活用の意思の存在について殊更厳密に認定することは適切とはいえない。また，就労意思がないと認定することをもって保護の要件を欠くとする解釈運用は，ひきこもり等を背景に就労意欲が減退している要保護者を保護の対象から排除する結果になりうる。

　(4)　留意すべきであるのは，一つは，資産活用要件とは異なり，能力活用要件を満たさない（とくに②の能力活用意思が認められない）ことを理由に保護が否定された場合，当該申請者が最低生活水準を下回る困窮状況のまま放置されるおそれが大きいという点である。

　もう一つは，そもそも，保護申請は原則14日以内に審査して応答の通知をしなければならないという点である（生活保護24条5項）。この間に保護実施機関が上記の判断基準に則して能力活用要件を厳密に認定するのは（司法審査と異なり）実際には困難である。ただ，そうであるからといって，一般的に，稼働能力のある申請者に対し求職活動を求めたうえで，応答の通知の期限を30日まで延長するという運用をすること（たとえば，大阪地判令元・11・15の事実を参照）は，同法24条5項の趣旨に合致しない。迅速な保護の実施という同規定の趣旨に従うならば，原則14日以内に福祉事務所等が調査しえた事実から，当該申請者が現に就労しうる場が存在し，そこで稼働することで直ちに最低生活を維持するための収入が得られることが明らかに認められるような場合に限り，能力活用要件を充足しないと解される。

ただ，こうした事実が認められるケースは現実にはほとんど存在しないと予測される。そうすると，能力の活用の趣旨は，保護の実施要件の認定ではなく，保護を開始したうえで自立支援ないしソーシャルワークの一環として就労支援を行う場面で重視されるものであると考えられる。この点に関して，保護開始後に生活保護法27条に基づき能力活用を求める指導・指示がなされ，これに違反したことを理由に同法62条3項に従い保護停止または廃止処分が行われた事案で，当該受給者が能力活用要件を満たしているかが争点の一つとなり，これを肯定して同処分を違法と判断した裁判例として，東京高判平27・7・30および名古屋高判平30・10・11が参照される（**8**「保護受給者に対する指導または指示」および**10**も参照）。

> **扶養の優先と費用徴収**

　扶養の優先は，扶養義務者が扶養をなしうる者には保護を行わないと規定していた旧法3条と異なり，扶養義務者から現実に援助が行われた場合はこれが収入認定され，その限度で保護は実施されないことを意味する（生活保護4条2項。なお，同77条も参照）。つまり，扶養義務の履行または扶養義務者に対して扶養請求することが保護の実施要件となるものではないという点に，注意しなければならない。したがって，扶養義務者に扶養請求をするよう求める指導に保護申請者が従わなかったことを理由に申請拒否処分をすることは，生活保護法4条2項の趣旨に合致しないと解される（ただし，岡山地判平4・5・20は，扶養能力・扶養意思のある両親から扶養を受ける努力を怠っていることを理由に，申請却下処分をしたことに違法はないという）。

　従来，行政実務では，申請者・要保護者の個別事情に配慮せず扶養照会や扶養請求の指導を行う運用がみられ，結果として保護の申請または受給を妨げている実態が問題として指摘されてきた。2013

年改正法では，扶養義務を履行することが可能と認められる扶養義務者に対し，その義務を履行させることを意図して，通知および報告徴収の規定が設けられた（同24条8項・28条2項）。すなわち，保護実施機関は，保護開始決定をしようとするときは，あらかじめ申請者の扶養義務者に対して当該申請者の氏名と申請があった日を書面で通知しなければならず，また，保護の決定・実施，同法77条または78条の施行のため必要があると認めるときは，当該要保護者の扶養義務者またはその他の同居の親族に対して報告を求めることができる。ただし，この通知および報告徴収が行われるのは，保護実施機関が，その扶養義務者に対して同法77条1項に基づく費用徴収を行う蓋然性が高いこと，申請者・要保護者が配偶者からの暴力（配偶者からの暴力の防止及び被害者の保護等に関する法律1条1項）を受けている者でないこと，当該通知を行うことにより申請者・要保護者の自立に重大な支障を及ぼすおそれがないこと，のいずれも認められた場合に限られる（生活保護則2条・3条）。

　「民法に定める扶養義務者の扶養」（生活保護4条2項）という文言上，扶養義務者の範囲，扶養の程度などについては民法により定まることになる。扶養義務の範囲について，民法による絶対的扶養義務者（同877条1項）と相対的扶養義務者（同条2項）という区別（→**Key Word**⑥）が前提とされているが，従来，扶養義務者の範囲を広く捉える民法上の観念をそのまま生活保護の運用に用いることは妥当でないとして批判されてきた。また，厚生労働省の通知は，「相対的扶養義務者となり得る者」（絶対的扶養義務者以外の3親等内の親族のうち実際に家庭裁判所において扶養義務創設の審判がなされる蓋然性が高い者）も，上述した通知・報告徴収等の対象とする。しかしながら，民法877条2項によれば，上記の親族は家庭裁判所の審

判がなければ扶養義務を負わないのであるから，保護実施機関が実質上この審判を代替するような解釈運用は適切ではないと解される。

　学説では，以上の区別によらず，生活保持義務（夫婦間や親の未成熟子に対する扶養）と生活扶助義務という扶養の程度・順位に対応した考え方に依拠して，生活保護法にいう扶養の優先を前者に限定すべきであるという見解が有力である。なお，生活保持義務について，相手方の生活を自己の生活の一部として自己と同程度の水準まで扶養する義務，すなわち，最後の一切れのパンまで分け与える義務であると説明する民法学説があるが，生活保護の行政実務で，生活保持義務を負う者に対し，その扶養能力にかかわらず自己の生活を最低生活水準以下に切り下げてまで扶養を求め，また，扶養請求するよう要保護者に指導する論拠となるものではない。

　生活保護法77条1項に基づき，扶養義務者から費用徴収することができるのは，保護の実施後であり，保護費を支弁した自治体がこれを行う。同法4条2項にいう扶養の優先はこれによって実現される。扶養義務者の負担すべき額について保護実施機関と扶養義務者との間に協議が整わないとき，または協議ができないとき，これを最終的に決定するのは家庭裁判所である（生活保護77条2項）。つまり，保護実施機関（または上記自治体の長）は，費用徴収すべき扶養義務者およびその金額を決定する権限をもたず，家庭裁判所に申立てができるにとどまる（ただし，申立件数はほとんどない）。

他法扶助優先　生活保護法4条2項に基づき保護に優先して行われる「他の法律に定める扶助」とは，「他の法律に定められている扶助で生活保護法による保護として行われる扶助とその内容の全部又は一部を等しくするものをいう」（前掲東京高判平24・7・18。同判決は，東京都等の実施する事業により住

居喪失者に提供される便益はこれには当たらないという。なお，更生保護法62条に基づく応急の救護の措置について生活保護法4条2項の適用が除外されると解し，同措置はその実施後に生活保護が開始されても当然には終了しないとして併給の余地を認める千葉地判令3・9・10も参照）。したがって，厚生労働省の通知に基づく生活福祉資金貸付制度を利用して最低生活費の維持に必要な金銭を借り入れることを，他法他施策の活用として保護に優先させるのは，他法扶助優先の趣旨に合致しないといえる。

急迫保護　　急迫した事由のある場合は，資産の活用などの保護の実施要件を満たさなくても保護が実施される（生活保護4条3項）。「急迫した事由」については，生存が危うくされている場合など実務では限定的に解されている。裁判例では，恩給担保貸付けにより借入れをして受給中の恩給から返済していたことを理由に申請却下処分を受けた者について，当時，その困窮の程度は差し迫ったものであるうえ，生命・身体の維持のために必要不可欠な医療行為を受けることすら困難な状況にあったといえるから，「急迫した事由」が認められ，保護を開始すべきであったとして同処分を取り消した判決がある（大阪高判平25・6・11。同旨，前掲那覇地判平23・8・17）。要保護者に対する迅速な保護の実施という要請に照らすならば，生活困窮の程度にかんがみ，利用しうる資産を活用して生活費に充当し，または申請とこれに対する保護の決定を待つ時間的余裕がない場合等を含むものとして，より広く解すべきであろう。

　急迫保護が実施された場合，事後に費用の返還が求められうる（同63条。→**8**「費用返還」，「費用徴収」参照）。

Key Word⑥　扶　養　義　務••••••••••••••••••••••••••••••••

　社会保障は，近親者によって担われてきた私的扶養の「社会化」
の側面をもつ。経済的扶養は年金制度，身体的扶養は介護保険制度
という形で外部化されてきた。民法上の扶養義務者の扶養等が生活
保護法による保護に優先し（生活保護4条2項），社会福祉サービス
の費用が本人のほか扶養義務者からも徴収されうる（児福56条，
老福28条，身福38条，知福27条など）等，扶養義務ないし扶養義
務者をどう捉えるかは社会保障法の制度論・解釈論としても重要で
ある。

　民法上扶養義務を負うのは，①配偶者（民752条），②直系血族
および兄弟姉妹（同877条1項），③特別な事情がある場合，家庭
裁判所の審判によって扶養義務を負わされる3親等内の親族（同条
2項）である。このうち①，②を絶対的扶養義務，③を相対的扶養
義務ということがある。通説は，夫婦間の扶養，親の未成熟子に対
する扶養は「生活保持義務」，すなわち相手方の生活を自己の生活
の一部として自己と同程度の水準まで扶養する義務（最後の一切れ
のパンまで分け与える義務），その他の扶養は「生活扶助義務」，す
なわち相手方が生活難に陥った場合に自己に余力があれば援助すべ
き義務とする。高齢者介護の場面での成年子の親に対する義務は後
者である。

　扶養義務の履行方法としては，経済的扶養が原則と考えられてい
る。引取扶養がなされる場合，おのずと一定の世話（介護）がなさ
れることにもなりうるが，引取扶養は扶養料の給付が困難な場合の
代替手段として位置づけられている。したがって，ここから成年子
の親に対する介護義務を法的に導き出すことは困難である。

　経済的扶養にかかる民法上の義務を前提としても，現実に扶養が
なければ，後で求償しうることは別として（生活保護77条），生活
保護の実施義務は免れえない。資産・能力の活用が生活保護開始に
あたっての要件であるのに対し（同4条1項），民法上の扶養は保

護に優先して行われるとの建前が述べられているにとどまる（同条2項）。　　　　　　　　　　　　　　　　　　　　　　　（菊池）

5　必要即応の原則

　生活保護法9条の定める必要即応の原則とは，①保護の種類・程度・方法は，要保護者の実際の必要に応じて有効かつ適切なものでなければならないこと，②保護の基準は，要保護者の年齢別・健康状態等の違いに応じて有効かつ適切に保護が実施されるよう，保護の程度を定めるものでなければならないことを意味する。つまり，保護の要件，内容およびその実施に関する画一的・形式的平等の弊害を排して，要保護者の個別事情を考慮した柔軟な解釈・運用を要求するものであり，これによって保護の実質的平等が確保される（→**5**[1]「特別基準」）。

　これに対し，最判平24・2・28〈百選3〉は，同法9条は個々の要保護者とその世帯の必要に即応した保護の決定・実施を求めるものであって，保護基準の内容を規律するものではないという。ただし，同裁判はその反面で，要保護者に特別な需要が存在する場合に保護の内容について特別な考慮をすべきことを同条が定めていることに照らして，保護基準の改定（加算の減額・廃止）にあたって同条の趣旨を参酌する余地を認めている。

5 最低生活費と要否判定

① 最低生活費と保護基準

保護基準の性格と内容

「最低限度の生活の需要」は，要保護者個人または世帯の実際の必要に即応したものである（生活保護8条2項・9条）。また，これには，経常的な最低生活需要のほか，臨時的な最低生活需要も含まれる。最低生活需要ないし最低生活費を具体的に測定する尺度に当たるのが保護基準であり，要保護者の有する資産その他を活用してもなお最低生活費に満たず不足する分が保護費として支給される。保護基準には一般基準と特別基準が存在する（ただし，通例，一般基準を指して「保護基準」と称される）。

一 般 基 準

保護基準のうち一般基準は，厚生労働大臣が，生活保護法8条に基づき，告示の形式で定める保護基準をいう。それゆえ，その法的性格は法規命令であると解されるから，一般基準どおりに最低生活費を認定しない処分は違法となる。保護基準が憲法25条の「健康で文化的な最低限度の生活」を具体化するものであり，また他の法制度や施策においても基準または指針とされる場合があることから，告示ではなく，法律の別表または省令という形式で定めるべきであるという見解が有力である。

　一般基準は，生活保護法11条の定める生活扶助を始めとする8種類の扶助についてそれぞれ設定される。同時に，消費者物価等の地域差を反映させるために6段階の格差をつけた級地制がとられて

いる。その算定方式は，現実の生活実態や需要に即したものであることが求められる（生活保護 8 条 2 項参照）。

生活扶助基準は，標準世帯に係る基準額を基に世帯員の年齢，世帯人員，級地ごとに基準額を設定している。基準額の算定方式は，科学的・合理的な算定を目指して 1948（昭和 23）年に導入されたマーケット・バスケット方式から，高度経済成長下での一般世帯の消費支出の増加を背景に，幾度かの変更を経てきた。1984（昭和 59）年に導入された現行の水準均衡方式は，当該年度に想定される一般国民の消費動向を踏まえると同時に，前年度までの一般国民の消費実態との調整を図るものである。ただ，一般的な消費水準との均衡を最低生活費の目安としている点以外は，その採用に関する理論的根拠が十分ではなく，実際の算定プロセスが透明性を欠く点で問題が大きい。同方式の導入以降は，一般世帯の消費支出の 7 割前後の水準で推移してきた。

今日，生活扶助基準は，毎年度，国民の消費動向や社会経済情勢を総合的に勘案して改定が検討されており，また 5 年に一度，全国消費実態調査等を基に，一般低所得世帯の消費実態との均衡が図られているか等について，社会保障審議会の生活保護基準部会の検討を踏まえて定期的な検証が行われている。

保護基準をめぐる裁判　　（1）最高裁判例によれば，最低限度の生活を保護基準において具体化するにあたっては，高度の専門技術的な考察とそれに基づいた政策的判断を必要とし，それゆえ，保護基準（生活扶助基準）の設定（改定）に関して，厚生労働大臣には専門技術的かつ政策的な見地からの裁量権があり，それが違法となるのは裁量権の逸脱または濫用が認められる場合である。

前掲最大判昭42・5・24は，（傍論ではあるが）現実の生活条件を無視して著しく低い水準を設定する等，裁量権を逸脱または濫用した場合は違法となるという。これは，基準額が「健康で文化的な最低限度の生活」を下回るものであるかという観点からの実体審査を念頭に置くものである。

　昨今の判例では，保護基準の設定に関する厚生労働大臣の判断過程に焦点を合わせた審査が行われている（判断過程審査または考慮事項の審査と称される）。

　最高裁は，2006（平成18）年より老齢加算を廃止する保護基準の改定が争われた一連の訴訟で，この審査方法を用いた。その一つである前掲最判平24・2・28は，「当該改定の時点において70歳以上の高齢者には老齢加算に見合う特別な需要が認められず，高齢者に係る当該改定後の生活扶助基準の内容が高齢者の健康で文化的な生活水準を維持するに足りるものであるとした厚生労働大臣の判断に，最低限度の生活の具体化に係る判断の過程及び手続における過誤，欠落の有無等の観点からみて裁量権の範囲の逸脱又はその濫用があると認められる場合」に，保護基準の改定は違法となるとする。

　そのうえで，老齢加算の廃止について，社会保障審議会の福祉部会に設けられた「生活保護制度の在り方に関する専門委員会」が，低所得高齢者世帯の消費支出額との比較等を勘案して老齢加算そのものについては廃止の方向で見直すべきとした意見は，「統計等の客観的な数値等との合理的関連性や専門的知見との整合性に欠けるところ」はなく，そして，厚生労働大臣の判断は同専門委員会の意見に沿って行われたものであり，その判断の過程および手続に過誤，欠落があると解すべき事情はうかがわれないとして裁量権の範囲の逸脱・濫用を否定した（最判平24・4・2，最判平26・10・6も同旨。ま

た，最高裁は，従前の保護基準によって具体化されていた保護受給者の期待的利益，生活への影響への配慮という観点から老齢加算廃止の具体的な方法等についても裁量権を認めたうえで，激変緩和措置によって影響が緩和され，その生活に看過し難い影響を及ぼしたと評価できないとしてその逸脱・濫用も否定した）。

(2)　その後，2013（平成25）年の保護基準改定の違法が争点となった下級審裁判例も，上記最判の判断枠組みを用いて審査を行っている。

　この改定は，社会保障審議会の生活保護基準部会による低所得世帯の消費実態を基に行った検証結果を前提に（ただし改定幅は同結果の2分の1に抑制された），これに加えて，厚生労働省が同部会の審議を経ずに物価の下落を考慮してデフレ調整を行って改定率を設定したものである。この改定により，多数の受給者にとって保護費が減額される結果となった。

　争点について下級審の結論は分かれている。その差異は，とくにデフレ調整についての厚生労働大臣の裁量に対する審査の仕方に見出される。

　同改定を適法とした判決は，この点について厚生労働大臣の専門技術的な見地からの広い裁量を認めている（名古屋地判令2・6・25，札幌地判令3・3・29など。これらの審査では，改定ないしデフレ調整において財政事情を含め政策的見地からの裁量もまた重視されている）。

　これに対して違法とした判決は，この点について密度のより高い審査を及ぼしている（下記2判決のほか，熊本地判令4・5・25，横浜地判令4・10・19）。大阪地判令3・2・22は，デフレ調整において2008（平成20）年からの物価の下落を考慮し，消費者物価指数よりも著しく大きい下落率を基に改定率を設定した点で，統計等の客観

的な数値等との合理的関連性や専門的知見との整合性を欠いており，厚生労働大臣の判断の過程および手続に過誤，欠落があったとして裁量権の範囲の逸脱または濫用を認めている。

また，同じく同改定を違法とした東京地判令4・6・24は，厚生労働大臣はその裁量権の行使にあたって，専門的な知見を踏まえた高度の専門技術的な考察をまず行い，かかる考察に基づき政策的見地からの判断を行うことが生活保護法の趣旨により要請されていると解したうえで，デフレ調整について，専門家から構成される会議体の審議検討を経ていないことにかんがみ，高度の専門技術的な考察を経て合理的に行われたものであることの説明を被告行政主体側に求め，その説明に基づき，統計等の客観的な数値等との合理的関連性や専門的知見との整合性を審査している点で注目される。

特別基準　生活保護法8条2項，9条（→**4**⑤）の趣旨に照らすと，一般基準でカバーされていないが「最低限度の生活の需要」に当たる需要についても保護を実施することが求められる。これは，経常的最低生活費であるか臨時的最低生活費であるかを問わない。そこで，上述した保護基準（告示）では，要保護者に特別の事由があって一般基準によりがたいときは，厚生労働大臣が特別の基準を定めることが定められている。

ただ，行政実務における特別基準の取扱いをみると，個々の特別基準は，告示形式ではなく，当該ケース限りの保護実施機関に対する個別の回答であり，公にされていない（それゆえ，法規命令に当たる厚生労働大臣の定める基準に当たらない）。しかも，このような特別の需要はある程度類型化が可能であることから，厚生労働省の通知の形式により，所定の範囲内（給付事由・費目・上限額があらかじめ定められている）で特別基準の設定があったものとして，保護実施機

関自身が認定して保護決定をすることが認められている。

　こうした厚生労働省の通知によれば，たとえば被服・寝具や家具什器の購入費用は，経常的な最低生活費のやり繰りでまかなうことが原則とされ，その給付（一時扶助費の支給）は，保護開始時に持ち合わせがない場合など，給付事由が限定されている（なお，通知所定の条件を満たす受給世帯で特別の事情がある場合には，冷暖房器具の購入に要する費用の支給が認められるに至っている）。

　そのため，保護実施機関が，（とくに通知所定の条件を満たさない，または上限額を超える費用を要する場合に）通知の定めに依らずに給付を行うことができるかが問題となる。

　この点に関する裁判例として，障害者加算の一種であるいわゆる他人介護料の特別基準について，厚生労働省の承認した金額が現実の介護費用をまかなうのに不十分であり，これに沿った保護決定が違法であるかが争点となった事案がある。名古屋高金沢支判平12・9・11〈百選〔第4版〕86〉は，特別基準の設定について厚生大臣（当時）の広範な裁量を認めた。しかしながら，保護実施機関が保護決定の判断において居宅生活を希望する原告受給者の意思等を十分に考慮していたかについての審理を尽くしていない点で疑問が残る。

　この問題を解決するには，特別基準がどのような法的性格，効果を有するものであるかを明らかにしなければならない。その検討においては，国と地方公共団体の関係に関する地方自治法の諸規定との整合性に留意が必要である。

　まず，特別基準に関わる厚生労働省の通知は処理基準に当たることが明示されているが，これには地方公共団体に対する法的拘束力はない（自治245条の9。→**Key Word⑦**）。次に，保護実施機関に対す

る特別基準に関する個別の回答を厚生労働大臣の関与であるとみても，生活保護法と同法施行令には，そうした関与を認める根拠規定は存在しない（関与法定主義を定める自治245条の2参照。また，生活保護法8条や保護基準〔告示〕を関与の根拠とみることはできない）。さらに，これらの通知や個別の回答が一般基準と同様に「厚生労働大臣の定める基準」（生活保護8条1項）に含まれるとは解されない。以上より，8条は，保護実施機関が，一般基準に定められていない最低生活需要を認定して保護決定をする権限をもつことを前提にしていると解される。厚生労働省の通知を審査基準（行手5条）ないし裁量基準として用いるとしても，ケースによってはこの水準を上回る保護決定を行う義務を負う（したがって，最低生活費は一般基準の額を上回ることがあり，両者は必ずしも一致しない）。

　裁判例でも，こうした解釈を実質上前提としたものが現れている。すなわち，住宅扶助の特別基準について，厚生労働省の通知所定の限度額を超える敷金の支給申請に対し，保護実施機関が当該通知の定める給付事由がないことから敷金を一切支給しない処分を行ったという事案で，福岡地判平26・3・11は，身体障害による低層階への転居は最低限度の生活の維持に必要であること等を理由に，（敷金支給の可否とその額等について厚生労働大臣に情報提供する等して検討すべきであったと認めて）保護実施機関の判断に裁量権の逸脱または濫用があるとして同処分を取り消している。

② 収入認定と要否判定

　取得した金品は収入として認定されうる。保護受給中に借り入れた金銭もまた同様であると解されている（札幌地判平20・2・4，同平20・7・31）。

他方で，収入認定の除外，または必要経費の控除という形で，保有が認められるものがある。厚生労働省の通知では，収入として認定しないものの類型として，①慈善的恵与や冠婚葬祭時の贈与など社会通念上収入として認定するのが適当でないもの，②援護関係立法に基づく国家補償的性格をもつ給付，③一定の恵与金，災害等による補償金・保険金・見舞金，死亡を支給事由とする保険金などで自立更生のために充てられる額，④地方公共団体のいわゆる福祉的給付金などが挙げられている（水俣病特措法に基づく被害者への一時金を③に沿って収入認定したことを適法とした鹿児島地判平27・4・7参照）。最低生活費の5割以下の手持ち金は家計上の繰越金程度のものとして，保護開始時に限りその保有を認められている。また，必要経費の控除には，「勤労に伴う必要経費」としての基礎控除などがある。

　裁判例では，重度の身体障害を有する保護受給者に支給されている心身障害者扶養年金について，これが他人介護料（→①「特別基準」参照）ではなお不足する介護費用を補填するものとなっているという実際の使途に着目して，その収入認定を違法とした前掲名古屋高金沢支判平12・9・11，また，保護受給者の同意があったとしても，実際には得ていない，実収入額を超える最低賃金収入額をその収入額として認定することはできず，これに依拠した保護決定は違法とした大分地判平26・1・27がある。さらに，福島地判平30・1・16は，高等学校等就学費（→**6**①「教育扶助，高校・大学等の教育費への対応」）の支給を理由に，高校進学を機に支給された給付型奨学金を全額収入認定して保護費減額処分を行ったことは，その具体的な使途に照らして収入認定からの除外について調査，検討していない点で違法であると判示した。現在の厚生労働省の通知では，

高等学校等で就学する者の収入は，高等学校等就学費の対象とならない経費や同就学費の基準額では賄いきれない経費については，収入認定しないものに追加されている。

　要否判定は，認定された収入と最低生活費との対比によって行う。すなわち，認定された収入は，衣食等の生活費，住宅費，教育費（および高等学校等への就学費用），介護，医療，出産，生業，葬祭に必要な経費の順に充当され，同収入では不足する分について保護が実施され，保護費が支給される。

③　世帯単位の原則

　世帯単位の原則（生活保護10条）は，世帯が家計を一にする消費生活上の単位であることにかんがみ，要否判定と保護費の算定において世帯を単位とすることを意味する。

　世帯が同一であるか否かは，生計の同一性に着目して判断される。居住の同一性や扶養義務の有無は目安とされつつも，生活実態が重視されている。裁判例では，親族関係にはない2人が同一の住居に居住し，一方の世帯員が日々の生活費を負担し，家事全般を行い，他方の世帯員の入浴介助など世話をする等の事実が認められることから，継続して家計を共同にして消費生活を営むと認めるに足りる具体的な生活実態が存するとして，同一世帯であると判断した東京地判平28・9・13がある（東京地判昭38・4・26〈百選84〉も参照。これに対し，同一世帯であることを否定した判決として，大阪高判平28・7・22，名古屋高判平30・12・12なども参照）。

　世帯単位の取扱いが，最低生活の保障に欠ける，あるいは保護受給者の自立を損なうなど，生活保護法の目的に適合しない場合は，個人単位で取り扱う（世帯分離という。同10条但書）。行政実務では，

大学・専修学校・各種学校への就学が特に世帯の自立助長に効果的であると認められる場合，世帯分離が認められうる。この場合，居住を同一にしていても大学等に就学した世帯員にかかる保護費は廃止され，同時にその収入は認定されない。世帯分離を認める事由を限定的に解するならば，民法上の扶養義務，とくに生活保持義務を超える扶養を事実上強制すること，具体的には，子の収入が認定されて両親や兄弟姉妹さらに祖父母の最低生活費に充当すべきものとされ，子自身の自立に充てることができなくなる点に留意が必要である。こうした観点から，熊本地判令4・10・3は，専修学校進学を理由に世帯分離した孫が，卒業後に就学しながらも収入を得ていることを理由に世帯分離を解除し，そのうえで同収入を認定して祖父母を含む世帯全体の保護を廃止した処分を違法としている。

　世帯員の就労指示違反等を理由にその世帯員にかかる保護費の分を減額する処分もまた，行政実務では世帯分離と称されている。ただ，これは当該世帯に対する保護の不利益変更にほかならないから，弁明の機会の付与などの手続を踏むことが必要である（このような処分の執行停止の申立てを認容したものとして那覇地決平22・7・16参照）。

　運用上，世帯主は，当該世帯ないしその構成員のいわば代表として生活保護に係る処分の名宛人とされているが，世帯構成員各人が保護請求権を有することはいうまでもない。

6 生活保護の種類と方法，保護受給権の特性

1 保護の種類

生活扶助

生活扶助は，衣食その他日常生活の需要を満たすために必要なもの，および移送に対する給付である（生活保護12条）。日常生活の需要に対応する給付として，一般基準（保護基準〔告示〕）には，居宅保護について各世帯員の年齢別基準額（第1類）および世帯人員別の基準額（第2類）のほか，保護施設入所者に対する入所保護の基準額，入院患者の日用品費および介護施設入所者基本生活費等がある。

これらに加えて，妊産婦，障害者，介護施設入所者，在宅患者，母子などの類型に応じた需要について，加算が定められている。そのうち母子加算は父子家庭も対象となる（老齢加算は2006〔平成18〕年4月より廃止され，その違法が争点となった訴訟については *5* 1「保護基準をめぐる裁判」参照）。また，障害者加算の一種である他人介護料を支給しなかった処分を違法とした東京地判平8・7・31がある。

そのほかに，特別基準による一時扶助費等も支給されうる（→*5* 1「特別基準」。生活扶助以外の扶助についても特別基準による上乗せ給付の余地がある）。

教育扶助，高校・大学等の教育費への対応

教育扶助は，義務教育に伴って必要な教科書その他の学用品，通学用品，学校給食その他に対する給付である（生活保護13条）。

高等学校等で教育を受ける費用については，生業扶助の技能修得費として高等学校等就学費が支給される。これは，一般基準により，

教材代，授業料，入学料，入学考査料，通学交通費，学習支援費に充てられるものである（なお，高等学校等の授業料は，これに充てるための高等学校等就学支援金が，高等学校等就学支援金の支給に関する法律に基づき導入されている）。2021（令和3）年4月時点，生活保護世帯の子どもの高等学校等への進学率は93.7％に達している（全世帯では99.1％）。

　大学・専修学校等への進学については，これを支援するための一時金として，2018年改正法により進学準備給付金が創設された（生活保護55条の5。自宅通学10万円，自宅外通学30万円）。ただし，大学等に進学した子は，引き続き同居していても世帯分離として取り扱われ，その分の保護費が住宅扶助額を除き減額される（→**5**③）。なお，「大学等における修学の支援に関する法律」が制定され，2020（令和2）年4月より，住民税非課税世帯およびそれに準ずる世帯の学生は，大学・短大・高等専門学校・専門学校の授業料等の減免，給付型奨学金受給の対象とされている。2021（令和3）年4月時点，保護受給世帯の子どもの大学等（短大・専修学校・各種学校を含む）の進学率は若干上昇したものの，全世帯では75.2％であるのに対してなお39.9％にとどまる（→***ISSUE***⑬参照）。

| 住宅扶助 |

住宅扶助は，住居およびその補修その他住宅の維持のために必要なものに対する給付である（生活保護14条）。家賃・間代・地代，家屋およびその付属物の補修費等のほか，一定の事由がある場合，転居に際して必要な敷金等も支給される。この場合は特別基準の設定があったものとして取り扱われる（厚生労働省の通知所定の支給事由の一つである，家主の立退き要求，解約申入れによりやむをえず転居した場合に当たるとして，敷金等の諸費用を支給すべきであったとした広島高岡山支判平22・12・27

参照）。

　家賃が住宅扶助基準額を超える場合，行政実務では，家賃のより安い住宅への転居指導が行われている。2015（平成27）年に住宅扶助基準が見直され，これにより住宅扶助費が減額されたケースが少なくない。他方で，厚生労働省の通知によれば，「世帯員の状況，当該地域の住宅事情によりやむを得ないと認められるもの」については，一般基準額を上回る家賃であっても住宅扶助費が支給される，すなわち，通知の定める限度額内において特別基準の設定があったものとして必要な額が認定される（上記の支給事由が認められないとして，従前支給されていた特別基準額から一般基準額に住宅扶助費を減額した変更決定を適法とする東京高判令3・7・20参照）。保護実施機関は厚生労働省の通知の文言に拘泥することなく，受給者の個別事情を考慮したうえで地域の実情に鑑みた解釈運用が求められる。

| 医療扶助，介護扶助 |

（1）　保護受給者は，国民健康保険および後期高齢者医療など公的医療保険の被保険者とされない（国保6条9号，高齢医療51条1号）ため，医療を要する場合は基本的には医療扶助を受けることになる。医療扶助は，診察，薬剤または治療材料，医学的処置，手術およびその他の治療，ならびに施術，病院等への入院およびその療養に伴う世話その他の看護，移送などを対象とし，原則として現物給付である（生活保護15条・34条）。その診療方針および診療報酬は国民健康保険の例により，社会保険医療と同水準である（同52条1項。ただし，その例外が同条2項に基づく告示に定められている）。

　通院に必要な交通費（移送費）について，長年通院治療を医療扶助として実施していたにもかかわらず，移送費を支給していなかった行政実務の運用をめぐる裁判例が昨今みられる（過去に遡って支給

を認めた奈良地判平 30・3・27，および国家賠償を認めた神戸地判平 25・3・22 参照）。

　生活保護費負担金（事業費ベース。2020〔令和 2〕年度予算で約 3.5 兆円）の実績額の約半分が医療扶助費である（その約 6 割を入院が占めている）状況のもと，その適正化が課題として位置づけられている。2018 年改正法では，担当医師等が使用を認めた場合，後発医薬品による医療の給付が原則とされる（同 34 条 3 項）。また，同改正法により，生活習慣病とその重症化の予防という観点から，保健指導や医療の受診勧奨等の支援を行う被保護者健康管理支援事業が法定化されている（同 55 条の 8。そのうち重点的な実施が目指されているのは頻回受診指導である）。受給者の権利擁護の観点からも，入院の必要性のない長期入院患者の退院や地域移行をより積極的に推進する施策が求められる。

　生活保護の受給者には医療扶助のみを受給する者も存在し，そうした受給者が費用の一部を自身で負担する場合がある。この法律関係について，実務では，一部負担金は保護受給者が医療機関との医療契約を前提に負う金銭債務であり（岡山地判昭 45・3・18），医療費全体から一部負担金を控除した分のみ医療扶助を実施するものとする。もっとも，医療扶助が現物給付であることにかんがみると，保護実施機関と医療機関の委託関係は医療給付全部について成立すると解される。そうすると，保護受給者からの一部負担金の徴収は費用返還にあたり，これを医療機関が窓口払いという形で代理受領するものとみるのが妥当である。

　医療の給付は，生活保護法 49 条に従い，指定された医療機関に委託して行うものが大半である。ただし，指定医療機関の不正事案がいくつか発覚し，これに対処するため 2013 年改正法により，指

定要件とその取消要件の明確化（同49条の2・51条）とともに，指定の更新制（同49条の3。6年間の有効期間）が導入され，報告徴収・検査対象が拡大された（同54条）。また，指定医療機関に対する診療報酬の支払に関する事務は，社会保険診療報酬支払基金に委託できる（同53条4項。同条1項に基づく都道府県知事・指定都市の長の行う診療報酬額の決定の法的性格について，行政処分であるとした大阪高判平9・5・9〈百選88〉，第5章 **2**②を参照）。

(2)　介護扶助は，介護保険法7条にいう要介護者または要支援者であることが受給要件となる。その内容は，居宅介護，福祉用具，住宅改修，施設介護，介護予防，移送等であり（生活保護15条の2），介護保険法の給付対象となるサービス等にほぼ相当するが，介護扶助は現物給付を原則としており，指定介護機関に委託して行う（同34条の2）。65歳未満で医療保険に加入していない保護受給者は介護保険の適用から除外されるため，このサービスが介護扶助として実施される。他方，65歳以上の要保護者は介護保険の1号被保険者となり，その保険料は生活扶助の加算（介護保険料加算）として支給され，基本的にサービス費用の1割の本人負担分が，介護扶助として支給される。

―――――――――
　出産扶助，生業扶助，
　葬祭扶助
―――――――――

出産扶助は，分娩の介助等（生活保護16条）を対象とする。

生業扶助は，要保護者のみならず，困窮のため最低限度の生活を維持することのできないおそれのある者も，受給権を有する点に特色がある（同17条）。そのうち，まず生業費は，もっぱら生計の維持を目的として営まれる小規模の事業（たとえば食料品店・飲食店や大工・左官等の自由業等）を営むために必要な資金または器具・資料の費用を支給する。次に，技能修得費は，ホ

ームヘルパーの研修や公的資格の取得など，生計の維持に役立つ生業に就くために必要な技能の修得にかかる費用（授業料，教科書・教材費，特別基準の設定により自動車運転免許等）を対象とする。なお，技能修得費の一環として高等学校等就学費が支給される（→**6**①「教育扶助，高校・大学等の教育費への対応」）。そのほかさらに，就職支度費として，就職の確定した者に支給される就職のために直接必要となる洋服類や履物等を購入する等の費用が支給される。失業者数の増加，雇用状況の悪化が保護率の上昇の一因であることにかんがみ，行政実務では，技能修得費の対象となる技能の範囲が従来よりも拡張されており，また自立支援プログラム等の一環として技能修得費を活用する方向が示されている。

　葬祭扶助は，死亡者の扶養義務者が困窮のため葬祭等を行うことができないとき，保護受給者が死亡した場合でその葬祭を行う扶養義務者がないとき，または死者の葬祭を行う扶養義務者がない場合でその遺留した金品で葬祭に必要な費用を満たすことができないとき，葬祭を行う者に対して，火葬または埋葬，納骨その他葬祭のために必要なもの等について行われる（同18条）。

　以上8種類の扶助は，併給のみならず単給でも実施される（生活保護11条2項）。これら各扶助を定める生活保護法11条1項が，単なる例示であるか，制限列挙であるかが争点となった東京地判昭54・4・11は，これを制限列挙と解して，申請拒否処分の取消訴訟で勝訴確定判決を受けた原告が訴訟追行に要した訴訟費用・弁護士費用は，生活保護の対象にならないとした。ただ，必要即応の原則に照らすと，保護の種類ないし内容を法定のものに限定せず柔軟に解する余地があると解される。

2　保護の方法

金銭給付と現物給付　生活保護は，医療扶助と介護扶助を除き，金銭給付を原則としている（生活保護31条1項等）。これは，保護費の使用に関する保護受給者の意思決定を尊重する趣旨である。ただし，金銭給付によることができないとき，これによることが適当でないとき，その他保護の目的を達するために必要があるとき，現物給付によることができる（同項但書等）。他方，医療扶助および介護扶助を原則として現物給付とする趣旨は，医療や介護以外に費消するのを防止するというよりも，要保護者の必要とする医療・介護を確実に保障するため，保護実施機関に現物給付の義務を負わせることにあると考えられる。

　住宅扶助に関しては家賃等相当額の金銭給付を行うことが原則であるが，一部に滞納事例がみられたことから，住宅扶助費が確実に家賃の支払に充てられるよう保護実施機関が家主に代理納付することができる（同37条の2。教育扶助等にも同様の支給方法が採られている）。

居宅保護の原則と入所保護　(1)　生活扶助は居宅で実施することを原則としている（生活保護30条1項）。その例外として，これによることができないとき，これによっては保護の目的を達しがたいとき，被保護者がこれを希望したときは，救護施設・更生施設・日常生活支援住居施設その他の適当な施設に入所させ，または入所を委託して保護を行うことができる（同項但書）。もっとも，被保護者の意に反して入所を強制することはできない（同条2項）。

　従前，現に住居を有しない要保護者については，居宅保護を希望

していてもこれを行わず，入所保護の対象とする解釈運用がみられた。大阪地判平 14・3・22 は，こうした解釈が誤りであるとしたうえで，保護実施機関は，入所保護決定を行うに際して，要保護者の身体面，精神面の状況（更生施設等における養護・補導を必要とするか，居宅で自立した生活を送ることが期待できるか），保護の内容に関する要保護者の希望，入所保護の対象として考えられる施設の内容，および居宅保護を実施する場合の住宅確保の可能性等の諸要素を，総合的に考慮すべきであるとしている（その控訴審である大阪高判平 15・10・23〈百選 86〉は，支援団体の援助により居宅の確保が可能な状況にあったことから生活保護法 30 条 1 項但書の要件を欠き，入所保護決定は違法であると判示した。前掲東京高判平 24・7・18 も参照）。

　入所保護決定について裁量が認められるのは，居住場所に関する要保護者の意思を最大限尊重しつつ上記の諸要素を考慮して，その自立助長としてのソーシャルワークに委ねる趣旨によるものと解される。保護実施機関が入所保護決定をしたとき，保護受給者はこれに従わなければならず（同 62 条 1 項），従わないときは保護実施機関による保護廃止を含む不利益変更を受けるおそれがある（同条 3 項）。ただし，保護の不利益変更をする場合でも，上述の趣旨，さらに変更後の要保護者の生活状況を十分に考慮しなければならないと解される（このような考慮が尽くされていないにもかかわらず廃止決定を適法としたものに，大阪地判昭 63・2・25 がある）。

　(2)　居宅保護の受給者が，無料低額宿泊所その他法的な位置づけのない宿泊所（その中には建築基準法違反の疑いのある建築物もみられる）に居住し，劣悪な居住環境のもとで保護費から高額の居住費等を徴収されている実態が社会問題化することとなった（いわゆる貧困ビジネス。さいたま地判平 29・3・1 はこのような宿泊所の入居契約を公

序良俗に反し無効とした）。その対策として，2018年の社会福祉法改正は，「無料低額宿泊所の設備及び運営に関する基準」（省令）の2条に該当する事業所に対し，社会福祉事業である無料低額宿泊事業（社福2条3項8号）に該当するものとして届出義務を課し，また，その設備・運営等の基準を都道府県の条例で定めるとする規定を置き，事業者がこの義務や基準に違反した場合に改善命令や事業の制限または停止命令の措置を講じるなど規制を強化している（社会福祉法68条の2第1項に規定する「社会福祉住居施設」。→第7章 *1* ⑤「社会福祉事業」）。

　そのうち，2018年改正法により生活保護法30条1項にいう省令所定の要件に該当すると都道府県知事が認定した社会福祉住居施設を，入所保護を実施する日常生活支援住居施設として位置づけている。保護実施機関が，単独での居住が困難な要保護者について，日常生活上の支援を受ける必要があると判断した場合，その支援の実施を同施設に委託する。ここでは，入所者ごとに作成する個別支援計画に基づき日常生活上の支援が提供される（2022〔令和4〕年4月1日時点で120施設存在する）。

　さらに，近年，居宅生活への移行に際して支援を必要とする者（とくに無料低額宿泊所の入居者）に対して，転居先となる居宅の確保に関する支援，各種契約手続等に関する助言等の居宅生活に移行するための支援，居宅生活移行後に安定した生活を営むための定着支援を実施する，居住不安定者等居宅生活移行支援事業が国の補助事業として導入されている。

保護施設

保護施設には，救護施設，更生施設，医療保護施設，授産施設および宿所提供施設がある（生活保護38条）。救護施設は，身体上または精神上著しい障

害があるために日常生活を営むことが困難な要保護者を入所させて生活扶助を行うことを目的とする施設である。これは，従来，重複障害者，精神障害者，他施設の入所待機者等の受け皿となってきた（2020〔令和2〕年10月時点，全国で183施設，在所者は1万6288人）。保護施設の設置主体は，地方公共団体および地方独立行政法人のほかは，社会福祉法人，日本赤十字社に限定されている（同41条）。都道府県は，保護施設の設備および運営について条例で基準を定める（同39条）。施設の管理者には同基準への適合性等について規制監督が及ぶ（同44条以下）。

③　保護受給権の特性

保護受給権を要保護者が確実に享受するよう，給付について公課，差押え，および譲渡が禁止されている（同57条・58条・59条）。東京地立川支決平24・7・11は，ほとんどが生活保護その他社会保障の給付金を原資とする預貯金について，これらの受給権の差押えを禁止する法の趣旨や当事者の生活状況等を考慮し，その差押えを相当でないとした。

また，保護受給権は，これが受給者自身の最低限度の生活を維持するため当該個人に与えられるものであることから，一身専属の権利であるとして相続の対象になり得ないと解されている（前掲最大判昭42・5・24）。

7　生活保護の実施体制

保護の実施責任　　要保護者について保護実施責任を負うのは，その居住地を所管区域とする福祉事務所を

管理する保護実施機関である。居住地がないか，明らかでない要保護者や，急迫した状況にある要保護者については，その現在地を所管区域とする福祉事務所を管理する保護実施機関が，保護を実施する責任を負う（生活保護19条1項・2項）。

　裁判例では，長期間入院中で婚姻関係が実質的に破綻してもはや夫の住所地への復帰が期待できず，その他に将来居住すべき場所も定まっていない妻について，現在地を管轄する保護実施機関が実施責任を負うとした判決（東京地判昭47・12・25）がある。また，国外に現在している保護受給者に対する保護の実施責任に関して，最判平20・2・28は，生活保護法19条所定の「居住地」に当たると認められる居住の場所を国内に有している者は，同条に基づき当該居住地を所管する保護実施機関から保護の実施を受けられると判示している。

| 保護の実施機関 |

保護の実施機関とは，都道府県知事，市長，および福祉事務所を管理する町村長をいう（生活保護19条1項。本章ではこれを「保護実施機関」という）。福祉事務所を設置していない町村長も，要保護者の発見・調査，保護申請の受付け・送付，応急的な保護の実施，および保護金品の交付等の職務を行う（同19条6項以下・25条3項）。生活保護の決定および実施に関する事務の主なものは法定受託事務に分類されている（同84条の5，別表第3。→**Key Word⑦**）。これに伴い，「保護の実施要領」と総称される通知（厚生労働事務次官，社会・援護局長または保護課長名で発せられている通知）類は処理基準（自治245条の9）として位置づけられており，これに沿って事務監査が行われている（生活保護23条。また，同81条の2は，保護に関する事務の適正な実施等のため都道府県知事が市町村長に対し助言その他の援助を行うことができると規定す

る)。

　生活保護法 19 条 1 項により保護を行う市町村または都道府県が，保護の実施に要する費用を支弁し，国はその 4 分の 3 を負担する（同 70 条・71 条・75 条参照）。

　保護実施機関の権限は，その管理に属する福祉事務所長に委任されているのが大半である（同 19 条 4 項）。福祉事務所には，査察指導員および生活保護担当の現業員がおかれる。これらは社会福祉主事という資格がなければならず，さらに専任規制や標準配置数の必置規制がある（社福 15 条以下。→第 7 章 *1*④「行政組織」を参照。現業員の標準配置数は，市部で保護受給世帯 80 世帯に 1 人，郡部で 65 世帯に 1 人である。2021〔令和 3〕年 4 月時点，1 人当たりの担当世帯数は全国平均で 85.2 世帯となっている）。民間人に委嘱される民生委員は，旧法下では補助機関であったが，社会福祉主事の事務の執行に協力するものとして位置づけられている（生活保護 22 条）。

> ***Key Word*⑦　法定受託事務**••••••••••••••••••••••••••••••
>
> 　生活保護に関する事務は，従前，ナショナルミニマムの保障という見地から国の事務に分類されたうえで保護実施機関に機関委任され，その管理・執行については厚生大臣の指揮監督を受けた。機関委任事務という事務類型の廃止後は，法定受託事務および自治事務という新たな事務区分が設けられることとなり，生活保護の決定・実施に関する事務の主なものは法定受託事務に分類された。
>
> 　法定受託事務とは，「法律又はこれに基づく政令により都道府県，市町村又は特別区が処理することとされる事務のうち，国が本来果たすべき役割に係るものであつて，国においてその適正な処理を特に確保する必要があるものとして法律又はこれに基づく政令に特に定めるもの」（自治 2 条 9 項 1 号。これは第 1 号法定受託事務という。第 2 号法定受託事務については同項 2 号参照）と定義され（これに対

し，自治事務は「法定受託事務以外のもの」という定義である。同条 8 項），同法別表および施行令で列挙されている（生活保護法上の事務については，同法 84 条の 5 および別表第 3 も参照）。

　法定受託事務は，自治事務と同じく地方公共団体の事務であって，国の事務が委託によって地方公共団体の事務になったと観念されるものではない。法定受託事務の処理については，自治事務に比べてより強い国・都道府県による関与（是正の指示，代執行など）が法定されており（自治 245 条以下），この点に両者の違いがある。したがって，生活保護法 27 条に基づく指導・指示が法定受託事務に分類される一方，同法 27 条の 2 に基づき要保護者の求めに応じて行われる自立助長のための相談・助言が自治事務であることから，両者は趣旨が異なるという説明がみられるが，事務区分のみを論拠とするのは十分でない。そのほか，法定受託事務を処理するにあたりよるべき基準（処理基準）を，各大臣または都道府県知事等は定めることができる（自治 245 条の 9）。これには法的拘束力はない。ただし，従わない場合には是正の指示等の関与が行われる可能性がある（同 245 条の 7 以下）。

　法定受託事務に係る審査請求については，地方自治法 255 条の 2 に特別の定めが置かれている（→**9**「行政上の不服申立て」）。　（前田）

8 保護実施のプロセス

| 申請保護の原則 | （1）　生活保護法は申請に基づく保護を原則としている（生活保護 7 条）。保護請求権から申請権が帰結される。

　保護の開始（または変更）の申請は，要保護者および申請者の氏名・住所等，保護を受けようとする理由，要保護者の資産・収入の

状況等を記載した申請書を提出して行う（生活保護24条1項）。ただし，当該申請書を作成することができない特別の事情があるときはこの限りでないと規定されており（同項但書），口頭での申請も認められる。さいたま地判平25・2・20は，面接で申請意思を口頭で確定的に表示したと認められるから，福祉事務所長がこれに応答しないことは同条の審査・応答義務に違反するとした。上述した事項が申請時にすべて記入されている必要はなく，また，これらが記載されていれば所定の様式での申請書によらずに申請を行うことができる。

(2) 申請書には，要保護者の保護の要否・種類・程度・方法を決定するために必要な書類として厚生労働省令で定める書類を添付しなければならない。ただし，当該書類を添付することができない特別の事情があるときはこの限りでない（生活保護24条2項）。

従来，行政実務で添付が求められる書類には，資産申告書，収入申告書のほか，関係先照会に関する同意書等がある。申請時に書類の提出を過剰に求めるのは，事務処理の効率化・円滑化という行政上の便宜を図るあまり，申請自体を抑制する効果をもたらすおそれがある。これらの書類の提出があるまで申請を受理しないという取扱いは，申請の到達により遅滞なく審査が開始され決定を得るという申請権の侵害となる（行手7条）。そもそも提出が要求される書類は，保護の申請の審査に必要不可欠な書類に限られる。迅速な保護の開始という要請からは，書類の提出がなくても申請があればその時点で原則14日という処理期間（生活保護24条5項）が進行する点に留意が必要である。書類の不提出を理由に申請却下処分が行われたならば，その取消しを求める審査請求，訴訟で提出の要否を争うことができる。

(3) 行政実務では通例，申請前に面接相談と称される助言・指導が実施されている。本来その趣旨目的は，相談者の生活状態等を把握するとともに，生活保護法の趣旨や受給要件等を説明するなかで申請意思を確認し，申請を援助することにある。

　もっとも，この段階ですでに，資産・稼働能力の活用，扶養義務者への扶養依頼等の指導が実施され，その結果，申請に至らないケースが少なくないことが指摘されてきた。したがって，今日もなお，申請権の保障，保護請求権の実現の観点に立った運用が求められている。前掲さいたま地判平 25・2・20 は，福祉事務所の職員が聴取内容から生活困窮を認識していたから申請意思の存在を推知することが可能であるのに，働けるのであれば働こう，また身内からの援助を確認するよう述べる発言をし，これを受けて要保護者が保護を受けられないと誤信して申請に至らなかったことについて申請権の侵害を認め，生活保護費相当額に係る損害について国家賠償を肯定した。

　保護実施機関は，申請者が保護開始を申請する意思を表明しているときは当該申請が速やかに行われるよう必要な援助を行わなければならない（生活保護則 1 条 2 項）。つまり，相談者に対し生活保護の利用について説明または助言するとともに，申請を援助して迅速な保護の開始につなげることが求められる。それゆえ，こうした援助をしないことが違法と判断される場合がある。福岡地小倉支判平 23・3・29 は，保護実施機関が助言・申請意思の確認・申請援助義務を尽くしていれば申請行為がされていたであろうと認められる場合は，端的にこれらの義務違反自体によって生じた損害の賠償を認めることができると述べる。

(4) 要保護者が「急迫した状況にある」場合（その意味については，

4④「急迫保護」参照），保護実施機関は，要保護者からの申請を待たずに職権で審査手続を開始し，保護を行わなければならない（生活保護 25 条 1 項。神戸地判平 25・3・22 は，職権による保護変更をしなかったことを国家賠償法上違法と評価するためには，当該保護費を支給しなければ被保護者が最低限度の生活を維持できないことを容易に認識することができたことを要するという）。

⎛ 調　査 ⎞ 保護の要否や程度に関する判断を行うため，
要保護者の資産や収入の状況，健康状態，扶養の実態その他必要な事項について調査する必要が生ずる。これは，要保護者の申請時の申告や提出書類，保護開始後の生計の変動等についての受給者による届出（生活保護 61 条）のほか，要保護者の居住場所への立入調査や医師・歯科医師による検診（同 28 条 1 項）を通じて行われる。

　以上に加え，2013 年改正法により，生活保護の不正事案への対処をねらいとして，保護実施機関の調査権限が強化されている。

　第 1 に，調査実施要件について，保護の決定・実施のほかに，同法 77 条（扶養義務者に対する費用の徴収）・78 条（不正受給の場合の費用徴収）の施行のため必要があると認めるときを追加し，次に，調査対象者を，要保護者の扶養義務者またはその他の同居の親族，申請当時に要保護者であった者（過去に保護を受給していた者）等に拡大して，報告を求めることができるとの明文の根拠規定を置いた（同 28 条 1 項・2 項。扶養義務者への報告徴収については，**4**④「扶養の優先と費用徴収」も参照）。

　第 2 に，従前より，要保護者またはその扶養義務者の資産・収入の状況について，官公署に調査を嘱託すること，銀行，信託会社，要保護者や扶養義務者の雇主その他の関係人に報告を請求すること

ができると規定されていた。これに加えて 2013 年改正法は，その調査実施要件を上記のように拡大すると同時に，保護受給者であった者とその扶養義務者も調査対象者に加えたうえで，所定の個人情報について，保護実施機関および福祉事務所長が官公署，日本年金機構等に書類の閲覧，資料の提供を求めることができ，官公署等はこれに応じて書類を閲覧させ，資料の提供を行うものとする規定を置いて，調査の実効性を高めている（同 29 条。同別表第 1 で，調査先である官公署，日本年金機構等ごとに調査対象となる個人情報が列挙されている。実務では回答義務を課すものと解されている）。

　生活保護の調査事項は相手方のプライバシーに深くかかわるため，その保護の観点から，調査の必要性，程度・範囲，方法・態様の適正さが要求される。上記の調査実施要件とかかわりのない事項や，調査の必要に比べて相手方のプライバシーの制限が著しい場合，調査は許容されない。また，立入調査については，留守宅にはできず，たんすや押入れを覗いたり，近隣の風評などを聞いて回る等の方法は適正さを欠く。

　この調査は強制調査ではないから要保護者はこれを拒否できるが，要保護者が報告をせず，虚偽の報告をし，立入調査を拒み，妨げ，忌避した場合，または検診命令に従わない場合，保護の申請却下または保護の不利益変更が行われる（同 28 条 5 項）。これは，制裁というよりも，保護の要否の判断に不可欠な事項について調査できないため生活保護法に従った保護の決定ができないという趣旨によるものと解される。また，要保護者が申請時に同法 29 条に基づく関係先への調査の同意書を提出しない場合に，同法 28 条 5 項により保護の申請却下の余地を認める旨の厚生労働省の通知がある。もっとも，同意書は，調査事項・調査先等が包括的で特定されていない

ことから，その不提出を理由に直ちに申請を却下することは妥当でないと解される。なお，要保護者以外の者が28条1項に基づく立入調査を妨げるなどした場合は，同法86条の罰則の適用対象となる。

申請に対する保護の決定

保護の開始・変更の申請があったときは，保護実施機関は保護の要否・種類，程度・方法を決定し，申請者にこれを書面で通知しなければならない。

この書面には決定の理由を付さなければならない（生活保護24条3項・4項。同25条2項・29条の2により，保護の不利益変更および停止・廃止の決定についても同様である。職権での保護開始決定にも理由を付する義務があると解される）。その趣旨は，保護実施機関の判断の慎重さや合理性を担保してその恣意を抑制するとともに，決定の相手方に理由を知らせてその争訟提起の便宜を図ることにある。保護開始決定についても書面での理由の提示が義務づけられているのは，保護の種類・程度・方法に関して申請一部拒否処分に該当する場合があるからである。理由がまったく欠けている場合や明らかに事実に反する虚偽の理由が付記された場合，処分は違法となる（京都地判平5・10・25〈百選85〉は，「傷病治ゆ」や「居住実態不明」という付記理由が事実に反する点で保護廃止処分を違法であるとした）。また，理由の提示の内容・程度は，特段の理由のない限り，いかなる事実関係に基づきいかなる法令，審査基準・処分基準を適用して当該処分がされたのかを，処分の相手方においてその記載自体から了知しうるものでなければならず，たんに抽象的に処分の根拠規定を示すだけでは十分でない（那覇地決平20・6・25，前橋地判令3・10・1参照）。

保護の決定の通知は，特別の理由がある場合を除いて，申請のあった日（受理した日ではない）から14日以内にしなければならない。

これは，要保護者に対する迅速な保護の実施という趣旨による（生活保護24条5項）。ただし，扶養義務者の資産・収入の状況の調査に日時を要する場合その他特別な理由がある場合には30日まで延ばすことができる（一般的に30日までの延長を前提にして稼働能力のある申請者に求職活動を求める運用は，同規定の趣旨に合致しない）。30日以内に通知がない場合，申請者は保護実施機関が申請を却下したものとみなすことができる（同条7項。みなし却下処分）。その意味は，迅速な権利救済を図ることにある。すなわち，申請者はみなし却下処分を捉えて審査請求を行い，さらに当該処分の取消訴訟とともに保護開始または変更決定の義務付け訴訟を提起することができる（→**9**参照）。

　保護の開始日は，厚生労働省の通知では，原則として申請のあった日以降で要保護状態にあると判定された日とされており，運用上申請日とされる場合が少なくない。申請前に保護の受給要件を満たしていたと認められる場合は，その時点に遡及して保護が実施される（なお，行政実務では，遡及支給について，受給者に帰責事由がなく保護の実施機関の認定の誤りが明らかな場合以外は発見月から3ヵ月が限度とされているが，このような解釈運用は法令上の根拠がない点で問題がある）。

保護受給者に対する
指導または指示
---

(1)　保護実施機関は，保護受給者に対して，生活の維持・向上その他保護の目的達成に必要な指導または指示を行うことができる（生活保護27条）。行政実務では，資産や能力の活用，扶養義務者への扶養請求，書類の提出を求めるなど，様々な内容の指導・指示がみられ，指導・指示の内容が限定されていない点で問題がある。というのは，その遵守が保護の不利益変更により担保されているから

である。すなわち，受給者は指導・指示に従わなければならず，この義務に違反した場合，保護実施機関は保護の停止・廃止を含め不利益変更をすることができる（同 62 条 1 項・3 項。なお，一方で，指導・指示は受給者の自由を尊重して必要の最小限に止めなければならず，受給者の意に反して強制し得るものでない旨の規定が置かれている。27 条 2 項・3 項）。その結果，受給者は最低限度の生活を維持できなくなるおそれが大きい。

　不利益変更を行うに先立ち，書面で指導・指示を行わなければならない（生活保護則 19 条。神戸地判平 23・9・16 は，同規定は保護受給者の権利保護を図るための手続的規定と解されるから，書面による指導・指示を欠いてなされた保護停止処分には取り消しうべき瑕疵があるとした）。この趣旨について，最判平 26・10・23〈百選 87〉は，指導・指示および不利益変更に係る判断が慎重かつ合理的に行われることを担保して保護実施機関の恣意を抑制するとともに，指導・指示がされたこととその内容を明確にし，受給者がそれらを十分に認識し得ないまま不利益処分を受けることを防止して，その権利保護を図りつつ，指導・指示の実効性を確保することにあるものと解する。

　(2)　裁判例では，まず，所定額まで収入を増やすよう求める内容の指示に従わないことを理由に廃止処分が行われた事案で，前掲最判平 26・10・23 は，上記の趣旨に照らすと，書面による指導・指示の内容は，当該書面自体において指導・指示の内容として記載されていなければならず，指導・指示に至る経緯，従前の指導・指示の内容やそれらに対する受給者の認識等を考慮に入れることにより，記載されていない事項（この事案では自動車の処分）まで内容に含まれると解することはできないとした（差戻控訴審である大阪高判平 27・7・17 は，本件指示はその内容が客観的に実現不可能または著しく実現

困難であるから違法，無効であり，これに従わなかったことを理由にされた廃止決定も違法であるとして国家賠償責任を肯定した）。

次に，自動車の保有のみならず借用も含め利用そのものを原則禁止する指導・指示（自動車の保有は，④「資産の活用」参照）について，福岡地判平10・5・26は，自動車の使用に伴う利益に関して，他との均衡や最低限度の生活にふさわしくないとの観念が根強いという観点から，これを違法でないと述べる。同判決は，最低生活維持のための資産の活用（または保有）の可否に関する生活保護法4条の趣旨を，自動車を運転する自由を制約する根拠にまで拡張して解釈する点で問題が残る。

他方で，同判決は，当該指示の不遵守を理由に直ちに最も重大な保護廃止処分を行ったことは重きに失し，処分の相当性において裁量の範囲を逸脱しており違法であるとした。このように，裁判例では，62条3項に基づく保護廃止など重大な不利益処分について比例原則の考え方に依拠した判断が示されている。たとえば，福岡高判平22・5・25は，求職・就労指示への違反を理由とする廃止処分について，まず保護を停止してさらに指示事項の履行を促し，それでもなお指示に従わなかった場合にはじめて保護を廃止するなど慎重に措置を講ずべきであり，直ちに保護を廃止したことは重きに失する等としてこれを取り消している（そのほかに，前掲名古屋高判平30・10・11などがある）。

(3) 27条の指導・指示の趣旨について，これが「保護の目的達成に必要」なものであること（同条1項）を重視すれば，これを1条にいう自立助長という目的を実現するソーシャルワークとして捉え直すことが必要となる（→②）。なお，27条に基づく指導・指示は，27条の2に基づく自立助長のための相談・助言と趣旨が異なるという説明が

みられる〔→**Key Word**⑦「法定受託事務」〕が，両者は，法令上も運用上も，保護実施のプロセスにおいて一連のものとして位置づけることができる）。このように解するならば，62条3項に基づく不利益処分は，そもそも指導・指示に従う義務に違反した受給者に対する制裁を目的とするものではなく，従前どおりの保護の継続が当該受給者の自立助長に逆行する場合に限定されると思われる。

(4)　なお，生活保護法60条は，保護受給者の生活上の義務として，「常に，能力に応じて勤労に励み，自ら，健康の保持及び増進に努め，収入，支出その他生計の状況を適切に把握するとともに支出の節約を図り，その他生活の維持及び向上に努めなければならない」ことを規定する。もっとも，これに違反した受給者に対する罰則その他制裁を定める規定は存在しないことからも，同規定は法的効力のない訓示規定であり，指導・指示の内容を直接，定めるものではない。

保護の停止・廃止
その他の不利益変更

正当な理由がなければ，すでに決定された保護は不利益に変更されない（生活保護56条。前掲最判平24・2・28は，保護基準の改定に基づく保護内容の減額決定は同条の規律するところでないという）。「不利益変更」には，保護の廃止のほか，停止や減額，種類・方法の変更も含まれる。「正当な理由」に該当するのは，保護基準を含む法令改正のほか，保護受給者が「保護を必要としなくなったとき」（同26条），調査や検診の拒否等の場合（同28条5項），27条に基づく指導・指示に従わない場合（同62条3項）である。これらの場合に保護の不利益変更を決定したときは，決定の理由を付して書面で受給者に対し通知しなければならない（→「申請に対する保護の決定」）。

26条に基づく廃止処分について，保護受給者の居住実態不明をもって要保護性が消滅したといえないとして，これを違法とした前掲京都地判平5・10・25がある（前掲前橋地判令3・10・1も同旨）。また，廃止処分を行う場合でも，保護実施機関には受給者の廃止後の生活状況を考慮する義務があると解される。京都地判平17・4・28は，退院に伴う廃止後もなお要保護状態にあることを認識し，または容易に認識しえたにもかかわらず，廃止処分をしたことについて違法および過失を認めて国家賠償責任を肯定した。2018年改正法により，保護の廃止を行うに際して，廃止される者が生活困窮者自立支援法にいう生活困窮者に該当する場合，同法に基づく事業・給付金について情報提供する等の努力義務が課されている（生活保護81条の3）。

行政実務では，廃止事由がないにもかかわらず事前に受給者に保護辞退届を提出させてそれを理由に廃止処分を行うという運用がみられ，このような処分の違法が争われた裁判例がある。前掲福岡地小倉支判平23・3・29は，辞退届による保護廃止は，被保護者が保護利用を継続することができることを認識したうえで任意かつ真摯に辞退を申し出ており，かつ被保護者に十分な収入が得られる確実な見込みがあり，廃止によって急迫した事態に陥るおそれがないことが要件となると述べる（そのほか，辞退届の根幹部分に錯誤があり辞退の意思表示は無効であるとして廃止処分を取り消したものに，広島高判平18・9・27〈百選90〉）。

不利益処分に際して事前手続として意見陳述の機会が保障されているのは，62条3項に基づく不利益変更処分に関する弁明の機会の付与に限られ，行政手続法第3章「不利益処分」の規定は同法12条および14条を除き適用されない（生活保護29条の2・62条4

項・5項）。ただ，生活保護の不利益変更が当該受給者の生活に甚大な影響を与える場合は，それ以外の不利益変更処分についても事前手続が保障されるべきであろう（生活保護法63条に基づく費用返還および78条に基づく費用徴収についても同様である）。

費 用 返 還 (1) 生活保護法63条は，「被保護者が，急迫の場合等において資力があるにもかかわらず，保護を受けたとき」の費用返還義務を規定する。この事由には，⑦急迫保護が実施された場合（同4条3項。→**4**④「急迫保護」参照），⑦年金等がその受給権発生時点に遡って支給された場合，⑦保護が実施された事由に起因して損害賠償金等を受領した場合などのほか，⑨保護実施機関の過誤によって保護費が過払いされた場合も含められている。

(2) 63条は，保護実施機関が返還金額を定めて行政処分として返還決定を行うものとしている。その趣旨は，生活保護法が最低限度の生活の保障および自立の助長を目的としていること（生活保護法1条）にかんがみ，一律に全額を返還させたのではこの目的に反するおそれがあることから，個々の場合に適切な返還額の決定を，受給者の状況をよく知り得る立場にある保護実施機関の裁量に委ねるというものである。保護実施機関は，とくに受給者の自立助長の観点から，その資産や収入の状況，受けた保護金品の使用の状況，生活実態，さらに地域の実情等を考慮して返還額を決定しなければならない。それゆえ，これらの考慮すべき事項を考慮せず全額の返還を命じることは裁量権の範囲の逸脱または濫用に当たり，処分は違法となる。

(3) 昨今，返還決定が争われる事例が増加しており，裁判例では概ね上記の枠組みに依拠して判断されている。

第 1 に，上記⑦については，資産があるにもかかわらず急迫した事情にかんがみ職権で保護が開始され（生活保護 25 条），当該事情が解消した後にその費用の返還が命じられるケースがある。とくに医療を要する保護受給者は，公的医療保険の被保険者から除外されて医療扶助を受けるため（→**6** ①「医療扶助，介護扶助」），事後に医療扶助に要した費用全額が返還対象とされ，その結果，返還を命じられる金額が著しく高額に上る場合がある。

　その例として，財産管理能力を失い自己の資産を活用できない状態にあった高齢者に職権保護が開始され，その後，支給された保護費 600 万円近く（そのうち 500 万円近くが医療扶助費）の返還が命じられた事案がある。東京高判令 2・6・8 は，事後に返還を求められて著しい経済的不利益を被る点について，受給者の理解を得ないまま保護開始決定が行われたことに言及したうえで，後期高齢者医療等の被保険者であれば負担を要しなかった範囲（すなわち本人負担分以外）の返還を求める部分については著しく衡平を失しており，裁量権の範囲を逸脱した違法があるとして返還決定処分を取り消した。同判決は，保護実施機関は返還額を定めるにあたって公的医療保険との格差等の事情も十分に検討すべきであるという。なお，この問題を根本的に解決するには，保護受給者を公的医療保険の被保険者とする立法論が望まれよう。

　第 2 に，上記④のケースでは，遡及支給された年金等のうち受給者世帯の自立助長のためのやむを得ない用途に充てる場合，それにかかる費用は返還額から控除される。行政実務でも，自立更生免除または自立更生費と称して限定的ながらこうした取扱いがみられる。裁判例では，受給者が受領した生命共済の入院給付金等について返還決定処分が行われた事案で，福岡地判平 26・2・28 は，63 条の

趣旨にかんがみると自立更生費の有無は返還額を決定するうえで重要な判断要素であり，本件ではエアコン購入費用が自立更生費として認められる余地があったにもかかわらず，これを考慮することなく返還額を定めた点で裁量権の範囲の逸脱または濫用があるとして，処分を取り消した（大阪高判平 25・12・13〈百選 83〉参照。なお，大阪地判平 29・5・11 も参照）。

第 3 に，上記⑦のケースで，交通事故を機に医療扶助を受給した場合，被害者の有する損害賠償請求権について，加害者との間でその範囲や金額等に争いがあり直ちに実現困難なものであっても，「利用し得る資産」（同 4 条 1 項），すなわち「資力」（同 63 条）に該当するという解釈により，賠償金の受領時に医療扶助に要した費用について返還義務が課せられる（最判昭 46・6・29。なお，この場合でも上述した自立更生免除の余地が認められる）。ただし，2013 年改正法により，医療扶助と介護扶助については，保護費支弁者が損害賠償請求権を代位取得する旨の規定が創設されたことにより，一定範囲で立法的な解決が図られている（同 76 条の 2）。

第 4 に，上記⑨，すなわち保護実施機関の過誤による過払いのケースが挙げられる。受給者が善意で過払い分をすでに費消しており，その責めに帰すべき事情がないような場合，最低生活保障，自立助長のほか，信頼保護という観点からも返還額は減免される（前掲福岡地判平 26・3・11 および東京地判平 29・2・1 は，過払分の全額返還を求めた処分をこうした観点から違法であると判示したものとみられる。これに対し，受給者の帰責性があるとして返還処分を適法とした福岡高判令元・7・25 も参照）。

(4)　2018 年改正法により，63 条に基づく返還金について，不正受給ケースにかかる 78 条に基づく費用徴収（→「費用徴収」）と同

じく，行政上の強制徴収および保護費支給額からの天引きという徴収方法を可能とした（77条の2・78条の2）。しかしながら，63条に基づく費用返還が78条の費用徴収と要件が明らかに異なる点で，同じ徴収方法を採用するのは問題が大きい。

　厚生労働省の通知では，上述した63条に基づく費用返還決定と，上記方法での徴収を前提とした77条の2第1項に基づく費用徴収決定の2通りの行政処分を個別ケースに応じて行うことが予定されている。ただし，保護実施機関の責めに帰すべき事由により保護費が過支給されたとき（上記㊤のケース）は，77条の2第1項括弧書にいう「徴収することが適当でないとき」に当たり，77条の2第1項に基づく費用徴収処分を行うことはできないとされている（生活保護則22条の3）。なお，この処分においても，「第63条の保護の実施機関の定める額」が徴収対象とされる点で，保護実施機関の返還額の決定が先行し，そこでは63条に基づく処分と同様に受給者の自立の助長等を考慮に入れなければならないと解される。

　(5)　保護実施機関により保護開始決定が取り消され，または保護が廃止・減額された場合，すでに前渡ししていた保護金品（過去3ヵ月以内の支給分）については，行政実務では通例，63条に基づく返還決定によらず，民法上の不当利得返還として返還請求されている。もっとも，これを消費した保護受給者に，「やむを得ない事由があると認めるときは」，返還を免除することができる（生活保護80条）。

　費用徴収　　(1)　生活保護法78条に基づく費用徴収は，「不実の申請その他不正な手段」により保護を受け，または他人に受けさせた者があるとき（不正受給と称される），保護費を支弁した都道府県または市町村の長が，その費用の

全部または一部をその者から徴収するものである。

(2)　不正受給には，積極的に虚偽の事実の届出等をすることのみならず，申告すべき事実であることを認識しながら当該事実を申告しないことも含まれる。ただ，不申告の行為があればすべて 78 条の適用対象となるわけではなく，不正受給の意図が存在していたことが要件となる。その立証責任を負うのは保護費支弁者である。

　不正受給に当たるかが争点となった裁判例には，収入の申告を意図的に怠ったものと認められるとした東京高判平 29・10・18，東京地判平 31・2・14 などの肯定例がみられる。これに対し，否定例として，高校生である子のアルバイト収入について届出義務のあることを受給者が認識していたとの事実は立証されていないとした横浜地判平 27・3・11，また，福祉事務所が受給者に行った説明内容等に照らし，受給者がクレジットカードによる借入れが申告すべき収入に当たると認識しながら申告しなかったと認定するのは困難であるとした名古屋地判令 3・1・21 がある。さらに，78 条 1 項の要件と刑罰規定である 85 条 1 項本文の構成要件が同一の文言であることに着目し，不申告等の行為が行われた際の具体的状況や行為者の目的等の主観的事情を判断要素として，生活保護制度の悪用と評価できる行為に当たる場合にのみ 78 条を適用し，そうでない場合には 63 条を適用すべきであるとした神戸地判平 30・2・9 の認定方法が参考になる。

(3)　また，徴収すべき額が争点となった事案がある。

　まず，勤労収入の届出をせずに不正に保護を受けた者に対する費用徴収決定の取消訴訟で，徴収額の算定に当たって，当該勤労収入に対応する基礎控除（→**5**②）の額に相当する額を控除しなかったことが違法であるか否かが争点となった。大阪高判平 29・3・17 は

これを積極に解し，基礎控除額に相当する額についても不正受給額として認定したことは違法であると判示した。これに対し，上告審である最判平30・12・18は，基礎控除は，保護受給者が勤労収入を適正に届け出た場合にその額の一部を収入認定から除外するという運用上の取扱いであるところ，届出をせずに不正に保護を受けた場合にまで基礎控除額に相当する額を受給者に保持させるべきものとはいえず，これを78条に基づく徴収の対象とすることが同条の趣旨に照らし許されないものではないと述べ，徴収決定を適法であると判示した。

この点に関して留意すべきであるのは，78条の趣旨はあくまで保護を不正に受給した分の徴収である点である（前掲東京地判平31・2・14も参照）。また，基礎控除は法令上に根拠はなく厚生労働省の事務次官通知に基づく取扱いであるが，そこには，勤労収入を適正に届け出た場合に限りインセンティブとして基礎控除を行うという趣旨は見出されない。そうすると，同最判は，78条の趣旨を，届出義務（生活保護61条参照）の履行確保のための制裁的な金銭負担として捉えるものといえるが，それは78条の文意に反すると解される。

次に，費用徴収額について，保護受給者の困窮状態や不正の程度等の事情に応じ，その一部に限ることが行政裁量として認められるかという論点がある。行政解釈はこれを否定しており，裁判例では判断が分かれている（否定例として札幌地判平20・2・4，大阪地判平30・3・28など，肯定例として仙台高判平17・11・30，前掲大阪高判平29・3・17などがある）。

(4) 2013年改正法により，不正受給対策および費用徴収の実効性を強化するため，費用徴収金について，この額に100分の40を

乗じた額以下の金額を上乗せして徴収できるとした。併せて，徴収方法として，国税滞納処分の例による強制徴収（同78条），および徴収金について保護費との調整（いわば保護費支給額からの天引き）を認めた（同78条の2，生活保護則22条の4）。天引きは，受給者本人がこれを申し出た場合で，かつその生活の維持に支障がないことが前提とされているが，厚生労働省の通知によれば，保護開始決定時にあらかじめこの申出書の提出を求めるものとされている点で，任意の申出という法の趣旨が運用上潜脱されるおそれが懸念される。

（5）2020（令和2）年の不正受給総額は約126億円であり（生活保護費負担金の実績額〔事業費ベース〕は約3.5兆円），1件当たりの額は約39万円，不正受給とされた件数の約6割は稼働収入の無申告や過小申告である。不正受給に当たるとされる事実の客観的な分析に依拠した不正受給対策ないし立法論が望まれる。

78条に基づく費用徴収が行われる場合，85条の罰則，さらに刑法の詐欺罪の適用がありうる（東京高判昭49・12・3）。最決平3・3・29は，85条違反の罪が成立するには，不実の申請がされたこと，その他不正な手段が採られたことと保護との間の因果関係を必要とするという。

9 救済手段

行政上の不服申立て
　保護申請に対する不作為および（一部）拒否，保護廃止を含む不利益変更，費用返還，費用徴収などの行政処分に不服がある者は，行政不服審査法により，簡易迅速な権利利益の救済手段である行政上の不服申立て（審査請求，再審査請求）を行うことができる（なお，生活保護法27条に基づく

指導・指示について，その遵守が同法62条3項に基づく不利益変更により担保されるという法律上の仕組みに着目してこれを処分と解する見解がある。裁判例では前掲秋田地判平5・4・23)。

　処分のうち多くは保護の決定および実施に関わるものであり，通例，保護実施機関の権限を委任された福祉事務所長がこれを行っている（→**7**「保護の実施機関」）。当該処分についての審査請求は都道府県知事に対して行う（生活保護64条1項，行審4条。なお，生活保護78条に基づく費用徴収決定など，保護費を支弁した都道府県または市町村の長のした処分で法定受託事務に係るものの審査請求は，自治255条の2第1項参照。なお同条2項も参照）。

　審査請求については，審理員および第三者機関である行政不服審査会等による2段階の審理手続が設けられており，訴訟と異なり，処分が違法のみならず不当であるときも認容裁決が行われる。また，保護不利益変更処分については，その執行停止の申立てを通じて仮の救済を得ることができる。

　審査請求をした日から，70日（50日以内に行審43条3項により行政不服審査会等に諮問する旨の通知を受けた場合），50日（それ以外の場合）内に裁決がないときは，棄却されたものとみなすことができる（生活保護65条）。都道府県知事の裁決に不服がある場合は，厚生労働大臣に対する再審査請求をすることができる（同66条。自治255条の2第2項も参照）。

　保護受給世帯の世帯主を名宛人とする処分の効果はすべての世帯構成員に及び，構成員自身も不服申立適格および取消訴訟の原告適格を有する。また，世帯主が行った不服申立ての効果は構成員全員に及ぶ（福岡高判平10・10・9〈百選91〉）。

行政訴訟

申請拒否処分を争う場合には，その取消訴訟とともに保護開始処分の義務付け訴訟（行訴 37 条の 3）を提起し，同時に仮の義務付け（同 37 条の 5）を申し立てることができる（認容例として，福岡高那覇支決平 22・3・19〈百選 89〉，前掲那覇地判平 23・8・17，前掲東京高判平 24・7・18〈百選 82〉，前掲奈良地判平 30・3・27 など）。不利益変更処分については，取消訴訟および執行停止（東京高決平 28・2・1 など）のほか，差止め訴訟および仮の差止めの利用も考えられる。

　保護実施機関等がした処分については審査請求前置がとられている（行訴 8 条 1 項但書，生活保護 69 条）。それゆえ，仮の義務付けを申し立てる場合であっても，原則としてまず審査請求を行いこれに対する裁決を経る必要がある。ただし，仮の義務付けが認められるようなケースは行政事件訴訟法 8 条 2 項 2 号（「著しい損害を避けるため緊急の必要があるとき」）に該当し，裁決を経ないで取消訴訟を提起できると解される（肯定例として前掲那覇地決平 20・6・25。なお，同項 3 号に該当するとした前掲大阪高判平 28・7・22 も参照）。

　仮の義務付けの要件である「償うことのできない損害を避けるため緊急の必要」（損害要件）については，健康で文化的な最低限度の生活水準を維持することができないという損害，生活困窮に伴い心身等が損なわれるという損害の性質に照らし，申立人の健康状態や年齢などの個別事情に即して，その損害の程度，回復困難の程度を考慮して判断される。また，「本案について理由があるとみえるとき」という要件（本案要件）は，本案訴訟で主張される事実が法律上義務付け判決をする理由となる事情に該当すると一応認められ，かつその主張事実が一応認められることをいう。その疎明責任は申立人にあるが，申立人の損害の程度が大きいと認められる場合（と

くに要保護性が明らかである場合）は，要求される疎明の程度はさほ
ど高いものではないと考えられる。

　保護開始・変更申請の拒否処分または不利益変更処分の違法を主
張してその取消し（および開始・変更決定の義務付け）を求めて争っ
ている間に，原告が受給要件を満たさなくなった場合でも，訴えの
利益は失われない（前掲東京地判昭47・12・25，前掲東京高判平24・7・
18等参照）。他方，上記訴訟の係属中に原告が死亡した場合は，保
護受給権は一身専属の権利であるから（生存中の扶助ですでに遅滞に
あるものの給付を求める権利も同様に）当然消滅し，相続の対象とはな
りえないとして訴訟は終了するというのが判例である（前掲最大判
昭42・5・24等。→**6**③）。

10 今後の理論的課題

　2013（平成25）年の生活保護法の改正は，保護受給者および保護
費の急速な増大を背景に行われた。その根本的な原因は，年金，雇
用保険，児童扶養手当など他の社会保障制度が所得保障の機能を十
分に発揮していないことに求められる。それゆえ，生活保護制度の
改革は，就労による自立の促進や不正受給対策の強化を目的とする
だけでは十分ではないと考えられる。また，同年成立した生活困窮
者自立支援法は，要保護者以外の生活困窮者を対象とした諸種の支
援を法定化するに至ったが，その実効性についてはなお課題を抱え
ている（→**ISSUE**⑫）。たしかに，より広く生活困窮者を対象とした
自立の促進・支援に力点を置くことの意義は認められるものの，最
低生活保障という目的に照らして，社会保障全体の中での生活保護
の位置づけ，その他の制度との整合性・体系性に留意する必要があ

る。

　このようななかで，生活保護を取り巻く法的課題の多くは解決されないまま今日に至っている。その解決をもっぱら政策論レベルで行うのではなく，生活保護法の解釈論の成果を課題解決に向けた立法論につなげることが，社会保障法学に要請されている。

　生活保護法の解釈は，憲法25条の生存権の規範論を基盤に，同法の定める目的および基本原理に照らして行われなければならない。とくに，①最低生活保障原理，②必要即応原則から導かれる最低生活需要の多様性・個別性の考慮，③自立の助長から派生する自立支援のためのソーシャルワークの必要，④保護の補足性を積極的に捉え返した生活保護の補完的役割が挙げられる。

　①に関しては，保護基準の設定に関する広範な行政裁量を法的に統制するために，最低生活費の算定過程ないし保護基準の設定（改定）過程の透明性を高めると同時に，最低生活費の算定方法に関する理論的根拠をあらためて検討するという課題が残されている。これが明らかでないことが，最低生活水準が財政上の判断に委ねられてしまう大きな要因となっている。「最低限度の生活の需要を満たすに十分なもの」（生活保護8条2項），「個人又は世帯の実際の必要の相違を考慮」（同9条）の趣旨，さらに「現実の生活条件を無視して著しく低い基準を設定する」場合には憲法および生活保護法の趣旨・目的に反することを認める前掲最大判昭42・5・24にかんがみると，算定においては国民・受給者の生活実態ないし需要を適切に考慮することが求められる（厚生労働省による生活扶助基準の水準の検証は必ずしもこの観点に即したものとはいえない）。

　②の視点からは，一般基準とは区別される特別基準に関する法的検討という課題が浮かび上がる。現在もなお，厚生労働大臣に特別

基準の設定を求めることが保護決定の前提である旨の見解がみられ，実務のみならず法理論上も特別基準の法的性格が必ずしも十分に検討されていないように見受けられる。一般基準の射程外になお「最低限度の生活の需要」が存在すること，そしてこれを認定する保護実施機関の判断権限を明示的に確認するため，生活保護法8条を改正すべきであろう。

　③に立脚すると，保護受給者に対する指導・指示の限界や手法上の妥当性，および不利益変更に関する裁量の法的統制のあり方が明らかとなる。すなわち，生活保護法27条と27条の2とを一本化するとともに，指導・指示に従う義務違反に対する制裁と解されている62条1項・3項の文言をソーシャルワークの理論に即した内容に改めることが要請される。従来，自立の観念については，もっぱら就労による経済的自立が重視されてきた。これを下支えするのが，生活保護法4条1項（とくに能力の活用）を，憲法27条1項の勤労の義務が給付条件として具体化された条項とみる考え方である。このような見解は，「働く能力があり，その機会もある」という留保を付してはいるが，福祉国家が前提としてきた雇用環境が大きく変容した今日に至り，「勤労」の法的意味を憲法解釈論として改めて考える課題に直面している。この点に関して，困窮原因を問わず保護を実施するという無差別平等の原理（生活保護2条）の趣旨に即した検討が求められる。さらに，就労との関連づけを切断し資力調査による選別を与件としない基礎所得保障（いわゆるベーシックインカム）構想が，従来の社会保障政策に対してその根底にある思考様式（働かざる者食うべからず）の転換を迫る問題提起を行う点で注目される。

　④にいう生活保護の補完的役割（最後のセーフティネット）は，他

の社会保障・社会福祉制度の所得保障の機能が低下し，制度間の隙間が依然認められる今日，法理論上も看過できないものとなっている。生活困窮者自立支援法の解釈運用に際しても，生活保護法と体系的・整合的に考察する視点が必要である。また，生活保護費ないし最低生活費の受給期間を制限する立法が行われるとすれば，それは憲法25条の通説的解釈に照らしても違憲であると解されよう。

ISSUE⑬　子どもの貧困とその対策

　日本における18歳未満の子どもの相対的貧困率は13.5%，約7人に1人にのぼり，またひとり親世帯の貧困率は48.1%で，先進国の中ではかなり高い（2018〔平成30〕年時点，2019年国民生活基礎調査）。相対的貧困率は，貧困線（等価可処分所得の中央値の半分。同調査では127万円）を下回る所得しか得ていない者の割合を示す。とりわけ母子家庭の平均収入は，母の就業率が高いにもかかわらず依然として低いままである（社会保障給付も含めその平均総所得は年間約306万円で，児童のいる全世帯の41%にとどまる）。親の学歴が中卒の場合は世帯の貧困率が一挙に高くなり，また，親の所得と子どもの学力には比例の関係があることが実証されている。

　このような現状を前に，2013（平成25）年に「子どもの貧困対策の推進に関する法律」が成立し，翌年から施行されている。同法は，「子どもの将来がその生まれ育った環境によって左右されることのないよう，貧困の状況にある子どもが健やかに育成される環境を整備するとともに，教育の機会均等を図るため，子どもの貧困対策に関し，基本理念を定め，国等の責務を明らかにし，及び子どもの貧困対策の基本となる事項を定めることにより，子どもの貧困対策を総合的に推進することを目的とする」（1条）。ここでは，貧困の世代間連鎖の防止を含め，子どもの貧困対策が国・地方公共団体の責務であることが明らかにされている。

　政府は，子どもの貧困対策会議を内閣府に設置し，同法に従い，

子供の貧困対策に関する大綱を新たに策定した（2019〔令和元〕年11月閣議決定）。同大綱に子どもの貧困に関する指標（39の指標）を設定し，これに基づいて施策の実施状況や対策の効果等を検証し，見直しや改善に努めている。そのうえで，これら指標の改善に向けた当面の重点施策として，教育支援，生活支援，保護者に対する就労支援，経済的支援という4本の柱が挙げられている（子どもの貧困に関する指標には，生活保護世帯に属する子どもの高校・大学等への進学率も含まれる。→**6**①「教育扶助，高校・大学等の教育費への対応」参照）。

ただし，大綱には具体的な目標は数値化されておらず，また，支援の内実は，既存の事業・給付，資源の利用以外に，子どもの貧困対策に焦点を合わせた抜本的な措置が講じられているわけではない。日本における子どもの貧困率を下げるためには，とくにひとり親家庭の経済状況の改善に重点を置いた所得保障の拡充が求められる（子どもに関する施策の展開について，*ISSUE*④も参照）。　　　　　（前田）

参 考 文 献

　本書を読んだ上で，社会保障法をさらに詳しく知りたい読者のために，参考文献を掲げておく。まず社会保障法全体にかかわる最近の主な教科書と参考書を挙げ，その後各章ごとの参考文献を挙げる。社会保障法に限らず，社会保障政策や財政に関わる文献も掲げた。社会保障法に関しては，最近の主な研究書まで挙げたので，社会保障法学界の到達水準を知るための文献リストとしても活用していただきたい。

【全体にかかわるもの】

I　教科書・概説書

荒木誠之『社会保障法読本〔第3版〕』（有斐閣，2002年）

岩村正彦『社会保障法 I 』（弘文堂，2001年）

笠木映里＝嵩さやか＝中野妙子＝渡邊絹子『社会保障法』（有斐閣，2018年）

菊池馨実『社会保障法〔第3版〕』（有斐閣，2022年）

島村暁代『プレップ社会保障法』（弘文堂，2021年）

西村健一郎『社会保障法』（有斐閣，2003年）

堀勝洋『社会保障法総論〔第2版〕』（東京大学出版会，2004年）

II　参　考　書

岩村正彦編『社会保障判例百選〔第5版〕』（有斐閣，2016年）

岩村正彦＝菊池馨実＝嵩さやか＝笠木映里編著『目で見る社会保障法教材〔第5版〕』（有斐閣，2013年）

日本社会保障法学会編『講座・社会保障法（全6巻）』（法律文化社，2001年）

日本社会保障法学会編『新講座・社会保障法（全3巻）』（法律文化社，2012年）

岩村正彦＝菊池馨実責任編集『社会保障法研究』（信山社，定期刊行）

日本社会保障法学会編『社会保障法』（法律文化社，毎年発行）

厚生労働省編『厚生労働白書（各年版）』

【各章ごとのもの】

第1章　社会保障とその特質
第2章　社会保障法の理論と課題
荒木誠之『社会保障の法的構造』（有斐閣，1983 年）
加藤智章『社会保険核論』（旬報社，2016 年）
河野正輝『社会福祉の権利構造』（有斐閣，1991 年）
河野正輝『社会福祉法の新展開』（有斐閣，2006 年）
菊池馨実『社会保障の法理念』（有斐閣，2000 年）
菊池馨実『社会保障法制の将来構想』（有斐閣，2010 年）
菊池馨実編著『自立支援と社会保障』（日本加除出版，2008 年）
菊池馨実編『社会保険の法原理』（法律文化社，2012 年）
倉田聡『社会保険の構造分析』（北海道大学出版会，2009 年）
菅沼隆ほか編『戦後社会保障の証言』（有斐閣，2018 年）
西村淳『参加・貢献支援の社会保障法』（信山社，2023 年）

第3章　年　　金
江口隆裕『変貌する世界と日本の年金』（法律文化社，2008 年）
嵩さやか『年金制度と国家の役割』（東京大学出版会，2006 年）
堀勝洋『年金制度の再構築』（東洋経済新報社，1997 年）
堀勝洋『年金保険法〔第5版〕』（法律文化社，2022 年）
堀勝洋ほか『離婚時の年金分割と法』（日本加除出版，2008 年）
吉原健二『わが国の公的年金制度』（中央法規出版，2004 年）
『厚生年金保険法解説〔改訂版〕』（法研，2002 年）

第4章　社　会　手　当
磯谷文明＝町野朔＝水野紀子編集代表『実務コンメンタール　児童福祉
　法・児童虐待防止法』（有斐閣，2020 年）
江口隆裕『「子ども手当」と少子化対策』（法律文化社，2011 年）

大塩まゆみ『家族手当の研究』(法律文化社, 1996 年)

倉田賀世『子育て支援の理念と方法』(北海道大学出版会, 2008 年)

『児童手当法の解説〔5訂〕』(中央法規出版, 2013 年)

内閣府編『少子化社会対策白書(各年版)』

第5章　医療保障

笠木映里『公的医療保険の給付範囲』(有斐閣, 2008 年)

笠木映里『社会保障と私保険』(有斐閣, 2012 年)

加藤智章＝西田和弘編『世界の医療保障』(法律文化社, 2013 年)

佐口卓『国民健康保険』(光生館, 1995 年)

島崎謙治『日本の医療〔増補改訂版〕』(東京大学出版会, 2020 年)

台豊『医療保険財政法の研究』(日本評論社, 2017 年)

東京大学高齢社会総合研究機構編『地域包括ケアのすすめ』(東京大学出版会, 2014 年)

中野妙子『疾病時所得保障制度の理念と構造』(有斐閣, 2004 年)

吉原健二＝和田勝『日本医療保険制度史〔第3版〕』(東洋経済新報社, 2020 年)

米村滋人『医事法講義』(日本評論社, 2016 年)

『健康保険法の解釈と運用〔第12版〕』(法研, 2007 年)

第6章　労働保険

厚生労働省労働基準局労災補償部労災管理課編『労働者災害補償保険法〔7訂新版〕』(労務行政, 2008 年)

西村健一郎『労災補償と損害賠償』(一粒社, 1988 年)

西村健一郎＝朝生万里子『労災補償とメンタルヘルス』(信山社, 2014 年)

丸谷浩介『求職者支援と社会保障』(法律文化社, 2015 年)

労務行政研究所編『雇用保険法〔新版〕』(労務行政, 2004 年)

第7章　社会福祉

秋元美世『社会福祉の利用者と人権』(有斐閣, 2010 年)

磯谷文明＝町野朔＝水野紀子編集代表『実務コンメンタール　児童福祉

法・児童虐待防止法』（有斐閣，2020 年）

岩村正彦編『福祉サービス契約の法的研究』（信山社，2007 年）

河野正輝『障害法の基礎理論』（法律文化社，2020 年）

菊池馨実編『相談支援の法的構造』（信山社，2022 年）

菊池馨実＝中川純＝川島聡編著『障害法〔第 2 版〕』（成文堂，2021 年）

社会福祉法令研究会編『社会福祉法の解説』（中央法規出版，2022 年）

障害者福祉研究会編『逐条解説　障害者総合支援法〔第 2 版〕』（中央法規出版，2019 年）

第 8 章　公 的 扶 助

阿部和光『生活保護の法的課題』（成文堂，2012 年）

池谷秀登『生活保護ハンドブック』（日本加除出版，2017 年）

岩永理恵＝卯月由佳＝木下武徳『生活保護と貧困対策』（有斐閣，2018 年）

木下秀雄ほか編『判例生活保護』（山吹書店，2020 年）

小山進次郎『生活保護法の解釈と運用〔改訂増補〕』（中央社会福祉協議会，1951 年。同書の復刻版は全国社会福祉協議会により刊行）

森川清『改正生活保護法』（あけび書房，2014 年）

吉永純『生活保護審査請求の現状と課題』（明石書店，2020 年）

『生活保護手帳　各年度版』（中央法規出版）

事項索引

458

464

判例索引

〈略 語〉

民(刑)集＝最高裁判所民(刑)事判例集，**高民(刑)**＝高等裁判所民(刑)事判例集，**下民**＝下級裁判所民事裁判例集，**行集**＝行政事件裁判例集，**労民**＝労働関係民事裁判例集，**家月**＝家庭裁判月報，**裁時**＝裁判所時報，**訟月**＝訟務月報，**判時**＝判例時報，**判タ**＝判例タイムズ，**労判**＝労働判例，**交通民集**＝交通事故民事裁判例集，**判例自治**＝判例地方自治，**金判**＝金融・商事判例，**賃社**＝賃金と社会保障，**保育情報**＝月刊保育情報

【有斐閣アルマ】

社会保障法〔第8版〕

Social Security Law, 8th ed.

2001 年 5 月 25 日 初　版第 1 刷発行	2015 年 4 月 15 日 第 6 版第 1 刷発行
2003 年 12 月 30 日 第 2 版第 1 刷発行	2019 年 3 月 30 日 第 7 版第 1 刷発行
2007 年 5 月 25 日 第 3 版第 1 刷発行	2023 年 3 月 30 日 第 8 版第 1 刷発行
2009 年 5 月 25 日 第 4 版第 1 刷発行	2024 年 11 月 30 日 第 8 版第 3 刷発行
2013 年 4 月 10 日 第 5 版第 1 刷発行	

著　者	加藤智章　菊池馨実　倉田　聡　前田雅子	
発行者	江草貞治	
発行所	株式会社有斐閣	
	〒101-0051 東京都千代田区神田神保町 2-17	
	https://www.yuhikaku.co.jp/	
装　丁	デザイン集合ゼブラ＋坂井哲也	
印　刷	株式会社理想社	
製　本	大口製本印刷株式会社	
装丁印刷	株式会社亨有堂印刷所	

落丁・乱丁本はお取替えいたします。定価はカバーに表示してあります。
©2023, T. Kato, Y. Kikuchi, K. Kurata, M. Maeda.
Printed in Japan　ISBN 978-4-641-22211-3